CB142676

Pão Diário®

De: ____

Para: _______________________________________

Publicações RBC

© 2012 Ministérios RBC. Todos os direitos reservados.

ESCRITORES:
Poh Fang Chia, Winn Collier, Tom Felten, Regina Franklin, Kevin Gregory, Tim Gustafson, Alyson Kieda, Dean Ohlman, Jeff Olson, Roxanne Robbins, Jennifer Benson Schuldt, K. T. Sim, Sheridan Voysey, Marvin Williams, Mike Wittmer

TRADUTORES:
Luiz Fernando Alves, Cláudio F. Chagas, Luciane Krauser, Henrique Pesch, Cordélia Willik

EDITORES:
Clair Hess, Alyson Kieda, Rita Rosário, Tom Felten, Cindy Kasper

REVISORES EDITORIAIS:
Bill Crowder, Kevin Gregory, K. T. Sim, Thaís Soler

COORDENADOR DE PRODUÇÃO:
Eduardo Lebedenco

PROJETO GRÁFICO:
Audrey Novac Ribeiro

FOTO DA CAPA:
Ricardo Lebedenco © Ministérios RBC

CRÉDITOS:
Exceto se indicado o contrário, as citações bíblicas são extraídas da Nova Tradução na Linguagem de Hoje © 2000, Sociedade Bíblica do Brasil.

O texto inclui o acordo ortográfico conforme Decreto n.° 6.583/08.

Publicações RBC
Rua Nicarágua, 2128, Bacacheri, 82515-260, Curitiba/PR, Brasil
E-mail: vendas_brasil@rbc.org
Internet: www.publicacoesrbc.com.br • www.ministeriosrbc.org
Telefone: (41) 3257-4028

Brochura: HQ190 • 978-1-60485-719-1
Letra grande brochura: WK323 • 978-1-60485-547-0
Letra grande espiral: Q8915 • 978-1-60485-548-7

Impresso no Brasil • Printed in Brazil

1º edição: 2012
1º impressão: 2012

prefácio

os editores do *Pão Diário*

Um dos maiores desafios aos cristãos é manter a comunhão com Jesus Cristo em todo tempo. É fácil negligenciar o momento cotidiano de meditação ou este se tornar uma simples obrigação, que ameaça diminuir a intimidade que podemos ter com Deus, sob a ação do Espírito Santo. Nas 365 meditações diárias deste *Pão Diário* você encontrará mais ânimo e conforto para vencer os desafios que porventura surgirem em seu caminho e para comemorar as vitórias.

Nossos autores, que vivem ao redor do mundo, reconhecem a importância da família reunir-se para compartilhar valores e verdades bíblicas. Experiências dos servos de Cristo, questões do dia a dia, busca de santidade, paz que excede todo o entendimento, vida abundante, tanta descrença, guerras cruéis, miséria, sofrimento e impunidade são abordados amplamente nas páginas deste devocional,

Ao abrir esta edição do *Pão Diário* vol. 16 você perceberá um novo formato, muito mais interativo.

Aproveite esta oportunidade, seja sábio, **leia** a Palavra de Deus, **examine-a** com cuidado e **considere** de que maneira as verdades bíblicas apresentadas, diariamente, podem enriquecer o seu contato com aquele que nos concedeu vida e salvação. Aprenda mais sobre os ensinamentos e bênçãos que Deus tem para cada um de nós.

Oramos para que este livro devocional o ajude a investir melhor o seu tempo com Jesus e a tornar este momento uma prioridade máxima.

Conheça o site www.ministeriosrbc.org e descubra outros recursos bíblicos para a sua edificação espiritual. Ali você encontrará uma completa linha de devocionais diários temáticos, calendários em diversos formatos, agendas, livros infantojuvenis e livros infantis para ler e colorir. Conheça também nossos livros sobre a vida cristã, liderança espiritual e outros temas contemporâneos.

Mais de 70 títulos de livretos de estudos bíblicos de aprofundamento na Palavra de Deus, CDs e folhetos temáticos. Aproveite para presentear seus entes queridos, amigos e colegas de trabalho. Eles receberão um presente que durará todo o ano.

sumário

Prefácio	3
Como usar este devocional	6
Meditações de janeiro a junho	9–189
Enfoque *Pão Diário* — E agora?	190
Meditações de julho a dezembro	194–377
Enfoque *Pão Diário* — A vida confusa de Salomão	378
A Bíblia em um ano	382

Estamos felizes por você unir-se a nós nesta caminhada para obter um relacionamento mais profundo com Jesus Cristo!

Esta edição do devocional *Pão Diário* traz um olhar inspirativo da Palavra de Deus para cada dia do ano. Na página seguinte, você encontrará algumas instruções úteis sobre como aproveitar melhor a leitura deste devocional. Leia-as com atenção.

Em seguida, invista o seu precioso tempo na leitura do artigo devocional diário. Você descobrirá que os nossos autores abordam questões da vida real; dificuldades de relacionamento, como servir e encorajar os outros, busca da santidade enquanto se vive neste mundo ímpio — tudo isso à luz de uma perspectiva bíblica.

Suas perguntas e seus comentários serão sempre bem-vindos; por essa razão, não hesite em contatar-nos:

Caixa Postal 4190, 82501-970, Curitiba/PR
brasil@rbc.org • Tel./Fax: (41) 3257-4028

Que Deus o abençoe nessa mútua caminhada.

—Os editores do *Pão Diário.*

Como usar e obter o melhor resultado da leitura do devocional ***Pão Diário***:

1. **Escolha um momento e local.** Escolha um momento e um local específico para ler o *Pão Diário*.

2. **Leia os versículos da Bíblia.** Inicie o seu momento com Deus lendo a passagem da Bíblia impressa abaixo da seção **leia>**. A Palavra de Deus é a parte mais importante da sua leitura diária.

3. **Medite sobre o versículo-chave.** Ele destaca um tema e indica um bom ponto de partida para a leitura do artigo.

4. **Leia o artigo e reflita.** Ao ler, procure aprender mais sobre Deus, seu relacionamento com Ele, e como o Senhor deseja que você viva.

5. **Dedique um momento à seção examine>.** Ela contém passagens adicionais para você considerar e meditar.

6. **Reflita sobre a seção considere>.** As perguntas levarão a mensagem do devocional ao seu coração. Esforce-se para responder cada pergunta com total honestidade e transparência diante de Deus.

7. **Dedique um momento à oração.** Após ler todos as seções de cada página, converse com Deus sobre o que você acabou de aprender. Compartilhe sua reação com o Senhor.

8. **Compartilhe com os outros também.** Busque oportunidades de compartilhar o que você aprendeu. Ajude outros a conhecer melhor a Palavra de Deus lendo o *Pão Diário* todos os dias.

Lembrem
que o SENHOR é Deus.
Ele nos fez, e nós somos dele;
somos o seu povo,
o seu rebanho. —Salmo 100:3

pequenos lugares

leia›
Tiago 3:1-12
...uma grande floresta pode ser incendiada por uma pequena chama! (v.5).

examine›
...o pecado, quando já está maduro, produz a morte (Tiago 1:15).

considere›
Que pequenos pecados você não resolveu? E como esses "pequenos" pecados podem causar destruição?

Há anos, um petroleiro de Hong Kong penetrou numa tempestade tropical, com resultados desastrosos. Quase 250 toneladas de óleo vazaram ao longo de 60 quilômetros da costa leste da Austrália. E trinta e um reservatórios de nitrato de amônia arrebentaram e furaram o casco do navio. Uma reportagem da BBC anunciou "especialistas temem que o fertilizante rico em elementos nutritivos poderia causar dano ao desenvolvimento das algas, sufocar peixes e matar habitats naturais". A destruição de um navio sendo arremessado numa tempestade é enorme!

As Escrituras advertem contra a destruição que vem de lugares pequenos e negligenciados. Podemos pensar que a ruína surja apenas dos pecados que atraem maior atenção como o adultério, assassinato e injustiça. No entanto, para muitos, as tentações que destroem surgirão de lugares mais sutis. Como diz Tiago, "Sempre cometemos erros" (3:2).

Ele também afirma que um pequeno freio na boca dos cavalos fará que eles "...vão aonde queremos"; e gigantescos navios são dirigidos por "...um pequeno leme" (vv.3-4). Sua verdadeira preocupação era a língua, (pequeno pedaço de carne na maior parte do tempo invisível) com capacidade de fazer muito bem ou mal. A língua pode ser usada "...tanto para agradecer ao Senhor e Pai como para amaldiçoar as pessoas, que foram criadas parecidas com Deus" (v.9).

Sábios pastores e professores da Bíblia nos ensinaram que pecados gritantes, abomináveis, raramente chegam a esse ponto repentinamente. Comumente, criam raízes após nos entregarmos a padrões de desobediência por longo tempo; abrigando um coração frio para ouvir a voz de Deus. Pretensos "pequenos" pecados nos destroem, sim, e também a outros. Ao iniciar o novo ano, cuidemos para não deixarmos passar as pequenas coisas que nos podem derrotar. —Winn Collier

arrepios

leia›
Juízes 6:7-24
...Ai de mim, SENHOR, meu Deus! Eu vi o Anjo do SENHOR face a face! (v.22).

examine›
- Salmo 34:7
- Isaías 41:10
- Romanos 8:31

considere›
É importante reajustar em Deus o foco do nosso temor, ao invés de imaginar "pensamentos felizes", quando surge o medo? Pense em caminhos práticos que aumentem o temor a Deus.

O pinguim *Kentucky* tem medo até mesmo de colocar um dedo do pé na água. Os especialistas dizem que sua fobia se desenvolveu porque tem "desordens de troca de penas"; a expressão dos cuidadores de animais de zoológico significa perder as penas com muita facilidade. O resultado disso é que ter menos penas significa mais arrepios, e uma sensibilidade maior à água fria!.

Gideão estava com medo de se envolver com a libertação do seu povo de uma nação inimiga. Infelizmente, sua fobia dos midianitas o fez voltar a atenção a tudo, exceto àquele que podia ajudá-lo.

Gideão estava malhando secretamente o trigo, no fundo de um lagar, quando o anjo do Senhor apareceu lá e declarou: "...o SENHOR está com você!" (Juízes 6:12). Nosso nervoso herói recusou-se a se concentrar na presença de Deus, insistindo em que Deus havia abandonado Israel. Que pena! Refletir sobre a proximidade de Deus pode aliviar nossa ansiedade.

O anjo tentou novamente, dizendo, "...Vá com toda a sua força e livre o povo de Israel" (v.14). O terror de Gideão o fez ficar obcecado com suas inadequações, o que pode acontecer conosco, também. "...A minha família é a mais pobre [...] eu sou a pessoa menos importante da minha família" (v.15), ele choramingou.

O anjo persistiu, então Gideão exigiu provas de que suas ordens eram realmente de Deus. Nessa altura, o anjo revelou o poder sobrenatural de Deus, e Gideão exclamou: "...Ai de mim [...]! Eu vi o Anjo do SENHOR face a face! (v.22).

Então, ele contraiu um saudável caso de arrepios santos, largando suas circunstâncias assustadoras e reajustando novamente o foco do seu temor naquele que é digno do nosso "temor" reverente (Salmo 2:11).

A chave para superar o temor exige que treinemos a nossa reverência a Deus. Qualquer que seja o motivo que o faça fugir covardemente; pessoas más, a água, ou pior — lembre-se: "O temor do SENHOR é o tesouro mais precioso" (Isaías 33:6). —Jennifer Benson Schuldt

música *soul*

leia›
Salmo 103:1-22
Ó SENHOR Deus, que todo o meu ser te louve! Que eu louve o Santo Deus com todas as minhas forças! Que todo o meu ser louve o SENHOR, e que eu não esqueça nenhuma das suas bênçãos! (vv.1-2).

examine›
Todos vocês que obedecem a Deus, o SENHOR, alegrem-se por causa daquilo que ele tem feito! Louvem a Deus, todas as pessoas honestas (Salmo 33:1).

considere›
Como se tornar mais íntimo, intenso e intencional na adoração? Como você pode adorar a Deus de maneira prática, com todas as partes de sua vida?

Música *soul* é um ótimo termo adotado para descrever a música popular negra nos Estados Unidos desde os anos 1950. O estilo é influenciado pela música gospel. É conhecida pela intimidade, paixão, intensidade, sons rítmicos e raízes espirituais. Em essência, é uma expressão da alma. Creio que Davi tinha isso em mente ao escrever o Salmo 103, uma balada profundamente emocional que levou o povo de Deus ao aprazível lugar de sincera expressão de adoração ao Senhor.

Davi começou seu canto emocional com "Ó SENHOR Deus, que todo o meu ser te louve!" (v.1). A frase era uma expressão de íntimo relacionamento entre Davi e Jeová, o Deus das alianças e promessas de Israel. A sua música *soul* era uma expressão *íntima* de amor e gratidão ao Deus que o amou primeiro. E era *intensa*. Ele adorava o Senhor com o íntimo do seu ser, o que para ele era uma experiência física, emocional e espiritual. Na adoração e no louvor do seu Deus, o salmista se entregava completamente. A música era *intencional*. Seu poder e paixão estavam em lembrar as bênçãos de Deus. Quando Davi pensava na provisão de Deus, não deixava de cantar e lhe dar louvores.

A música *soul*, bíblica, começa em nossos corações e se expressa em nosso exterior. Se quisermos experimentar a caminhada íntima, intensa e intencional adoração de Deus precisamos nos aproximar dele. Isso acontece ao investirmos tempo falando com Ele e procurando escutá-lo. Entregue-se completamente. Sinta o prazer do favor, misericórdia e amor de Deus ao apresentar-lhe um sacrifício de louvor. —Marvin Williams

investimento sólido

leia
Jeremias 32:1-15
Então, exatamente como o SENHOR tinha dito, o meu primo Hanamel me procurou no pátio da guarda e me disse: — Compre as minhas terras que ficam em Anatote, no território de Benjamim (v.8).

examine
Só eu conheço os planos que tenho para vocês: prosperidade e não desgraça e um futuro cheio de esperança. Sou eu, o SENHOR, quem está falando (Jeremias 29:11).

considere
Viver para o reino de Jesus oferece, assim como o mercado de valores; altos riscos e lucros? Quais são os riscos? Quais são os lucros?

A melhor hora para comprar ações é a mais difícil. É preciso coragem para investir no mercado em baixa, mas os entendidos encontram barganhas em ações sólidas e compram, mesmo quando outros estão vendendo. Quando o mercado se recupera, estão preparados para sair-se bem em seu investimento.

Jeremias não aplicava em ações, mas certa vez ele dispôs de um pedaço de terra no pior momento possível. Os exércitos da Babilônia cercavam Jerusalém e pronto capturariam e queimariam a cidade. Porém, mesmo o futuro imediato sendo sombrio, Deus mandou Jeremias comprar o campo como sinal de que "...neste país ainda serão compradas casas, terras e plantações de uvas" (32:15).

A curto prazo, Judá sofreria desafios no caminho, mas o fim estava garantido. Deus prometera a Jeremias que traria Seu povo de volta a essa cidade outrora altaneira, e que iriam "...viver aqui em segurança" (32:37) como filhos de Deus. Crendo nas palavras divinas: "...com todo o meu coração e com toda a minha alma deixarei que fiquem morando nesta terra" (v.41), Jeremias pagou 200 gramas de prata pelo campo (v.9). Ao fazê-lo, mostrou sua confiança nas promessas de Deus.

Deus prometeu que o mundo inteiro "...pertence agora a Deus, que é o Senhor nosso, e ao Messias que ele escolheu" (Apocalipse 11:15). Se crermos nisso, confiantemente empregaremos nossas vidas por Jesus, mesmo quando tudo parecer desolador.

Refletimos essa visão de longo prazo do reino quando alegremente obedecemos ao nosso Senhor e amamos o próximo como a nós mesmos: oferecendo aos clientes somente os negócios que podem pagar, mantendo nossa palavra mesmo em meio à dor, investindo nosso tempo e dinheiro com os necessitados, disciplinando nossos filhos com calma e paciência e orando mais — não menos — quando o mal parece estar ganhando terreno. —Mike Witmer

tenha compaixão

leia›
Salmo 31
Ó SENHOR Deus, tem compaixão de mim, pois estou aflito! (v.9).

examine›
- Isaías 25:8
- Romanos 8:38
- 1 Coríntios 15:54

considere›
Que compaixão você já recebeu de Deus? Como compartilhará com outras pessoas nesta semana?

Uma semana após ter mudado para a África Oriental, fui chamada a um hospital no norte da Uganda para ajudar um garoto chamado Olwa Elly que ficara órfão. Havia feito amizade com ele meses antes em uma curta visita à Uganda. Fiquei triste ao chegar e encontrar esse menino de 9 anos deitado apático numa maca imunda de uma enfermaria cheia, sem profissionais suficientes, infestada de moscas. O menino saudável e ativo que eu conhecera era agora uma criança emaciada, com uma doença não diagnosticada que o deixara irreconhecível.

Dois dias depois, Olwa Elly morreu. Assumi a triste tarefa de escolher sua roupa e o caixão para ser enterrado, e depois me juntei a seus parentes e amigos que choravam ao colocar seu corpo jovem no descanso.

Olwa Elly foi o primeiro de 11 funerais de crianças que assisti durante meu primeiro ano em Uganda. Descobri que na África — um continente com alarmantes e elevadas taxas de mortalidade infantil, multidões estão cansadas do aguilhão da morte.

Ouvi homens africanos, mulheres e crianças, vez após vez clamar como o salmista Davi, que suplicou: "Ó SENHOR Deus, tem compaixão de mim, pois estou aflito! Os meus olhos estão cansados de tanto chorar; estou esgotado de corpo e alma. A tristeza acabou com as minhas forças; as lágrimas encurtam a minha vida" (Salmo 31:9-10).

Você e eu podemos não saber como abolir as guerras, a corrupção e as doenças que consomem as vidas de milhões de africanos a cada ano, mas temos, sim, a capacidade de orar pelos desolados em terras estrangeiras.

Peça hoje a Deus para lhe mostrar como orar pelo sofrimento ao redor do mundo. Deixe que Sua compaixão o encha, de forma que você possa fazer eco ao que o profeta Isaías disse: "O SENHOR Deus me ensina o que devo dizer a fim de animar os que estão cansados" (Isaías 50:4).
—Roxanne Robins

a beleza de Deus

leia›
Apocalipse 4:1-6
O seu rosto brilhava como brilham as pedras de jaspe e sárdio, e em volta do trono havia um arco-íris que brilhava como uma esmeralda (v.3).

examine›
Desde que Deus criou o mundo, [...] o seu poder eterno e a sua natureza divina, têm sido vistas claramente. Os seres humanos podem ver tudo isso nas coisas que Deus tem feito (Romanos 1:20).

considere›
Qual foi a última vez que uma paisagem linda o levou a elevar seus olhos a Deus? Como ela refletia a natureza de Deus?

O novelista D. H. Lawrence acreditava que a alma humana precisava mais de beleza que de pão, e por um bom motivo. Existe uma razão para levarmos flores a uma pessoa deprimida, sairmos a passeio com os abatidos por lugares bonitos e escolhermos a mesa de restaurante com a vista para o lago. A beleza nos refrigera, encoraja e inspira. A razão para isso pode estar em sua fonte. Ao contemplar aquele pôr-do-sol, aquele pico de montanha ou aquela folha de orquídea, temos um vislumbre de algo maior — o reflexo de seu belo Criador.

Embora ninguém tenha visto o Deus invisível em Sua plenitude (Êxodo 33:20; 1 Timóteo 1:17), Deus escolheu ser conhecido. De maneira intrigante, todas as vezes que se revelou, Ele o fez usando formas bonitas:

• *Moisés e seus líderes tribais sobem a montanha.* Ali eles veem um Ser em pé em um pavimento de lápis-lazúli (safira), clara como cristal, tão azul como o céu (Êxodo 24:9-11).

• *Ezequiel tem uma visão.* Ele vê um trono semelhante a lápis-lazúli no qual um Ser majestoso está sentado como um homem, Seu corpo brilhante como chama, Sua luz radiante emanando em uma miríade de cores pelo céu (Ezequiel 1:26-28).

• *João recebe uma revelação.* Ele vê um Ser com a aparência das mais brilhantes gemas — o branco cristalino e alaranjado do jaspe, o vermelho de fogo do sardônio e raios de verde esmeralda rodeando o Seu trono como um arco-íris (Apocalipse 4:1-6).

No centro do nosso universo assenta-se um belo Criador. A terra está cheia da Sua glória (Isaías 6:3) e o céu vai ser um lugar onde a Sua beleza brilhará com toda intensidade (Apocalipse 21:9-21).

Um dia nós veremos o Deus invisível face a face (22:4). Nesse meio tempo, sua imagem refletida pode ser delineada na beleza natural ao nosso redor. —Sheridan Voysey

barreira de língua

leia>
Lucas 6:43-45
A pessoa boa tira o bem do depósito de coisas boas que tem no seu coração. E a pessoa má tira o mal do seu depósito de coisas más. Pois a boca fala do que o coração está cheio (v.45).

examine>
- Salmo 141:3
- Provérbios 16:23
- Tiago 3:10

considere>
Suas palavras se alinham com a Palavra de Deus? Medite sobre algo específico que precisa mudar em sua conversação.

Na maioria dos dias, gosto muito da minha *minivan*. Entretanto, quando o tapete parece imundo de farelos e itens diversos, minha afeição por ela diminui. Durante uma visita ao lava-*car*, comecei a conversar com a mulher que estava enxugando a janela do meu carro. Logo percebi que ela quase não sabia falar inglês. Frustrada com a barreira da língua, procurei palavras para compartilhar a verdade do amor de Deus. Sentindo-me profundamente inadequada, decidi voltar outro dia para lhe trazer uma cópia da versão em espanhol de um livro que eu havia escrito.

Minha experiência me fez pensar sobre como é frequente termos uma barreira de língua entre nós e Deus. Negatividade, dúvida e mexericos são apenas algumas das barreiras que prejudicam nossa comunicação com o Senhor.

Falar a mesma língua não só nos permite trocar ideias e informações, mas também revela nosso entendimento de uma cultura em particular. No reino de Deus o conceito é o mesmo. Não deveríamos dizer uma coisa e ser outra. Falamos a Sua língua? Ou queremos continuar falando a língua deste mundo enquanto ainda esperamos entender as coisas de Deus? Nossa linguagem revelará de onde somos.

Demonstrando o poder das palavras, Deus, através delas, trouxe o mundo à existência. Deus falou e o mundo começou a existir. Ele trata nossas palavras seriamente porque sabe que:

- *A Palavra de Deus é nossa arma de guerra.* Há grande poder em Suas palavras! (1 Samuel 2:1; Salmo 149:6).
- *Nossas palavras revelam o que está em nossos corações.* O que dizemos reflete quem somos por dentro (Deuteronômio 30:14).

O amor de Deus por nós requer que nosso falar seja consistente com o que professamos crer. O que dizemos não é uma questão sem importância (Mateus 12:36). —Regina Franklin

cedo ou tarde

leia>
Marcos 7:14-23
Porque é de dentro, do coração, que vêm os maus pensamentos, a imoralidade sexual, os roubos, os crimes de morte, os adultérios [...] e faz com que as pessoas fiquem impuras (vv.21-23).

examine>
Porém as Escrituras Sagradas afirmam que o mundo inteiro está dominado pelo pecado, e isso para que as pessoas que creem recebam o que Deus promete aos que têm fé em Jesus Cristo (Gálatas 3:22).

considere>
O que você acha do poder da sua história de salvação? Como o fato de um dia você ter estado morto no pecado afeta o que você compartilha agora com outras pessoas?

Você já ouviu alguém contar como recebeu Jesus como Salvador e isso o deixou abismado? Você ouviu os incríveis detalhes, a espantosa profundeza de depravação de onde Deus tirou essa pessoa!

É provável que todos tenham experimentado os arrepios e as ondas de fortalecimento que os testemunhos poderosos para Jesus podem despertar. Mas, se você creu em Jesus quando criança, tais relatos podem fazê-lo pensar que a sua história de salvação é desinteressante, e que não vale a pena compartilhar.

Não é verdade.

Tenha você vindo a Cristo cedo ou tarde, essa história é linda de se contar. Deus realizou um milagre em sua vida. Jesus disse que, antes da salvação, seu coração estava cheio de [iniquidade] "...de dentro" (Marcos 7:21-23). Você estava literalmente "impuro" por dentro (v.23). Sua natureza pecaminosa estava presente ao nascer, não se instalou em você durante a jornada da vida (vv.15,18-20). Como o apóstolo Paulo escreveu, você entrou na terra "morto" em seus pecados (Efésios 2:5). E nós estávamos debaixo do poder do pecado (Romanos 3:9). No Salmo 53, o escritor afirma: "...Não há mais ninguém que faça o que é direito..." (v.3).

Nada havia em nós que pudesse nos salvar. Deus, porém, nos buscou em misericórdia, e "...quando estávamos espiritualmente mortos por causa da nossa desobediência, ele nos trouxe para a vida que temos em união com Cristo" (Efésios 2:5).

Portanto, se você pensa que sua experiência de salvação não tem poder, está enganado, pois a manchete seria assim: *PESSOA MORTA VOLTA À VIDA!*

Ora, essa é uma história impressionante que todos precisam escutar.

—Tom Felten

quem sou eu?

leia›
Êxodo 4:8-17
Quem dá a boca ao ser humano? [...] Sou eu, Deus, o SENHOR (v.11).

examine›
...ouvi o Senhor dizer:
— Quem é que eu vou enviar? Quem será o nosso mensageiro?
Então respondi:
— Aqui estou eu. Envia-me a mim! (Isaías 6:8).

considere›
Onde Deus o chama para servi-lo? O que o impede de segui-lo?

Mencione o nome de Moisés, e as pessoas pensarão em liderança, força e nos Dez Mandamentos. Elas tendem a se esquecer do assassinato. Perdem de vista seus 40 anos como fugitivo. Deixam de lado seu problema com a ira e sua intensa relutância em dizer sim a Deus.

Moisés fugiu para o deserto por ter matado um homem que perseguia um hebreu como ele. Deve ter gostado de sua vida tranquila no Sinai, porque não quis deixá-la quando Deus apareceu com ordens para marchar (veja Êxodo 3:1-10). Ele inclusive teve uma longa discussão com Deus.

Moisés entrou no jogo de "não sou carta boa", perguntando a Deus: "Quem sou eu...?" (Êxodo 3:11). Deus não lhe respondeu essa pergunta. Nem prometeu livrar Moisés de tempos difíceis. Ele simplesmente disse, "Eu estarei com você" (v.12). E então disse a Moisés quem Ele era: "EU SOU QUEM SOU" (v.14).

É saudável termos o senso de nossa inadequação. Se, porém, usarmos isso como desculpa para evitar que Deus nos use, nós o insultamos. O que estamos dizendo, na verdade, é que Deus não é bom o suficiente.

Pediram a um amigo meu que deixasse seu trabalho e assumisse uma posição no ministério cristão. Ele queria fazer isso, pois tinha o desejo de fazer algo diferente, algo mais significativo. Essa oferta para participar numa equipe da igreja parecia adequar-se perfeitamente. E ele disse:"Não mereço isso, pois eles não me conhecem. Não sou bom o suficiente."

Ele está certo. Não é bom o suficiente. O que significa que chegou exatamente ao lugar onde Deus o queria. "O mundo está cheio de pessoas más", disse o pastor Mark Driscol, "e Jesus". Quando descobrimos isso, estamos no lugar exato onde Deus quer que estejamos.

A pergunta não deveria ser, *Quem sou eu?* E sim, *Quem é Deus?*
—Tim Gustafson

o pulsar do coração

leia›
Lucas 15:11-31
...Quando o rapaz ainda estava longe de casa, o pai o avistou. E, com muita pena do filho, correu, e o abraçou, e beijou (v.20).

examine›
O meu povo teima em se revoltar contra mim [...] o meu coração está comovido, e tenho muita compaixão de você (Oseias 11:7-8).

considere›
Como você mostra o amor de Deus aos outros? De que maneiras você pode ser Seu embaixador de reconciliação?

Se pudéssemos escutar as batidas do coração de Deus, o que ouviríamos? Ho–mem, ho–mem, ho–mem...Essa realidade maravilha anjos e mortais. O salmista pergunta, "...que é um simples ser humano para que penses nele? Que é um ser mortal para que te preocupes com ele?" (Salmo 8:4). E anjos observaram em santa admiração o desenrolar do plano da redenção para a humanidade (1 Pedro 1:12).

O amor de Deus pelas pessoas é surpreendente — especialmente se considerarmos que ajudar as pessoas é muitas vezes difícil, cansativo, e cheio de inquietações. As pessoas são instáveis — boas, uma hora, e más, em outra. Olhe para o rei Davi, para o apóstolo Pedro, para mim. Somos consistentemente inconsistentes!

No entanto, na Palavra de Deus encontramos histórias semelhantes às de Lucas 15:11-31. Veja o padrão:

• *O homem desobedece a Deus* — O filho mais novo desobedeceu ao pai. O filho mais velho aparentava obedecer ao seu pai, mas por dentro, estava descontente com ele (vv.13,29-30).

• *Deus inicia a reconciliação* — O pai saiu para encontrar os dois filhos (vv.20,28). Seu coração estava "com muita pena" (v.20). E ele se humilhou e insistiu (v.28) com o seu filho mais velho para se alegrar com ele na reunião familiar.

• *Duas reações* — O filho mais novo se arrependeu, enquanto o mais velho recusou-se a se alegrar com sua família a despeito dos pedidos de seu pai.

O amor de Deus pelas pessoas deveria ser exemplo nítido para nós. Ao compreendermos o pulsar de Seu coração, somos impulsionados a amar as outras pessoas. O apóstolo Paulo captou o coração de Deus e o ministério que Ele nos deu ao escrever: "Portanto, estamos aqui falando em nome de Cristo, como se o próprio Deus estivesse pedindo por meio de nós. [...] deixem que Deus os transforme de inimigos em amigos dele" (2 Coríntios 5:20). —Poh Fang Chia

oportunidade para alegria

leia›
Tiago 1:1-12
Meus irmãos, sintam-se felizes quando passarem por todo tipo de aflições (v.2).

examine›
Irmãos, queremos que vocês saibam a verdade a respeito dos que já morreram, para que não fiquem tristes como ficam aqueles que não têm esperança (1 Tessalonicenses 4:13).

considere›
Quando Deus lhe deu alegria em meio à dor da vida? Como as palavras de Jesus o encorajam quando você enfrenta o sofrimento?

Algumas vezes a Bíblia me confunde. Por exemplo, o livro de Tiago começa nos dizendo que, quando dificuldades aparecem, "sintam-se felizes" (Tiago 1:2). Verdade? "Felizes?" Eu não sei como é com você, mas algumas vezes até mesmo uma pequena alegria pode ser rara.

Já me perguntei como um verso como esse se aplica quando alguém que gostamos morre. Pessoalmente, não acho que tenha sentido tanto pesar, quanto quando a esposa de meu irmão morreu de câncer. A dor que senti e que vi em meu irmão e seus filhos, algumas vezes, foi insuportável. Então, quando perdemos alguém que morre, a Bíblia nos diz para pararmos de sofrer e simplesmente ficarmos felizes? Graças a Deus, não. Nossa reação natural quando alguém morre é ficar tristes. Jesus mesmo chorou a perda de Seu querido amigo Lázaro (João 11:35). Mas, para aqueles que conhecem Jesus, a tristeza não é o fim da história.

Poucas horas antes de ser torturado e morto na cruz, Jesus informou Seus seguidores: "...vocês vão chorar e ficar tristes, mas as pessoas do mundo ficarão alegres. Vocês ficarão tristes, mas essa tristeza virará alegria" (João 16:20). Opa — *tristeza que se transforma em alegria. Aí está novamente.* Mas como isso é possível? Jesus continua dizendo "...agora estão tristes, mas eu os verei novamente. Aí vocês ficarão cheios de alegria, e ninguém poderá tirar essa alegria de vocês" (João 16:22).

Como cristãos, podemos olhar para a morte de modo diferente. Isso não remove, hoje, o tormento de nossa perda, mas a esperança de um grande encontro com aqueles que se foram antes de nós traz um verdadeiro sentimento de alegria que nos sustenta em toda a nossa dor.

—Jeff Olson

discórdia na família

leia>
Provérbios 6:12-19
O servo do Senhor não deve andar brigando, mas deve tratar todos com educação. Deve ser um mestre bom e paciente (2 Timóteo 2:24).

examine>
- Romanos 16:17-20
- 2 Timóteo 2:23-25
- Tito 3:10-11

considere>
Como você deveria lidar com uma pessoa que causa divisões em sua igreja ou grupo de comunhão? O que deveria dizer-lhe?

Um estudo feito em 2009 comprovou que homens e mulheres pecam de maneira diferente. Constatou-se que o principal pecado dos homens é a luxúria, seguido de gula, preguiça, ira, orgulho, inveja e avareza. Das mulheres, a lista de pecados por ordem de frequência é orgulho, inveja, ira, luxúria, gula, avareza e preguiça. Esses sete pecados foram formulados por Gregório, o Grande, nos anos 600 d.C. Porém, é errado dizer que há somente sete pecados mortais, pois todos eles são mortais (Romanos 6:23; Tiago 1:15).

O rei Salomão listou sete pecados detestáveis para Deus (Provérbios 6:17-19). Contrário ao entendimento popular, ele não afirma que existem somente sete pecados específicos que Deus detesta, pois todos lhe são detestáveis! Na Bíblia, o padrão numérico "seis [...] sete" (Jó 5:19; Provérbios 30:15-16,18-19,21-31) não fornece uma lista completa. Em vez disso, esses padrões expõem todos os itens por igual, apontando para o item final — "a pessoa que provoca brigas entre amigos" (6:19) — como o ponto culminante dos itens anteriores.

Em Provérbios 6, a passagem está agrupada em mentirosos que "espalham confusão por toda parte" e os que "provoca[m] brigas entre amigos" (vv.12,14,19) e descreve as atitudes e ações daquele que causa divisões. A pessoa que causa divisões é má (v.12), enganosa (v.13), perversa (v.14), orgulhosa (v.17) e tem um coração ruim (v.18). Semeia discórdia através de ações hipócritas e palavras enganosas (vv.12,13,17,19). Tal pessoa não tem valor para a comunidade e será severamente punida (vv.12,15), pois atrai sobre si a ira de Deus (v.16).

Um encrenqueiro pode destruir a unidade da igreja. Somos lembrados: "Mande embora a pessoa orgulhosa e acabarão os desentendimentos, as discussões e os xingamentos" (Provérbios 22:10). —K. T. Sim

verdadeiro arrependimento

leia›
Jeremias 26:18-19
Ezequias temeu o SENHOR e procurou ganhar o seu favor (v.19).

examine›
- Salmo 51:1-12
- 1 João 1:9

considere›
Por que você seria tentado a ser evasivo ao invés de simplesmente se arrepender? O que precisa trazer a Deus em arrependimento verdadeiro?

Hoje meu filho mentiu para mim. Os detalhes não eram tão importantes, mas suas tentativas de escapar da infração sem confessar tudo me deixaram preocupado. Certa autora, escrevendo sobre "confissões" vagas, disse que imagina "Deus como um professor astuto [debruçado] sobre a mesa e [dizendo], nada gentil, 'Poderia ter o trabalho de me dizer o que você quer dizer?'"

Os profetas são personagens bíblicos que parecem sempre estar no centro da briga, censurando o povo de Deus severamente por seus pecados, citando nomes — fazendo quase todos se sentirem desconfortáveis. Todos gostavam do profeta, conquanto ele ou ela anunciassem bênçãos e bons dias pela frente. O verdadeiro profeta, entretanto, era o porta-voz de Deus — e Deus está sempre ocupado em descobrir lugares escondidos de rebelião, desonestidade e idolatria.

Certa ocasião Deus fez Miqueias anunciar ao povo de Israel que, devido à sua teimosa recusa em obedecer, seria "...arado como um campo" (Miqueias 3:12). Terríveis palavras.

Como reagimos quando Deus aponta nossos caminhos voluntariosos? Esquivamo-nos, nos contorcemos e damos explicações por termos agido tão mal? Nos escondemos ou nos livramos de nossa responsabilidade, recusando-nos a confessar francamente o nosso pecado?

O rei Ezequias e Israel escolheram o caminho mais difícil, aquele que leva à humildade e ao arrependimento. "Ezequias temeu o SENHOR e procurou ganhar o seu favor" (Jeremias 26:19). Sem barganhas, sem disputa. Só um direto: "Eu estava errado, sinto muito."

A antiga confissão da igreja exprime acertadamente: "Deus misericordioso, confessamos que pecamos contra Ti [...] Realmente sentimos muito e humildemente nos arrependemos." —Winn Collier

permanecer sentados

leia›
2 Coríntios 6:14-17
Não se juntem com descrentes para trabalhar com eles (v.14).

examine›
Tenha cuidado com o que você pensa, pois a sua vida é dirigida pelos seus pensamentos (Provérbios 4:23).

considere›
Se você é solteiro, que mudanças Deus está lhe pedindo em seus hábitos de namoro? Por que o casamento entre cristãos é importante? Se você é casado, que conselhos matrimoniais pode dar aos solteiros?

O vagão do trem estava abarrotado de pessoas irritadas. Devíamos ter chegado à nossa estação há quatro horas, mas a máquina do trem estava parada numa cidade distante. Exasperado, meu marido e eu planejamos sair do trem, alugar um carro e dirigir o restante do caminho para casa. Queríamos fazer alguma coisa, que não significasse permanecer em nossos assentos e esperar.

A espera às vezes nos leva a tomar atitudes impulsivas — especialmente em questões de namoro e casamento. O perigo está em abaixarmos nossos padrões em vez de "permanecer sentados" e esperar pelo melhor que Deus tem para nós.

A advertência de Paulo pode evitar muito sofrimento se a aplicarmos ao namoro. Ele disse, "Não se juntem com descrentes para trabalhar com eles" (2 Coríntios 6:14).

Se você for como eu, talvez conheça pessoas muito boas que pensam que Jesus é só mais um dos caminhos para o céu. Deus nos chama, no entanto, dizendo "...Saiam do meio dos pagãos e separem-se deles" (v.17). Portanto, considerar o casamento com alguém que não conhece Jesus é sinal de que devemos definitivamente *permanecer sentados.*

Quando se trata de namoro, precisamos evitar os que se chamam de cristãos e agem como pessoas sem nenhuma consciência espiritual. Paulo nos advertiu para não nos envolvermos com "...ninguém que se diz irmão na fé, mas é imoral, ou avarento, ou adora ídolos, ou é bêbado, ou difamador, ou ladrão" (1 Coríntios 5:11). Por mais difícil que possa ser, precisamos evitar o envolvimento romântico com pessoas que não estão no caminho de Cristo.

Embora ninguém goste de esperar, vale a pena honrar os padrões de Deus para o casamento. Fazendo isso, você poderá saltar de seu assento e correr para o altar, se Deus o estiver conduzindo para lá.
—Jennifer Benson Schuldt

Ele ainda cura

leia›
Tiago 5:13-18
Se algum de vocês estiver doente, que chame os presbíteros da igreja, para que façam oração e ponham azeite na cabeça dessa pessoa em nome do Senhor (v.14).

examine›
Ó SENHOR, meu Deus, eu gritei pedindo ajuda, e tu me curaste (Salmo 30:2).

considere›
Antes de ler esta passagem, qual era sua crença em relação à cura? De que maneira a soberania de Deus afeta a maneira como você irá orar pelas pessoas enfermas?

Há muitos anos, certa mulher de nossa igreja recebeu a notícia que nenhuma mãe grávida quer ouvir: "Seu bebê tem a síndrome de Down". O diagnóstico era inquietante e o prognóstico sombrio. A família chamou os presbíteros para orar por cura. Tivemos o privilégio de ungir a mãe e orar para que Deus interviesse de maneira sobrenatural. Vários meses mais tarde a mãe teve o bebê, e embora ele tivesse nascido com a síndrome, muitas das doenças previstas pelos médicos não se concretizaram.

O livro de Tiago 5:14-16 é claro em seu ensino sobre a oração e a unção dos doentes. Tiago forneceu alguns princípios valiosos para orientar os pensamentos, o debate e a prática cristã de orar pelos doentes.

• *Eles podiam e deviam orar por cura.* Tiago encorajou aqueles que estivessem doentes a buscar oração e unção. As pessoas deveriam orar com confiança por uma cura completa até que se tornasse óbvio que Deus estava agindo conforme a Sua vontade.

• *Os presbíteros, de maneira limitada, receberam autoridade para ser agentes de Jesus.* Isso não quer dizer que os presbíteros na igreja sejam excepcionalmente justos ou tenham poderes especiais de cura. Significa que têm o privilégio e a responsabilidade de orar pelos doentes em nome de Jesus.

• *O óleo não tinha nenhum poder especial.* Era apenas um sinal para auxiliar a fé ou um símbolo da presença do Espírito Santo — aquele que proporciona cura, conforto e confiança.

• *A soberania de Deus.* Tiago queria que os seus ouvintes entendessem que Deus não é obrigado a curar ninguém.

Deus ainda cura sobrenaturalmente (e através de meios naturais — usando os médicos e a medicina). É nossa responsabilidade sermos obedientes às Escrituras e orarmos por cura com fé e humildade.
—Marvin Williams

uma tragédia evitável

leia›
2 Pedro 1:3-11
O poder de Deus nos tem dado tudo o que precisamos para viver uma vida que agrada a ele (v.3).

examine›
- Lucas 7:36-47
- 1 Coríntios 15:1-11
- Efésios 4:32

considere›
É o pecado ou a falta de fé que o impede de aceitar a graça de Jesus e passá-la adiante? O que você precisa crer, e o que precisa fazer para se deleitar no perdão de Deus?

Marvin Schur congelou até a morte em sua própria casa. O homem de 93 anos devia muito dinheiro à companhia de eletricidade. Por falta de pagamentos, a companhia restringiu o seu uso de eletricidade, e quatro dias após isso, o seu corpo foi encontrado congelado. Duas semanas mais tarde, um procurador leu o testamento de Marvin, informando que ele deixara seiscentas vezes mais o valor de sua dívida para o centro médico local.

A morte de Marvin foi duplamente trágica. É horrível um senhor de idade congelar até a morte porque a companhia de energia elétrica cortou seu aquecimento. Dói mais ainda saber que ele poderia facilmente ter quitado a conta.

Assim como ele, muitas pessoas sofrem desnecessariamente pela falta de poder espiritual. A vida, a morte e a ressurreição de Jesus forneceram tudo o que é preciso "...para viver uma vida que agrada a ele", no entanto nunca usam sua fé para ter acesso a tal recurso.

Alguns gemem sob ondas de culpa, incapazes de aceitar o perdão divino e prosseguir com as suas vidas. Outros se chafurdam em abusos e sofrimentos, e se identificam com seu status de vítima, que se recusam a estender o perdão de Deus àqueles que os feriram.

Como o servo miserável na parábola de Jesus, nenhuma das partes tem consciência de que foi perdoada "...milhões de moedas de prata", e se agitam em autocomiseração agredindo qualquer um que lhes deva "...cem moedas de prata" (Mateus 18:23-35).

Uma vida desprovida de graça como essa é uma fuga da realidade (2 Pedro 1:9). A verdade é que Jesus veio ao nosso mundo e tornou Sua graça disponível a todos que a queiram aceitar.

Paremos de fingir e voltemos ao mundo real. Há graça suficiente no banco. Suficiente para pagar as suas dívidas e as dívidas das pessoas que pecaram contra você. —Mike Witmer

sou aceitável, não sou?

leia
1 João 3:1-5
Vejam como é grande o amor do Pai por nós! O seu amor é tão grande, que somos chamados de filhos de Deus e somos, de fato [...]. É por isso que o mundo não nos conhece, pois não conheceu a Deus (v.1).

examine
- Romanos 8:15-16
- Gálatas 4:4-7

considere
A que ponto você interage com Deus como seu Pai, que compartilha Sua herança com você? Enquanto cuida dos afazeres diários, como fará para se lembrar que é o filho querido de seu Pai?

Estava viajando no ônibus certa manhã, quando uma mulher mais velha, usando um vestido florido desbotado, entrou mancando no ônibus e sentou-se ao meu lado. Viajamos por algum tempo em silêncio, até a senhora fazer algo muito extraordinário. Virou-se, esticando a cabeça em direção ao meu rosto, e com seus olhos castanhos saltando e seus dentes manchados à mostra gritou, "Sou aceitável, não sou?"

Dei um pulo.

"Bem, é claro que é", eu disse, mentindo.

"Algumas pessoas me acham um pouco estranha", ela replicou.

"Ora, por que pensariam isso?" perguntei. Ela disse que não sabia, e silenciou novamente.

Após alguns minutos, cruzou o corredor e se sentou ao lado da outra única pessoa que estava no ônibus. Virou-se para ela e disse, "Sou aceitável, não sou?"

Fiquei imaginando quantas vezes aquela pergunta seria feita aquele dia. Ela ansiava tão desesperadamente por afirmação, que a buscava de qualquer estranho que encontrasse em seu caminho.

Estou bem? Sou aceitável? Inspiro amor? Todos nós fazemos perguntas como estas. O evangelho diz a todos os que aceitam a Jesus, que aceitam o Seu sacrifício por seus pecados, que Ele lhes dará o direito de se tornarem filhos de Deus (João 1:12-13). "Vejam como é grande o amor do Pai por nós", o apóstolo João exclama, "...somos chamados de filhos de Deus" (1 João 3:1).

Você tem a mais completa identidade em Jesus. Deus o Pai o adotou (Efésios 1:5), deu-lhe Seu Espírito e o tornou um herdeiro de Sua herança (Gálatas 4:6). Você pode até ser ridicularizado e rejeitado, pode não ser muito aos olhos do mundo, porém Deus olha para você e diz: "Meu filho."

"Sou aceitável, não sou?" perguntamos apreensivos.

"Em mim, sim, você é", o Pai responde.

E Ele não está mentindo. —Sheridan Voysey

a vista

leia›
Jó 38:1-18
Onde é que você estava quando criei o mundo? Se você é tão inteligente, explique isso (v.4).

examine›
Não sejam como eles, pois, antes de vocês pedirem, o Pai de vocês já sabe o que vocês precisam (Mateus 6:8).

considere›
Você já sentiu como se Deus não o visse? Por que precisamos olhar além do nosso campo de visão para encontrar a Sua perspectiva em nossas circunstâncias?

O *Olho de Londres*, que completou sua rotação inicial em março de 2000, proporciona aos visitantes uma extensa visão da capital da Inglaterra. Talvez por se parecer muito com uma enorme roda gigante, o *Olho* é o assunto de resenhas conflitantes. A moderna construção contrasta com a arquitetura histórica que a cerca.

Lembra-me da grandeza e clareza da visão que Deus tem dos eventos deste mundo, comparado às nossas finitas perspectivas. Porque em nossa natureza caída tendemos a nos preocupar somente com nós mesmos, facilmente nos absorvemos inteiramente no que vemos com nossos olhos. Em meio ao seu sofrimento, Jó ansiava por um contexto no qual pudesse colocar a profunda dor que experimentava. Confuso com o aparente silêncio de Deus, ele exclamou, "Ó Deus, eu clamo pedindo a tua ajuda, e não me respondes; eu oro a ti, e não te importas comigo" (Jó 30:20). A pergunta ecoa através dos séculos: Deus vê?

As Escrituras respondem claramente. Ele não só vê além do que conseguimos compreender, mas nada acontece em nossas vidas sem o Seu olhar atento (Jó 34:21; Salmo 34:15). A resposta de Deus para Jó não foi mostrar os porquês de seu sofrimento. Em vez disso, Ele chamou atenção à grandeza de Sua soberania. Embora Deus fosse mais do que capaz de deixar Jó permanecer nas cinzas, em vergonha e dor, Seu propósito era maior do que fazê-lo sentir sua pequenez. Se Deus é tão poderoso para conter os limites dos oceanos (38:8-11), então Ele tem a força necessária para nos sustentar em tudo — inclusive nas dores que convulsionam o nosso viver.

Somos a menina de Seus olhos (Deuteronômio 32:10 NVI; Zacarias 2:8). Sua perspectiva, entretanto, abrange respostas além da nossa compreensão. A paz vem em saber que Ele vê perfeitamente e antevê nossa necessidade (2 Coríntios 9:8-11). —Regina Franklin

ponto de Deus

leia›
Gálatas 1:11-24
Eu não o recebi de ninguém, e ninguém o ensinou a mim, mas foi o próprio Jesus Cristo que o revelou para mim (v.12).

examine›
O vento sopra onde quer, e ouve-se o barulho que ele faz, mas não se sabe de onde ele vem, nem para onde vai. A mesma coisa acontece com todos os que nascem do Espírito (João 3:8).

considere›
O que o Espírito Santo vem fazendo em sua vida? Como a presença do Espírito Santo afeta sua fé?

Recentemente, os cientistas anunciaram a identificação de pelo menos três "pontos de Deus" no cérebro humano. Eles creem que os mesmos segmentos em nossos lóbulos que nos permitem interpretar os estados de ânimo e as intenções das pessoas, nos ajudam a lidar com nossa "religiosidade". Isso nos faz pensar que os cientistas estão mais uma vez tentando minimizar a vida espiritual, como se esta fosse um fenômeno biológico (o cientista ateu Richard Dawkins crê que a religião é um vírus, passado de cérebro para cérebro).

O apóstolo Paulo não entendia nada sobre "pontos de Deus", mas sabia como reconhecer Deus trabalhando! No livro de Gálatas 1, reconheceu sua antiga vida de implacável perseguidor dos cristãos (v.13). Porém, algo incrível aconteceu. Através da intervenção divina, Paulo foi transformado de dentro para fora, ao receber Jesus como seu Salvador (vv.15-16).

A profunda mudança espiritual que Paulo experimentou foi obra do Espírito Santo (João 3:5). Paulo revelou mais tarde a origem de seus ensinos e escritos sobre Jesus, quando afirmou: "...Deus, por meio do Espírito, revelou o seu segredo. O Espírito Santo examina tudo, até mesmo os planos mais profundos e escondidos de Deus" (1 Coríntios 2:10). Em outro relato ele observou que os planos de Deus eram revelados a ele "por meio do seu Espírito" (Efésios 3:5).

"Pontos no cérebro" não podem explicar a extraordinária mudança que Deus fez em você e em mim. Somente a obra do Espírito pode explicar isso (João 14:16; 16:8).

Mesmo que muitos cientistas continuem a usar a pesquisa para reunir explicações naturais para nossa crença em Deus, a realidade da obra sobrenatural do Espírito Santo em nossas vidas é prova de Sua existência. Quando "avistar" o Espírito trabalhando em você e em outras pessoas, anime-se! —Tom Felten

orgulhoso demais para receber

leia›
Atos 20:32-35
Felizes as pessoas que sabem que são espiritualmente pobres, pois o Reino do Céu é delas (Mateus 5:3).

examine›
- Levítico 19:9-10
- Provérbios 22:9; 28:27
- Efésios 2:1-10

considere›
Como o orgulho pode estar impedindo que você receba bondade de outra pessoa? Você está deixando o orgulho impedi-lo de receber o dom da vida eterna?

Em sua igreja, Shaina frequenta o culto dos jovens adultos. Durante os últimos anos, o grupo procurou se comunicar com a comunidade de maneiras inovadoras. Quando cerca de 30 pessoas na igreja perderam seus empregos, ela e seus amigos recolheram donativos de alimentos entre as pessoas e estabelecimentos comerciais.

Espantaram-se com a generosidade. Muito rápido encheram um cômodo com mantimentos e marcaram hora para os desempregados "comprarem" de graça. No entanto, muitos não quiseram vir, embora tivéssemos necessidades financeiras.

"Sentimo-nos mal", disse Shaina. "Fizemos algo para ajudar as pessoas que realmente precisavam, e nosso sentimento era ótimo, mas alguns tiraram-nos algo especial, por serem orgulhosos demais para aceitar ajuda."

Quando Paulo, o apóstolo, foi a Jerusalém pela última vez, parou para encorajar os cristãos em Éfeso. Mencionou que nunca cobiçara a fortuna de outra pessoa e que sempre havia trabalhado muito. Porém, ao citar Jesus dizendo, "É mais feliz quem dá do que quem recebe" (Atos 20:35), sua declaração subentendia que realmente é bom receber. Se ninguém recebe, ninguém tem a bênção de dar. Deus usa os nossos tempos de necessidade para nos tornar humildes — e para permitir que outros gozem da bênção de dar.

Estamos todos necessitados de livramento espiritual. Sem Jesus, somos incapazes de nos salvar. Em carta aos Efésios, Paulo escreveu, "...quando estávamos espiritualmente mortos por causa da nossa desobediência, ele nos trouxe para a vida que temos em união com Cristo" (2:5). "...pela graça de Deus vocês são salvos por meio da fé [em seu Filho]..." (v.8).

No entanto, a maioria das pessoas é orgulhosa demais para receber o dom mais generoso de todos os tempos. Imagine como Jesus deve se sentir com isso. —Tim Gustafson

oração persistente

leia›
Lucas 18:1-8
Jesus contou a seguinte parábola, mostrando aos discípulos que deviam orar sempre e nunca desanimar (v.1).

examine›
Façam tudo isso orando a Deus e pedindo a ajuda dele. Orem sempre, guiados pelo Espírito de Deus. Fiquem alertas. Não desanimem e orem sempre por todo o povo de Deus (Efésios 6:18).

considere›
Que itens você tirou de sua lista de oração que deveriam ser colocados lá de volta? Como a nossa persistência revela devoção a Deus?

Uma pessoa anônima escreveu: "Ajoelhei-me para orar, mas por pouco tempo, pois tinha tanto o que fazer. Então ao ajoelhar-me, fiz uma oração apressada e levantei-me. Meu dever cristão estava feito; minha alma podia ficar em paz."

Vamos contrastar essa concepção de oração com as ações da viúva persistente, no livro de Lucas 18. São dramaticamente diferentes. A viúva não parava para fazer uma visita ao juiz apenas uma vez ou outra. Ela vinha até ele repetidamente (v.3). Sua alma não teria descanso até que seu caso fosse ouvido. Por quê? Porque ela não estava pedindo por algum favor especial, estava simplesmente buscando justiça.

Naqueles dias, era prática comum subornar um atendente para que sua disputa na corte fosse ouvida pelo juiz. A viúva era provavelmente muito pobre para isso. E mais, o juiz para quem ela estava fazendo a petição não temia a Deus, nem se importava com as pessoas (v.4). Então ela tinha todos os motivos para desanimar. Devido à sua persistência, porém, recebeu justiça (v.5).

Ora, antes de começarmos a pensar que Deus precisa ser importunado, convencido e subornado para que nossas orações sejam respondidas, importante, é compreender que esta parábola contrasta um juiz injusto com o Juiz que é verdadeiramente justo. Deus está ansioso para responder as orações de Seus filhos. Na verdade, Ele "...julgará a favor do seu povo e fará isso bem depressa!" (v.8; Mateus 7:11).

Frequentemente perdemos o ânimo quando oramos, por não compreendermos o tempo ou o propósito de Deus. Há, porém, um caminho melhor. Um escritor expressa bem isso: "Oração persistente é a demonstração de fé em Deus que, embora às vezes atrase em Suas respostas, agirá sempre com firmeza e justiça em respeito ao Seu povo." Continue orando! —Poh Fang Chia

o cinderella man

leia›
1 Samuel 16:1-13
Elas [pessoas] olham para a aparência, mas eu vejo o coração (v.7).

examine›
José ficou na prisão até que se cumpriu o que ele tinha dito. A palavra do SENHOR Deus provou que José estava certo (Salmo 105:19).

considere›
Como Deus usou um pequeno incidente em sua vida como área de treinamento para algo maior? Por que é importante aceitar a Palavra de Deus como autoridade suprema?

Na década de 1930, época em que os Estados Unidos entraram na Grande Depressão, o pugilista James Braddock sofreu um acidente com sua mão direita que o forçou a sair do boxe profissional. Estava difícil de ganhar dinheiro, e Braddock exerceu trabalhos humildes para poder pagar suas despesas.

Por fim, graças a desistência de um pugilista na última hora, Braddock teve uma nova oportunidade de lutar com o 2.° competidor do mundo. Ninguém acreditava que ele teria qualquer chance, mas Braddock chocou o mundo do boxe com uma vitória por nocaute no terceiro assalto.

A assombrosa vitória do Braddock ressuscitou sua carreira. Apelidado de *Cinderella Man*, Braddock conseguiu realizar uma das maiores viradas da história do pugilismo ao derrotar Max Baer pelo título mundial de pesos pesados.

O Antigo Testamento conta a história de outro *Cinderella Man*. Após ter informado Saul de que Deus o tinha rejeitado como rei de Israel, Deus enviou Samuel para Belém para ungir um dos filhos de Jessé como próximo governante (1 Samuel 16:1). Quando Samuel avistou o filho mais velho de Jessé, pensou que esse fosse, sem dúvida, o escolhido (1 Samuel 16:6). Deus, porém, disse a Samuel, "Não se impressione com a aparência nem com a altura deste homem. Eu o rejeitei porque não julgo como as pessoas julgam. Elas olham para a aparência, mas eu vejo o coração" (1 Samuel 16:7).

Por fim, Deus guiou Samuel até o filho mais moço de Jessé, que havia sido relegado à tarefa de cuidar das ovelhas. Exteriormente não tinha aparência de rei, mas Deus viu algo se desenvolvendo no interior do coração desse jovem pastor que ninguém havia visto.

Às vezes, você se sente como se estivesse na posição do *homem Cinderella*? Anime-se e esteja pronto para aprender. Deus pode estar lhe dando tarefas menores como área de treinamento em sua preparação para uma posição muito maior. —Jeff Olson

árvore genealógica

leia
Mateus 1:1-17
...não existe diferença entre judeus e não judeus, entre escravos e pessoas livres, entre homens e mulheres: todos vocês são um só por estarem unidos com Cristo Jesus (Gálatas 3:28).

examine
- Romanos 1:16-17
- Romanos 10:12-15

considere
Como o aprendizado da história dessas mulheres o encoraja em seu posicionamento diante de Deus? Como a graça maravilhosa de Deus mudou sua vida e seu futuro?

Minha filha recebeu um projeto escolar que pedia para traçar sua árvore genealógica. Ela solicitou minha ajuda para descobrir nossa ascendência. Infelizmente, só fui capaz de identificar os membros da família que pertenceram às três gerações anteriores!

A árvore genealógica do nosso Senhor Jesus foi preservada pelo Espírito Santo, traçando Sua ascendência até Abraão (Mateus 1:1-17) e a Adão (Lucas 3:23-38). No livro de Mateus 1, Deus incluiu cinco nomes que deveriam nos surpreender muito, pois estes eram nomes de mulheres, e geralmente elas não são incluídas nas genealogias judaicas:

Tamar foi uma cananita que enganou seu sogro para que dormisse com ela, e assim deu seguimento à linhagem de Judá com o nascimento dos gêmeos Peres e Zera (Gênesis 38:6-30). Peres, com um nascimento incomum (Gênesis 38:27-20), tornou-se um ancestral do Senhor (Mateus 1:3).

Raabe era uma prostituta canaanita (Josué 2; 6:17) que se tornou mãe de Boaz, o tataravô do rei Davi (Mateus 1:5; Rute 4:21-22).

Rute era uma moabita amaldiçoada (4:5; Deuteronômio 23:3-4) e uma viúva pobre e desamparada (Rute 2:2) que arriscou sua reputação para propor casamento a Boaz no lugar onde se batem os grãos, durante as festividades da colheita (Rute 3). Ela se tornou a tataravó de Davi (Mateus 1:5-6). Bate-Seba era uma hitita (2 Samuel 11:3) que através de uma rede de adultério, traição, engano e assassinato (2 Samuel 11–12) gerou o filho de Davi, Salomão (Mateus 1:6).

Maria era uma virgem judia que suportou o escândalo de uma gravidez inexplicável por toda a sua vida. Ela se tornou mãe de Jesus (Mateus 1:18-25).

Estas mulheres foram redimidas e honradas como ancestrais do Messias. Jesus veio a ser o Salvador de judeus e gentios perdidos no pecado.

—K. T. Sim

aquele que cura

leia›
Número 21:4-9
...Faça uma cobra de metal e pregue num poste. Quem for mordido deverá olhar para ela e assim ficará curado (v.8).

examine›
- Isaías 61:1-3,10-11
- Lucas 4:14-19
- João 3:14-15

considere›
Você sente-se mais tentado a olhar para si mesmo quando precisa de ajuda? O que aconteceria se, em vez disso, você olhasse para Jesus?

Abre meu olhos, Senhor, para que eu veja.
Abre meus ouvidos, Senhor, para que eu ouça.
Abre Senhor, meu coração e minha mente
para que eu compreenda.
E assim me voltarei ao Senhor e serei curado.
—oração tradicional

Todos os anos na época da Páscoa, minha esposa e eu escolhemos algo que o outro deve abandonar. Ano passado, ela desistiu do chocolate, mas para mim ela escolheu ...o medo. A escolha foi difícil — não é assim, como se pudéssemos nos livrar do medo que está no armário. Descobri que meu temor é uma maneira (dentre outras) de ficar obcecado comigo mesmo, perdendo-me em meu mundo interior, decifrando todos os meus sentimentos válidos (ou inválidos). Minha introspecção me impede de olhar para Jesus, o único que é capaz de curar minha aflição.

Durante os anos de peregrinação de Israel, o povo reclamava de Deus, crendo que eles iriam "morrer [...] no deserto (Números 21:5). Como de costume, tentavam tomar a situação em suas próprias mãos, estabelecer uma aliança proibida ou construir um deus falso e armar planos para o retorno ao Egito.

Mas Deus, em santa ira, usou serpentes venenosas para trazer Seu povo à razão. Deus fez Moisés construir uma serpente de bronze e suspendê-la no alto de uma vara. Depois de ser mordido por cobras, o povo simplesmente "olhava para a cobra de bronze e ficava curado" (v.9). Se olhassem para si mesmos, seus vizinhos — ou até mesmo Moisés — morreriam. Mas se o povo apenas levantasse os olhos para o presente de seu Deus, ganhariam vida.

Olhar para o interior é atraente. Faz-nos sentir como se estivéssemos no controle. Esse caminho sedutor sabota nossa humilde postura de nos apresentarmos — humilhados e necessitados de misericórdia — ao nosso Redentor. Jesus veio porque estamos falidos, não porque estamos nos virando bem sozinhos. —Winn Collier

quente demais

leia
Juízes 15:1-8
Não deixem que o mal vença vocês, mas vençam o mal com o bem (Romanos 12:21).

examine
Não se vingue, nem guarde ódio de alguém do seu povo, mas ame os outros como você ama a você mesmo. Eu sou o SENHOR (Levítico 19:18).

considere
A vingança pode ocorrer de pequenas ou grandes maneiras. No passado, como você se vingava? Por que é tão difícil permitir que Deus acerte as contas?

É difícil imaginar que alguém pudesse decidir detonar seu apartamento até os cacos. Entretanto, isso aconteceu em Lisboa, Portugal, pois um homem fez exatamente isso — arruinou parte de um edifício de cinco andares onde vivia.

O maluco incendiário tinha sido recentemente despejado, e, de acordo com um bombeiro que atendeu ao incêndio que se seguiu, "Ele ameaçara os vizinhos de que explodiria o lugar caso fosse despejado."

Não se deve brincar nem com vingança nem com fogo — é quente demais para manejarmos — Por esse motivo, Deus nos diz: "...Eu me vingarei, eu acertarei contas com eles, diz o Senhor" (Romanos 12:19).

Quando sentimos o desejo de retaliar, apresentamos o mal que nos foi feito como desculpa para ferir outras pessoas. Sansão fez isso quando seu sogro filisteu entregou sua mulher a outro homem. Enfurecido, declarou, "...Desta vez eu não sou responsável pelo que fizer com os filisteus" (Juízes 15:3).

Sansão teve um pequeno ataque de piromania. Ajuntou 300 raposas, amarrou suas caudas de duas em duas, atou uma tocha a cada par de carnívoros e os soltou nos campos de cereais dos filisteus.

Infelizmente, a vingança produz mais vingança. Em retaliação, os filisteus "...queimaram viva a mulher de Sansão e a família dela" (v.6). Quando Sansão descobriu isso, afirmou, "...eu juro que não descansarei até que [os filisteus] paguem por isso!" (v.7). Ele os atacou mais uma vez, antes de tornar-se um solteirão cujo endereço era uma caverna.

Quando tentamos acertar as contas, frequentemente nos ferimos, e ferimos também quem amamos, com as pessoas que queremos atingir. Por essa razão os cristãos nunca devem pagar a ninguém "...o mal com o mal" (Romanos 12:17). É muito perigoso. Em vez disso, devemos deixar as brasas quentes da vingança nas mãos do nosso justo Deus.

—Jennifer Benson Schuldt

cristãos subversivos

leia
Romanos 10:5-13
Se você disser com a sua boca: "Jesus é Senhor" e no seu coração crer que Deus ressuscitou Jesus, você será salvo (v.9).

examine
O SENHOR, que criou os céus, é o único Deus. Ele fez a terra, [...], e a colocou no seu lugar. [...] O SENHOR Deus diz: "Eu sou o SENHOR, e não há outro deus..." (Isaías 45:18).

considere
Por que a mensagem "Jesus é o Senhor" era vista como ameaça? Sem minimizar as alegações de Jesus, o que fazer para comunicar a beleza do evangelho?

Os antigos romanos eram pessoas muito boas. É certo que suas responsabilidades exigiam certa demonstração de poder, mas dado o grande território que governavam, era de seu interesse manter todos felizes.

Uma maneira de fazer isso era honrar os deuses de cada um deles em seu reino. Roma construiu o Panteão, que significa literalmente "todos os deuses", de maneira que todos os grupos sentiriam que seu deus era respeitado.

Todos se sentiam bem com esse arranjo, exceto os judeus, a quem os romanos mantinham na Palestina, e os cristãos, que se estenderam para além das fronteiras de Israel e se tornaram internacionais. Os cristãos insistiam que somente eles adoravam o único verdadeiro Deus.

Coloque-se nas sandálias do imperador. O que você faz com pessoas assim? Você os persegue. Você não quer fazer isso, e pensa, "Por que eles simplesmente não se ajustam?" Mas você também sabe que, se deixar a mensagem divisora dos cristãos continuar, não demorará muito até o frágil tecido de seu império multicultural ser destruído. Então, por amor ao seu reino, os cristãos devem ir.

Os cristãos de hoje têm a mesma mensagem: "Jesus é Senhor". Estamos vivendo, também, na mesma espécie de mundo multicultural e variado. Recebemos muitos benefícios de nossa aldeia global que cada dia torna-se menor. Gostamos de encontrar pessoas diferentes, aprender seus costumes, e comer sua comida.

Mas o que não nos permitem dizer — e que perigosamente parece causar divisão em nosso mundo pluralístico — é que Jesus é o único caminho para Deus (João 14:6; Atos 4:12). Os cristãos do primeiro século não desistiam deste direito, mas humilde e agressivamente anunciavam que Jesus, não César, é o único Senhor do mundo. Agora é a nossa vez. —Mike Wittmer

Jesus arma um tumulto

leia
João 2:12-17
O meu amor pela tua casa, ó Deus, queima dentro de mim como fogo (v.17).

examine
- Lucas 11:37-46
- Lucas 13:14-16

considere
Qual a diferença entre a ira de Jesus e a ira que muitas vezes você tem em si mesmo? Com o que Ele se ira? Como você deveria refletir o mesmo espírito?

O som pesado dos cascos batendo ecoam na praça. Espirais de poeira sobem pelo ar. Ovelhas balem, pombas ruflam as asas, e comerciantes falam em voz alta. Ele ordena: "Parem de fazer da casa de meu Pai um mercado!" O Príncipe da Paz está armando um tumulto.

Ele brande as cordas e vira as mesas (Mateus 21:12); a multidão se divide como o Mar Vermelho. As mães agarram suas crianças em choro. Uma gaiola vira e as pombas saem voando — uma oferta enviada aos céus por um Salvador empunhando um chicote.

Às vezes entendemos Jesus mal. Pensamos em um Salvador sereno e doce "um Menino que acorda", um meigo e manso nazareno "e que Ele não chora", e nos esquecemos que alguns no tempo de Jesus pensavam ser Ele João Batista ou Elias ressuscitado (Marcos 8:28). Não pensavam que o Filho de Deus fosse algum manso guru de amor, paz e harmonia. Ele era comparado a um profeta selvagem, trovejante, comedor de gafanhotos.

Com certeza, Jesus era um mestre de amor. A limpeza que fez no Templo não foi nenhum protesto contra o comércio. Os cambistas haviam se estabelecido no Átrio Exterior do Templo — o único lugar onde as mulheres e os gentios tementes a Deus podiam adorar. Esse ato desrespeitava tanto a Deus como o adorador. A reação de Jesus foi uma ardente demonstração de amor por ambos. E Jesus era certamente um profeta de paz — ensinando a dar a face e a amar os inimigos. Mas isso não contradizia Sua feroz confrontação do erro. Como Dorothy Sayers disse: "Seja qual fosse a sua paz, não era a paz que demonstrava aceitação cordial."

Jesus então, seria portador de uma personalidade poderosa, indignada e apaixonada — a única espécie digna de nossa total lealdade e confiança. Pois que Salvador faria de conta que não vê a ganância e a injustiça? E que Deus poderia ser adorado se tivesse mostrado "indiferença cordial" aos injustiçados? —Sheridan Voysey

muito amado

leia
1 Coríntios 13:3-13
Quem ama não fica alegre quando alguém faz uma coisa errada, mas se alegra quando alguém faz o que é certo (v.6).

examine
Pelo contrário, falando a verdade com espírito de amor, cresçamos em tudo até alcançarmos a altura espiritual de Cristo, que é a cabeça (Efésios 4:15).

considere
Por que a verdade é necessária para o crescimento? Em que ocasião você ouviu palavras duras proferidas por um amigo? Como você reagiu?

"O verdadeiro amigo não duvida, mas espera."

Apesar de vários filmes baseados em livros deixarem muito a desejar, a produção de *Emma*, de Douglas McGrath, em 1996, retrata vividamente os adoráveis personagens de Jane Austen, Emma e seu amado sr. Knightly. A força do relacionamento, entretanto, vem dos escritos de Austen ao revelar os desejos de cada coração — de não apenas ser amado, mas ser verdadeiramente amado. Sendo um homem de convicções, o sr. Knightly assegura à Emma que sua severa crítica ao comportamento inaceitável dela não significa rejeição, mas a convicção de que existem coisas melhores em seu interior.

O crescimento espiritual não acontece sem um confronto com a verdade. Em João 14:6, Jesus disse, "Eu sou o caminho, a verdade e a vida; ninguém pode chegar até o Pai a não ser por mim." Muito mais do que informação verdadeira, a verdade divina é inseparável de amor de Deus. Exigiu o sacrifício da cruz; e tornou o amor possível.

Jesus nos ama o suficiente para falar diretamente conosco. E Ele assim o faz para que nossos pés sejam firmados na rocha sólida de Sua Palavra. Em retribuição, devemos estar dispostos a amar as outras pessoas *em verdade*.

A verdade não é fácil de ouvir, e as palavras duras ferem. No entanto, o amor subsiste aos detalhes. "O amigo quer o nosso bem, mesmo quando nos fere; mas, quando um inimigo abraçar você, tome cuidado!" (Provérbios 27:6). O amor anseia pela retidão e trilha o difícil caminho de falar a verdade encontrada na Palavra de Deus. Cometemos grande injustiça ao corpo de Cristo quando fingimos que o pecado não existe (Efésios 4:25).

A força de Deus torna-se atuante em nossas vidas quando praticamos o Seu chamado à verdade de duas maneiras. Devemos estar dispostos a anunciar (Provérbios 27:17) e receber (Salmo 141:5). O amor de Deus conduz-se em verdade. Menos que isso não é realmente amor.

—Regina Franklin

salto alto religioso

leia
Mateus 15:1-11
Todos nós nos tornamos impuros, todas as nossas boas ações são como trapos sujos. Somos como folhas secas; e os nossos pecados, como uma ventania, nos carregam para longe (Isaías 64:6).

examine
Leia Isaías 64:1–65:1-5 para entender a observação do profeta sobre o seu povo "religioso" e como Deus agiu com eles. Leia Romanos 4:4-5 para ver o que Deus considera ser verdadeiramente justo.

considere
Com que você conta para justificar-se diante de Deus? Como o seu comportamento pode impedir outras pessoas de crer em Jesus?

A estudante de letras deixou o professor impressionado com sua aplicação nos estudos. Quando, porém, a turma excursionou para um treinamento cultural, ele nem mesmo a reconheceu. O motivo? Na sala de aula, ela escondia os saltos de 13 centímetros sob suas calças compridas. Em suas botas confortáveis, não media nem mesmo um metro e meio. "Meus saltos são como quero ser", ela riu. "Mas minhas botas são como realmente sou."

Felizmente, estatura física não significa como somos realmente. Se estivermos mascarando o que achamos ser uma falha física, pode ser perigoso ou não. Porém, ao tentarmos esconder nossas falhas espirituais, as consequências são eternamente fatais.

Jesus tinha palavras duras para os mestres do disfarce — os líderes religiosos obcecados pelas aparências, mas negligentes em seus corações. Um dia, alguns deles lhe perguntaram por que Seus discípulos não lavavam as mãos antes de comer, como as tradições religiosas impunham. Jesus respondeu com uma pergunta: "...por que é que vocês desobedecem ao mandamento de Deus e seguem os seus próprios ensinamentos?" (Mateus 15:3). Citando Isaías, Jesus disse, "...Este povo com a sua boca diz que me respeita, mas na verdade o seu coração está longe de mim. A adoração deste povo é inútil, pois eles ensinam leis humanas como se fossem meus mandamentos (vv.8-9).

O profeta Isaías compreendeu como até mesmo "...nossas boas ações são como trapos sujos" (64:6). O problema daquele tempo e do nosso, é que pessoas que parecem seguir Deus podem, na realidade, ser as que estão mais longe dele. E aqueles que parecem menos religiosos podem ser os que estão mais próximos do Seu coração.

Somente Deus através da justiça do Seu Filho, pode nos dar um coração limpo que corta infinitamente mais profundo do que todas as nossas aparências. Encontraremos a Sua ajuda ao admitirmos que dela necessitamos. —Tim Gustafson

templo de tolerância

leia>
1 Pedro 3:13-17
...Estejam sempre prontos para responder a qualquer pessoa que pedir que expliquem a esperança que vocês têm. Porém façam isso com educação e respeito (vv.15-16).

examine>
Assim também a luz de vocês deve brilhar para que os outros vejam as coisas boas que vocês fazem e louvem o Pai de vocês, que está no céu (Mateus 5:16).

considere>
Como a nossa cultura vê a tolerância? Nessa cultura, como ser sal e luz para Cristo?

Um noticiário apresentou a situação de uma escola cristã forçada a se mudar porque um grupo de cidadãos locais sentia que era "proselitista". Como os alunos e a equipe estavam impondo sua fé a outros? Eles louvavam e oravam em voz alta dentro da propriedade escolar. As pessoas que provocaram a mudança da escola parecem bem intolerantes, hein?

Hoje em dia parece que há tolerância a todas as ideias e práticas concebíveis, exceto as que têm um toque de cristianismo. É verdade, entretanto, que a mensagem de Jesus não se mistura bem com a definição moderna de tolerância, porque Ele disse: "Eu sou o caminho, a verdade e a vida; ninguém pode chegar até o Pai a não ser por mim" (João 14:6).

Então, como expressamos nossa fé em Jesus numa sociedade que cultua no templo da tolerância? Pedro nos dá uma fórmula útil: Faça o bem: Talvez você sofrerá por sua crença, mas sua vida exemplar dirá muito a outras pessoas (1 Pedro 3:13-17); *Esteja preparado:* Prepare-se para compartilhar sua fé, sabendo em que crê (v.15); *Seja respeitoso:* Não retribua mal com mal, mas seja gentil e cortês ao defender sua fé (v.16).

Pedro viveu durante um tempo de pluralismo e tolerância. Mas, devido às afirmações de Jesus, ele e outros cristãos foram perseguidos. Quando a receita do apóstolo não foi acolhida com entusiasmo, ele prosseguiu com esperança em dias futuros, pois escreveu: "...se alguém sofrer por ser cristão, não fique envergonhado, mas agradeça a Deus o fato de ser chamado por esse nome" (4:16).

Não podemos contar com uma cultura que define a tolerância como: tudo é permitido, desde que não vá contra minhas crenças. No entanto, podemos nos esforçar para respeitosamente, apresentar a nossa fé em Jesus para outras pessoas. —Tom Felten

retratos de Jesus

leia›
Lucas 1:1-4
...Muitas pessoas têm se esforçado para escrever a história das coisas que aconteceram entre nós (v.1).

examine›
- João 20:29-31
- 2 Pedro 1:16-21
- 1 João 5:13

considere›
Qual dos evangelhos teve o maior impacto em você? Por quê? Como Jesus sendo retratado em cada um dos livros de maneira diferente o ajuda a compreendê-lo e entender Seus ensinamentos mais plenamente?

A história de Jesus é apresentada em quatro evangelhos diferentes, cada um abrangendo Sua vida da perspectiva singular de cada escritor. Tem-se dito que Mateus apresenta Jesus como o *Rei* que vem reinar e governar; Marcos retrata o *Servo* que vem para servir e sofrer; Lucas descreve o *Filho do Homem* que vem para repartir e se compadecer; e João apresenta o *Filho de Deus* que vem para revelar e redimir. A maior parte dos evangelhos apresenta as genealogias que realçam quem Ele é.

Mateus traça os ancestrais de Jesus, de Davi a Abraão, apresentando o direito de Jesus ao trono como um descendente direto de Davi, o maior rei que tiveram, e Abraão, o pai fundador da nação judaica (Mateus 1:1-19).

É reveladora a ausência de uma genealogia no evangelho de Marcos, que o retratou como um servo (Marcos 10:45). Talvez a linhagem de um servo seja modestamente ignorada.

Lucas mencionou pessoas e eventos históricos comprovados (Lucas 1:1-4; 2:1-2). Neste livro, a genealogia de Jesus é intencionalmente citada a partir de sua maturidade humana — traçada de volta até Adão. Estabelece a identidade de Jesus como parte da raça humana, como totalmente homem (Lucas 3:23-38).

João nos deu uma genealogia muito diferente — a revelação divina de Jesus como Filho de Deus. João sondou a eternidade passada e reafirmou a deidade de Jesus, revelando que Ele é a segunda pessoa da Divindade (João 1:1-5). Então, Jesus era também totalmente Deus, que entrou na história humana como um homem (João 1:14).

João mesmo explicou: "Mas estes foram escritos para que vocês creiam que Jesus é o Messias, o Filho de Deus. E para que, crendo, tenham vida por meio dele" (João 20:31). —K. T. Sim

a hora certa?

leia
Eclesiastes 3:1-13
Tudo neste mundo tem o seu tempo; cada coisa tem a sua ocasião (v.1).

examine
Tu me viste antes de eu ter nascido. Os dias que me deste para viver foram todos escritos no teu livro quando ainda nenhum deles existia (Salmo 139:16).

considere
Você está preso a alguma culpa inútil — achando que não está trabalhando o suficiente para servir a Deus? A sua fé o libertou para servi-lo?

Conheci cristãos que lutavam contra um sentimento de culpa por se recusarem a assumir uma nova responsabilidade na igreja ou numa organização paraeclesiástica. Muitos achavam que ao não concordarem em fazer algo a mais, deixavam de "andar pela fé". Contudo, todas essas pessoas têm bons motivos para serem cautelosas ao estabelecer suas prioridades. Algumas delas estão no processo de transição da vida de solteiro para a de casado, da vida de estudante para o mercado de trabalho.

Em Eclesiastes 3:1-8, a sabedoria reconhece que tudo tem seu tempo — nas atividades humanas e na esfera da natureza. Há "tempo de procurar [emprego, casamento e novos amigos] e tempo de perder" (v.6). Chega uma época da vida em que devemos abrir mão de certos compromissos e concentrar nossa energia em outras tarefas — deixando de lado o que fazíamos no passado. Por exemplo, a mãe não deveria se sentir culpada por investir tempo cuidando do seu filho e não dispor de tanto tempo para servir na igreja como antigamente. É necessário que experimentemos estes momentos de mudanças.

Apesar de toda atividade ter um tempo determinado, somente Deus pode saber realmente que tempo é esse (vv.9-11). Nossa responsabilidade é tomar as melhores e mais sábias decisões e "...quando vocês comem, ou bebem, ou fazem qualquer outra coisa, façam tudo para a glória de Deus" (1 Coríntios 10:31).

J. I. Packer escreveu: "Devemos abandonar a falsa ideia de que a fé é demonstrada somente através do que fazemos para Deus. Com certeza, uma fé ativa e em crescimento produzirá frutos na vida de um cristão, mas na verdade, a fé bíblica demonstra aquilo que Deus, em Seu poder e graça, está fazendo por nós, em nós, e através daquele que crê em Deus."

Andamos pela fé quando confiamos em Deus para que Ele trabalhe em e através de nossas vidas — em tudo que fazemos. —Poh Fang Chia

pessoas incomuns

leia
2 Coríntios 3:12-18
...todos nós, com o rosto descoberto, refletimos a glória que vem do Senhor. Essa glória vai ficando cada vez mais brilhante e vai nos tornando [...] mais parecidos com o Senhor, que é o Espírito (v.18).

examine
...não tenham [...] mancha. Sejam filhos de Deus, vivendo sem nenhuma culpa no meio de pessoas más, que não querem saber de Deus. No meio delas vocês devem brilhar como as estrelas no céu (Filipenses 2:15).

considere
Como o fato de perceber que você é feito à imagem de Deus o inspira? Que obra transformadora Deus tem feito em sua vida?

No livro *O Peso de Glória*, C. S. Lewis faz uma afirmação surpreendente a respeito da humanidade: "Não existem pessoas comuns," escreve Lewis, "você jamais falou com um mero mortal". Uau! Esse sim é um pensamento agradável — especialmente para aqueles de nós que às vezes, na melhor das hipóteses, nos sentimos comuns. Será mesmo verdade que temos uma grandeza escondida?

Só precisamos abrir as primeiras páginas da Bíblia para descobrir que os seres humanos são tudo, exceto comuns. O primeiro capítulo de Gênesis diz que os seres humanos são a única peça da criação que tem a ilustre honra de ser criada à Sua semelhança (Gênesis 1:26-27).

Francis Schaeffer, contemporâneo de C. S. Lewis, declarou: "Não há revelação mais importante dada a respeito do homem do que o fato de que ele carrega a imagem de Deus." Como "descendência" de Deus nós somos marcados pela gloriosa imagem do Criador do universo. Embora seja verdade que nascemos com o pecado em nossos corações e que carecemos de refletir a glória de Deus (Romanos 3:23), ainda assim existem traços da glória e dignidade divina em cada um de nós.

Ralph Waldo Emerson disse: "O homem é Deus em ruínas." Como as antigas ruínas do mundo ainda impressionam e inspiram os turistas todos os anos, um remanescente de dignidade pode ser visto. Isto acontece com toda a pessoa que você conhece e cada uma delas pode ser transformada pela graça de Deus.

Parte da glória da nova aliança em Jesus é que Deus deseja e pretende nos restaurar. O Novo Testamento diz que aqueles que se entregaram a Jesus e vivem pelo Seu Espírito estão "...segundo a sua imagem sendo transformados com glória cada vez maior" (2 Coríntios 3:18 NVI).

Separe um momento para absorver isso. É uma verdade maravilhosa que nos liberta para viver com ousadia para Ele (v.12). —Jeff Olson

perfeito — favor, levar

leia
Mateus 7:7-11
Vocês, mesmo sendo maus, sabem dar coisas boas aos seus filhos. Quanto mais o Pai de vocês, que está no céu, dará coisas boas aos que lhe pedirem (v.11).

examine
- Jeremias 33:3
- Lucas 15:22-24
- Romanos 8:32

considere
Quais os dons que Deus lhe deu ao longo dos anos? O que isso lhe mostra sobre a natureza dele?

Alana é uma nova integrante de um pequeno grupo de cristãos que se reúne semanalmente. Ela começou a visitá-los há alguns meses quando uma amiga a convidou para participar do encontro para que pudessem orar por ela e apoiá-la em sua luta contra o câncer. Desde então a saúde dela melhorou muito e ela aproximou-se do Deus que cura.

Quando se trata de moda e mobília, o gosto de Alana é exótico. O apartamento dela está cheio de fadas, plumas, cristais e antiguidades baratas, mas clássicas. Recentemente, enquanto andava por uma loja de antiguidades, Alana se deparou com uma linda máquina de costura antiga. "Deus," sussurrou ela, "eu adoraria ter algo assim em minha casa".

Deus é um Deus que nos concede dádivas. Ele nos dá alimento e alegria (Atos 14:15-17), sol e chuva (Mateus 5:45), Jesus e a vida eterna (João 4:10, Romanos 6:23), o Espírito Santo e os dons espirituais (1 Tessalonicenses 4:8; 1 Coríntios 12). Jesus comparou o Pai aos pais terrenos. Se nós, que somos tão falhos e egoístas, sabemos dar coisas boas aos nossos filhos quanto mais Ele!

Ainda assim, há uma diferença enorme entre a vida eterna e uma máquina de costura, você não acha? Alana não estava orando por alimento, pelo dinheiro do aluguel, pela paz mundial ou salvação eterna. O pedido dela era uma oração infantil feita a um Deus que ela começava a conhecer.

Alguns dias depois da visita à loja de antiguidades, Alana estava saindo de casa a caminho do trabalho quando viu uma montanha de lixo na estrada. Parou atônita, pois lá estava uma máquina de costura igualzinha aquela que ela queria. Nela havia um bilhete: "Em perfeito estado — favor, levar."

Talvez o nosso Deus Pai goste de nos dar uns brinquedinhos de vez em quando — especialmente aos que estão caminhando, lentamente, rumo ao Seu Reino. —Sheridan Voysey

amando o próximo

leia›
1 Tessalonicenses 4:9-12
...o próprio Deus lhes ensinou que vocês devem amar uns aos outros (v.9).

examine›
E, acima de tudo, tenham amor, pois o amor une perfeitamente todas as coisas (Colossenses 3:14).

considere›
Como você pode demonstrar que se importa com os outros e não apenas consigo mesmo? O que Jesus lhe ensinou sobre como tratar os outros em amor?

Estava num dilema tão grande — se deveria ou não casar com o homem que me pedira em casamento. Torturei-me sobre isto por quase um ano. Durante o período, li dezenas de livros sobre relacionamento, busquei a orientação de pastores e conselheiros e ouvi centenas de amigos casados explicarem como sentiram a "convicção" ao confrontar tal decisão.

No final das contas, terminamos o noivado. Cancelar o casamento foi a escolha certa para nós, mas senti profundo remorso pelos meus pensamentos, palavras e atitudes durante o nosso relacionamento.

Estava tão ansiosa quanto a minha vida e meu futuro, que muitas vezes me parecia com as pessoas egoístas descritas em Provérbios 18:1-2: "Quem não gosta de estar na companhia dos outros só está interessado em si mesmo e rejeita todos os bons conselhos. O tolo não se interessa em aprender, mas só em dar as suas opiniões."

Assim como eu, você já se sentiu culpado por ferir exatamente as pessoas que mais ama? Em muitas situações, já contradisse a afirmação de Paulo: "Sejam sempre humildes, bem educados e pacientes, suportando uns aos outros com amor"? (Efésios 4:2).

Muitas vezes, quando o ciúme consome, a ira invade ou o medo prevalece, me refugio em pensamentos egoístas. Torno-me a antítese da cristã amável e gentil que sou chamada a ser e que procuro ser (1 Tessalonicenses 4:9).

À medida que eu e você olharmos mais intensamente para Jesus, nos voltarmos para a Sua Palavra e dependermos do Seu Espírito Santo, causaremos menos dor desnecessária aos outros. Ele foi exemplo de como "fazer o que é bom e certo" (Oseias 12:6) entregando Sua vida por nós (João 3:16; 1 João 3:16). Sigamos o exemplo de Jesus e vamos amá-lo, e amar também ao próximo (1 Tessalonicenses 4:10). —Roxanne Robbins

saber não basta

leia
Hebreus 11:1-12
A fé é a certeza de que vamos receber as coisas que esperamos e a prova de que existem coisas que não podemos ver (v.1).

examine
- Jeremias 29:13
- Romanos 10:13-15
- Hebreus 11:6

considere
Qual promessa de Deus você reconhece como verdadeira? Você acredita nela, depositou sua confiança e age como se ela realmente fosse verdadeira?

O pregador perguntou a congregação se acreditavam que ele tinha uma nota de 100 reais escondida em sua mão. Após uma senhora dizer que achava que sim, ele anunciou que destruiria sua fé quando abrisse sua mão e mostrasse o dinheiro. "Agora que você sabe que tenho uma nota de 100," disse ele, "você não precisa mais crer nisso."

Se ele estiver certo, então a volta de Cristo destruirá a fé dos Seus seguidores, pois agora nossa fé será visível (2 Coríntios 5:7). E Jesus não teria perguntado a Tomé: "Você creu porque me viu?" (João 20:29), mas ao invés disso diria: "Porque você me viu não é mais capaz de crer."

O pregador pensava de modo incorreto, que a prova empírica destrói a fé. Em vez disso, a prova fortalece a fé, eliminando a incerteza que muitas vezes a acompanha (Hebreus 11:1). A prova direta confirma o saber, que reforça a nossa fé.

A fé não é o antônimo de conhecimento. Na verdade a fé se apoia no saber. Quanto mais sabemos, maior é a nossa capacidade de crer. Apenas o conhecimento em si, não é suficiente para ter fé, pois até mesmo os demônios creem e tremem (Tiago 2:19), mas é impossível ter fé sem conhecimento.

Como o piloto de asa-delta que salta do penhasco e confia na qualidade do seu equipamento e nas leis aerodinâmicas para sobreviver, nós só temos fé quando depositamos total confiança nas promessas de Deus.

Saber não basta, pode ser que eu entenda como funciona o voo livre e mesmo assim me recuse a saltar. Entretanto, não darei um salto de fé, a menos que saiba que voar de asa-delta é um esporte seguro. Da mesma forma pode ser que eu conheça as promessas de Deus e ainda assim não creia nelas. Porém é impossível acreditar nelas sem primeiro conhecê-las. Quer ter uma fé forte? Comece conhecendo Deus.

—Mike Wittmer

esperança renovada

leia›
João 5:1-11
No mesmo instante, o homem ficou curado, pegou a cama e começou a andar... (v.9).

examine›
- Mateus 9:1-8
- Marcos 2:1-12

considere›
Que situação aparentemente impossível você está enfrentando neste momento? Como usará isso para trazer encorajamento e cura aos outros?

David Blancarte era paraplégico e usou cadeira de rodas por 20 anos. Era como se tivesse perdido a esperança de algum dia voltar a andar. Entretanto, recentemente isso mudou. Blancarte foi picado por uma aranha-marrom. Levado ao pronto-socorro, uma enfermeira testou os seus espasmos musculares com uma corrente elétrica, e após cinco dias, o ex-paralítico recuperou a capacidade de andar.

João conta uma história semelhante sobre um paralítico que provavelmente tinha perdido a esperança de voltar a andar. Porém, ao encontrar Jesus, tudo mudou. Na narrativa de João, o paralítico estava entre muitos enfermos, e o caso dele parecia ser o mais impossível, pois era aleijado há 38 anos e não tinha ninguém que o ajudasse (João 5:5-7).

Jesus se importou com aquele homem. Ele sabia há quanto tempo o homem estava nesta situação. Como a deficiência de quase quatro décadas provavelmente havia se tornado um estilo de vida para ele, Jesus fez uma pergunta estranha, mas profunda: "Você quer ficar curado?" (v.6). Talvez Ele tenha perguntado isto para renovar e fortalecer a esperança daquele homem de andar — de viver novamente. No mesmo instante, o homem ficou curado e começou a dar alguns passos (v.9). Com Seu infinito poder, Jesus satisfez a necessidade mais profunda daquele homem. Tal poder não foi reduzido pela gravidade do problema (a deficiência), pelas leis do tempo (38 anos), nem pela tradição (sábado).

Não importa se a nossa situação parece impossível, encorajemo-nos, pois o poder de Jesus pode satisfazer nossas necessidades mais profundas e renovar nossa esperança. Às vezes Ele faz isso por meios naturais, outras, por milagres ou encorajando outros através de nós apesar da nossa condição ou até mesmo devido a ela. —Marvin Williams

anseios

leia
2 Pedro 1:1-8
...façam todo o possível para juntar a bondade à fé que vocês têm. À bondade juntem o conhecimento (v.5).

examine
- Romanos 6:12
- Romanos 13:14
- Gálatas 5:24

considere
Você enfrentou as consequências por ceder aos seus desejos? Contra quais anseios você está lutando neste momento? Qual verdade bíblica pode ajudá-lo?

Para nossa família as férias são preciosas fugas das exigências do cotidiano. Gostamos de visitar vários lugares, mas um determinado parque temático foi um "achado". Como não queríamos que nossos filhos se cansassem demais quando eram pequenos só comprávamos ingressos para um dia. Entretanto, recentemente embarcamos na cobiçada aventura de passar vários dias ali. Após cinco dias de visitas ao parque; eventos e espetáculos, nós precisávamos de férias das nossas férias, pois meu marido e eu estávamos exaustos.

Às vezes achamos que um pequeno deslize moral não consumirá os nossos recursos espirituais — não acabarão conosco. Caindo na armadilha do diabo pensamos que se cedermos só um pouquinho o desejo vai desaparecer. Na hora funciona, mas a nossa satisfação é passageira.

Sucumbir aos desejos humanos é depositar a nossa esperança de satisfação em algo além de Deus (2 Pedro 1:4).

A atitude dos israelitas de exigirem carne, não estava tão ligada à sua dieta — mas aos seus corações (Êxodo 16:2-3). Eles duvidavam que Deus lhes desse a provisão de forma que se equiparasse a vida que tinham tido no Egito (Salmo 78:18-22).

Rejeitar qualquer tipo de prazer não é a resposta para refrear os desejos da carne (1 Timóteo 4:1-5). Em vez disso, a Palavra nos ensina a nos enchermos do Criador e não daquilo que Ele criou (2 Pedro 1:3). Colocá-lo em primeiro lugar permite que escapemos da escravidão deste mundo (v.4).

Pedro escreve "...façam todo o possível para juntar a bondade à fé que vocês têm..." (v.5). Confrontar nossos desejos exige atitude. Temos que escolher enxergar o engano por trás dos nossos anseios e nos agarrarmos à verdade de que somente Deus pode nos satisfazer (Salmo 81:10). Ao crermos que Ele nos capacitará, o domínio próprio e a santidade tornam-se reais. —Regina Franklin

fama passageira

leia
Jó 19:21-27
Mesmo que a minha pele seja toda comida pela doença, ainda neste corpo eu verei a Deus (v.26).

examine
Assim como, por estarem unidos com Adão, todos morrem, assim também, por estarem unidos com Cristo, todos ressuscitarão (1 Coríntios 15:22).

considere
Será que seu padrão de sucesso resistirá ao tempo? O que terá que mudar em suas metas? Há algo que o prende e do qual você deveria livrar-se?

Recentemente um especial de TV sobre artistas que fizeram sucesso relâmpago; aqueles cantores que emplacaram um único *hit* e depois desapareceram me fascinou. Vídeos antigos da época do auge mostravam indivíduos arrogantes, ousados, confiantes, extravagantes e jovens!

Após 20 ou 30 anos, a equipe de TV localizou muitos deles. Alguns seguiram suas rotinas, constituíram família e hoje vivem no anonimato. Outros, entretanto, não envelheceram com tanta tranquilidade. Pareciam velhos e desgastados, no entanto, continuavam a viajar, presos a uma juventude que havia acabado há muito tempo e a um sonho vazio. Eles igualaram a fama ao sucesso, mas a fama provou ser ofuscante e passageira.

No livro de Jó, encontramos um homem que achou que o seu lugar ao sol já havia acabado. Os seus falsos amigos tinham a "certeza" disso. Injustamente acusaram Jó de merecer a perda e o sofrimento indescritíveis. Em meio às acusações, Jó fez uma oração cheia de sinceridade, angústia e lamento: "Como gostaria que as minhas palavras fossem escritas, que fossem escritas num livro! Ou que com uma ponteira de ferro elas fossem gravadas para sempre no chumbo ou na pedra!" (Jó 19:23-24). Então, de modo surpreendente e impressionante, o tom de seu discurso transformou-se de desespero em esperança. Jó encontrou esperança não em qualquer legado que pudesse construir, mas na firmeza das promessas de Deus.

"Pois eu sei que o meu defensor vive; no fim, ele virá me defender aqui na terra", declarou ele. "Mesmo que a minha pele seja toda comida pela doença, ainda neste corpo eu verei a Deus" (Jó 19:25-26). Jó literalmente esperava ver a Deus — não nesta vida, mas na vindoura. Essa é a verdadeira esperança de todo seguidor de Jesus Cristo.

Ironicamente, a melancólica oração de Jó foi respondida. As palavras dele ficaram gravadas na Bíblia para todos nós. Jó não buscava fama; procurava respostas. E descobriu que Deus era suficiente.
—Tim Gustafson

proibido murmurar

leia›
Números 14:1-23
...e disseram: — Seria melhor se tivéssemos morrido no Egito ou mesmo neste deserto! (v.2).

examine›
Façam tudo sem queixas nem discussões (Filipenses 2:14).

Considere›
Sobre o que você reclama ultimamente? De que maneira Deus gostaria que você mudasse?

Ontem, ri enquanto lia os comentários de um amigo e sua esposa no *Facebook*. Ela atualizou seu perfil onde se lia: "Estou amuada, sem motivo algum." Abaixo desta frase, referindo-se a tecla 'curtir' do *Facebook*, meu amigo escreveu: "Precisam criar uma opção 'não curti' para casos assim." Apesar dos recados acima serem divertidos, o comportamento lamurioso de Israel no livro de Números 14 não era engraçado aos olhos de Deus. Enquanto reclamavam e choramingavam por medo, baseados em relatórios falsos (Números 13:31-33), a temperatura do termômetro da ira de Deus subia. À medida que o povo lamentava, chorava e protestava, Deus sentia-se "irado" (Números 14:2,10-11; Deuteronômio 9:7).

Deus estava zangado por pelo menos dois motivos:

• *Falta de fé nele:* Os israelitas não demonstraram fé em seu Deus, que os livrara da escravidão no Egito, miraculosamente. Não demonstraram confiança, pois murmuravam demais (Tiago 5:9). A situação ficou tão ruim que Deus estava pronto para aniquilá-los (Números 14:12).

• *Falta de apreciação pela Sua provisão:* Os planos e a provisão de Deus deveriam ser recebidos com alegria e humildade. O povo, assim como nós, às vezes, se rebelava e se enchia de ressentimento ao invés de contentamento (Números 11:6; 21:5).

Felizmente, um "quarteto fantástico" — Moisés, Arão, Josué e Calebe — revelou a verdadeira confiança em Deus e aceitou seguir o caminho que Ele indicava. Estes homens mostraram ao povo e a nós o que fazer quando enfrentamos um grupo de murmuradores: Eles se prostraram diante de Deus em arrependimento, buscando o perdão (Números 14:5-6), e reconheceram Seu grande amor e coração compassivo (Êxodo 34:6-7; Números 14:18-19).

Quando murmuramos e reclamamos, estamos nos rebelando contra Deus e escolhendo o egoísmo em lugar da Sua provisão abundante. Em vez disso, arrependamo-nos e sigamos ao Senhor com corações gratos.

—Tom Felten

cônjuge à venda

leia›
2 Samuel 6:16-22
...— Que bela figura fez hoje o rei de Israel!... (v.20).

examine›
...Quem quiser gozar a vida e ter dias felizes não fale coisas más e não conte mentiras (1 Pedro 3:10).

considere›
Como devemos reagir diante de pessoas que nos ferem com seu discurso pecaminoso? Como tornar-se mais consciente de sua tendência de ferir os outros com palavras?

Recentemente, li um artigo sobre um rapaz de 38 anos que colocou sua mulher à venda. Fiquei imaginando o que levaria um homem a vender sua mulher ao arrematador? Então, li o anúncio: "Esposa resmungona. Sem impostos, alto custo de manutenção, um pouco enferrujada."

Foi quando caiu a ficha; deve ter sido o fato de resmungar tanto. Nenhum casamento é perfeito, mas nosso padrão de comunicação tem muito a ver com a harmonia em nossos lares. Enquanto alguns de nós resmungamos, outros hábitos pecaminosos no modo de falar incluem: mentiras, grosserias ou até mesmo sarcasmo.

A esposa de Davi, Mical, tinha uma queda pelo sarcasmo. Quando Mical viu Davi dançando diante do Senhor enquanto a Arca estava sendo trazida para Jerusalém, "sentiu por ele um profundo desprezo" (2 Samuel 6:16). Ela zombou: "Que bela figura fez hoje o rei de Israel!..." (v.20), quando queria dizer: "Você parecia um completo idiota!" O sarcasmo fere duplamente aqueles que amamos, uma vez com o insulto original e outra vez com a ferroada que pronunciamos.

Como se não bastasse o linguajar incisivo de Mical, esta rainha da encenação acusou Davi de dançar para impressionar as servas. A sua mentira venenosa provou que "...a palavra dura aumenta a raiva" (Provérbios 15:1) e Davi retrucou: "Eu estava dançando em louvor ao SENHOR [...] aquelas moças de quem você falou vão me dar muito valor!" (2 Samuel 6:21-22). Como Davi, nossos cônjuges ficarão na defensiva e provavelmente buscarão afirmação, até mesmo em outro lugar, se continuarmos a lançar-lhes falsas acusações.

Nossas palavras têm o poder de animar nossos companheiros ou desmotivá-los. Que tudo o que dissermos sejam "...palavras boas, que ajudam os outros a crescer [...] para que as coisas que vocês dizem façam bem aos que ouvem" (Efésios 4:29). —Jennifer Benson Schuldt

pastores e ladrões

leia
João 10:1-21
Eu afirmo a vocês que isto é verdade: quem [...] pula o muro [do curral] é um ladrão e bandido (v.1).

examine
...[O Diabo] é mentiroso e é o pai de todas as mentiras (João 8:44).

considere
Em que áreas da sua vida você nota os sinais da obra do "ladrão"? Onde você vê dicas sobre a verdade e bondade do Bom Pastor?

Em setembro de 2008, um júri condenou Renato Mueller por roubo. Devido às múltiplas condenações, ele recebeu uma pena de seis anos de reclusão, com cinco anos de suspensão da condicional. Seu último crime aconteceu no meio da noite quando ele invadiu a casa de uma família, protegido pela escuridão, e tentou roubar 30 reais do cofrinho de uma criança.

Não conheço a história de Renato, mas acho que a partir do momento que se chega ao ponto de surrupiar cofrinhos de crianças, roubar se tornou um estilo de vida. Jesus falou de um ladrão cuja natureza é "roubar, matar e destruir" e estabelece o contraste entre este ladrão e Ele mesmo, que veio para nos dar "vida, a vida completa" (João 10:10). Jesus usou esta metáfora como forma de demonstrar a diferença entre Ele e todos os falsos mestres ou as falsas verdades. Jesus afirmou: "...eu sou a porta por onde as ovelhas passam" (v.7). Entretanto, "todos os que vieram antes de mim são ladrões e bandidos [...]" (v.8). Numa sociedade agrária onde quase todo mundo tinha alguém na família que sobrevivia da criação de ovelhas, Jesus apresentou uma imagem de impacto imediato.

Muitas vezes, quando os pastores levavam suas ovelhas para melhores pastagens, passavam a noite num lugar onde havia um muro de pedra (ou uma cerca viva) para proteger as ovelhas. O pastor dormia na porta. O corpo dele se tornava o portão que protegia as criaturas lanosas e afastava os lobos.

"O bom pastor", declarou Jesus, "dá a vida pelas ovelhas" (v.11). Por outro lado, "...o lobo ataca e espalha as ovelhas" (v.12).

No contexto de João, está claro quem é o herói e protagonista. Jesus é o Pastor que dá vida. O ladrão voraz e destruidor é um falso mestre guiado por Satanás. A quem vamos dar ouvidos — ao ladrão ou ao Bom Pastor? —Winn Coller

já chega?

leia
Provérbios 6:12-19
Deus não nos chamou para vivermos na imoralidade, mas para sermos completamente dedicados a ele (1 Tessalonicenses 4:7).

examine
- Romanos 6:1-14
- Gálatas 5:16-21
- 1 Tessalonicenses 4:7

considere
Em quais comportamentos imorais você se envolveu na semana passada? Para que pecado contumaz você dirá: "já chega?" Peça a Jesus que o liberte deste pecado.

Em 2008, uma pesquisa feita entre a população adulta revelou os seus comportamentos imorais ocorridos na semana anterior. Dos pesquisados 28% havia blasfemado, 20 — apostado, 9 — visto pornografia, 12 — fofocado, 12 — se embriagado, 11 — mentido e 9% havia tido relações extraconjugais.

A pesquisa também revelou resultados devastadores para adultos abaixo dos 25 anos: 64% havia blasfemado, 38 — praticado relações extraconjugais, 37 — mentido, 33 visto pornografia. Entre os cristãos, os pecados mais comuns eram, 16% a blasfêmia e 12 — a pornografia.

Vivendo num mundo moralmente decadente, o apóstolo Pedro nos advertiu para que não vivêssemos assim. A vigilância determina o resultado. Portanto, Pedro nos diz para termos a atitude correta, e para vivermos uma vida reta (1 Pedro 4:1).

• *Esteja preparado para sofrer (v.1):* Pedro nos lembra: "...Cristo sofreu uma vez por todas pelos pecados, um homem bom em favor dos maus, para levar vocês a Deus. Ele morreu no corpo, mas foi ressuscitado no espírito" (1 Pedro 3:18). Nossa identificação com o sofrimento de Cristo significa vitória sobre o pecado, pois morremos para o pecado e "...também nós vivamos uma vida nova" (Romanos 6:2-4).

• *Esteja pronto para fazer a vontade de Deus (v.2):* Não devemos viver de maneira egoísta para os prazeres do mundo (v.2), nosso anseio deve ser fazer a vontade de Deus. Ele deseja que sejamos santos, evitando todo tipo de pecado sexual (1 Tessalonicenses 4:3).

• *Esteja preparado para prestar contas a Deus (v.5):* Fique atento, pois todos deverão prestar contas pessoalmente ao Deus santo (Romanos 14:12). Ele nos julgará por tudo que fizermos inclusive, secretamente (Eclesiastes 12:14).

Vivamos em santidade e digamos a Deus: "Chega. Vou acabar com este pecado." —K. T. Sim

a surpresa de Sísera

leia›
Juízes 4
A mais feliz das mulheres é Jael, a mulher de Héber, o queneu. Ela é a mais feliz das mulheres que vivem em barracas (Juízes 5:24).

examine›
Porém nós que temos esse tesouro espiritual somos como potes de barro para que fique claro que o poder supremo pertence a Deus e não a nós (2 Coríntios 4:7).

considere›
Como você enxerga as suas qualidades e os seus defeitos? O que Deus lhe deu? Como você está usando tudo o que tem para a glória de Deus?

Participar de jogos de perguntas e respostas é popular no *Facebook*. Os testes variam de "Que personagem da *Disney* você é?" a "Que personagem bíblico você é?" Fico imaginando qual seria a reação de alguém, se o teste o revelasse à semelhança de Jael.

Quem é Jael? Ela é a mulher que cravou a estaca da tenda na cabeça de um general de exército. Embora a ética desta atitude seja discutível, uma canção no capítulo seguinte do livro de Juízes celebra o seu feito (Juízes 5:24).

Para entender o porquê, olhemos o contexto histórico. Durante anos, Jabim, rei de Canaã, oprimia Israel. Sísera, o general do rei, era o seu instrumento de subjugação. Ele tinha 900 carros de ferro (Juízes 4:3), o que era considerado um armamento pesado. Nenhum observador imparcial esperaria que Israel venceria a batalha na luta contra Sísera, no Monte Tabor. No entanto, Deus prometeu vitória a Israel. Quando o exército de Sísera se envolveu em grande confusão, à medida que o poder de Deus se revelava através das forças israelitas, o general cananeu fugia a pé.

Sísera correu à tenda de um aliado, Héber, o queneu, cuja esposa se chamava Jael. Com certeza, naquele momento, Sísera não podia imaginar que Jael cravaria uma estaca em sua cabeça. Mas foi exatamente o que aconteceu!

Deus escolheu usar uma mulher não-israelita, sem qualquer aparato sofisticado, para salvar o Seu povo de um poderoso inimigo. Ele pode nos usar também, independente dos nossos defeitos óbvios.

Em seu livro *A Woman God Can Lead* (Uma Mulher que Deus Pode Orientar), Alice Matthews escreve: "É uma escolha nossa se cumpriremos plenamente ou não nosso chamado, usando tudo o que Deus nos deu para Sua glória... Permitamos que Ele confunda os poderosos nos usando em todas as nossas fraquezas. Ele é quem edifica e destrói." —Poh Fang Chia

luta para render-se

leia›
Marcos 9:14-27
... o pai gritou:
— Eu tenho fé!
Ajude-me a ter mais fé ainda! (v.24).

examine›
Quando estou aflito e preocupado, tu me consolas e me alegras (Salmo 94:19).

considere›
Com quais dúvidas você luta? Por que é fundamental que você as leve para Deus e não as guarde para si?

Recentemente, me peguei rindo de um comercial de rádio sobre os equipamentos de som para carros. Dois homens faziam piada sobre duas coisas que as pessoas não querem fazer a si mesmas. A primeira seria operar-se a si mesmo: "Humm... acho que vou remover o meu apêndice neste fim de semana." Essa definitivamente não é uma boa ideia. A segunda, você mesmo tentar instalar o equipamento de som em seu carro. Concordo com eles nisso também — não tente fazer isso sozinho.

Parei de rir e percebi que tinham razão. Há muitos problemas que não devemos tentar resolver sozinhos. De modo geral, não é uma boa ideia passar a vida em completa solidão. Passar a vida sem se envolver regularmente com outras pessoas não é saudável e pode ser perigoso (Hebreus 3:13). É verdadeira tolice fazer um voo solo sem Deus (Tiago 4:7).

Entregar-se a Deus não é um evento que acontece uma única vez. Precisamos nos aproximar dele diariamente e concentrarmo-nos em Sua amizade e autoridade. Em algumas ocasiões nos entregamos com alegria e disposição. Outras vezes não é tão fácil. Experiências dolorosas podem desgastar nossa fé e nos fazer pensar o pior a respeito de Deus.

Quando nos encontrarmos numa crise de fé, tentados a enfrentá-la sozinhos, é importante não fingir que tudo está bem. Render-se falsamente ao Senhor pode ser tão ruim quanto não render-se. Por isso, é essencial ser honesto. Como Gideão ou Jeremias, há momentos em que temos que lutar com dúvidas antes de nos rendermos verdadeiramente a Deus (Juízes 6:1-22; Jeremias 20:7). Mesmo que ainda tenhamos algumas dúvidas, pode surgir em nossos corações, o desejo sincero de rendição — anseio que reflete as palavras de um homem sofredor que um dia disse a Jesus: "Eu tenho fé! Ajude-me a ter mais fé ainda!" (Marcos 9:24). —Jeff Olson

evangelistas

leia›
João 9:1-38
Ele respondeu:
— O homem chamado Jesus fez um pouco de lama, passou a lama nos meus olhos e disse: "Vá ao tanque de Siloé e lave o rosto." Então eu fui, lavei o rosto e fiquei vendo (v.11).

examine›
- João 4:29-30
- Filipenses 1:18

considere›
Dizem que somente os cristãos deveriam interpretar papéis em filmes sobre Jesus e a Bíblia. Perceber que Deus usa evangelistas não cristãos o faz refletir?

Desde o lançamento em 1979, o filme Jesus foi visto por mais de seis bilhões de pessoas, tornando-se o filme mais visto da história. Calcula-se hoje que a cada quatro segundos, uma pessoa se converte após assistir este filme. Significa 21.600 pessoas por dia, 648 mil por mês, mais de 7,8 milhões por ano, totalizando 225 milhões de pessoas que se converteram através do filme neste período.

Fiquei surpreso com a revelação de que Brian Deacon, o ator que interpretou o papel de Jesus, não é cristão. "Ainda estou buscando. Talvez, jamais cheguei tão perto de me converter verdadeiramente quanto na época das filmagens," afirmou ele em meu programa de rádio. Contudo, ele permanece na incerteza. Ironicamente, participou da conversão de 225 milhões de pessoas embora ele mesmo não tenha se convertido.

Brian não é o único evangelista não cristão. Um dia Jesus curou um mendigo cego (João 9). Os meios foram incomuns — saliva, lama e um mergulho no riacho. Quando o mendigo voltou enxergando, a comunidade o perturbava buscando explicações (vv.8-10). Contou-lhes que um homem chamado Jesus o curara, apesar de não saber muito mais que isso (v.11). O mendigo foi arrastado até os fariseus, que estavam furiosos com Jesus por curar no sábado. "...Se ele é pecador, eu não sei" (v.25), o ex-cego disse aos fariseus a respeito de Jesus. "De uma coisa eu sei: eu era cego e agora vejo!" Mais tarde chegou a perguntar aos fariseus se também queriam se tornar discípulos de Jesus! (v.27).

O mendigo evangelizou a comunidade e os líderes religiosos, mas converteu-se somente após descobrir a identidade de Jesus (vv.35-38). Espero e oro para que esta história se repita com Brian Deacon.
—Sheridan Voysey

quando perdoamos

leia
Mateus 6:12-15
Perdoa as nossas ofensas como também nós perdoamos as pessoas que nos ofenderam (v.12).

examine
...— Senhor, quantas vezes devo perdoar o meu irmão que peca contra mim? Sete vezes? — Não! — respondeu Jesus. — Você não deve perdoar sete vezes, mas setenta e sete vezes (Mateus 18:20-22).

considere
Você tem dificuldades para perdoar alguém? Como o perdão de Deus pode ajudá-lo a perdoar esta pessoa?

As We Forgive (À Medida que Perdoamos), o premiado documentário de Laura Waters Hinson, retrata a dor e a esperança de duas ruandesas ao enfrentarem os homens que assassinaram brutalmente as suas famílias durante o genocídio de 1994. Catherine Clare Larson, autora do livro homônimo que inspirou o filme, acredita que estas mulheres têm uma mensagem que todos nós precisamos ouvir.

"Se os ruandeses podem encontrar coragem para perdoar, então talvez exista esperança para nós naqueles problemas que parecem insignificantes se comparados aos ecos dos horrores do genocídio" escreve Larson.

Quando alguém peca contra nós, seja por palavra ou ação, raramente o perdão surge de modo natural ou espontâneo. Contudo, Jesus ordenou que perdoássemos "...as pessoas que nos ofenderam" (Mateus 6:12).

O perdão é um tema recorrente no Novo Testamento. No livro de Mateus 18, Jesus afirmou que Deus exige que cada um de nós perdoe sinceramente o seu irmão (v.35). O apóstolo Paulo reiterou esta exortação: "... perdoem uns aos outros, caso alguém tenha alguma queixa contra outra pessoa. Assim como o Senhor perdoou vocês, perdoem uns aos outros" (Colossenses 3:13).

O autor Jerry Bridges escreve: "Para perdoarmos nosso irmão devemos nos satisfazer com a justiça divina e renunciar à satisfação da nossa própria justiça." Bridges continua: "Deus é o exemplo perfeito daquele que perdoa. Ele é tão rico em misericórdia, e 'o seu amor por nós é tanto, que, quando estávamos espiritualmente mortos por causa da nossa desobediência, ele nos trouxe para a vida...'" (Efésios 2:4-5).

Quando perdoamos, revelamos o coração compassivo de Deus.

—Roxanne Robbins

temos o hoje

leia
Salmo 118:19-29
Este é o dia da vitória de Deus, o SENHOR; que seja para nós um dia de felicidade e alegria! (v.24).

examine
Faze com que saibamos como são poucos os dias da nossa vida para que tenhamos um coração sábio (Salmo 90:12).

considere
Que amigo, tarefa ou dever você tem evitado? A procrastinação é uma forma de desobediência. Faça o que é certo e faça agora.

A filha de Francis Schaeffer, Debbie Middlemann me falou sobre a sua mãe, Edith, viúva e com 94 anos. Francis escreveu vigorosa e frequentemente sobre os perigos da eutanásia e o dom da vida, e agora sua esposa e filha colocavam suas crenças em prática.

Debbie disse que os asilos em seu país usam um processo lento de eutanásia em seus pacientes. Eles recebem doses cada vez maiores de morfina, que os preparam para a partida. Debbie, entretanto, não agiria assim com sua mãe. Ela a levou para casa e insistiu para que usufruísse da vida que lhe restava — ouvindo seus discos e livros favoritos e comendo comida caseira.

Quando Edith notou que envelhecera e provavelmente não teria muito tempo de vida, Debbie a fez lembrar que ela tinha o que qualquer jovem tem — o dia de hoje. Nenhum de nós sabe se estará vivo amanhã, mas sabemos que Deus nos deu este dia. O que estamos fazendo com ele?

A vida passa rápido e seu ritmo acelera à medida que envelhecemos. Agora uma semana inteira é como se fosse uma longa tarde na minha infância. Muitos anos se passaram desde o dia 11 de setembro de 2001. Meu filho já iniciou seu período escolar? Há quantos anos me formei? "...vocês são como uma neblina passageira," afirma Tiago, "...que aparece por algum tempo e logo depois desaparece" (4:14). Salomão responde a brevidade da vida com um sábio conselho: "Lembre do seu Criador enquanto você ainda é jovem, antes que venham os dias maus e cheguem os anos em que você dirá: 'Não tenho mais prazer na vida'" (Eclesiastes 12:1).

Esta é a hora. Não se preocupe com o amanhã, pois pode ser que você nem mesmo esteja aqui. Não deixe para amanhã o que você pode fazer hoje. Não sabemos o que o futuro nos reserva, mas sabemos que Deus nos deu o dia de hoje. Como você o passará? —Mike Wittmer

manter firmeza

leia›
Colossenses 1:15-23
Antes de tudo, ele já existia, e, por estarem unidas com ele, todas as coisas são conservadas em ordem e harmonia (v.17).

examine›
O Filho brilha com o brilho da glória de Deus e é a perfeita semelhança do próprio Deus. Ele sustenta o Universo com a sua palavra poderosa... (Hebreus 1:3).

considere›
De que maneira você é encorajado por Jesus a manter o mundo em ordem? Que parte do seu mundo em ruínas você precisa entregar a Ele?

De setembro de 2008 a abril de 2009, a África do Sul foi liderada por um governo interino. Quando o Presidente Thabo Mbeki renunciou, após ser acusado de interferir num julgamento, foram eleitos um presidente e um parlamento interino. Portanto, o presidente e o congresso eram temporários, assim como o comandante do departamento de polícia, o promotor, as autoridades portuárias, a diretoria da companhia estatal de aviação e os três cargos mais importantes da TV estatal.

Paulo assegurou aos seus leitores em Colossos que o universo não estava em ostracismo e nem estava nas mãos de um governante interino. Jesus Cristo, o Filho de Deus, está mantendo tudo em ordem (Colossenses 1:17). Apesar de existirem muitas teorias sobre a unidade cósmica em circulação na época de Paulo, ele apresentou Cristo não só como Criador, mas também como o elemento que mantém o mundo natural em harmonia. O que Cristo criou, Ele mantém em perfeita ordem, estabilidade e produtividade. Paulo estava declarando que Jesus é a fonte da coesão ou solidez de todo universo. E, entre todos os soberanos — naturais e sobrenaturais — Jesus Cristo não tem rival no senhorio do universo.

Há diversas implicações para nós como seguidores de Cristo, pois é Ele que mantém o mundo em harmonia. Devemos encontrar esperança no fato de Cristo estar no controle quando os problemas nacionais ou globais, e tragédias nos atingem. Ele não se surpreende com a economia em recessão, desastres naturais ou crise mundial. Também, jamais teremos que nos preocupar com Sua renúncia ou com a nomeação de um governo interino para comandar o mundo. Podemos ter a certeza de que Ele é bom e fará o melhor. Em seguida, quando nossa vida parecer desmoronar, podemos confiar em Jesus para restabelecer a ordem, a estabilidade e a produtividade. Por Seu poder, Ele manterá a ordem.

—Marvin Williams

caminho perfeito

leia
Atos 2:22-28
Deus, por sua própria vontade e sabedoria, já havia resolvido que Jesus seria entregue nas mãos de vocês... (v.23).

examine
- Salmo 33:11
- Provérbios 16:9
- 1 Coríntios 1:25

considere
Que "curva" no caminho da vida lhe trouxe confusão ou frustração? Como você buscará o caminho perfeito de Deus?

Minha esposa e eu tínhamos orado, buscado a Deus e procurado os conselhos divinos. Apresentamos nossos planos a um grupo de pessoas que, ou nos ajudariam a cumprir tal ministério ou nos fechariam as portas. Elas escolheram a segunda opção.

Todos nós já experimentamos a dor de ter nossos planos destruídos e sonhos adiados. A confusão e a desilusão que vêm a seguir podem ser avassaladoras. *Onde está Deus em tudo isto? Quais são Seus planos para nós?*

Deus tem um plano perfeito que continua a resplandecer neste mundo. Seus planos não podem ser adiados. "...Vou fazer o que resolvi; vou realizar o meu plano," Deus disse através de Isaías (14:24). No Novo Testamento, Pedro afirmou: "Deus sabia o que iria acontecer e Seu plano previamente estabelecido foi cumprido quando Jesus foi traído" (Atos 2:23).

Estes versículos revelam que o caminho perfeito de Deus — uma trajetória que um dia levou Jesus até a cruz — está diante de nós. E apesar de permitir que os seres humanos escolham entre aceitar ou rejeitá-lo (Deuteronômio 30:15-16; João 14:15-17), Deus preparará tudo para que Seu "plano previamente estabelecido" seja realizado.

Estas verdades podem ser muito encorajadoras quando achamos que o caminho em que estávamos tomou uma direção errada. Pedro citou o Salmo 16 quando declarou: "...porque ele está ao meu lado direito, para que nada me deixe abalado" (Atos 2:25). Meu Deus ainda está comigo mesmo quando o caminho é confuso. "...vou descansar cheio de esperança" (v.26). Minha esperança está em Deus e não nas circunstâncias. "Tu me tens ensinado os caminhos..." (v.28). Deus me revelará Seu caminho perfeito.

Muitos anos depois nossos planos ministeriais foram realizados, exatamente o que esperávamos e orávamos se tornou realidade! Entretanto, tudo aconteceu no tempo de Deus e no lugar certo de acordo com Seu plano perfeito. —Tom Felten

posicionados

leia>
Efésios 4:4-16
É ele quem faz com que o corpo [...] e todas as partes fiquem ligadas entre si por meio da união de todas elas. [...] cada parte funciona bem, e o corpo todo cresce e se desenvolve por meio do amor (v.16).

examine>
Ele [Cristo] é a cabeça do corpo, que é a Igreja, e é ele quem dá vida ao corpo. Ele é o primeiro Filho, que foi ressuscitado para que somente ele tivesse o primeiro lugar em tudo (Colossenses 1:18).

considere>
De que maneira você observa os outros para corroborar seu valor no corpo de Cristo? Você precisa resolver algum conflito com outro cristão?

"É uma tarefa muito importante." Num tom sóbrio e maternal, minha filha de nove anos tentava convencer o irmão caçula a ajudá-la numa pequena missão. Tentando levar oito rolos de papel higiênico da cozinha para o banheiro, ela queria que o irmãozinho fosse atrás dela para garantir que nenhum deles caísse. Como geralmente ele é gentil e generoso, teve alguma dificuldade para compreender a relevância do pedido dela, mas finalmente a seguiu. A divertida conversa entre eles me fez refletir sobre o corpo de Cristo.

Fomos criados para viver com um propósito e queremos ter a certeza de que temos algo para dar. Também fomos criados com o desejo de pertença. Embora Deus planejasse satisfazer estes desejos nele, muitas vezes buscamos algo tangível para encontrar satisfação, mesmo no corpo de Cristo.

Se acreditarmos que a nossa relevância no corpo de Cristo advém de qualquer cargo que ocupamos na igreja, distorcemos o nosso propósito, e o da igreja. No entanto, Deus instituiu a igreja para ser uma representação da Sua glória, não da nossa. Quando fundamentamos nosso senso de propósito naquilo que os líderes nos pedem, nos preparamos para a decepção e abrimos a porta para os conflitos.

Para funcionar bem como corpo de Cristo, cada um de nós deve:

- Reconhecer que Deus, não o homem, é quem nos coloca na função ministerial (Efésios 4:7,11).
- Submeter-se ao processo ordenado por Deus, equipar-nos para o ministério e submeter-se à supervisão da liderança estabelecida por Deus (Efésios 4:12).
- Crescer para ser cada vez mais parecido com Jesus (v.15).
- Conhecer sua função e ajudar outros a crescerem espiritualmente (v.16).

A igreja existe para demonstrar a bondade e a glória de Deus (1 Pedro 2:9). Nós, como corpo o revelamos? —Regina Franklin

decepcionados

leia›
Gênesis 29:14-30
Ponham a sua esperança no SENHOR e obedeçam aos seus mandamentos. Ele lhes dará a honra de possuírem a Terra Prometida, e vocês verão os maus serem destruídos (Salmo 37:34).

examine›
... Procure respeitar e obedecer a Deus todos os dias da sua vida. Assim, o seu futuro será brilhante, e você não perderá a esperança (Provérbios 23:17-18).

considere›
Qual a causa da sua decepção? Você permite que ela o impeça de confiar em Deus? Você tem medo de ser honesto com Deus a respeito da sua desilusão?

Poucas alegrias superam a do soldado em família após um longo tempo numa zona de combate. Poucas frustrações suplantam a desilusão quando esta esperança é adiada. Imagine a severa decepção de um batalhão que recebeu ordens para permanecer numa zona de guerra por um período adicional de três meses — menos de 48 horas antes de voltar para casa!

A história de Jacó está cheia de decepções. Apaixonado por Raquel, a filha do patrão, Jacó concordou em trabalhar por sete anos pelo direito de casar-se com ela. Porém, após cumprir a sua parte no acordo, ele foi surpreendido em sua noite de núpcias. Pela manhã, descobriu que havia dormido com Lia, a irmã de Raquel, que não era tão bonita quanto ela! (Gênesis 29:22-25). Desiludido — na verdade, furioso — Jacó concordou em trabalhar mais sete anos por Raquel.

E a decepção de Lia? O pai apelara para a deslealdade para casá-la com um homem que não a amava. E não se esqueça da desilusão de Raquel. Durante anos ela tinha esperado que o noivo terminasse o seu trabalho para casar-se com ela.

Decepções fazem parte da vida. As mudanças de planos nos causam decepções. As pessoas nos decepcionam. Se formos honestos, podemos até admitir que, às vezes Deus nos decepciona.

O Salmo 37 tem uma promessa: "Que a sua felicidade esteja no SENHOR! Ele lhe dará o que o seu coração deseja" (v.4). Então por que tantas pessoas vivem desiludidas? O versículo está fora do contexto, leia o salmo todo. O salmista teve uma visão antecipada de como os ímpios serão punidos com justiça no devido tempo. Ele aconselhou: "...obedeçam aos seus mandamentos. Ele lhes dará a honra de possuírem a Terra Prometida..." (v.34).

Para Jacó, Raquel e Lia, o resultado foi a nação israelita. Através do filho de Lia, Judá, Deus abençoou o mundo com Jesus, o Messias — aquele que jamais nos decepcionará. —Tim Gustafson

lembre-se do maná

leia
Êxodo 16
Pegue uma vasilha, ponha nela dois litros de maná e coloque-a na presença de Deus, o SENHOR, a fim de ser guardada para os nossos descendentes (v.33).

examine
- Êxodo 12:24-27
- Eclesiastes 11:7-9
- 1 Coríntios 11:23-26

considere
Que momentos marcantes com Deus você mais precisa recordar? Que atitudes práticas você precisa tomar para mantê-los vivos na memória?

Fazia apenas um ano que tínhamos mudado de nossa cidade, no entanto, nossos filhos já estavam começando a esquecer. Há alguns dias viajamos para nossa antiga cidade, circulamos por nosso antigo bairro e vimos o morro íngreme que eles desciam de bicicleta, gritando por todo o trajeto. Revimos o lugar onde sempre parávamos para apreciar as madressilvas durante os passeios na primavera. Os meninos, com os olhos arregalados, diziam o tempo todo: "Oh, me lembro! Eu me lembro disso!"

Creio que como seres humanos, recordar é uma das coisas mais importantes que fazemos. Para nos lembrarmos de quem somos, precisamos nos lembrar de onde viemos e o que vivenciamos até agora.

Para Israel, a sua identidade nacional estava repleta de histórias de como o seu Deus os libertara, resgatara e sustentara (e também julgara). A narrativa no livro de Êxodo descreve como Deus arrancou o povo das mãos do Faraó e os tirou do Egito. Deus abriu o mar, guiou o povo com uma coluna de fogo (Êxodo 14) e transformou a água amarga em doce (Êxodo 15). E, talvez o mais impressionante: "...fez chover pão do céu" (Êxodo 16:4). Eles o chamaram de maná.

Apesar dos milagres de Deus, o povo muitas vezes duvidou que Ele pudesse prover o que precisavam. Quando o povo estava faminto, eles reclamaram. E Deus então, de modo misericordioso, enviou-lhes o alimento que caía do céu. Todos os dias eles recebiam o necessário (v.12).

Porém, Deus insistiu para que eles guardassem uma porção de maná como parte dos itens sagrados. Ele estava preocupado que as futuras gerações pudessem se esquecer da provisão que haviam recebido. Quando seus netos perguntassem o que eram aqueles estranhos biscoitos no pote, eles poderiam dizer com gratidão e esperança: "Ah, eu me lembro." —Winn Coller

tanque vazio

leia
Marcos 6:30-38
Mas Jesus respondeu: — Deem vocês mesmos comida a eles... (v.37).

examine
E o meu Deus, de acordo com as gloriosas riquezas que ele tem para oferecer por meio de Cristo Jesus, lhes dará tudo o que vocês precisam (Filipenses 4:19).

considere
Se Jesus permitiu que você chegasse a um esgotamento ministerial, o que você acha que Ele quer lhe mostrar? Qual é a relação entre a suficiência de Jesus e as nossas necessidades ministeriais?

Minha chefe e eu estávamos voltando tarde da noite quando o carro foi se arrastando até o semáforo e ela disse: "Estamos sem gasolina." Próximo do local havia um posto de combustível, portanto nos agasalhamos, saímos do carro e começamos a andar em direção ao posto.

Se você já ficou sem combustível, sabe que é impossível continuar rodando por muito tempo, pode até ser possível andar em ponto morto por certo período, mas é impossível seguir em frente sem combustível.

Jesus reconheceu que os discípulos precisavam de reabastecimento quando sugeriu: "...Vamos sozinhos para um lugar deserto a fim de descansarmos um pouco" (Marcos 6:31). Os Seus discípulos haviam recém-retornado de uma viagem missionária, mas tudo estava tão caótico que eles mal tinham tempo de comer antes que a multidão se juntasse. Jesus decidiu dar um seminário improvisado, ensinando-lhes "muitas coisas".

Pouco tempo depois, os discípulos disseram: "Já é tarde. Mande esta gente embora, para que comprem alguma coisa para comer." A resposta de Jesus? "– Deem vocês mesmos comida a eles" (v.37). Ele sabia que a sua equipe estava cansada e faminta, que era tarde e que nada tinham. Os discípulos responderam: "Com o quê?"

Talvez você esteja pensando a mesma coisa. Felizmente Jesus não estava preparando os Seus discípulos para o fracasso — e como agiu com eles, não nos pedirá que ajudemos pessoas em Seu nome sem nos capacitar para cumprir a tarefa. Jesus "...sabe como somos feitos; lembra que somos pó" (Salmo 103:14).

Às vezes, Jesus permite que andemos na reserva por certo tempo, até reconhecermos que Ele é a fonte suprema de combustível para o nosso ministério. Sem Ele não podemos continuar, mas "...com a força que Cristo [nos] dá, [podemos] enfrentar qualquer situação" (Filipenses 4:13).
—Jennifer Benson Schuldt

perdoados para perdoar

leia
Mateus 18:23-35
Não fiquem irritados uns com os outros e perdoem [...], caso alguém tenha alguma queixa contra outra pessoa. Assim como o Senhor perdoou vocês, perdoem uns aos outros (Colossenses 3:13).

examine
- Lucas 7:40-43
- Efésios 4:31-32
- Colossenses 3:12-15

considere
Há alguém difícil de perdoar? Considerando o perdão que Deus lhe oferece, o que você fará hoje para perdoá-lo?

No livro de Mateus 6:12, Jesus ensinou Seus discípulos a orar: "Perdoa as nossas ofensas como também nós perdoamos as pessoas que nos ofenderam." Em seguida, explicou por que devemos perdoar aqueles que nos ofenderam (vv.14-15). E mais tarde usou uma parábola como ilustração (Mateus 18:23-35).

Quanto o primeiro servo devia ao seu senhor? Milhões de moedas de prata (v.24). Um talento equivalia a 20 anos de salário do trabalhador médio. Levaria 200 mil anos para o servo receber 10 mil talentos. Embora o empregado tivesse prometido devolver todo dinheiro (v.26), era impossível saldar a dívida, e "...o patrão teve pena dele, perdoou a dívida e deixou que ele fosse embora" (v.27).

Quanto o companheiro de trabalho devia ao primeiro servo? Cem moedas de prata (v.28). O equivalente a 20 semanas de trabalho. Esta dívida poderia ser paga em cinco meses. O devedor implorou ao companheiro de trabalho que lhe desse tempo para pagá-la, mas este recusou-se a atender ao pedido, e o colocou na prisão (vv.29-30).

Você é livre. Jesus o libertou. Porém ao recusar-se a perdoar, torna-se prisioneiro novamente. Prisioneiro da sua própria falta de perdão, da sua amargura, e do pecado outra vez (vv.32-34). O pior tipo de prisão é o cárcere do coração que não perdoa.

Em seu livro *The Lord and His Prayer* (O Senhor e Sua Oração), N. T. Wright escreveu: "Deixar de perdoar não era uma questão de deixar de corresponder a uma nova exigência de um ensino moral. Era o rompimento de um padrão anterior de vida. A única razão para sermos povo do Reino, povo de Jesus, era que o perdão dos pecados estava acontecendo; então se você não vivesse o perdão, estaria negando a base da sua própria nova existência."

Se fomos verdadeiramente perdoados, perdoaremos. —K. T. Sim

o mal da inércia

leia›
Marcos 15:1-15
...Eles amarraram Jesus, e o levaram, e entregaram a Pilatos (v.1).

examine›
- Provérbios 3:27
- Tiago 2:15-17
- 1 João 3:17

considere›
Como estabelecer o equilíbrio entre a justiça e a misericórdia? Devemos ajudar a todos os necessitados, ou somente os que não são culpados pelo que sofrem?

O Museu do Holocausto em Washington, EUA, é uma dura lembrança de quanto os seres humanos podem ser cruéis. Fiquei chocado com o corredor dos sapatos que foram usados por judeus condenados; a história da eliminação metódica de inocentes no gueto judeu de Cracóvia; e a terrível morte de prisioneiros nos campos de concentração.

Entretanto, o mais deprimente foi reconhecer que os soldados nazistas pareciam normais. Pior, se pareciam comigo. Meus antepassados eram menonitas suíço-germânicos, portanto, minha aparência era semelhante aos soldados nas fotos. Eles poderiam ter sido meus professores de Escola Dominical! Como pessoas tão normais foram capazes de se envolver em tamanha crueldade? De algum modo, simplesmente aceitaram.

Geralmente é assim que as grandes atrocidades são cometidas. Pilatos não estava procurando por desgraças quando lhe entregaram Jesus (Marcos 15:1). Ele não percebia quem era Jesus e não se importava com isso. Queria somente livrar-se do problema. Pilatos fez uma tentativa apelando para o que era correto. Convidou Jesus a refutar as acusações e perguntou à multidão se devia libertá-lo, como era tradição na Páscoa. Porém os líderes judeus inflamaram a multidão e exigiram a libertação de Barrabás e a crucificação de Jesus. Pilatos fez uma última tentativa, perguntou a multidão: "Que crime ele cometeu?" E eles "...gritaram ainda mais alto: — Crucifica! Crucifica!" (v.14), Pilatos lavou as mãos quanto ao assunto (Mateus 27:24).

Era mais fácil ceder ao apelo do momento que buscar justiça para Jesus. Pilatos simplesmente se acomodou e com isso crucificou o Filho de Deus.

Hoje Jesus é representado pelos pobres e necessitados que são confiados aos nossos cuidados (Mateus 25:31-46). Vamos ajudá-los ou nos acomodar e ignorar? —Mike Wittmer

ouça

leia›
Daniel 10: 1-12
...Não fique com medo, Daniel, pois Deus ouviu a sua oração desde a primeira vez que você se humilhou na presença dele a fim de ganhar sabedoria. Eu vim em resposta à sua oração (v.12).

examine›
Orem sempre e sejam agradecidos a Deus em todas as ocasiões. Isso é o que Deus quer de vocês por estarem unidos com Cristo Jesus (1 Tessalonicenses 5:17-18).

considere›
Você perdeu a motivação de orar por alguma necessidade específica? O que significa submeter-se a vontade de Deus?

Anos atrás, passei por uma crise em minha vida de oração. Havíamos perdido dois adolescentes profundamente envolvidos no ministério com a juventude, acompanhamos o nosso pastor que enfrentava sérios problemas de saúde, e passávamos por grandes dificuldades em nosso casamento devido ao estresse ministerial. Durante uma visita ao hospital, meu marido e eu nos unimos em oração por uma família. Sentia-me pronta para ver o mover de Deus. Mais tarde quando descobri que a menina havia morrido apesar das nossas orações, o turbilhão se instalou. Perguntei: "Por que continuar orando?" Meu esposo, lidando com suas próprias perguntas, respondeu: "Porque Deus assim o diz."

Ao falar sobre a parábola da viúva e do juiz iníquo (Lucas 18:1-8), Jesus admoestou Seus discípulos a perseverarem na oração. Ele terminou Sua lição de modo interessante dizendo: "...Mas, quando o Filho do Homem vier, será que vai encontrar fé na terra?" (v.8). Inúmeras vezes permiti que a resposta determinasse o nível da minha fé, em vez de permitir que minha fé me trouxesse maior compreensão da oração.

Incapazes de fugir das circunstâncias permitimos que nos ceguem e — em seguida — perdemos o foco da batalha. Daniel, porém, se submeteu a vontade de Deus e recusou-se a abandonar sua declaração de fé no poder de Deus. Ele sabia que Deus responderia (Daniel 10:12-19). Em 2 Coríntios 5:7 lemos: "...vivemos pela fé e não pelo que vemos." Imagine o que teria acontecido se Daniel tivesse desistido de orar quando a resposta demorou a chegar!

O inimigo quer nos manter concentrados em nós mesmos e esquecidos da batalha. Apesar de o pecado não confessado e a falta de perdão impedir que nossas orações sejam ouvidas (Isaías 59:2; Mateus 6:15), podemos ter a certeza de que Deus nos ouve quando nos submetemos à Sua vontade e permanecemos inabaláveis na fé. —Regina Franklin

trilhas

leia›
Filipenses 1:6-11
...tenham sabedoria e um entendimento completo, a fim de que saibam escolher o melhor. Assim, no dia da vinda de Cristo, vocês estarão livres de toda impureza e de qualquer culpa (vv.9-10).

examine›
...amem uns aos outros como eu amo vocês. Ninguém tem mais amor pelos seus amigos do que aquele que dá a sua vida por eles (João 15:12-13).

considere›
Quais são as trilhas que marcam a sua vida e os seus valores? Como você pode crescer no amor de Deus para que Ele "cresça cada vez mais?"

Durante uma viagem a Israel, num campo um pouco longe de Jerusalém, a movimentação à minha esquerda revelou um pastor guiando as ovelhas que desciam por uma trilha bem desgastada. O caminho sinuoso era facilmente visto devido ao constante uso. Ao lembrar daquela trilha, vem-me à mente: Que trilhas sigo constantemente em minha vida? Existem as boas — adorar a Deus, servir ao próximo. Contudo, também há caminhos negativos para seguir — valorizar bens materiais, viver de maneira egoísta.

Paulo orou pelos cristãos em Filipos, para que tivessem "...sabedoria e um entendimento completo" (Filipenses 1:9). Queria que adquirissem um hábito — uma trilha — que os levaria a um relacionamento mais profundo com Deus e com o próximo. Que trilha era esta que Paulo queria que percorressem? O amor. "O que eu peço a Deus é que o amor de vocês cresça cada vez mais e que tenham sabedoria e um entendimento completo" (v.9).

Você percebeu as duas palavras-chave no final do versículo 9? Sabedoria e entendimento só são adquiridos se você estiver buscando caminhos que levem a Jesus e ao Seu amor. Com isso em mente, é interessante saber que o significado original da palavra trilha era a orla do manto. Enquanto seguimos o Pastor — estando na orla do Seu manto — estaremos em Seu amor (Efésios 4:8).

A trilha do amor de Deus leva a uma vida:

- *Pura e inculpável* (Filipenses 1:10). Revelando hábitos íntegros e escolhas que influenciam positivamente outras pessoas para atraí--las para Jesus.
- *Justa* (v.11). Mostra o fruto da obra do Espírito Santo em nós. Será que as palavras, puro, inculpável e justo descrevem as trilhas percorridas em sua vida? Se não, é hora de agarrar a orla do manto de Jesus e adquirir sabedoria e entendimento sobre o significado do verdadeiro amor. —Tom Felten

restaurado

leia
Lucas 8:35-39
...conte o que Deus fez por você (v.39).

examine
Que todo o meu ser louve o SENHOR, e que eu não esqueça nenhuma das suas bênçãos! (Salmo 103:2)

considere
No passado, como você reagiu diante do poder de cura de Jesus? Como você pode encorajar os outros sobre o poder restaurador de Cristo com a sua história?

Anos atrás, um dentista extraiu os meus dentes do siso. Os caninos inferiores ficavam bem em cima dos nervos e a dor do pós-cirúrgico foi intensa. Após semanas, uma infecção voltou a causar sensibilidade. Fiz então, uma nova cirurgia para remover o tecido de cicatrização da minha mandíbula. A esta altura, ficava pensando: "...Ó Deus, quando virás me curar? (Salmo 6:3).

Demorou bastante, mas Jesus finalmente me restaurou. Ele fez a Sua parte, mas não pensei muito sobre como reagir diante da Sua obra restauradora em minha vida.

Devia ter aprendido a lição com o homem no Novo Testamento, possuído por uma legião de demônios. Depois que Jesus o curou e estava deixando a cidade, lê-se "E o homem de quem os demônios tinham saído implorou a Jesus: — Me deixe ir com o senhor!" (Lucas 8:38).

Enquanto lia, isso falou ao meu coração. Imaginei o homem implorando para acompanhar Jesus e percebi que a cura deveria inspirar o novo anseio de estar mais perto dele. Nossos corações deviam ecoar as palavras do salmista: "...Todo o meu ser deseja estar contigo [...] eu me apego a ti" (Salmo 63:1,8).

Apesar do homem possuído por demônios desejar seguir aquele que o curou, Jesus deu-lhe uma tarefa diferente, dizendo: "Volte para casa e conte o que Deus fez por você" (Lucas 8:39). Nós também precisamos proclamar como Jesus nos restaurou. Dessa maneira, glorificamos a Deus e levamos o conforto aos familiares e amigos que talvez estejam passando por desafios semelhantes.

Talvez Jesus tenha restaurado sua mente, recomposto seu coração partido, ou cuidado dos seus dentes! Se este é o caso, reflita sobre sua reação. O Seu toque curador pode nos reaproximar dele, e ao compartilharmos nossas histórias incentivaremos outros a fazerem o mesmo.

—Jennifer Benson Schuldt

amor... o melhor caminho

leia›
1 Coríntios 13:1-13
...Quem ama nunca desiste, porém suporta tudo com fé, esperança e paciência. O amor é eterno (vv.7,8).

examine›
Porém eu vou mostrar a vocês o caminho que é o melhor de todos (1 Coríntios 12:31).

considere›
O que poderá ajudá-lo a se lembrar de orar mais por pessoas que precisam de proteção contra opressores? Como demonstrar o amor de Deus por alguém que esteja passando por adversidades?

Dia após dia, milhares de seguidores de Jesus batalham em terras estrangeiras para trazer alívio e o amor de Cristo às pessoas extremamente afligidas e aos mais pobres dos pobres. Pelo contexto em que trabalham, muitos obreiros presenciam brutalidades e sofrimentos que excedem a compreensão humana.

Na África, muitas pessoas dedicam-se a caminhar lado a lado do "...mais humilde dos meus irmãos..." (Mateus 25:40). E me dizem que foram movidas à ação por um pastor ou preletor que ouviram; literatura que leram ou a letra de um cântico que lhes abriu o coração e mentes para as lutas que outros enfrentam ao redor do mundo.

Após entrarem na terra do oprimido e depauperado, esses trabalhadores testificam que são sustentados por suas leituras devocionais individuas e por colaboradores. Músicas de adoração com profundas verdades espirituais também inspiram esses servos compassivos a prosseguir em seus esforços para estender a justiça e as provisões de Deus àqueles que sofrem. O livro de 1 Coríntios 13:7-8, no entanto, descreve a melhor motivação para servir ao necessitado — o amor. "Quem ama nunca desiste, porém suporta tudo com fé, esperança e paciência. O amor é eterno..."

Talvez você tenha ouvido tal passagem sendo aplicada somente no contexto do casamento. Hoje, considere como aplicá-lo por amor ao destituído. Como exemplo, você poderia:

- Proteger alguém que esteja sofrendo alguma forma de abuso?
- Confiar em Deus para suprir suas necessidades, enquanto continua a dar generosamente aos pobres?
- Demonstrar esperança ao investir tempo com alguém que sofre?
- Perseverar em servir mesmo quando estiver desgastado?
- Demonstrar amor — constantemente, mesmo a alguém difícil de gostar?

Ore sobre como você pode demonstrar amor a alguém ainda hoje.

—Roxanne Robbins

mentiroso, mentiroso!

leia
João 8:31-58
...[O Diabo] nunca esteve do lado da verdade porque nele não existe verdade. Quando o Diabo mente, está apenas fazendo o que é o seu costume, pois é mentiroso e é o pai de todas as mentiras (v.44).

examine
- Gênesis 3
- Mateus 4:1-10
- 1 João 14:6

considere
O que poderá ajudá-lo a lembrar a orar mais por aqueles que precisam ser protegidos de seus opressores? Como demonstrar o amor de Deus pelos amigos ou estranhos que estão experimentando dificuldades?

Durante as eleições, as mensagens políticas estavam espalhadas em para-choques dos carros. Notei um moto particularmente incisivo com parecer crítico sobre mentiras de um político que eram menos prejudiciais que as de outro. Obviamente, a saúde de nossa vida cívica será precária, toda vez que nos virmos promovendo candidatos cujas mentiras sejam menos destrutivas que as de outros.

No reino de Deus, não encontramos qualquer medida moral que faça tal discriminação. Jesus não foi ambíguo: A distinção entre a verdade e a mentira é uma das nítidas separações entre o reino de Deus e o reino de Satanás.

Inquirido pelos líderes religiosos que recusavam a Sua doutrina, Jesus não facilitou nem um pouco para eles, mas sugeriu que o motivo de recusarem Sua autoridade era estarem "...fazendo o que o pai de vocês quer" (vv.41,44). Do ponto de vista de Jesus, a divisão entre viver em verdade e viver em mentiras não é uma questão de integridade pessoal, mas sim uma questão de a quem declaramos nossa lealdade. Sendo Satanás o "...pai de todas as mentiras", o que se relaciona ao seu reinado exala o mau-cheiro do engano (v.44). De igual modo, sendo Jesus aquele que "...[tem] dito a verdade", Seu reinado atravessa a névoa com a clareza e a franqueza que somente a verdade pode proporcionar (v.40).

O mundo de Satanás é sustentado pelo engano. Ele adora misturar verdade e falsidade para nos iludir. Com Satanás, as mentiras jamais findam. Como Mark Twain gracejou, "Uma das diferenças mais notáveis entre um gato e uma mentira é que o gato tem apenas sete vidas."

O pior é que as mentiras de Satanás são brutais: *Você é desprezível. Não se pode confiar em Deus. Sua vida é irremediável.* Nenhuma dessas palavras é verdade. E nenhuma dessas palavras vem do autor da verdade. —Winn Collier

atordoado e confuso

leia›
Colossenses 2:3-8
...que ninguém os torne escravos por meio de argumentos sem valor, que vêm da sabedoria humana [...] de criaturas humanas e dos espíritos que dominam o Universo e não de Cristo (v.8).

examine›
- Jeremias 33:3
- João 14:26
- Efésios 1:15-23

considere›
Você tem cedido à tentação de buscar algo além de Jesus? O que pode fazer para se desvencilhar dos "argumentos sem valor" deste mundo?

Após um voo noturno para a França, embarcamos num trem em direção a Paris. Atordoados pela diferença de fuso horário desembarcamos e empurramos nossa bagagem escada acima. Finalmente emergimos na luz do sol como uma família de toupeiras sonolentas, e nos demos conta de que as ruas ao redor não constavam de nossos mapas. O inglês era nossa única língua, e estávamos perdidos.

Muitos, hoje em dia, estão espiritualmente atordoados e confusos — inclusive cristãos. Esse atordoamento é promovido por gurus da Nova Era, entrevistadores, e pregadores de autoajuda que podem estar associados ao cristianismo, mas nos oferecem a promessa de algo mais.

Tais sedutores estão em nosso meio há muito tempo, e receberam a atenção da parte dos cristãos colossenses. Por isso Paulo os advertiu, "Tenham cuidado para que ninguém os torne escravos por meio de argumentos sem valor, que vêm da sabedoria humana. Essas coisas vêm dos ensinamentos de criaturas humanas e dos espíritos que dominam o Universo..." (v.8).

Jesus traz clareza às nossas almas quando reconhecemos que Ele possui "...todos os tesouros escondidos do conhecimento e da sabedoria" (v.3). Não precisamos procurar conhecimentos secretos por trás do ensinamento de Jesus. Paulo disse, "...E o segredo é este: Cristo está em vocês, o que lhes dá a firme esperança de que vocês tomarão parte na glória de Deus" (Colossenses 1:27).

Como Cristo vive em nós, somos livres da "demência divina" que acompanha os ensinamentos espirituais deste mundo. Jesus disse: "Eu sou o caminho, a verdade e a vida; ninguém pode chegar até o Pai a não ser por mim" (João 14:6). Ao reconhecermos Jesus como o único caminho e lhe permitirmos guiar sobrenaturalmente nossas almas, os ensinamentos enganadores do mundo não poderão nos seduzir. —Jennifer Benson Schuldt

você quer ficar curado?

leia›
João 5:1-8
Jesus viu o homem deitado e, sabendo que fazia todo esse tempo que ele era doente, perguntou: — Você quer ficar curado? (v.6).

examine›
Ele cura os que têm o coração partido e trata dos seus ferimentos (Salmo 147:3).

considere›
Como você responderia à pergunta de Jesus: "Você quer ficar curado?" Existe algo que você não esteja disposto a abandonar para ficar curado?

Certa vez, Jesus encontrou um homem deficiente há 38 anos. Após avistá-lo deitado próximo a uma piscina em Jerusalém, Jesus lhe perguntou: "...Você quer ficar curado?" (João 5:6).

A princípio, essa pergunta nos parece estranha. É claro que o homem queria. Ele havia sido deficiente por décadas! Ao fazer a pergunta, entretanto, Jesus reconhecia que algumas vezes as pessoas parecem mais propensas a permanecer na situação de deficiência e enfermidade do que a ser curadas.

Ironicamente, para alguns, a jornada para a restauração da debilidade pessoal parece assustadora demais. Embora as feridas da vida o tenham aleijado e aprisionado, ele estava acostumado.

Qualquer um pode se acostumar a viver em estado de debilidade, e amedrontar-se em abandonar tal condição, e em consequência tornar-se *institucionalizado.* O termo é usado para descrever o estado do prisioneiro que apresenta problemas para viver no "mundo real", quando sai da cadeia ou adquire liberdade condicional. Lutando para viver fora dos muros da prisão, alguns ex-prisioneiros cometem algum crime para serem enviados novamente ao modo de vida que conhecem e do qual desejam voltar a participar.

Esse estado de mente é semelhante ao dos israelitas pouco depois que Deus os livrou milagrosamente da escravidão do Egito. A vida de escravidão era a única vida que esse povo conhecia. E poucos dias, apenas, em liberdade, quando a jornada se tornou difícil, eles queriam retornar (Êxodo 16:1-3). Seguir a Deus pelo deserto em direção à Terra Prometida deve ter parecido muito arriscado. Eles não estavam dispostos a "ficar curados".

O principal propósito de Deus é a restauração, mas precisamos saber que a jornada não é fácil. Algumas vezes requer que deixemos para trás o que é familiar e saiamos em novas direções (João 5:8).
—Jeff Olson

cheios de boas obras

leia›
Atos 9:36-41
Na cidade de Jope havia uma seguidora de Jesus chamada Tabita. (Este nome em grego é Dorcas.) Ela usava todo o seu tempo fazendo o bem e ajudando os pobres (v.36).

examine›
- Mateus 25:31-46
- 1 Timóteo 6:17-19
- 1 João 3:16-18

considere›
O que você fez recentemente e que revela a sua identidade como pessoa que crê em Jesus? Como você poderá ajudar a curar as pessoas abatidas e feridas de sua comunidade?

O dr. Martin Luther King disse certa vez: "Os abastados e seguros têm muitas vezes se tornado indiferentes e desatentos quanto à pobreza e privação em seu meio. O pobre... foi barrado de nossas mentes e afastado do entorno de nossas sociedades, porque permitimos que se tornasse invisível. [...] Enfim, uma grande nação é uma nação compassiva. Nenhum indivíduo ou nação pode ser grande se não tiver cuidado do '...mais humilde dos meus irmãos'" (Mateus 25:40).

Em Jope, Dorcas deve ter sido vista como uma grande pessoa devido à sua preocupação com "...o mais humilde dos meus irmãos". Para descrevê-la, Lucas usa uma palavra grega que significa "discípula" (Atos 9:36). O termo significava grande honra para uma mulher e significava que ela se comprometia a aprender as palavras de Jesus e a pautar sua vida pela dele.

Esse compromisso era expresso através de suas lindas obras em favor dos pobres, especialmente das viúvas de Jope (v.39). Suas obras altruístas aos "...mais humildes dos meus irmãos" fluíam de seu relacionamento íntimo com Jesus (João 15:5). A vida dele estava agindo nela e ela estava procurando ativamente fazer o que Jesus desejava. Suas boas obras não asseguravam seu relacionamento com Ele: elas eram prova de seu relacionamento com seu Salvador. Esses feitos compassivos certamente vinham de sua compreensão de que ela era feitura de Deus, criada em Cristo para boas obras (Efésios 2:10). Ela não descansou e desfrutou de sua riqueza, deixando o trabalho de cuidar dos pobres para os outros. Ela desejava servir pessoas reais em tempo real, dando sua vida em favor dos pobres.

A *graça* tornou-se visível para nós em Jesus. Nossa maneira de lhe agradecer é abrir nossas vidas e derramar Seu coração sobre as pessoas abatidas ao nosso redor. —Marvin Williams

creia no amor

leia

1 João 3:18-24

E o que ele manda é isto: que creiamos no seu Filho, Jesus Cristo, e que nos amemos uns aos outros, como Cristo nos mandou fazer (v.23).

examine

- Mateus 22:36-40
- Atos 16:30-31
- Romanos 10:13-15

considere

É mais fácil para você crer em Deus, ou obedecê-lo? Você pode realmente fazer um sem fazer o outro?

Muitas pessoas pensam que ser um cristão é simplesmente fazer a oração do penitente. Quando era criança, disseram-me para marcar na primeira página da minha Bíblia o dia em que fizesse essa oração, para que pudesse saber sem sombra de dúvida que estava salvo.

Hoje em dia, as pessoas estão questionando, com razão, se "dizer as palavras mágicas" é tudo o que distingue os cristãos das outras pessoas. Porém, ao apresentar este bom argumento, alguns sugerem que não importa em que cremos, contanto que amemos as pessoas. Dizem que é mais importante seguir o exemplo de Jesus, que crer nele. Essa é uma falsa alternativa. Deus nos ordena que tanto "...creiamos no seu Filho, Jesus Cristo..." como "...que nos amemos uns aos outros..." (1 João 3:23). Fé e amor florescem juntos, pois somente os que creem em Jesus têm o poder e a motivação para verdadeiramente amar como Ele ama.

Os seguidores de Cristo creem que nasceram em pecado, e que são propensos a insistir em seus próprios caminhos, ao invés de submeter-se a Deus. Mas Deus nos alcançou, enviando o Seu Filho para sofrer o nosso castigo, e enviando também o Seu Espírito, "...fazendo com que nascêssemos de novo e dando-nos uma nova vida" (Tito 3:5). Por essa razão, Jesus disse a Nicodemos que ele "nasce[ria] do Espírito" quando cresse que Deus "de[ra] seu único Filho" (João 3:8,16).

No momento em que cremos em Jesus, nos tornamos morada do Espírito Santo. Só então podemos produzir os frutos do Espírito — sendo o primeiro deles, o amor (Gálatas 5:22). Crer no evangelho também fornece a motivação do amor, pois aqueles que compreendem que foram perdoados sentem-se naturalmente aptos a amar e a perdoar as outras pessoas. Os cristãos genuínos jamais param de amar — e nunca param de amar porque jamais param de crer. —Mike Witmer

o problema do "eu"

leia

Lucas 12:13-21

...Prestem atenção! Tenham cuidado com todo tipo de avareza porque a verdadeira vida de uma pessoa não depende das coisas que ela tem, mesmo que sejam muitas (v.15).

examine

- Mateus 6:19-20
- 1 Timóteo 6:17-19
- Tiago 2:14-18

considere

Faça uma lista das bênçãos materiais que Deus lhe tem dado. Qual é a sua reação a essas bênçãos? De que maneira Deus gostaria que você as compartilhasse com outras pessoas?

Jesus contou uma parábola sobre um homem rico que produziu uma excelente safra e ficou ainda mais rico. Tivera eu sido esse homem, teria agradecido e louvado a Deus por Suas bênções e colocado uma parte de minha riqueza multiplicada na oferta. Você provavelmente teria feito o mesmo.

Porém, o homem rico reagiu de maneira diferente: "Eu não tenho lugar para guardar toda esta colheita [...] Vou derrubar os meus depósitos de cereais e construir outros maiores ainda. Neles guardarei todas as minhas colheitas [...]. Então direi a mim mesmo [...] Agora descanse...'" (veja Lucas 12:17-19).

Qual era a linguagem de louvor e adoração na vida desse homem? Meu, me, e eu. Esse homem adorava no altar do *eu*. Tinha um grave problema com seu *eu*.

Nessa sua condição, tinha uma visão defeituosa e danificada:

- *Via somente a si mesmo.* Sua visão terminava em seu espelho (vv.17-19).
- *Não conseguia ver Deus.* Estava convencido de que sua própria esperteza o havia enriquecido. Entretanto, a terra fértil produziu as boas colheitas (v.16). Ele esqueceu-se de que Deus enviou a chuva e o sol (Levítico 26:4, Mateus 5:45, Atos 14:17). Ele esqueceu que Deus havia lhe dado a habilidade de produzir riquezas (Deuteronômio 8:17-18).
- *Não conseguia ver os outros.* O pecado do homem rico foi o deleite egoísta, pretensioso e indulgente, que ignora Deus e as necessidades de outras pessoas (Lucas 12:19). Embora seja bom usufruir das alegrias materiais que Deus nos dá (Eclesiastes 3:12-13; 9:7; 1 Timóteo 6:17), precisamos nos questionar sobre as maneiras que usaremos a nossa riqueza para abençoar outras pessoas (Gênesis 12:2-3).

Jesus nos advertiu: "Tenham cuidado com todo tipo de avareza porque a verdadeira vida de uma pessoa não depende das coisas que ela tem" (Lucas 12:15). O que você fará com o que lhe foi dado? —K. T. Sim

fé circunstancial

leia
1 Samuel 26:1-12
Então Abisai disse a Davi: — Esta noite Deus colocou o seu inimigo em suas mãos. Agora deixe que eu atravesse Saul com a lança dele e o espete no chão com um só golpe... (v.8).

examine
Quando todas estão do lado de fora, ele vai na frente delas, e elas o seguem porque conhecem a voz dele (João 10:4).

considere
Você já tomou uma decisão levado pelas circunstâncias? A confiança profunda em Deus o ajuda a avaliar os acontecimentos da vida e as orientações divinas?

"Estamos interessados em seu manuscrito, contate-nos na próxima semana, por favor." Com uma pilha de rejeições se avolumando, esse *e-mail* foi a primeira indicação que eu recebera, de uma oportunidade em potencial. Estava agradecida por ver a porta aberta ou apenas entreaberta. No entanto, ao aproximar-se o momento do nosso contato, senti que devia esperar. *Que mal haveria em descobrir o que pretendem?* pensei. Mas não podia evitar a forte sensação de "não" em meu espírito. Em duas semanas, recebi a oferta de uma publicadora com forte reputação de honrar a Palavra de Deus.

Muitas vezes, baseamos nossas decisões somente nas circunstâncias. Quando buscamos a vontade de Deus, entretanto, temos a opção de viver por sinais ou através da intimidade com o bom Pastor (João 10:14). Gideão e Davi realizaram grandes feitos para o Senhor, e o livro de Hebreus 11:32 os descreve como homens de fé. Seus últimos dias, porém, foram muito diferentes um do outro.

A vida de Davi demonstra que oportunidades não equivalem à vontade de Deus. Ao fugir de Saul, creio que Deus armou as circunstâncias com o fim de testar o coração de Davi (1 Samuel 26:12). Para Davi, a decisão não era tomada com base nas oportunidades, mas com base em quem se tornaria no processo. Ele buscava a voz do Senhor e olhava para a Palavra (Salmo 119:105). Embora fosse um homem com lutas reais, esse rei de Israel morreu com sua fé firmemente estabelecida no Senhor. Com tristeza, porém, vemos que a fé de Gideão parece nunca ter crescido além dos sinais. O livro de Juízes 8 descreve como Gideão — e subsequentemente, Israel (8:27) — terminaram em apostasia por uma estola sacerdotal de ouro.

Decidir qual a chamada de Deus à ação baseados unicamente em nossas circunstâncias pode levar-nos ao engano. Deus pode usar os acontecimentos da vida para nos movimentar, mas a verdadeira intimidade com o Pai baseia-se em confiança, não em circunstâncias. Deus se aproxima daqueles que aprendem a depender dele. —Regina Franklin

algo novo

leia›
Isaías 42:1-10
Cantem ao SENHOR uma nova canção! Que ele seja louvado [...] pelos povos de todas as nações distantes! (v.10).

examine›
...Aqui está o meu servo [...] aquele que amo [...] Eu porei nele o meu Espírito [...] E todos os povos vão pôr nele a sua esperança (Mateus 12:18,21).

considere›
O que mais o impressiona a respeito desse "algo novo" que Deus fez? O que, na descrição de Jesus em Isaías 42, o encorajou no dia de hoje?

Michael saiu marchando com seus companheiros recrutas, esbanjando uma confiança que apenas alguns dias atrás eles não possuíam. O choque de sua nova vida na Marinha dos Estados Unidos estava dando lugar a um crescente e evidente porte militar.

Porém, Michael fez o impensável. Abandonou as fileiras e parou ao lado da estrada. "O que você está fazendo?" gritou o comandante da sua divisão. (Disse algumas outras palavras também.)

"Oficial, o senhor pode fazer o que quiser" Michael respondeu, "mas esta é a primeira vez que vejo neve." Michael Ojeah é da Nigéria.

Em Mateus 3, Deus anunciou algo inteiramente novo que nos faria abandonar as fileiras e contemplar maravilhados. João havia acabado de batizar Jesus, quando uma voz ressoou do céu, "Este é o meu Filho querido, que me dá muita alegria!" (v.17). Era uma referência direta a uma profecia de Isaías 42. O povo que escutava com certeza entendera que se referia ao Messias prometido.

Essa passagem de Isaías prenuncia algo novo. Messias é aquele que traz esperança ao mais abatido entre nós. "Não esmagará um galho que está quebrado, nem apagará a luz que já está fraca", diz o profeta. "Não se cansará, nem desanimará, mas continuará firme até que todos aceitem a minha vontade" (vv.3-4) Através do Messias, Deus proveria "...a luz da salvação que darei aos outros povos" (v.6), e não somente à nação de Israel. Era algo realmente novo — uma nova esperança para todos os que o ouvissem e recebessem.

Como resultado de sua admiração diante da neve, Michael Ojeah aprendeu a lidar com a pá de neve que o comandante da sua divisão lhe entregou. A nossa admiração diante da provisão de Deus quanto à nossa salvação deve ter um resultado mais agradável. "Cantem ao SENHOR uma nova canção!..." diz Isaías (v.10). "...Que ele seja louvado [...] pelos povos de todas as nações distantes!" —Tim Gustafson

n.° 1 e acabada

leia›
1 Reis 19:1-15
...Já chega, ó SENHOR Deus! Acaba agora com a minha vida! (v.4).

examine›
...de agora em diante vocês verão o Filho do Homem sentado do lado direito do Deus Todo-Poderoso e descendo nas nuvens do céu! (Mateus 26:64).

considere›
Como você se sente ao ouvir as palavras de Paulo a respeito do céu? Como você contará aos outros essa mensagem de esperança?

"Estava acabada, porém, saio com minha cabeça erguida." A estrela do tênis, Justine Henin, expressou- se desta forma durante a coletiva de imprensa em 2008 — ao anunciar sua saída imediata do esporte.

Todos os atletas um dia penduram suas chuteiras, mas não quando têm *apenas 25 anos e são o n.° 1 do mundo!*

Afinal, por que ela desistiu? As lutas pessoais fora da quadra, em 2007, e o desempenho em quadra, durante 2008, provavelmente contribuíram para o encerramento precoce da carreira.

Entre nós, poucos jogam tênis profissional, mas nos identificamos com o desejo de desistir que ela sentiu. Ao vivenciarmos um relacionamento difícil ou em meio ao esforço extenuante com um trabalho sem perspectiva ou depressão, podemos desejar desistir.

Pergunte a Elias. Ele conhecia essa sensação de desalento.

Pouco momentos após o profeta experimentar a intervenção de Deus, e a derrota dos profetas de Baal no Monte Carmelo (1 Reis 18:38-40), estava pronto a desistir. Por quê? A rainha impiedosa Jezabel ameaçara matar-lhe (19:2). Nada acontecia como ele queria, e o orgulho o fez pensar que não precisava suportar esse ataque pessoal (vv.10,14).

Elias dirigiu-se rapidamente para o deserto. Sentindo-se derrotado e profundamente perturbado, orou, "...Já chega, ó SENHOR Deus! Acaba agora com a minha vida" (v.4). Deus lhe respondeu alimentando (v.8), abrigando (v.9), e ensinando-o (vv.11-13). A voz de Deus "...calma e suave" (v.12) revelou que algumas vezes Ele age de maneiras espantosas e outras, de maneiras reservadas. Deus fez Elias retornar e concluir seu trabalho — com ou sem Jezabel.

Você está desanimado porque Deus não "agiu como o esperado" com você? Aquiete-se e olhe para Ele. Deus o ajudará a continuar — embora talvez Ele escolha agir de maneira calma e inesperada. —Tom Felten

herdeiros do mundo

leia
Mateus 5:1-12
Felizes as pessoas humildes, pois receberão o que Deus tem prometido (v.5).

examine
Sejam sempre humildes, bem educados e pacientes, suportando uns aos outros com amor (Efésios 4:2).

considere
Como Jesus praticou a humildade? O que será preciso fazer para que você experimente o poder e a alegria de uma vida humilde?

A humildade é um atributo curioso, que permite que o necessitado confie em Jesus mesmo sem ter dinheiro. Estimula os oprimidos a se regozijarem em meio ao seu sofrimento. Humildade é uma qualidade para ser admirada nas outras pessoas e desejada por nós. Os humildes, enfim, herdarão a terra (Mateus 5:5).

Com a promessa de tal recompensa, por que tantas pessoas relutam em abraçar a humildade? Talvez pelo preço que temos de pagar para possuí-la. Para obter essa valiosa qualidade, precisamos nos desviar de nossas tendências orgulhosas e respeitar: "...as ordens dos que governam e das autoridades, que sejam obedientes e estejam prontos a fazer tudo o que é bom [...] não falem mal de ninguém [...] sejam calmos e pacíficos e tratem todos com educação" (Tito 3:1-2).

As pessoas humildes expressam o testemunho de Paulo: "Eu me alegro também com as fraquezas, os insultos, os sofrimentos, as perseguições e as dificuldades pelos quais passo por causa de Cristo. Porque, quando perco toda a minha força, então tenho a força de Cristo em mim" (2 Coríntios 12:10).

Matthew Henry, ao comentar Mateus 5, descreve os humildes como: "...submetem-se a Deus, à Sua Palavra e à Sua disciplina, seguem Suas instruções, agem de conformidade com os Seus desígnios, e são mansos com todos os homens."

Henry continua, "Os mansos podem suportar provocações sem se inflamar, podem silenciar ou dar uma resposta mansa; podem mostrar seu desagrado quando a ocasião é oportuna, sem ser grandemente movidos a nenhuma indecência. São os que se mantêm calmos quando todos estão exaltados; e em sua paciência mantêm o controle de suas próprias almas, quando mal têm controle do que quer que seja."

Humildade transforma, concede forças e produz recompensas eternas. A humildade está disponível para você. —Roxanne Robins

imagem falsa

leia>
Apocalipse 3:1-6
...Eu sei o que vocês estão fazendo. Vocês dizem que estão vivos, mas, de fato, estão mortos (v.1).

examine>
Você pode pensar que tudo o que faz é certo, mas o SENHOR julga as suas intenções (Provérbios 16:2).

considere>
O que você fez recentemente motivado por egoísmo ao invés de desejo de servir a Deus? Como você pode estar em sintonia com a verdadeira motivação para suas ações?

Se uma estrela há 30 anos-luz da terra tivesse explodido há cinco anos — só perceberíamos isso 25 anos depois! Ela apareceria para nós como se nada tivesse mudado, mesmo que já tivesse morrido. Na Terra, continuaríamos a ver a imagem brilhante de seu passado — mas a estrela real já seria história.

A carta de Cristo a Sardis foi escrita a uma igreja que tinha um problema de imagem. A igreja estava morta, mas exteriormente parecia estar viva, devido ao seu brilhante passado e as boas obras que praticavam.

Temos a tendência de medir a saúde de uma igreja por todas as atividades que observamos nela, mas Deus olha além das palavras, para a motivação. Apocalipse 3:1 diz: "...Eu sei o que vocês estão fazendo. Vocês dizem que estão vivos, mas, de fato, estão mortos." Cristo disse à igreja que suas ações não estavam "...ainda de acordo com aquilo que [...] Deus exige" (v.2). Em outras palavras, elas não estavam sendo feitas por amor a Deus e em obediência a Ele.

Nossos motivos são importantes para Deus! Praticamos obras para parecer bem aos olhos de outros, para vencer nossos sentimentos de culpa ou por um senso de dever? Desde que a demonstração exterior de nossas ações leve as pessoas a pensar que estamos comprometidos, vivos e vibrantes, essas ações não enganarão o Deus que conhece os nossos corações! Pense nas palavras de Deus em 1 Samuel 16:7: "...Eu o rejeitei porque não julgo como as pessoas julgam. Elas olham para a aparência, mas eu vejo o coração".

Cristo diz aos poucos cristãos remanescentes em Sardis para acordar, reunir forças, lembrar do que aprenderam; do que ouviram e obedecer firmemente (Apocalipse 3:2-3). Seguindo esse modelo, podemos ter a certeza de que nossas vidas estão centradas em Deus e que nossas motivações são puras e santas. —Kevin Gregory

mesmo assim

leia›
João 11:17-23
Mas eu sei que, mesmo assim, Deus lhe dará tudo o que o senhor pedir a ele (v.22).

examine›
Essa esperança não nos deixa decepcionados, pois Deus derramou o seu amor no nosso coração, por meio do Espírito Santo, que ele nos deu (Romanos 5:5).

considere›
Com qual decepção você está lutando hoje? Como ela afetou sua comunhão com Jesus? O que você pode fazer para fortalecer sua fé nele?

Era um dia chuvoso, úmido e frio. Havia feito planos de ir a um casamento com um amigo, por isso o aguardei à porta de entrada. Os convidados chegavam e eu os cumprimentava e sorria ao passarem, o tempo todo pensando: "Onde está ele?" Meu amigo nunca apareceu.

Marta deve ter sentido profunda decepção ao esperar que Jesus viesse curar o seu irmão Lázaro. Embora algumas decepções não sejam importantes, como na ocasião em que meu amigo não apareceu, outras, como a de Marta, podem ameaçar o cerne de nossa fé.

Quando Jesus recebeu a notícia da doença de Lázaro, esperou dois dias antes de se dirigir para Betânia. Mesmo assim, Marta não permitiu que sua decepção roubasse sua confiança em Deus. Compreensivelmente, Marta ficou muito desapontada quando Jesus não apareceu para salvar Lázaro. Mesmo assim, ao ouvir que Jesus estava a caminho, "...foi encontrar-se com ele" (João 11:20). Como Marta, podemos correr para o nosso Salvador quando nos sentimos deprimidos e desiludidos.

Podemos seguir o exemplo de Marta ao expressarmos a nossa decepção. Ao falar com Jesus, Marta não se conteve e disse: "...Se o senhor estivesse aqui o meu irmão não teria morrido!" (v.21). E Marta continuou: "...Mas eu sei que, mesmo assim, Deus lhe dará tudo o que o senhor pedir a ele" (v.22). Mesmo sem eu entender, mesmo em minha dor. Mesmo assim, ferida como estou. As palavras "mesmo assim" abriram as portas para o milagre de Jesus se realizar e revelaram a fé que Marta tinha nele.

Você está esperando que Deus cuide das preocupações de seu coração? Você se sente em pé e só, à porta de entrada de uma igreja? Não permita que a dor da decepção extinga o fogo de sua fé. Em vez disso, agora mesmo, diga a Jesus que você crê nele. —Jennifer Benson Schuldt

fruto dos céus

leia›
Colossenses 1:1-14
Essa boa notícia que vocês receberam está trazendo muitas bênçãos e vai se espalhando pelo mundo inteiro (v.6).

examine›
Eu não me envergonho do evangelho, pois ele é o poder de Deus para salvar todos os que creem, primeiro os judeus e também os não-judeus (Romanos 1:16).

considere›
Em seu redor, onde estão os lugares que precisam dos frutos dos céus? Como o evangelho fala desses lugares áridos e arruinados?

Estava curioso, recentemente, sobre a questão de quais frutas seriam nativas dos Estados Unidos. Resposta: não tantas quantas se poderiam imaginar. Nenhuma das variedades comuns que pesquisei (maçãs, laranjas, tomates) era nativa.

Ainda assim, pomares de maçãs destacam-se na região onde moro. Os tomateiros são verdadeiramente onipresentes, encontrados até mesmo nos lugares mais inesperados (no vaso do terraço dos fundos da minha casa). Frutas que antes eram estranhas ao solo americano agora estão arraigadas profundamente em sua paisagem rural.

Paulo invocou essa metáfora — de frutos estrangeiros florescendo em um novo habitat — para ilustrar como o reino de Deus está presente em nosso mundo. Escrevendo à jovem igreja de Colossos, Paulo descreveu o céu como a esfera onde a perfeição de Deus permanece imaculada, protegida do pecado e decadência da realidade humana. A totalidade da bondade e da autoridade de Deus reside ali, "...guardado para vocês no céu" (Colossenses 1:5). Porém, em seguida, Paulo fala sobre a intenção de Deus de trazer os céus para a terra. Jesus nos ensinou a orar precisamente isso: "...Que a tua vontade seja feita aqui na terra como é feita no céu!" (Mateus 6:10).

Como isso pode acontecer? Que espécie de canal Deus poderia utilizar para trazer a beleza e a alegria do céu para o lodo e doença de nossa existência? Paulo respondeu com imaginação e convicção: o evangelho que "...está trazendo muitas bênçãos e vai se espalhando pelo mundo inteiro" (Colossenses 1:6).

O evangelho não é meramente composto de fatos, ao contrário, é a história alternativa de Deus. O evangelho retransmite as intenções de Deus em Jesus. Ele nos reorienta a ação de Deus em Seu mundo. O evangelho refaz o mundo em qual penetra, implantando o fruto do céu em toda a parte que chega. Como diz um autor, "O evangelho é [...] um poder que foi liberado na terra". —Winn Collier

reconstruir

leia ›
Neemias 2:1-18
Vejam como é difícil a nossa situação! A cidade de Jerusalém está em ruínas, e os seus portões foram destruídos. Vamos construir de novo as muralhas da cidade e acabar com essa vergonha (v.17).

examine ›
O Senhor diz: "Devolverei tudo o que vocês perderam quando eu mandei as enormes nuvens de gafanhotos..." (Joel 2:25).

considere ›
Que inspiração o exemplo de Neemias lhe dá? Como você buscará a ajuda de Deus para restaurar algo quebrado em sua vida?

"Quando ouvi isso, eu me sentei e chorei..." (Neemias 1:4). Estas palavras, escritas pelo profeta Neemias, expressaram sua tristeza com a condição deplorável de Jerusalém — a cidade sagrada onde seus ancestrais estavam enterrados. Jerusalém havia sido arrasada e os poderosos muros que um dia tinham protegido a cidade santa de Deus estavam em ruínas (v.3).

A notícia partiu o coração de Neemias. Depois de lamentar e jejuar por vários dias, entretanto, o profeta sentiu a direção do Senhor. Deus colocou em seu coração o desejo de tomar a dianteira e começar o trabalho de restauração.

Recusando-se a aceitar como final a destruição que marcara sua terra natal, ele orou a Deus pedindo Sua ajuda (1:5-11). Pediu (e recebeu) o favor divino ao buscar a permissão e a cooperação de seu senhor, o rei Artaxerxes, para viajar de volta a Jerusalém e reconstruir a cidade (2:1-6).

Após 53 anos de trabalho dedicado, muita oração, e considerável oposição, Neemias e sua equipe reconstruíram os muros de Jerusalém (6:15).

Pode parecer impossível, às vezes, ajuntar novamente as partes desta vida despedaçada. As fraturas parecem ser complexas demais, ou a oposição à reconstrução, muito forte. O relato de Neemias nos lembra que no meio de grande estrago há sempre esperança de restauração.

O mesmo Deus Todo-poderoso a quem Neemias orou pedindo ajuda para reconstruir os muros da cidade é o Deus que buscamos hoje em oração. Ele está muito interessado em construir o que foi destruído. Sua especialidade é reconstruir a fé, os relacionamentos, e a autoconfiança — apenas citando alguns de Seus projetos de restauração.

Existe algo em sua vida que está quebrado e arruinado? Você sente a tentação de crer que não dá mais para consertar? Lembre-se da história de Neemias e busque a ajuda de Deus para começar a reconstruir hoje mesmo. —Jeff Olson

unidade e humildade

leia›
Filipenses 2:1-11
Então peço que me deem a grande satisfação [...] tendo um mesmo amor e sendo unidos de alma e mente [...] sejam humildes e considerem os outros superiores a vocês mesmos (vv.2-3).

examine›
Humilhem-se diante do Senhor, e ele os colocará numa posição de honra (Tiago 4:10).

considere›
Como o exemplo de humildade de Cristo desafia o seu egoísmo? Baseado nos princípios encontrados em Filipenses, como você mudará sua maneira de resolver conflitos?

Quando foi a última vez que você teve uma discussão desagradável ou passou por um conflito com um membro da família ou amigo? Qual foi o motivo do seu desentendimento? Quanto tempo você levou para resolver o conflito? Como sua alegria foi afetada pelo conflito? Se for como eu, os conflitos entre você e as pessoas que o amam roubam-lhe a medida plena da alegria cristã.

Um dos propósitos de Paulo ao escrever sua epístola aos Filipenses era o de ajudá-los a experimentar a medida perfeita da alegria — conseguida pela redução da fricção em seus relacionamentos. Ele sabia que havia um só modo disso acontecer. Eles teriam que mostrar uns aos outros o amor profundo que Deus havia mostrado a eles (Filipenses 2:2). Esse amor era incondicional e sem discriminação. Era um amor de uns para com os outros que devia estar crescendo, e não se desgastando.

Em seguida, poderiam reduzir os conflitos trabalhando com uma só mente e propósito (v.2). Isto não significava que tivessem que pensar e agir da mesma maneira. Queria dizer que deviam lutar apaixonadamente pelo mesmo alvo — a glória de Deus e Seu reino. Também, poderiam reduzir os conflitos ao ter a motivação correta para servir outras pessoas e celebrar as boas qualidades; o progresso, o sucesso e o crescimento espiritual nas vidas dos cristãos como eles (v.3). Paulo os chamou a estender os seus interesses para além de si mesmos e a abandonar sua fascinação por personalidades, especialmente a deles mesmos (v.4). A motivação de Paulo para essas ordens tão fortes era o mais poderoso exemplo de unidade e humildade que já se conheceu — Jesus Cristo (vv.5-11).

Ao interagirmos com membros da família; amigos; colegas de trabalho e vizinhos, passaremos por conflitos. Podemos, no entanto, experimentar a medida perfeita da alegria ao continuar a sermos motivados pelo exemplo do nosso Salvador. Vamos reduzir conflitos praticando a unidade e a humildade. —Marvin Williams

conhecer Deus

leia›
Salmo 103:8-14
O Senhor é bondoso e misericordioso, não fica irado facilmente e é muito amoroso (v.8).

examine›
- Salmo 25:6-7
- Lamentações 3:22-23
- Filipenses 2:3-8

considere›
O que lhe vem à mente quando ouve o nome "Deus"? Em que aspectos sua impressão inicial de Deus é semelhante e diferente da maneira como a Bíblia o retrata?

O pastor A. W. Tozer escreveu, "O que há de mais importante em nós, vem-nos à mente ao pensarmos em Deus." Se Tozer estivesse vivo hoje, perceberia que seus pensamentos são obsoletos para muitos cristãos. Nosso problema não é tanto o que entra em nossa mente ao pensarmos em Deus, senão que, não estamos pensando nele o suficiente. Assim como acontece com um tio rico e distante, nossa tendência é pensarmos em Deus somente quando precisamos dele. Talvez pensaríamos mais nele se compreendêssemos melhor quem Ele é.

Um dos atributos de Deus é o amor (1 João 4:8,16). Seu amor inigualável reflete-se no relacionamento perfeito experimentado pelo Pai, Filho, e Espírito Santo — três Pessoas revelando altruisticamente (da palavra grega *ágape*) a beleza de Deus em Seus papéis individuais — todos um só Deus amoroso. Jesus personificou essa realidade quando orou no Getsêmani, "Pai, se queres, afasta de mim este cálice de sofrimento! Porém que não seja feito o que eu quero, mas o que tu queres" (Lucas 22:42).

O amor altruísta de Deus transbordou os limites da trindade na criação. Ele não precisava criar você e eu, mas como Deus, e Deus de amor, Ele criou outras pessoas para amar.

Ele possui outros atributos, tais como a santidade, que engloba todo o Seu caráter. Mas Deus "...não nos castiga como merecemos", porém "Como um pai trata com bondade os seus filhos", é "...bondoso para aqueles que o temem" (Salmo 103:10,13). Sua maneira altruísta continua, a despeito do nosso pecado. Ele "...não fica irado facilmente...", dando-nos tempo e espaço para nos arrependermos de nossos pecados e retornarmos a Ele (v.8). Deus "...amou o mundo tanto, que deu o seu único Filho" (João 3:16).

Vamos, hoje, realmente pensar em Deus — Criador, Redentor, e aquele que nos ama desinteressadamente, você e eu. —Mike Witmer

moeda de Deus

leia
Mateus 25:14-29
O Reino do Céu será como um homem que ia fazer uma viagem. Ele chamou os seus empregados e os pôs para tomarem conta da sua propriedade (v.14).

examine
Pensem nas coisas lá do alto e não nas que são aqui da terra (Colossenses 3:2).

considere
Quanto você investe diariamente com as moedas do mundo e as moedas de Deus? Se Deus lhe pedisse contas do que você fez com os investimentos (pessoas) que lhe confiou, como você responderia?

As roupas foram embaladas, os cartões médicos separados em caso de emergência, e minha lista com duas páginas de instruções estava dobrada cuidadosamente num envelope. Meus sogros, eficientes e capazes, haviam cuidado de nossos filhos em inúmeras ocasiões, mas queríamos que eles soubessem de nossos desejos, para que os nossos filhos fossem cuidados do jeito que nós cuidamos deles.

Sabendo que logo partiria, Jesus investiu os Seus dias em ensinar os Seus seguidores o que seria mais importante para eles lembrarem. Ele viera para mudar o mundo, e para que Seus seguidores pudessem levar avante a mensagem, Jesus teria que mudar a razão de viver; o foco da atenção, de cada um deles (Mateus 6:19-21).

Ao interpretar a parábola dos talentos, muitas vezes imaginamos Jesus como se Ele estivesse falando sobre os nossos dons espirituais. Admoestamos uns aos outros a usá-los para Ele e a não enterrá-los, por medo. Embora esta interpretação possa estar certa, ao olharmos para o contexto destas parábolas, notamos outro aspecto.

Jesus estava concentrado em Seu eventual retorno. Mateus 25:1-13 nos diz para estarmos sempre prontos espiritualmente para a Sua volta, pois os que não estiverem serão excluídos da celebração. No livro de Lucas 19:12-27, ele relata a parábola dos talentos. Um pouco antes, ele descreve a história de Zaqueu e a declaração de Jesus, "Porque o Filho do Homem veio buscar e salvar quem está perdido" (Lucas 19:10).

Para saber se estamos sendo bons mordomos, precisamos conhecer Sua "moeda".

Jesus valorizava *almas*.

Quando Ele fala sobre o que fazemos com nossos talentos, não está avaliando se já cantamos ou não em Seu louvor, ou se já escrevemos uma peça de teatro para a Páscoa. Ele quer que amemos as pessoas como Ele ama e que saibamos comercializar com a Sua moeda, não com a nossa. —Regina Franklin

alimentos de ídolos

leia
1 Coríntios 10:14-33
...Procuro agradar a todos em tudo o que faço, não pensando no meu próprio bem, mas no bem de todos, a fim de que eles possam ser salvos (v.33).

examine
- Romanos 14:1-17
- 1 Coríntios 8:1-3

considere
Em nossos dias, quais situações podem ser consideradas equivalentes às duas situações de refeição desta passagem? Quais são algumas decisões permitidas e que, no entanto, podem não ser "boas" ou "benéficas"?

Minha avó era fiel à sua religião, e ia ao templo semanalmente buscar bênçãos para a família. Eu a acompanhava, levando suas ofertas de velas, incenso e comida. Após a adoração, comíamos os alimentos oferecidos no culto aos deuses, nas dependências do templo.

Os cristãos de Corinto, por causa de seu passado religioso, continuavam a participar de banquetes não cristãos em ambientes abertamente religiosos (1 Coríntios 10:14-22). Eram também convidados às casas de seus amigos pagãos para refeições, que poderiam incluir alimentos oferecidos como sacrifícios nos templos ou em altares das famílias (vv.23-33).

Os ensinamentos de Paulo nessa passagem proíbem os cristãos de participar em refeições nos templos ou em qualquer outro lugar onde cultos religiosos aconteciam. Ele avisou que tais refeições eram demoníacas e traziam sobre si a ira de Deus. (vv.20-22).

Na segunda situação de refeição onde o alimento poderia ter sido oferecido como sacrifício, em outro momento no mesmo dia, o cristão está livre para comer tal comida sem questionamentos desnecessários, suspeita ou temor (vv.25-27). Paulo, porém, estabelece limites para essa liberdade. Devemos evitar comer:

- Se isso encorajar um cristão mais imaturo a comer mesmo não estando plenamente convencido de que poderá fazê-lo (vv.23-24).
- Se outra pessoa (particularmente o não cristão) não se sentir à vontade com o fato de comermos esses alimentos (vv.28-30).
- Se isso não trouxer glória para Deus (v.31).
- Se isso ofender alguém (v.32).

Nosso testemunho cristão é da máxima importância. Paulo exprime isso de modo excelente: "...Procuro agradar a todos em tudo o que faço, não pensando no meu próprio bem, mas no bem de todos, a fim de que eles possam ser salvos" (v.33). —K. T. Sim

som da terra

leia›
Lucas 19:28-40
...se eles se calarem, as pedras gritarão! (v.40).

examine›
- Atos 5:42
- Romanos 1:16
- 1 João 4:14

considere›
O que você fará para comunicar as boas-novas de Jesus a outras pessoas hoje? O que o impede de fazer um "som" cativante a respeito dele?

Está ouvindo aquele som grave, surdo e prolongado? O fenômeno a que me refiro é chamado de "som da Terra". É o termo que os cientistas usam para o constante som baixo, surdo e prolongado sob nossos pés, que é possível detectar através de sismógrafos.

O grave ressonar, descoberto no início dos anos 1990, é formado de inúmeras notas e tons, todos incluídos numa "sinfonia natural". Ninguém tem certeza de onde vem essa "música", mas as possibilidades incluem o movimento das rochas no interior da terra e das pressões vindas dos oceanos ou ondas atmosféricas.

Jesus nunca falou de rochas cantantes, mas falou, sim, que as pedras gritariam, se os fariseus impedissem as multidões de celebrar Sua entrada em Jerusalém (Lucas 19:40). Naquele dia, as pessoas celebraram Jesus como o seu Messias há muito esperado. Eles tinham ouvido ou presenciado Seus ensinos e milagres, e agora o viam entrando na cidade montado num jumento — algo profetizado a respeito do Cristo (Zacarias 9:9-10). Espalhando seus mantos na estrada, movidos por honra e respeito, gritaram e cantaram um salmo que exaltava o Messias: "Que Deus abençoe aquele que vem em nome de Deus, o SENHOR!..." (Salmo 118:26).

As multidões vibravam, e os fariseus se enfureciam. Eles negaram amargamente que Jesus era o Messias — o santo que traria salvação. Não podiam ver a verdade.

Vivendo no século 21, você enfrentará indivíduos e grupos que tentarão sufocar suas declarações sobre quem Jesus é. Porém, como Ele disse, mesmo que as pessoas nos silenciem, a verdade a respeito dele não pode ser contida. Ela permanecerá para sempre (2 João 1:2). Até mesmo as pedras gritariam Seus louvores se tentássemos acionar o "botão de silêncio".

Vamos fazer um "som" a respeito de Jesus, hoje — declarando "...a boa notícia da graça de Deus" (Atos 20:24). —Tom Felten

Deus e um ganso

leia
Juízes 6:33-40
...Se de manhã o orvalho tiver molhado somente a lã, e o chão em volta dela estiver seco, então poderei ficar certo de que tu realmente me usarás para libertar Israel (v.37).

examine
- Jeremias 29:13
- João 7:17; 20:26-29

considere
Quais perguntas e dúvidas você precisa trazer a Deus hoje? Como Ele o conduz em Sua Palavra e pelos caminhos da vida?

Como tantos em nossa cultura, ele é espiritual, e aos 17 anos rejeitou a religião de seus pais e avós por achá-la indigesta, enfadonha e sufocante. Ele vai à igreja porque a sua namorada o faz.

As limitações da ciência o obrigam a crer num deus. Porém, o mal, a injustiça e a hipocrisia o forçam a concluir que esse deus não é todo-poderoso e amoroso. Tem a seu favor, o fato de não aceitar a premissa barata e sem critério "Apenas tenha fé." A fé precisa ter seus motivos ou então é tola (2 Coríntios 10:4).

Como líder de um pequeno grupo, sugeri que ele orasse desafiando Deus a revelar-se a ele.

Semanas mais tarde ele me cercou dizendo: "Preciso lhe contar sobre Deus e um ganso." E descreveu sua ida a um lago tranquilo que serve de lar para numerosos patos e coelhos. Certo dia, pediu a Deus para ver um ganso, não patos. Foi até o lago e não encontrou patos, nem coelhos, nem gansos. Ficou por ali e ao virar-se para ir embora, desapontado, olhou para trás pensativamente e viu um ganso solitário no meio do lago.

Foi Gideão quem pôs a primeira "lã". Ele era um despretensioso fazendeiro escondendo-se de um inimigo opressor quando Deus o chamou para liderar uma revolução (veja Juízes 6:34). Ainda desenvolvendo sua fé e confiança em Deus, Gideão pôs um pouco de lã e fez exigências específicas. "...Se de manhã o orvalho tiver molhado somente a lã, e o chão em volta dela estiver seco, então poderei ficar certo de que tu realmente me usarás para libertar Israel." Deus lhe deu uma resposta, graciosamente (vv.36-40).

Todos nós temos questões e dúvidas em nossa jornada de fé. As "lãs" não são recomendadas, mas buscar a Deus de maneira sincera e considerar cuidadosamente o que Ele nos ensina através dos caminhos da vida aumenta a fé. Tem perguntas? Vá até a Fonte. —Tim Gustafson

jovens entre nós

leia

Mateus 19:13-25

Aí ele [Jesus] disse: — Deixem que as crianças venham a mim e não proíbam que elas façam isso... (v.14).

examine

Maldito seja aquele que não respeitar os direitos dos estrangeiros, dos órfãos e das viúvas!... (Deuteronômio 27:19).

considere

Que criança necessitada de sua comunidade você vai amar e sustentar? O que o motivaria a sustentar uma organização que cuida de órfãos em terras estrangeiras?

Nossa geração está experimentando o maior aumento de população de todos os tempos. Estamos vivendo durante uma era em que há mais crianças no mundo — 2,5 bilhões — do que jamais houve antes. Meio bilhão dessas crianças vivem em nações abastadas, e 2 bilhões vivem em países em desenvolvimento.

Enquanto vivia na Uganda, país da África Oriental, onde existem dois milhões de órfãos, e mais de 50% da população tem idade inferior à 14 anos, testemunhei a situação que as crianças estão enfrentando em nações reduzidas à pobreza. Reconheço a seriedade da exortação de Deus de que a igreja estabeleça como alta prioridade, amar e proteger as crianças — particularmente as que não têm pais.

"Alguém está pensando que é religioso? Se não souber controlar a língua, a sua religião não vale nada, e ele está enganando a si mesmo. Para Deus, o Pai, a religião pura e verdadeira é esta: ajudar os órfãos e as viúvas nas suas aflições..." (Tiago 1:26-27).

Há muito trabalho a ser feito. De acordo com a UNICEF, "Perto de 11 milhões de crianças ainda morrem a cada ano, geralmente de causas simples de prevenir. Estima-se que 150 milhões de crianças estejam mal nutridas. Acima de 120 milhões não frequentam escolas. Dezenas de milhões trabalham — muitas vezes em situações abusivas. Milhões estão expostas a conflitos e outras formas de violência." De que maneira você pode ajudar as crianças em sua própria comunidade e ao redor do mundo?

- Intervir em oração por crianças que são vítimas de injustiça (Isaías 1:17).
- Em nome de Jesus, entregar e/ou doar alimentos e roupas para crianças necessitadas (Deuteronômio 10:18).
- Seguir o exemplo de Jesus deixando que as crianças se sintam bem-vindas e amadas em Sua presença (Mateus 19:14).

Faça como Jesus, abra seus braços a uma criança hoje. —Roxanne Robbins

culpa em lugar errado

leia›
Gênesis 3:9-12
O homem disse:
— A mulher que me deste para ser a minha companheira me deu a fruta, e eu comi (v.12).

examine›
Há caminhos que parecem certos, mas podem acabar levando para a morte (Provérbios 14:12).

considere›
Em que situações você se vê culpando outros erradamente? De que maneira você deveria assumir maior responsabilidade?

Certa manhã, eu não encontrava minha carteira, e procurei por ela nos lugares costumeiros — mas minha busca não deu resultado.

Imediatamente quis culpar outra pessoa. *Minha esposa deve tê-la colocado em algum lugar. Se não foi ela, então deve ter sido um dos meus filhos... ou mesmo o cachorro.*

Oras! O que está acontecendo? Sei que estava estressado e atrasado para o trabalho aquela manhã, mas por que sou tão rápido para culpar os outros? (Mais tarde encontrei a carteira onde a havia deixado — debaixo do assento dianteiro do meu carro.)

Pensar sobre essa minha tendência me faz lembrar Adão. Quando Deus lhe pediu para explicar o que havia acontecido naquele dia fatal, no Éden, foi rápido para apontar o dedo a outra pessoa, exceto para si mesmo. As primeiras palavras que saíram de sua boca foram, "...A mulher que me deste para ser a minha companheira me deu a fruta" (Gênesis 3:12). Em outras palavras, "Sim, eu dei uma mordida na fruta proibida, mas foi Sua culpa. Foi o Senhor que me deu Eva, e ela que teve a ideia."

Adão não poderia estar mais errado. Não foi ideia de Eva se rebelar. Na realidade, foi ideia da serpente — também conhecida como Satanás (Gênesis 3:1-5). E, com certeza, não era culpa de Deus. Adão escolheu livremente comer a fruta proibida.

Você é rápido para culpar os outros? Eu, como vocês viram, tenho meus momentos. É uma dessas tendências desagradáveis que aprendemos com o primeiro ser humano.

Culpar outras pessoas por nossos descuidos ou erros pode parecer o caminho seguro e razoável a seguir, mas não é. É uma armadilha destrutiva. Quando falhamos em assumir a responsabilidade por nossas próprias escolhas, nos tornamos vítimas; e somos aprisionados pela mentira de que os nossos problemas são culpa de outra pessoa.

—Jeff Olson

por você estar aqui

leia›
João 6:25-36
Porque o pão que Deus dá é aquele que desce do céu e dá vida ao mundo (v.33).

examine›
- João 15:9-13
- Filipenses 2:5-7
- 1 João 5:11-13

considere›
Como você pede que Jesus se apresente a você? O que significa para você descobrir que a presença de Jesus é o que sua alma mais anseia?

Quando meu amigo Natan foi para o Quênia, ele esteve em Kibera, a segunda maior favela da África. A superfície ininterrupta de grande massa empobrecida parece esquecida pela esperança.

Uma mãe solteira, portadora do HIV, convidou Natan para o seu barraco. As escapadas sexuais de seu marido haviam trazido o vírus e a morte em seu lar; deixando-a sozinha, mal sobrevivendo. A casa era pequena, vazia, com chão de terra. Natan falou muito pouco, apenas esteve presente. Antes de sair, porém, ela lhe disse algo: "Por você estar aqui, sei que sou amada."

Jesus não tinha dificuldades para atrair multidões. Suas curas e milagres despertavam o entusiasmo. Ele, porém, resistia às súplicas das massas para revelar outra proeza fantástica. Os expectadores queriam somente um bom show, e diziam a Jesus: "Que milagre o senhor vai fazer para a gente ver e crer..." (v.30).

Jesus repreendia a visão míope deles com penetrante recusa: "Não trabalhem a fim de conseguir a comida que se estraga, mas a fim de conseguir a comida que dura para a vida eterna. O Filho do Homem dará essa comida a vocês..." (v.27). A multidão não fazia apenas exigências egoístas, mas também eram cegos para Jesus, que estava em seu meio. Jesus, o Deus encarnado, ansiando por lhes dar a si mesmo, ansiando por lhes dar vida.

A multidão não estava interessada e desejava sensação e brilho.

A maior necessidade da humanidade não são os feitos de Jesus. Precisamos dele. Jesus, o pão verdadeiro. Jesus, a vida, a Sua presença e disposição em *descer do céu* e se tornar um de nós — aquele que oferece esperança para nossa profunda enfermidade (v.33). Porque Jesus esteve aqui, em meio à ruína e pecado, podemos reconhecer com segurança que o amor precioso de Deus flui para nós, continuamente. —Winn Collier

praticamente céu

leia
Apocalipse 22:1-5
O anjo também me mostrou o rio da água da vida, brilhante como cristal, que sai do trono de Deus e do Cordeiro (v.1).

examine
- Isaías 66:1-2
- 2 Coríntios 5:1
- Apocalipse 21:1-5

considere
O que o empolga sobre o céu? Por que é importante colocarmos nossa esperança em Deus e no futuro que Ele planejou para nós, e não em prazeres terrenos?

A sala de leitura do Museu Britânico é uma maravilha para os bibliófilos que amam os livros, como eu amo. Com 25 mil dos meus objetos favoritos, a sala é perfeitamente cilíndrica — com 360 graus de livros! O teto é uma abóboda arqueada azul celeste com borda dourada, brilhante, e janelas que circundam o topo como coro de anjos. Ouve-se, ocasionalmente, o farfalhar de uma página virando. Ao inspirar, respira-se o cheiro de mofo de livros antigos.

Admito que para mim, esse ambiente era "céu na terra". Porém, até mesmo os lugares e experiências melhores neste mundo, não se comparam à cidade santa que nos espera.

No céu, experimentaremos a vida sem maldição, e não haverá mais cáries nos dentes, pulgões nas roseiras ou nitritos na água! João escreveu que um anjo lhe mostrou "...o rio da água da vida, brilhante como cristal" (v.1). O paraíso de Deus transbordará com a beleza divina originalmente planejada por Ele.

A perfeição do céu se estenderá às nossas almas — seremos finalmente livres da influência do mal. João testificou, "...[no céu] não entrará nada que seja impuro" (Apocalipse 21:27). As forças demoníacas que receberam permissão para causar estragos na terra por um tempo, não podem entrar por seus portões.

O melhor de tudo é que Sião é o endereço de Deus, onde Sua glória brilhará por toda a eternidade. Podemos vislumbrar Sua glória na terra, mas "Ninguém nunca viu Deus..." (João 1:18). O céu nos garante que teremos momentos face a face com o Criador. Apocalipse 22:4 diz, "...Verão o seu rosto". Nada se compara a isso!

Se você for como eu, a promessa do céu poderá brincar com a sua imaginação, empurrada entre sonhos de férias na praia ou de um simples lugar tranquilo para ler. Mas lembre-se, por mais que este mundo possa oferecer, ainda não é o céu. —Jennifer Benson Schuldt

simples obediência

leia›
Lucas 2:21-24
Pois amar a Deus é obedecer aos seus mandamentos. E os seus mandamentos não são difíceis de obedecer (1 João 5:3).

examine›
- Salmo 119:56-60
- João 14:15
- 1 João 5:2-4

considere›
Até que ponto sua vida é caracterizada por obediência à Palavra de Deus? Que mandamento da Bíblia é difícil obedecer?

Na cultura chinesa, celebra-se o primeiro mês de vida de um bebê. No passado, a mortalidade infantil era alta, e o bebê que alcançasse um mês de vida, teria a chance de sobreviver. *Tempo de festa!* Os pais davam *Ang ku kuehs* (bolos tradicionais de feijão) e ovos pintados de vermelho (simbolizando felicidade e boa sorte) aos parentes e amigos. A celebração também sinalizava o fim do período de resguardo da mãe.

Dentro da lei judaica, o recém-nascido recebe o nome, oficialmente, no oitavo dia (Lucas 2:21). Se a criança for um menino, deve ser circuncidado (Levítico 12:3).

A mãe de Jesus, Maria, foi purificada como a Lei exigia (Lucas 2:22). A mãe de filho homem era considerada impura por sete dias e devia esperar outros 33, antes de entrar no templo. A Lei exigia a oferta de um carneirinho de um ano em holocausto, e um pombinho ou uma rolinha como oferta pelo pecado. Os pobres poderiam substituir o carneirinho por duas rolas ou dois pombinhos (Levítico 12:2-8). Maria ofereceu o sacrifício dos pobres (Lucas 2:24), e o Messias nasceu como filho de homem pobre.

A Lei também exigia que José e Maria dedicassem Jesus ao Senhor no templo porque Jesus era o filho primogênito (Êxodo 13:2; Lucas 2: 22-23).

Para os pais, os 11 meses anteriores haviam sido os tempos mais surpreendentes de suas vidas. Anjos os visitaram. Experimentaram o nascimento milagroso de Jesus. Mas apesar desses eventos surpreendentes e milagrosos, nós os vemos vivendo em obediência humilde e completa à Lei. Lucas relata a obediência aos mandamentos de Deus em Lucas 2:22-24,39.

O importante em sua vida não são as experiências extraordinárias que você possa ter. José e Maria nos lembram que o componente principal da vida de uma pessoa que crê em Jesus é a obediência à Palavra de Deus. —K. T. Sim

encruzilhada

leia

Salmo 119:97-105

A tua palavra é lâmpada para guiar os meus passos, é luz que ilumina o meu caminho (v.105).

examine

...aproveitem bem todas as oportunidades que vocês têm. Não ajam como pessoas sem juízo, mas procurem entender o que o Senhor quer que vocês façam (Efésios 5:16-17).

considere

O que você geralmente faz ao sentir-se acuado na encruzilhada da decisão? Como o fato de Deus conhecer todas as coisas o motiva a pedir direção e orientação divina?

Certa vez, a missionária Marti Ensign levou aos Estados Unidos alguns pastores do país onde servia. Eles queriam fazer compras, mas Marti preocupou-se, pois eles podiam se perder e lhes deu o número de seu telefone. Menos de uma hora depois, um deles telefonou dizendo: "Estou perdido". Marti pediu-lhe que visse o nome das ruas da esquina, e a informasse, pois iria resgatá-lo. Em poucos minutos, ele retornou ao telefone e anunciou, "Estou na esquina da rua 'Andar' com 'Não Andar'".

Ao buscar a vontade de Deus, podemos acabar em nossa própria encruzilhada da indecisão. Queremos a direção de Deus, e que Ele revele Suas opiniões em questões não tratadas especificamente em Sua vontade moral: Onde devo morar? Que escola frequentar? Qual carreira seguir? Com quem devo me casar?

Em geral, Deus revela a Sua vontade através da Sua Palavra (Salmo 119:104-105). A Palavra de Deus não somente nos dá Suas ordenanças morais, mas também lança luz sobre assuntos que não são especificamente tratados na Bíblia.

Outra maneira de Deus comunicar Sua sabedoria e planos para nós é através do conselho sábio de membros de nossa família, pastores ou outros líderes espirituais (Provérbios 4:1; Jeremias 3:15). Uma quarta maneira pela qual Deus revela Sua vontade a nós é através de nossas paixões e desejos, quando nossa felicidade está nele (Salmo 37:4).

Continuemos a pedir a direção de Deus para nossas vidas, pois Ele nos ama e deseja nos dar boas dádivas (Jeremias 31:10-12; Mateus 7:7-11). Ele conhece todas as coisas (Salmo 139) e responderá as nossas orações! —Marvin Williams

mais que cachoeiras

leia›
2 Samuel 11:1-17
...Davi se levantou [...] viu uma mulher muito bonita tomando banho. Aí ele mandou que descobrissem quem era aquela mulher (vv.2-3).

examine›
Tira de mim o meu pecado, e ficarei limpo; lava-me, e ficarei mais branco do que a neve. Ó Deus, cria em mim um coração puro e dá-me uma vontade nova e firme (Salmo 51:7,10).

considere›
O que você fará para resistir ao poder da pornografia? Por que é essencial possuir um coração apaixonado por Deus, enquanto buscamos viver vidas puras e santas?

As cachoeiras podem ser poderosas, belas e perigosas. Em setembro de 1995, uma rocha de basalto de 400 toneladas soltou-se da superfície por trás de uma cachoeira, com aproximadamente 190 m de altura, e despencou 68 m em direção à piscina. O bloco sólido se partiu com o impacto, criando uma parede de água de cerca de 20 m de altura. Os fragmentos de rocha atingiram 20 pessoas que tiravam fotos em uma ponte onde é possível observar as quedas — causando ferimentos leves. E falar de fotos interessantes!

A pornografia também é conhecida por suas imagens. Como cachoeiras, elas podem ser poderosas (agem nos desejos), belas (apresentam pessoas atraentes) e perigosas (atraem o sigilo). Essas falsas fontes de emoções e prazeres passageiros conduzem somente à falta de controle (Efésios 4:19).

Em seguida, a rocha cai e esmaga nossas vidas — destruindo relacionamentos e nos ferindo espiritualmente. Foi o que aconteceu ao rei Davi quando olhou com cobiça para Bate-Seba e depois caiu cada vez mais em pecado.

Podemos aprender com seus erros. Veja o que necessitamos.

Arrependimento — Se o rei tivesse se arrependido da cobiça de algo que não era seu, ele poderia ter evitado a feiúra da queda livre do pecado (1 João 1:9).

Amigos honrados — Davi precisava de homens a quem tivesse que prestar contas, e que pudessem encorajá-lo a deixar seu pecado (Provérbios 27:6).

Amor renovado por Deus — Como a maioria das pessoas que lutam com pornografia, Davi tentava preencher o seu vazio com uma fantasia superficial, em vez de buscar Deus ardentemente e Sua maravilhosa fonte de verdadeira realização e alegria (Apocalipse 2:4-5).

Ao buscar Deus desta forma, podemos começar a resistir ao poder da pornografia e seguir o nosso Deus que nos ama e completa. —Tom Felten

esperanças grandiosas

leia›
Isaías 40:20-31
Mas os que confiam no SENHOR recebem sempre novas forças. Voam nas alturas como águias, correm e não perdem as forças, andam e não se cansam (v.31).

examine›
- Jeremias 29:11
- Lamentações 3:21-23
- Tito 2:13

considere›
Qual o seu maior desejo? Como os seus sonhos influenciam as suas escolhas?

O que os fatos a seguir têm em comum? Um homem desempregado foge de sua pobreza e torna-se terrorista suicida. Um soldado incapaz de defender sua pátria abraça uma granada em ato final de "honra". A nova mãe cheia de culpa pela morte acidental de seu bebê, engole um vidro de pílulas para dormir. Todos morrendo por falta de esperança — essencial à vida. Paulo escreve que existem três coisas que durarão para sempre "...a fé, a esperança e o amor. Porém a maior delas é o amor" (1 Coríntios 13:13). Muitos ficam tão impressionados com a importância do amor que não percebem a esperança entre elas. Compreendemos porque precisamos ter fé em Deus e amar nosso irmão, mas por que precisamos de esperança?

Sem esperança, murcharemos e morreremos. Com esperança, podemos "...Voa[r] nas alturas como águias..." (Isaías 40:31). O único motivo de continuarmos a sair da cama todas as manhãs é crermos que este dia poderá ser melhor que o anterior. Tirem nossa esperança e nos tirarão a vida.

A maior parte das pessoas avança desordenadamente com pouca esperança. Os materialistas não têm uma esperança final porque acreditam que a morte encerra a sua existência. Muitos cristãos se contentam com poucas esperanças, ao crerem erradamente que o único alvo é chegar ao céu ao morrer.

A Bíblia promete algo maior. Paulo declarou, "...existe esta esperança: Um dia o próprio Universo ficará livre do poder destruidor que o mantém escravo e tomará parte na gloriosa liberdade dos filhos de Deus" (Romanos 8:20-21). Ansiamos que Cristo volte e endireite o mundo. Ele destruirá o pecado, a morte e Satanás; ressuscitará os nossos queridos e viverá para sempre conosco aqui nesta terra restaurada. Ele poderá vir amanhã (ou antes, até). É esperança mais do que o suficiente para o dia de hoje! —Mike Witmer

compaixão inconveniente

leia
Lucas 16:19-31
Meu filho, lembre que você recebeu na sua vida todas as coisas boas, porém Lázaro só recebeu o que era mau. E agora ele está feliz aqui, enquanto você está sofrendo (v.25).

examine
- Eclesiastes 4:1-4
- Miqueias 6:8
- 1 João 3:16-18

considere
Quem está sentado à sua porta? O que o impede de reagir com compaixão aos que estão ao seu redor?

Lá são 10h da noite. Ao terminar meu almoço, fico imaginando se ela está dormindo segura ou trabalhando. Vários fusos horários nos separam, estamos a mundos de distância. Nem sei seu nome, nem conheço os homens que a procuram. Ela é apenas uma criança, abusada em troca de abrigo e comida.

Todos os dias novas faces entram no tráfico do sexo; muitas ainda não atingiram a puberdade. Paramos um pouco ao ver essas situações em comerciais ou no *YouTube*. Comovemo-nos por alguns momentos, e o sentimento se esvai com a imagem que desaparece.

Nos mantemos ocupados para não ver e não sentir. A impotência gera a inatividade. Tristemente, não percebemos que ser compassivos envolve os sentimentos (Lucas 10:36-37).

Todos os dias, o homem rico comia à vontade em sua casa, e Lázaro definhava do lado de fora. Relutante em ser incomodado pela dor de Lázaro, o rico era indiferente. Ao experimentar a dor, o homem rico reparou em Lázaro. O problema do homem rico não era a falta de oportunidade, mas a sua visão e o seu coração.

Eternamente egoístas, os discípulos de Jesus reagiram às necessidades de outras pessoas, como nós o fazemos. Para alimentar a multidão, perguntaram, "...Como vamos encontrar, neste lugar deserto, comida que dê para toda essa gente?" (Marcos 8:4). Jesus nos ensina, no entanto, que temos a resposta quando sentimos compaixão (vv.2-3).

Compaixão *verdadeira*, que não é confortável ou conveniente, significa compartilhar e exige que vejamos além de nossas próprias necessidades.

Não é preciso uma passagem de avião para fazer a diferença. Nossa cultura é um ambiente fértil para a injustiça, pois nos encoraja a satisfazer nossos próprios desejos. Jesus nos pede que comecemos com aqueles que estão diante de nós. Procure o necessitado sentado à sua "porta".
—Regina Franklin

mágica

leia›
Salmo 19:1-6
O céu anuncia a glória de Deus e nos mostra aquilo que as suas mãos fizeram (v.1).

examine›
- Gênesis 1:1
- João 1:1-5
- 1 João 1:1-4

considere›
Por que é importante, primeiramente, definir os itens de uma séria discussão? O que você pode aprender com aqueles que estão buscando?

Estávamos engajados numa discussão revigorante e séria sobre a origem de tudo; assuntos profundos que não se discute com qualquer adolescente. Tímido e brilhante, ele buscava respostas GRANDES para as GRANDES perguntas. "Vejo duas opções básicas — ou tudo começou por pura chance ou foi mágica", ele disse pensativamente. Disse-lhe que eu não usaria a palavra mágica, mas ele pareceu perplexo. "Bem, como chamaria isso? Não há nada, e então, aí está tudo!" — ele agitou as mãos para o céu

Eu me preocupava com as conotações inerentes àquela perigosa palavra mágica. Tal palavra evocava imagens de feiticeiros, encantamentos, truques de mãos e ilusionismo. Mágica não é sinônimo de *miraculoso*. Porém meu amigo veio de um ambiente onde Deus e adoração não eram valores. Ele enxergou o cosmos com novos olhos e usou a palavra *mágica* inocentemente, até mesmo com adoração.

"O céu anuncia a glória de Deus e nos mostra aquilo que as suas mãos fizeram" escreveu o poeta Davi (Salmo 19:1). Aqueles que olham para a natureza com os olhos de fé se enchem de tanta admiração, e esta os leva a adorar aquele que criou isso tudo do nada. A avalanche de evidências é esmagadora, como Davi observou: "Cada dia fala dessa glória ao dia seguinte, e cada noite repete isso à outra noite" (v.2).

Da mesma maneira, podemos nos voltar para o nosso interior. Cada uma de nossas células contém informações em forma de DNA. A natureza pode produzir padrões, mas a informação codificada vem somente de uma inteligência superior.

A mensagem da ciência, de meu amigo inquiridor e da Bíblia é clara. *Levante os olhos! Olhe ao redor! E então adore aquele que o formou e que o enche de espanto. A Criação declara a majestade — a mágica! — de nosso Criador, sem* "discurso nem palavras" (v.3). —Tim Gustafson

faça e receba

leia

Mateus 22:34-40

..."Ame o Senhor, seu Deus, com todo o coração, com toda a alma e com toda a mente." [...] E o segundo mais importante é [...]: "Ame os outros como você ama a você mesmo" (vv.37-39).

examine

..."Eu afirmo a vocês que isto é verdade: quando vocês fizeram isso ao mais humilde dos meus irmãos, foi a mim que fizeram" (Mateus 25:40).

considere

Se amar os outros é como medimos nosso amor por Deus, o quanto você realmente ama a Deus? O que você pode fazer hoje para amar aqueles que Deus colocou em sua vida?

Avalie-se em uma escala de um a dez: O quanto você ama a Deus? E os outros? Qual é a nota mais baixa?

Muitos cristãos acham que amar a Deus é mais difícil do que amar os outros por causa de duas questões: Primeiro, é difícil falar com alguém que não podemos ver. Segundo, parece que estamos muito ocupados para ler nossas Bíblias e orar. Quem de nós não simpatizaria com uma mãe que confessa que seus dias são tão cheios com a alimentação dos filhos, limpar e esfregar, que acaba tendo pouco tempo para parar e ficar na presença de Deus?

No entanto, fico pensando se nossas perguntas apresentam uma escolha errada. Jesus disse que amar a Deus e amar os outros são dois lados inseparáveis do mesmo mandamento (Mateus 22:37-39). João escreveu que amar os outros é precisamente como amamos a Deus, Pois ninguém pode amar a Deus, a quem não vê, se não amar o seu irmão, a quem vê" (1 João 4:20). E Paulo argumenta que amar os outros é nossa tarefa mais importante, "...Ame os outros como você ama a você mesmo" (Gálatas 5:14). Em vez de disputarmos: amar a Deus versus amar o próximo, as Escrituras declaram que amamos a Deus amando o próximo.

Agora, vamos compreender este ponto — literalmente. Martinho Lutero disse certa vez que nosso próximo número um é nosso cônjuge (Efésios 5:21-30). É fácil sermos amáveis com pessoas que vemos ocasionalmente, mas como somos com aqueles que convivemos? Se formos generosos e pacientes com a família — aqueles que há muito tempo paramos de tentar impressionar — estaremos seguros que amamos a Deus. Sempre que fizermos o bem a alguém, isto será visto pelo nosso Pai celestial. Pois quando amamos Seus filhos, amamos a Ele. —Mike Wittmer

o sábio *caddie*

leia
Atos 1:1-8
Um dia, quando estava com os apóstolos, Jesus deu esta ordem: Fiquem em Jerusalém e esperem até que o Pai lhes dê o que prometeu, conforme eu disse a vocês (v.4).

examine
...Quando ouviram a verdadeira mensagem, a boa notícia que trouxe para vocês a salvação [...] Deus [...] lhes deu o Espírito Santo, que ele havia prometido (Efésios 1:13).

considere
Que valor você coloca no conselho diário do Espírito Santo? Como você demonstra confiança em Sua liderança?

Verdes prados como a pelúcia e azaleias cor-de-rosa vibrantes. O mais conhecido dos torneios de golfe é de impressionar. Morando no local dos jogos há 15 anos, fui apenas uma vez a este famoso lugar. Apesar da inexperiência com golfe, aprendi que os jogadores profissionais valorizam bastante seus *caddies* (carregador da bolsa com os tacos do golfista). Estes assistentes são mais do que carregadores. Atravessando todo o campo juntos, um golfista inteligente depende do conhecimento deles num relacionamento que envolve confiança.

Consciente das dificuldades que Seus discípulos enfrentariam após Ele ascender ao Pai, Jesus sabia que não poderiam ir para a jornada sozinhos (João 14:16-17), pois enfrentariam desafios de vida e morte. Eles precisavam de alguém que tivesse sabedoria e que os ajudasse a manter-se no caminho, qualquer que fosse a dificuldade.

Nossa necessidade não é menor. Para viver de forma pura perante o Senhor, temos que andar na sabedoria do Espírito Santo e depender de Sua voz. Até Jesus, em Sua perfeição completa, não começou Seu ministério sem o Espírito Santo (João 1:32-34). Facilitando nossa comunhão com Deus, o Espírito Santo...

- Capacita-nos a ouvir a voz de Deus quando Ele, o Espírito Santo, sonda nossos corações (Romanos 8:26-27).
- Dá-nos sabedoria para compreender e lembrar a Palavra (João 14:16).
- Testemunha conosco de nossa herança em Jesus e nossa habilidade de vencer o inimigo (Romanos 8:11-16).

Entretanto, honestamente, muitas vezes o tratamos como um carregador. Preferimos dizer-lhe o que fazer, esperamos que Ele nos sirva e o usamos como mero assistente. Mas Ele não está em nossas vidas para quando bem quisermos. Ele não é um *caddie* — Ele é o nosso Conselheiro diário, aquele que nos leva além do jogo para vivermos a vida.

—Regina Franklin

contemple o caju

leia›
Gênesis 1:26-31
Assim Deus criou os seres humanos; ele os criou parecidos com Deus. Ele os criou homem e mulher (v.27).

examine›
"...o homem deixa o seu pai e a sua mãe para se unir com a sua esposa, e os dois se tornam uma só pessoa." Há uma verdade imensa revelada nessa passagem das Escrituras (Efésios 5:31-32).

considere›
O que significa para um homem e sua esposa se tornarem um? O que é necessário para alcançar a unidade que Deus deseja no casamento?

Em viagem recente para Honduras conheci um morador que me apresentou uma linda fruta vermelha e amarela. Analisando mais de perto percebi que a parte maior da fruta tinha uma extensão em forma de rim, saindo de sua base.

O que era esta coisa estranha? Um caju! É interessante que a noz do caju, na verdade é uma semente. Esta semente cresce primeiramente no cajueiro, e presa a ela cresce o pseudofruto macio e de cor brilhante. A semente (ou noz) conduz ao pseudofruto do caju.

Este processo me lembra o casamento. Em Gênesis 1 Deus criou os primeiros seres humanos. O relato diz, "À imagem de Deus o criou; homem e mulher os criou" (v.27). O termo "seres humanos" no versículo 26 de algumas versões diz "homem" no hebraico original. Nisso vemos que Deus criou Adão e Eva para refletirem a plenitude de "...Sua imagem" (v.27).

Quando Adão viu Eva exclamou, "...Esta é carne da minha carne e osso dos meus ossos." (Gênesis 2:23). Sua expressão da unidade deles assemelha-se à própria visão que Deus tem do casamento, "...os dois se tornam uma só pessoa" (v.24).

Como aquela única noz do caju, o homem e a mulher devem ser um. A fruta que vem da noz é simbólica à fruta que um homem e sua esposa vão produzir se estiverem unidos. E isto é mais do que produzir filhos (1:28). É a beleza do amor e compaixão que vemos no relacionamento de José e Maria (Mateus 1:19-25). É a sinergia do ministério que testemunhamos nas vidas de Áquila e Priscila (Atos 18:1,24-28).

Para que o casamento glorifique a Deus e produza frutos é necessário ter unidade. O casal unido em Cristo será frutífero. —Tom Felten

cruzando o lago

leia
Lucas 8:26-39
...Então o homem foi pela cidade, contando o que Jesus tinha feito por ele (v.39).

examine
O nosso Deus é o Deus que salva; ele é o SENHOR, o Senhor nosso, que nos livra da morte (Salmo 68:20).

considere
Qual foi a reação do homem quando foi liberto dos demônios? Você tem alguém como Cíntia em sua vida? O que você pode fazer para ajudá-la?

Cíntia gosta de estar sozinha. Não que não aprecie a companhia dos outros, na verdade ela aprecia. Simplesmente porque de alguma maneira a vida é menos dolorosa quando ela está só.

Sua família é desestruturada, com falta de higiene, maus hábitos, sem dinheiro e habilidades sociais limitadas. Cíntia embriaga-se, usa drogas e acaba ficando com homens que não gostaria de estar. A solidão é melhor. Em seus dias ruins, ela pensa em suicídio.

Quando Jesus e Seus discípulos atravessaram a Galileia após um longo dia de pregações, um rejeitado socialmente, em estado calamitoso, os encontrou. Possesso por demônios, ele estivera algemado, mas despedaçara as cadeias e "...o demônio o levava para o deserto" para viver nos túmulos (Lucas 8:29).

Jesus entrou em cena com um toque pessoal e uma mudança drástica. Enquanto outros tentavam aprisionar o homem para se proteger, Jesus o libertou para alcançar os outros. Expulsou os demônios, que entraram em numa vara de porcos e repentinamente se afogaram (v.33).

Os criadores dos porcos correram e contaram ao povo da cidade, cuja reação nos dá uma notável compreensão da natureza humana. Eles queriam que Jesus partisse, talvez por temerem o Seu poder ou porque uma fortuna em porcos havia sido perdida quando estes mergulharam do penhasco, água abaixo. De qualquer forma, eles valorizaram seu estado atual ou a segurança econômica mais do que a sanidade e a salvação daquele homem.

Mas aquele homem queria seguir a Jesus (v.38). Finalmente, apareceu alguém que o vira como um ser humano e não somente a inconveniência e a vergonha que ele causava! Porém Jesus lhe disse, "Volte para casa e conte o que Deus fez por você" (v.39).

Aparentemente, Jesus havia atravessado o lago somente para salvar este solitário homem! —Tim Gustafson

a luz forense de Deus

leia>
Hebreus 4:1-13
...a palavra de Deus é viva e poderosa e corta mais do que qualquer espada [...] Ela vai até o lugar mais fundo da alma e do espírito, vai até o íntimo das pessoas e julga os desejos e pensamentos... (v.12).

examine>
- Salmo 19:12-13
- 1 Coríntios 10:11-12

considere>
O que a Palavra de Deus revela sobre os seus pensamentos, motivações e intenções? Como você abrirá inteiramente o seu coração para ela penetrar nele?

Um estabelecimento de limpeza de carpetes oferece serviço de iluminação para os clientes, para mostrar-lhes a necessidade de remover manchas e odores de carpetes. Eles escurecem o local e acendem uma luz forense poderosa. A luz expõe todas as manchas, gotas e respingos no carpete, paredes, cortinas, móveis e até luminárias. De acordo com o proprietário do negócio, uma dona de casa implorou que desligasse a luz, lamentando, "Não consigo mais ver isto." A sujeira estava ali o tempo todo, mas era invisível até que a luz correta a expôs.

O escritor do livro de Hebreus enxergava a Palavra de Deus como a luz correta para os cristãos. Para ele, o propósito das Escrituras não é somente levar pessoas à salvação (2 Timóteo 3:14-15), mas também conduzi-las à maturidade na fé pela admoestação e correção. Ele usou uma metáfora para declarar o poder da Bíblia em cumprir o propósito de Deus na transformação, e disse que a Palavra é uma espada de dois gumes — o tipo de espada afiada e compacta que os soldados romanos usavam em batalhas. Os dois gumes da espada tornavam-na ideal em uma guerra do tipo "corte e confie".

A Palavra é capaz de penetrar através das camadas exteriores de nossa própria ilusão como a faca que penetra através da pele. É capaz de sondar o íntimo de nossas vidas, avaliando nossas motivações, intenções e atitudes, expondo tudo que está escondido.

Para o escritor do livro de Hebreus, o propósito da Palavra de Deus é investigar, diagnosticar, expor e curar o coração humano — em sua totalidade. Como seguidores de Cristo vamos nos aquietar, encontrar um lugar tranquilo, abrir nossos corações e investir tempo estudando a Palavra de Deus todos os dias, experimentando a graça que capacita e a luz penetrante de sua obra em nós. —Marvin Williams

suficiente para dar

leia

Provérbios 28:21-28

Quem dá aos pobres não passará necessidade, mas quem faz de conta que o pobre não existe será muito amaldiçoado (v.27).

examine

- Deuteronômio 15:9-11
- Salmo 24:8-10

considere

O que você fará esta semana por alguém que está passando por dificuldades financeiras? Como o ato de dar aos pobres reflete o amor de Deus?

Você não precisa muito para ser doador (2 Coríntios 6:10). Um dia uma amiga me levou a um vilarejo distante em Uganda para conhecer sua família. Por ser a única pessoa branca a visitar o vilarejo em meses, a notícia de um "Muzungu" estar lá, correu rapidamente. Em pouco tempo, 30 crianças se juntaram do outro lado da cerca de palha para me ver falando com a família de minha amiga.

Após fingir que não percebia os seus olhares e cochichos, pedi licença e fui até a cerca. Entrei onde estavam e, brincando, comecei a correr atrás das crianças que gritando e rindo rapidamente fugiam até suas cabanas — mas logo reapareciam para que eu corresse atrás delas novamente. Foi muito legal demonstrar este amor em ação às crianças (Lucas 18:16).

Nossa brincadeira de "pega" improvisada durou quase uma hora. Quando paramos de brincar as crianças pegaram minhas mãos e me levaram de volta à cabana de minha amiga. O sogro dela, um pastor sábio e gentil, olhou para as crianças e disse, "Você fez novos amigos." Uma nova e amorosa amizade havia sido formada (Colossenses 1:8).

Esta foi uma das muitas vezes que o Senhor usou crianças ou um sábio pastor ou amigo ugandense para lembrar-me que mesmo que meus recursos financeiros sejam limitados (2 Coríntios 6:10), Deus me dará oportunidades para demonstrar o Seu amor aos pobres (1 João 3:17).

O povo de Deus é instruído a não dar aos pobres "...com tristeza no coração, mas seja generoso com ele" (Deuteronômio 15:10). Podemos e devemos dar uma porcentagem de nossa renda para ajudar os necessitados. Podemos também prover o empobrecido com ajuda física, palavras de encorajamento ou outros recursos úteis (Lucas 6:36). Ao darmos, Deus promete que não passaremos necessidades (Provérbios 28:27). —Roxanne Robbins

gestão da pesca

leia>
1 Pedro 5:8-9
Estejam alertas e fiquem vigiando porque o inimigo de vocês, o Diabo, anda por aí como um leão que ruge, procurando alguém para devorar (v.8).

examine>
Portanto, obedeçam a Deus e enfrentem o Diabo, que ele fugirá de vocês (Tiago 4:7).

considere>
Quais são algumas das mentiras que Satanás está tentando vender e que você precisa resistir? Como você pode reconhecer melhor os seus ataques sutis?

Na última primavera fiquei observando três garotos pescarem no lago ao norte do estado onde moro. Ao olhar pela janela percebi que um dos jovens puxava um peixe muito bonito para dentro do barco. Sorri ao ver o garoto se esforçar para colocar a presa no pequeno barco.

Por instantes, desviei o olhar para tomar um gole de café. Ao olhar novamente, pude ver o garoto esmurrando o peixe que acabara de pescar, contra o lado do barco. Confuso, virei para um homem que estava próximo e perguntei-lhe se sabia o que o garoto estava fazendo. Ele explicou que o garoto estava praticando "gestão da pesca". Uma espécie indesejada de peixes invadira o lago e estava ameaçando tragar a população dos outros peixes, e os moradores locais estavam praticando o seu próprio método de gestão da pesca.

Apesar daquele método ter um lado meio bárbaro, admirei a seriedade com a qual encaravam a ameaça. Desafiei-me a considerar com que seriedade administro as ameaças que surgem em minha vida, em particular, a maior delas — Satanás. O inimigo que maquina "planos" devastadores executados pelas "...forças espirituais do mal..." (Efésios 6:11-12). A Bíblia adverte "Estejam alertas e fiquem vigiando porque o inimigo de vocês, o Diabo, anda por aí como um leão que ruge, procurando alguém para devorar. Fiquem firmes na fé..." (1 Pedro 5:8-9).

Jesus chamou Satanás de o "...pai de todas as mentiras..." (João 8:44), que tentará invadir o nosso coração com falsidades planejadas para nos enganar e dominar. Devemos agir sabiamente e escolher seguir a Deus "...a fim de que Satanás não se aproveite de nós; pois conhecemos bem os planos dele" (2 Coríntios 2:11).

Ao enfrentar tentações e dificuldades hoje, fique alerta e perceba as artimanhas de Satanás. Seus ataques devem ser levados a sério.

—Jeff Olson

reencontro final

leia›
João 14:1-4
E, depois que eu for e preparar um lugar para vocês, voltarei e os levarei comigo para que onde eu estiver vocês estejam também (v.3).

examine›
- 2 Coríntios 5:8
- Filipenses 1:23
- 1 Tessalonicenses 4:15-18

considere›
Qual é a sua maior expectativa quando tiver seu reencontro final com Jesus? Como o seu destino eterno influencia as escolhas da vida que você está fazendo neste momento?

Nós ríamos sobre as paqueras, passávamos grandes quantidades de bilhetinhos durante as aulas, até trançamos nossos cabelos numa só trança! Que coisa boba, eu sei, mas nossa amizade era conhecida nos corredores do colégio. Após a formatura, nos mudamos centenas de quilômetros de distância uma da outra. Eventualmente, ela se casou; e eu fiquei solteira. As cartas e ligações diminuíram até cessar completamente.

De qualquer forma que se encare, a separação é difícil. O mais difícil acho que é a curiosidade. O que ela está fazendo? Onde ele está agora? Jesus sabia que os discípulos iriam se debater com questionamentos e angústias durante Sua iminente ausência. Pouco antes de Sua crucificação Ele os confortou com a esperança de um reencontro.

Jesus assegurou aos Seus seguidores que não os abandonaria quando disse, "...vou preparar um lugar para vocês..." (João 14:2). Ele queria que enxergassem o propósito para a separação, e até antecipou que lhes construiria acomodações!

Era importante que os discípulos vissem este tempo de separação como um período temporário. Jesus prometeu-lhes solenemente, "E, depois que eu for e preparar um lugar para vocês, voltarei e os levarei comigo para que onde eu estiver vocês estejam também" (v.3). Jesus se reuniria a eles no tempo certo. Para consolar até os mais duvidosos na multidão, Jesus lhes assegurou que a reunião futura de que estava falando seria o reencontro final. Ele disse, "...para que onde eu estiver vocês estejam também" (v.3). Nós também podemos antever o nosso reencontro final com Jesus. Seu conselho simples, "...Não fiquem aflitos..." (v.1), nos assegura que a eternidade com Ele vai compensar por todo este tempo separados.

E falando de minha amiga, entramos em contato recentemente. Espero que tenhamos nosso reencontro também. —Jennifer Benson Schuldt

o sacrifício das ovelhas

leia›
Êxodo 12:1-14
O sangue nos batentes das portas será um sinal para marcar as casas onde vocês moram. Quando estiver castigando o Egito, eu verei o sangue e então passarei por vocês... (v.13).

examine›
De fato, de acordo com a lei, quase tudo é purificado com sangue. E, não havendo derramamento de sangue, não há perdão de pecados (Hebreus 9:22).

considere›
Por que o pecado é uma coisa tão séria para Deus? Como você age em relação ao pecado em sua vida?

Se alguém me dissesse para sacrificar uma ovelha e espirrar seu sangue nos caixilhos da porta de minha casa, eu ficaria aterrorizado. Não gostaria de fazer isto por duas razões: devido à perda da vida de um animal e a desfiguração de minha propriedade. Por que então Deus falaria a toda uma nação de mais ou menos dois milhões de pessoas para fazê-lo? Veja:

Deus pedira repetidamente ao Faraó do Egito para libertar os israelitas para que eles pudessem adorá-lo no deserto (Êxodo 5:1; 8:1; 10:3). Apesar de ter sofrido nove pragas (7–10), o Faraó recusou-se a libertá-los. E Deus trouxe a décima e última praga (11).

Nas nove anteriores, Deus agiu através de Moisés e usou a Sua criação (rãs, mosquitos, saraiva, etc.) como agentes de julgamento. Agora, o próprio Deus executou a décima praga. Ele foi por toda a terra do Egito e abateu todos os primogênitos masculinos — tanto humanos como animais (12:12). Mas o Senhor também providenciou um escape deste golpe de morte (vv.3-7,12-13).

A Páscoa nos lembra que lidar com o pecado requer um sacrifício significativo (Hebreus 9:22). Sacrificar um cordeirinho perfeito e espalhar seu sangue no caixilho de sua porta é um ato brutal. Este é exatamente o ponto — o pecado tem consequências horríveis.

A Páscoa também é um lembrete da espantosa profundidade do amor de Deus. E revela-se em Sua provisão para salvar o Seu povo da morte.

Israel fez como Deus ordenou (v.28) e Ele manteve Sua promessa: "...eu verei o sangue e então passarei por vocês" (v.13). Os judeus foram poupados, mas não por causa da sua bondade. Não, eles continuaram vivendo devido à provisão de Deus, e à sua obediência em seguir as instruções divinas.

Como você, por obediência ao seu amoroso Deus, lida com o seu pecado nos dias de hoje? —K. T. Sim

fisicamente falando

leia

1 Coríntios 6:12-20

Será que vocês não sabem que o corpo de vocês é o templo do Espírito Santo, que vive em vocês e lhes foi dado por Deus? [...] Portanto, usem o seu corpo para a glória dele (vv.19-20).

examine

Portanto, quando vocês comem, ou bebem, ou fazem qualquer outra coisa, façam tudo para a glória de Deus (1 Coríntios 10:31).

considere

De que maneira a ressurreição desafia a compreensão que temos de que nosso corpo é simplesmente a residência temporária de nossa alma? Qual é a conexão entre saúde física e espiritual?

O corredor que leva ao *Davi* de Michelangelo na Academia de Florença contém várias estátuas inacabadas. As estátuas "aprisionadas" são mais interessantes do que o impressionante *Davi*, pois as formas incompletas dão um vislumbre da obra do gênio. As informações nas placas dizem que Michelangelo deixou as estátuas inacabadas para expressar a crença de que, como os corpos aprisionados lutam para emergir dos blocos de mármore, da mesma forma nossos espíritos anseiam escapar do confinamento de nossos corpos.

É surpreendente que o maior artista da história tinha uma visão tão pequena do corpo humano! Se Michelangelo acreditava nisso, por que gastou sua vida pintando e esculpindo imagens de pessoas?

Os cristãos de Corinto se achavam espirituais demais para seus corpos e argumentavam que os solteiros não deveriam casar-se, que os casados deveriam se divorciar, e que os que não pudessem divorciar deveriam ao menos parar de relacionar-se sexualmente. Paulo respondeu que o sexo é bom e que as pessoas já casadas deveriam satisfazer um ao outro (1 Coríntios 7:1-11; 1 Timóteo 4:3-4).

Os coríntios eram muito espirituais para acreditar na ressurreição física. Paulo lembrou-lhes que "...se não existe a ressurreição de mortos, então, [...] Cristo não foi ressuscitado. E, se Cristo não foi ressuscitado, nós não temos nada para anunciar, e vocês não tem nada para crer" (1 Coríntios 15:13-14).

O cristianismo é uma fé terrena e material. É a história de um Deus que criou nosso mundo bom, "...se tornou um ser humano e morou entre nós" (João 1:14), e ressurgiu com um corpo físico que poderia se alimentar e ser tocado (Lucas 24:36-43). Na pessoa de Seu Filho, o próprio Deus escolheu vir a terra em corpo humano. Somos mais parecidos com Deus, não quando nos consideramos mais do que nossos corpos, mas quando o honramos com ele. —Mike Wittmer

luz brilhante

leia›
1 João 1:5-9
A mensagem que Cristo nos deu e que anunciamos a vocês é esta: Deus é luz, e não há nele nenhuma escuridão (v.5).

examine›
- Mateus 4:16
- Efésios 5:8-13
- 1 Pedro 2:9

considere›
Como o viver na escuridão pode levar à morte espiritual? Qual área de sua vida precisa ser trazida à luz?

Quando eu era criança, odiava descer pela longa escada do porão de nossa casa, pois parecia uma caverna. Cada degrau me distanciava cada vez mais da luz e me levava mais fundo na escuridão. Sem luz próxima para acender, tinha que descer todo o trajeto e chegar até o final daquele porão para finalmente alcançar o interruptor de luz. Com a imaginação muito ativa, nunca me acostumei com aquela descida.

Não fomos criados para a escuridão. Em João 12:46, Jesus explicou que veio como a Luz para expor os pecados de nossas vidas. Quando nos deixamos enganar pelas mentiras do inimigo, futilmente tentamos viver na luz, enquanto nos prendemos a lugares escuros. Talvez temamos que as pessoas nos rejeitem se conhecerem a verdade, ou talvez que elas saibam que não venceremos sem os nossos segredos. Podemos ter vivido tanto tempo na escuridão, que não sabemos mais como é a luz. Independente da razão, viver na escuridão não é a vida real.

Deus não está interessado em nos envergonhar, mas Ele também não tolera o pecado escondido (Lucas 12:2-3). Seu imenso amor por nós insiste na verdade, e a verdade exige luz (João 3:21). Mesmo sabendo que a escuridão e a luz não podem ocupar o mesmo lugar, há uma grande diferença entre uma lanterna e os refletores de um estádio. Para ser livre em Cristo é necessário desembaraçar-se de todas as coisas.

Porque a transformação é um processo, continuamente vemos coisas em nós mesmos que não víamos antes (2 Coríntios 4:16). Andaremos na luz ou na escuridão dependendo do que fizermos com as áreas escuras de nossas vidas. Fingimos que elas não existem? Tentamos escondê-las? Ou arrastamo-las para a luz, sem nos importarmos com as dificuldades, para que a Sua luz exponha o que há de errado e o torne certo?

—Regina Franklin

por que eu?

leia›
1 Samuel 2:1-9
O SENHOR Deus é quem tira a vida e quem a dá. É ele quem manda a pessoa para o mundo dos mortos e a faz voltar de lá (v.6).

examine›
Falarei do teu poder, ó SENHOR, meu Deus; anunciarei a tua fidelidade, a tua fidelidade somente (Salmo 71:16).

considere›
De que maneira a soberania de Deus o encoraja? O que acontece quando você adora a Deus, após ouvir más notícias?

Posso dizer se as notícias são boas, quando meu oncologista entra pela porta. Lutando contra o câncer por três vezes, é fácil compreender meu médico. Quando ele está metódico e sombrio, sei que os resultados não são bons.

Em consulta recente, após muitas sessões de terapia, ele entrou apressadamente pela porta e quase gritou, "Os exames parecem bons!"

Toda vez que ouço boas notícias, louvo a Deus. Mas também penso: *Por que eu? Por que outros não foram curados?*

Meu melhor amigo no Ensino Médio morreu de câncer com apenas 15 anos. Muitas outras pessoas que conheci também pereceram desta doença. *E por que eu não?*

A oração de Ana em 1 Samuel 2 ajuda a responder minha pergunta. Ela exclamou, "O SENHOR Deus é quem tira a vida e quem a dá. É ele quem manda a pessoa para o mundo dos mortos e a faz voltar de lá" (v.6). Ela adorou a Deus pelos Seus caminhos soberanos. "...Os alicerces da terra são de Deus, o SENHOR; ele construiu o mundo sobre eles" (v.8). Ela o adorou por ser Senhor de tudo.

As palavras dela fluíram de um coração reavivado. Por anos, ela queria um filho (1:5). Seu marido, Elcana, tinha outra esposa que "...tinha filhos; Ana, porém, não os tinha" (v.2).

Ana, angustiada, orou a Deus e o Senhor ouviu o seu pedido (v.19). Deus a abençoou com um menino, Samuel. Depois, ela o levou ao Tabernáculo para servir a Deus "...enquanto ele viver" (v.28). Ela adorou o Soberano e deixou Samuel para servi-lo.

Deus ouve nossos clamores quando enfrentamos dificuldades. E depois Ele revela Sua vontade, a qual reflete o Seu prazer. Podemos responder pela fé adorando-o por quem Ele é — independente do resultado (Jó 1:20-22).

Não há problemas em, às vezes, se perguntar "por quê". Podemos confiar na mão soberana e poderosa de Deus o tempo todo. —Tom Felten

memórias, memórias

leia>
Isaías 43:14-26
Mas eu — eu mesmo — sou o seu Deus e por isso perdoo os seus pecados e os esqueço (v.25).

examine>
Quanto o Oriente está longe do Ocidente, assim ele afasta de nós os nossos pecados (Salmo 103:12).

considere>
De quais pecados você se arrependeu e precisa deixá-los com Jesus? Conforta-o saber que Deus não se lembra de nossos pecados, mas nos perdoa?

Júlia tem um problema de memória. Não que ela se esqueça de detalhes de seu passado, ela não consegue esquecê-los.

Sua capacidade de lembrar é surpreendente, foi atestada por cientistas, no entanto, é um dom que Júlia gostaria de devolver. Ela é atormentada dia após dia por suas lembranças — acontecimentos sempre relembrados e nem sempre prazerosos. Muitas vezes em um dia a sua mente revive momentos que aconteceram muito tempo atrás. Ela pode recordar cada detalhe de cada dia desde a idade de 14 anos.

Depois dos seus 40, Júlia gostaria de aprender a esquecer. Mas, não consegue e diz: "...não tive a vida que queria, mas Deus tinha um plano diferente para mim".

Quando o povo de Judá ouviu as palavras de Isaías, provavelmente pensaram, "esta não é a vida que queríamos!" Mas Deus tinha um plano para eles também.

O profeta, escrevendo sobre acontecimentos que ainda demorariam décadas para acontecer, detalhou a destruição da nação e exílio para a Babilônia. A razão? Tinham sido um povo desobediente, e Deus precisava discipliná-los em amor.

Mas este não era o final da história. Isaías profetizou que Deus um dia iria restaurar Judá e dar-lhe a vitória sobre os babilônios. Ele lhes disse que esta libertação seria maior até do que quando Ele libertou os israelitas do Egito. "...Não fiquem lembrando do que aconteceu no passado..." (Isaías 43:18).

Ele não somente disse ao povo para experimentar a amnésia, mas também prometeu esquecer-se de algo: "...sou o seu Deus e por isso perdoo os seus pecados e os esqueço" (v.25).

Você está atormentado por lembranças de pecados que cometeu? Se você recebeu a salvação em Jesus e se arrependeu deles (1 João 1:9), é hora de esquecer totalmente. Deus lhe perdoou. Lembre-se disso.

—Tom Felten

verdadeiros exemplos

leia
Hebreus 11:1-28
...Por meio da sua fé, Abel, mesmo depois de morto, ainda fala (v.4).

examine
• Romanos 1:8
• Romanos 4:1-22

considere
Qual o brilho de sua fé nestes dias? O que será necessário para que você realmente confie em Deus e influencie seu mundo agora e após sua partida?

Lista número um: Roberto Carlos, Joquebede, Tom Cruise, Salomão, Britney Spears, Manassés. Lista número dois: Flamengo, Hititas, Los Angeles Lakers, Babilônios, Real Madrid, Filisteus. Quais desses nomes são familiares no mundo hoje? Qual soa mais familiar para você?

Você pode ter reconhecido Roberto Carlos, Tom Cruise e Britney Spears. Mas talvez, tenha tido dificuldades para saber o significado dos nomes Joquebede, Salomão e Manassés.

Flamengo, Los Angeles Lakers e Real Madrid são equipes que já ganharam vários títulos esportivos. Mas e os Hititas, Babilônios e os Filisteus? Você sabia que eles tiveram um papel predominante na história bíblica e que fizeram parte de algumas das mais importantes "disputas" que já aconteceram?

Há centenas de histórias bíblicas de heróis brilhantes e vilões que são emocionantes para se estudar. Existem também as histórias de pessoas conhecidas por sua fé (Hebreus 11:2). Pelo fato de eu estar morando em Uganda — lar da fonte do rio Jordão — a história de Joquebede é sempre relembrada. Esta personagem do Antigo Testamento tomou seu bebê de três meses e o colocou entre as algas do rio Nilo, infestado por cobras e crocodilos (Êxodo 2:1-3). O que Joquebede fez demonstrou uma confiança extraordinária no amor e provisão de Deus. A sua arriscada atitude salvou a vida de seu filho Moisés. Ele veio a ser usado por Deus para libertar os israelitas da escravidão no Egito (3:10).

Joquebede e seu marido foram premiados com um lugar no prestigioso "Corredor da Fé" de Hebreus 11 (v.23), por terem ignorado os éditos homicidas de seu rei terreno. Em vez disso, confiaram no seu Pai celestial.

A Palavra de Deus brilha sobre centenas de pessoas cuja fé uma vez já brilhou. O que seu "exemplo de fé" falará às futuras gerações?
—Roxanne Robbins

mundo dos quem

leia›
João 20:24-29
Você creu porque me viu? — disse Jesus. — Felizes são os que não viram, mas assim mesmo creram! (v.29).

examine›
A fé é a certeza de que vamos receber as coisas que esperamos e a prova de que existem coisas que não podemos ver (Hebreus 11:1).

considere›
Como você "viu" Jesus esta semana? Quais bênçãos você experimentou ao crer naquele que "não se pode ver"?

Horton e o Mundo dos Quem, um desenho animado baseado nos livros infantis do Dr. Seuss, é sobre elefantes com enormes corações. Horton, o paquiderme amável, faz uma descoberta surpreendente — uma "poeira" flutuando próxima a ele é na verdade um mundo minúsculo habitado por micro-organismos conhecidos como "Quem". Horton não consegue ver as pessoas da terra do Quem, mas ouve um deles.

Movido por compaixão, Horton entra em ação para proteger a frágil terra dos Quem. No entanto, ninguém acredita nele. Eles o acusam de estar louco e tramam contra seus esforços de ajudar seus pequeninos amigos. Aqueles que duvidam dele simplesmente recusam-se a acreditar naquilo que não podem ver.

Posso me identificar com Horton. Pela fé, entreguei minha vida para alguém que nunca vi. Certamente já observei evidências de Deus na criação (Salmo 19:1-2), mas nunca coloquei meus olhos sobre Ele. Ainda assim, sei que Seu Espírito habita em mim e testemunha a verdade para o meu coração. E embora não tenha visto Jesus em pessoa, eu o aceito pela fé e sigo Aquele que é o Salvador do mundo (João 1:29).

Muitas pessoas tiveram o privilégio de ver o ressurreto Jesus nos dias após ter dado "...a sua vida em favor de muita gente" (Marcos 10:45). Em certa ocasião, antes dele ascender aos céus, Jesus apareceu para mais de 500 pessoas em um mesmo local (1 Coríntios 15:6)! Mesmo não podendo vê-lo com nossos olhos hoje, Ele promete uma bênção especial para todos que acreditam em Sua ressurreição sem vê-lo — "...Felizes são os que não viram, mas assim mesmo creram!" (João 20:29).

Ao celebrar o Salvador ressurreto, não se sinta iludido porque você não pode ver Jesus. Em vez disso, esteja pronto para receber a alegria que Ele prometeu àqueles que o "veem" pela fé. —Jeff Olson

vidas sem rumo

leia>
1 Timóteo 4:12-16
...seja um exemplo na maneira de falar, na maneira de agir, no amor, na fé e na pureza. [...] dedique-se à leitura em público das Escrituras Sagradas, à pregação do evangelho e ao ensino... (vv.12-13).

examine>
Pois a palavra de Deus é viva e poderosa [...]. Ela vai até o lugar mais fundo da alma e do espírito, vai até o íntimo das pessoas e julga os desejos e pensamentos do coração delas (Hebreus 4:12).

considere>
Você se sente encorajado pela história de Bernardo? Com quem você compartilhará a Palavra de Deus de forma criativa hoje?

Certa vez conversei com Bernardo, um artista da palavra falada. Ele recita todo o livro do evangelho de Marcos de cor, sem qualquer tipo de auxílio. O evangelho de Marcos é considerado uma obra-prima nos círculos literários. Bernardo leva a mensagem às audiências comuns com ênfase cuidadosa, entonação elaborada e ritmo variado. Ouvi algumas de suas passagens favoritas. Foi fascinante!

Bernardo questionava se um "pastor ou um padre" deveria acompanhá-lo em suas apresentações. Perguntei-lhe o porquê? Ele respondeu: "Bem, muitas pessoas me procuram após o show com perguntas espirituais e buscam conselhos. Simplesmente, não sei o que dizer-lhes."

Há algo interessante na Bíblia, não é mesmo? Deus a utiliza para revelar-se, e orientar as vidas perdidas.

A igreja de Éfeso também precisava de direção. Os cristãos efésios tinham dificuldades com o liberalismo e o legalismo (1 Timóteo 3:2-3; 4:1-4), e infelizmente os líderes da igreja foram os que mais se desviaram. Bebiam e tornavam-se violentos e gananciosos (3:3); alguns ensinavam enganos sobre a ressurreição (2 Timóteo 2:18), o casamento e comida (1 Timóteo 4:1-4). Em meio ao caos, Paulo instruiu seu aprendiz Timóteo para viver e ensinar a Palavra de Deus. Somente a Escritura oferece a graça que as consciências legalistas precisam e os padrões que estilos de vida libertinos requerem. Como meu amigo Bernardo descobriu, o coração moderno e mundano também precisa de direção. Ele falava do evangelho e corações sedentos vinham buscar orientação.

A Palavra de Deus trata das necessidades do coração, corrigindo as falhas e preenchendo o vazio. Que a Sua Palavra, hoje, corrija os desvios de nossas próprias almas. Vamos compartilhá-la de forma criativa com um mundo em busca de respostas. —Sheridan Voysey

oração de alto risco

leia
1 Reis 18:36-39
Responde-me, ó SENHOR, responde-me, para que este povo saiba que tu, o SENHOR, és Deus e estás trazendo este povo de volta para ti! (v.37).

examine
- João 16:24
- Efésios 6:18

considere
Como você vai mudar sua perspectiva em relação à oração? Por que é seguro fazer uma oração de alto risco?

Durante sua perigosa carreira, Evel Knievel tentou saltar com motocicleta sobre 13 ônibus *double decker* (dois andares), um tanque de tubarões, 52 carros amassados e uma caixa de cobras cascavéis. Frequentemente errava seus cálculos e ele passava bastante tempo no hospital. Mas, antes de cada façanha, ele orava, "Deus, cuida de mim. Aqui vou eu..."

Será que Elias sussurrou algo parecido antes de seu embate com Baal? Ele praticamente destruiu a ideia de que a oração é uma atividade chata e tímida. Mas, quantos de nós oramos por obrigação e achamos a oração algo enfadonho?

A oração pode envolver aventura! No início do confronto, Elias observou, "De todos os profetas de Deus, o SENHOR, eu fui o único que sobrou, mas os profetas de Baal são quatrocentos e cinquenta" (1 Reis 18:22). Estranhamente, ele aumentou o risco insultando o bando de Baal e encharcando com água o altar que Deus iria inflamar.

Outro aspecto da oração de alto risco de Elias era o fato de tudo depender da resposta de Deus. Elias disse, "...Ó SENHOR, Deus de Abraão, de Isaque e de Jacó! Prova agora que és o Deus de Israel, e que eu sou teu servo..." (v.36). A reputação e o destino espiritual de Israel estavam em jogo. E mais, Elias sabia que estaria perdido se Deus permanecesse em silêncio.

Mas Elias sabia que Deus responderia. Sua oração foi ousada porque ele deixou os detalhes com Deus. Ele disse, "Responde-me, ó SENHOR, responde-me, para que este povo saiba que tu, o Senhor, és Deus..." (v.37). E Deus lançou uma bola de fogo sobre o altar.

Este fato demonstra o que pode acontecer quando nos engajamos na oração de alto risco. Deus pode tê-lo chamado para buscar algo que o fará dobrar seus joelhos em oração. Leve-lhe o seu pedido e veja Sua resposta. —Jennifer Benson Schuldt

doar

leia
Êxodo 35:20-35
...e todos os que, de fato, queriam voltaram trazendo uma oferta para o SENHOR [...] Vieram homens e mulheres, todos com muita boa vontade... (vv.21-22).

examine
- Marcos 12:41-44
- Atos 3:1-7

considere
Como você poderia usar seus talentos para suprir uma necessidade? Quais mudanças você fará em seu estilo de vida para poder dar mais generosamente aos outros?

Na economia imprevisível de hoje, os responsáveis por organizações de caridade estão preocupados com o "cansaço do doador". Este termo descreve o que acontece quando as pessoas se cansam de ouvir repetidos pedidos para contribuições. Traduzindo, eles param de doar!

Com tantas necessidades urgentes no mundo, é fácil nos sentirmos sobrecarregados por nossa própria imperfeição. Ainda assim, é um mandamento bíblico dar generosamente àqueles que estão em necessidade (Deuteronômio 24:19-22 e Mateus 5:41-42), como também sustentar os servos de Deus.

Duas perguntas vêm à mente:

- Como distinguimos aqueles que têm uma genuína necessidade daqueles que são "esponjas" ou vigaristas?
- E se não tivermos nada para dar?

Interessante notar que não temos registro de Jesus ter dado alguma coisa de seu próprio bolso para qualquer pessoa enquanto Ele andou pela terra. De fato, Jesus confiou na bondade dos outros. Ele tinha uma forma única e divina de tomar aquilo que outros estavam dispostos a dar e multiplicá-lo milagrosamente (Marcos 6:31-44; 8:1-9).

Em Êxodo 35, compreendemos o conceito de dar que agrada a Deus. Era o tempo de construir o tabernáculo do Senhor. Somente aqueles "...que, de fato, queriam..." doaram (v.21). Deus não exigiu que todos contribuíssem. Somente aqueles que estavam dispostos a se engajaram. E eles não somente contribuíram financeiramente. Artesãos habilidosos e artífices deram seus talentos e tempo.

Se operarmos segundo a premissa de que tudo que temos é de Deus, teremos menos probabilidade de nos agarrarmos aos nossos poucos bens quando alguém precisa, genuinamente, de nossa ajuda. A questão é, todos que têm "um coração disposto" podem dar algo de valor. Dê de boa vontade do que você tem. Depois deixe os resultados milagrosos para Deus. —Tim Gustafson

santa ceia?

leia›
Lucas 22:7-20
Depois pegou o pão e deu graças a Deus. Em seguida partiu o pão e o deu aos apóstolos, dizendo: — Isto é o meu corpo que é entregue em favor de vocês. Façam isto em memória de mim (v.19).

examine›
- Êxodo 12:3-14
- João 1:29
- 1 Coríntios 11:23-26

considere›
O que os elementos da Santa Ceia significam para você? De que maneira Deus pode usar a Santa Ceia para ajudar no crescimento espiritual seu e de sua família?

Recentemente, fui o pregador de um culto dominical de Santa Ceia em uma igreja. Quando o pastor pediu para eu conduzir a cerimônia da Comunhão, fiz da forma que minha igreja faz. Mais tarde, o pastor local informou-me que não era da maneira que costumavam fazer. Entretanto, ele disse, foi bom para a congregação experimentar outra forma de celebrar a Comunhão.

Independente de como é celebrada, a Santa Ceia é um ato de lembrança iniciado por Jesus. Por volta de 3.450 anos antes de Jesus realizar a primeira ceia, Deus ordenou aos judeus que observassem a refeição da Páscoa para lembrá-los como o sangue de um cordeiro os tinha protegido da morte certa (Êxodo 12:1-14; 13:14-16). Horas antes de subir à cruz, Jesus observou a refeição da Páscoa com Seus discípulos e transformou-a na Ceia do Senhor (Lucas 22:13-20).

Assim como a refeição da Páscoa, a Santa Ceia cumpre quatro funções importantes:

- *É comemorativa.* Aponta novamente à cruz onde Jesus, o perfeito Cordeiro de Deus, foi sacrificado para nos salvar de nossos pecados e da morte eterna (vv.19-20).
- *É instrutiva.* Dá-nos uma oportunidade para ensinar nossos filhos sobre Jesus. Acredito que Deus quer que os pequeninos façam parte da Ceia do Senhor. Ela oferece aos pais a oportunidade de falar aos seus filhos sobre o que o Senhor fez (Êxodo 12:24-27; 13:14).
- *É evangelística.* Lembra-nos de que todas as vezes que comemos o pão e tomamos o cálice, estamos publicamente anunciando a morte de Jesus (1 Coríntios 11:26).
- *É profética.* Lembra-nos que Jesus está voltando (v.26).

A Santa Ceia é vital para os cristãos. Participe com frequência!

—K. T. Sim

freecycle

leia›
Deuterônomio 14:1-21
Não cozinhem um cabrito ou um carneirinho no leite da sua própria mãe (v.21).

examine›
Não vivam como vivem as pessoas deste mundo, mas deixem que Deus os transforme por meio de uma completa mudança da mente de vocês... (Romanos 12:2).

considere›
Onde você é mais tentado a ceder à cultura dominante e comprometer sua lealdade a Deus? Como seria se você evitasse a competição entre os valores?

Uma pessoa que faz *freecycle* (reaproveitamento e reciclagem) resiste à cultura consumista e busca um estilo de vida fora do sistema econômico dominante. Uma prática de *freecycle* é buscar alimentos em caçambas. Rebeca tem uma boa carreira e recursos financeiros (também expõe sua arte num museu); e mesmo assim, 99% de seus alimentos provêm dessa fonte. Ela compra apenas manteiga e leite.

Os praticantes fazem algo que parece ser uma escolha bizarra, pois têm comprometimentos com outros valores. Deus chama o Seu povo para uma vida separada e contracultural (não inclui as caçambas).

O livro de Deuteronômio instrui o antigo Israel a viver como povo de Deus numa cultura que resistia à visão do Senhor sobre o mundo. Parecido com *freecycle*, as instruções ensinavam como, onde e quando deveriam buscar alimento.

Deus lhes disse que poderiam comer carne de "...vacas, carneiros, cabritos", mas nunca poderiam comer um porco ou uma águia ou uma coruja (Deuteronômio 14:4). Poderiam comer criaturas que nadassem com barbatanas e escamas, mas se elas não tivessem barbatanas e escamas, não.

Provavelmente, há muitas razões por Deus ter dado estas instruções (higiene, questões ambientais, etc). Porém, um dos propósitos de Deus ficou claro com a insistência de que os israelitas nunca cozinhassem "um cabrito ou um carneirinho no leite da sua própria mãe" (v.21). Aparentemente esta prática alimentícia era comum na cultura cananita, parte de seu ritual religioso pagão. A questão não era se a carne era boa ou não. A proibição referia-se a ter fidelidade a Deus acima dos falsos deuses.

Para nós, a lealdade cultural, prática consumista ou comprometimento político que concorre com nossa fidelidade a Deus merece ser jogada na caçamba de lixo — sem permissão de reciclagem. —Winn Collier

o poder das palavras

leia›
Provérbios 18:10-21
O que você diz pode salvar ou destruir uma vida (v.21).

examine›
Da mesma boca saem palavras tanto de agradecimento como de maldição. Meus irmãos, isso não deve ser assim (Tiago 3:10).

considere›
De que maneira você deve mudar a maneira que fala com os outros? Quais palavras você dever usar mais? Menos?

No final de 1950, a ilha de Cozumel, México, era pouco mais que um vilarejo de pescadores rodeado por ruínas maias. Historiadores acreditam que os Maias se estabeleceram ali no primeiro século d.C. Por dois mil anos, havia pouco mais do que seus artefatos antigos, na maior ilha do México.

Tudo mudou em 1959 quando o explorador de oceanos, o francês Jacques Cousteau declarou que as águas azuis cristalinas e os corais de recifes da ilha caribenha eram um dos melhores lugares do mundo para o mergulho. O resto, como dizem, é história. Hoje, a ilha de Cozumel é parada frequente para milhares de turistas em cruzeiros, entusiastas de mergulho e fãs de *snorkeling* (prática de mergulho com máscara, nadadeiras e tubo para respirar).

Isto é o poder nas palavras de uma pessoa! A declaração do explorador colocou a pequena ilha no mapa. As palavras podem carregar grande poder. Não somente transformam uma minúscula ilha, mas têm o poder de "...salvar ou destruir..." os outros (Provérbios 18:12).

Certa vez, meu conselheiro espiritual descreveu um comentário de seu pai enquanto ele ainda era calouro. Querendo impressionar o pai com tudo que estava aprendendo, ouviu seu pai dizendo à sua mãe que ele tinha uma "mente aguçada". Meu conselheiro, que chegou a ter grau de doutor e escreveu vários livros úteis para mim, disse, "Não posso dizer-lhe quantas vezes o comentário de meu pai "ele tem uma mente aguçada", me fortaleceu. Durante os momentos em que não tinha certeza se alcançaria a nota, as palavras dele me sustentavam". Meu amigo ouvira palavras de "encorajamento" que o fizeram seguir em frente (Efésios 4:29).

Qual é a mensagem de suas palavras? (Provérbios 10:32). Você tem o poder de levantar e derrubar. Como você está usando o seu poder?

—Jeff Olson

o preço da ressurreição

leia
João 11:17-50; 12:10-11
Então os chefes dos sacerdotes resolveram matar Lázaro também (12:10).

examine
- Romanos 6:5-11
- Gálatas 5:24; 6:14

considere
O que você ainda não entregou a Cristo? Qual é o preço de continuar se apegando a estas coisas?

Com 37m de altura, a estátua do Cristo Redentor apoia-se no topo do Morro do Corcovado, Rio de Janeiro, Brasil. É marco famoso na cidade conhecida por sua sensualidade, e reflete um contraste às ofertas lá de baixo. As marcas dos cravos nesta obra cinza coberta por pedra-sabão são lembretes de como Jesus sofreu para que pudéssemos ter liberdade. Sua vitória na cruz teve alto preço.

Um dos paradoxos das Escrituras é o fato de aqueles que recebem o dom gratuito da salvação devem considerar o seu custo. Jesus disse aos Seus discípulos que todos estavam convidados a segui-lo, mas nem todos estavam dispostos a pagar o preço (Lucas 14:26-35). Ninguém pode alcançar a salvação (Efésios 2:8), porque o sangue de Cristo é o único sacrifício suficiente para o pecado (Levítico 17:11; Hebreus 9:22). Então qual é o preço que devemos pagar?

Em seu relato sobre o ministério de Cristo, João menciona a morte de Lázaro. Sentimos a profunda tristeza que Maria e Marta, as irmãs de Lázaro, e Jesus experimentaram ao ficar próximos da sepultura. Morte — o amargo resultado final do pecado original do homem. Mas para Jesus, a "ressurreição e a vida" (João 11:25), a morte não era o fim. Era uma oportunidade para a vida. Lázaro não poderia adquiri-la, nem comprá-la. A ressurreição, como a redenção, é um dom. Apropriar-se dela significa deixar todo o resto para trás.

O milagroso retorno de Lázaro à vida não foi bem visto pelos fariseus. Da mesma forma, a nova vida que temos em Cristo não se identifica com o mundo ou com os desejos de nossa carne. Alguma coisa tem que morrer. Ou crucificamos o que não pode nos sustentar para podermos verdadeiramente viver em Cristo (Gálatas 2:20), ou permanecemos na morte para podermos nos agarrar naquilo que eventualmente nos destruirá (Romanos 7:5). —Regina Franklin

vendo a páscoa

leia›
Mateus 28:1-10
Agora vão depressa e digam aos discípulos dele o seguinte: "Ele foi ressuscitado e vai adiante de vocês para a Galileia. Lá vocês vão vê-lo..." (v.7).

examine›
- Marcos 16:1-8
- Romanos 8:18-39

considere›
Em que área da sua vida você experimentou tristeza e escuridão? Que nova visão Deus deseja que você encontre nesse lugar?

Meu filho Víctor tem apenas cinco anos, mas como outros homens, tem um pouco de reservas com compromissos. Ele me disse, "Acredito em Deus, mas estou esperando fazer minha escolha sobre amá-lo ou não, quando puder vê-lo."

A hesitação de Víctor faz sentido. Ele quer saber como é Deus antes de confiar nele — e no seu mundo infantil, o rosto de alguém pode mostrar-lhe quem é esta pessoa mais do que qualquer outro fato poderia. Para Víctor, ver é crer.

Para os seguidores de Jesus, o que eles tinham visto naquela sexta-feira tenebrosa deu-lhes pouca razão para crer. Jesus morrera como um criminoso; Suas palavras finais pareciam ecoar o desespero. Até mesmo Pedro tinha perdido a esperança e se tornado um desertor, um traidor. Tudo o que viam era morte.

No domingo pela manhã, somente duas pessoas — Maria Madalena e uma mulher mencionada apenas como "a outra Maria" — tiveram algum desejo de "ver o sepulcro" (v.1). O ânimo era melancólico, desanimador. Elas já tinham visto o bastante. Jesus estava morto... tudo acabara.

Entretanto, quando as mulheres se aproximaram da entrada do sepulcro, Mateus relata, a esperança havia aparecido. "Ao entrar o primeiro dia da semana...", ele escreve, as mulheres foram ver o sepulcro (v.1). É uma frase simples — a manhã de um novo dia — mas ela oferece outra visão, uma nova cor para o cenário cinzento. Um jorro de vida cortou aquele estado de escuridão e morte.

O que as mulheres viram naquele dia era um anjo radiante, brilhando como um relâmpago. O que viram era uma tumba vazia. O que viram foi esperança e vida, e não simplesmente nascendo, mas irrompendo e surgindo em volta delas (vv.2-3).

A escuridão paira sobre nosso mundo. No entanto, Deus tem mais para vermos. Temos a Páscoa para ver, Jesus (Vida!) surgindo perante nós. —Winn Collier

ressurreto para justiça

leia
Romanos 4:20-25
Jesus foi entregue para morrer por causa dos nossos pecados e foi ressuscitado a fim de que nós fôssemos aceitos por Deus (v.25).

examine
...assim como Cristo foi ressuscitado pelo poder glorioso do Pai, assim também nós vivamos uma vida nova (Romanos 6:4).

considere
Se a ressurreição de Cristo nos justifica perante Deus, então como nosso contínuo pecado pode ser uma vida de engano? Em que área você precisa clamar a verdade da ressurreição?

A ressurreição de Jesus pode ser como a presença de um mestre confeiteiro numa convenção de pessoas que lutam para emagrecer ou como sentir dor forte no dedinho do pé bem sensível. Sabemos que cada um é importante, sem compreender exatamente a razão.

Muitos cristãos tratam a ressurreição como o final de uma história infantil — "E viveram felizes para sempre" — um lembrete de que tudo acabou bem no final. Acreditam que a ressurreição assegura que a cruz foi "vencida", e garante que os cristãos viverão para sempre, sem ser estritamente necessária para a nossa salvação. Nossos pecados, pensam eles, seriam perdoados mesmo se Jesus não tivesse se levantado dos mortos, pois a cruz sozinha nos torna justos diante de Deus.

Errado. Paulo disse por duas vezes que a ressurreição é tão importante quanto à cruz para nos justificar perante Deus. Romanos 4:25 declara que Jesus "...foi ressuscitado a fim de que nós fôssemos aceitos por Deus", e 1 Coríntios 15:17 declara que "...se Cristo não foi ressuscitado, a fé que vocês têm é uma ilusão, e vocês continuam perdidos nos seus pecados".

Eis a razão: Jesus morreu na cruz como um pecador culpado em nosso lugar (Romanos 3:25; 2 Coríntios 5:21). Se terminasse ali, Jesus continuaria a carregar o salário do pecado, a morte. Ele permaneceria culpado, e não estaria justificado com Deus, e nós também não.

A ressurreição é a revogação deste veredito, feita pelo Pai. Ele aceita o sacrifício de Seu Filho e o liberta da culpa do pecado e do castigo. O Pai ressurge Jesus para restaurá-lo à Sua justa posição e à vida que retorna quando o pecado e a morte são destruídos.

A ressurreição declara que Jesus está "justificado" perante Deus, e nós que cremos nele, também estamos. Nós os pecadores precisamos da justiça de Cristo, e recebemos esta justiça através da Sua cruz e ressurreição. —Mike Wittmer

o livro correto

leia
2 Timóteo 3:16-17
A lei do SENHOR é perfeita e nos dá novas forças. Os seus conselhos merecem confiança e dão sabedoria às pessoas simples (Salmo 19:7).

examine
- Salmo 119:151,160
- João 21:24

considere
Quais passos específicos você pode tomar para provar que confia no que Deus diz em Sua Palavra? De que maneira você pode aumentar o seu conhecimento e a sua aplicação?

Minha esposa recentemente me falou sobre uma aluna sua que tinha problemas para entender uma tarefa de matemática aparentemente simples. Minha esposa questionou se a tarefa era muito difícil, mas notou que outros alunos não estavam tendo a mesma dificuldade para fazê-lo. No momento que estava indo para ajudar a aluna, ela imediatamente percebeu o problema: A aluna estava usando o livro errado.

Como cristãos, cremos que estamos utilizando o Livro correto, pelos seguintes motivos:

• *O Autor da Bíblia.* O autor da Bíblia é Deus. Paulo disse que a Escritura é "...inspirada por Deus..." (2 Timóteo 3:16). Significa que Deus estava ativamente envolvido na escrita da Bíblia. As Escrituras são as palavras infalíveis para nós.

• *A unidade da Bíblia.* Há 66 livros, escritos por 40 autores diferentes (reis, camponeses, um médico, eruditos, poetas, fazendeiros e pescadores) ao longo de um período de mil e quinhentos anos. Eles escreveram independentemente, e a maioria deles sabia muito pouco ou nada dos escritos uns os outros. Contudo, Lucas diz que seus escritos e profecias (300 deles) apontam para uma Pessoa — Jesus Cristo (Lucas 24:27).

O estatístico Peter Stoner calculou que a probabilidade de cinco principais profecias acontecer por acaso seria um em dois quintilhões: Isto é um em 2.000,000,000,000,000,000! No entanto, Jesus diz que Ele é o cumprimento de todas aquelas profecias (Mateus 5:18).

• *A preservação da Bíblia.* Temos mais cópias exatas e antigas dos manuscritos das Escrituras (o mais antigo tem aproximadamente quatro mil anos) do que qualquer outra fonte de história antiga ou literária.

Deus nos deu o Livro correto. É uma resposta autorizada às perguntas da vida, que de outra forma não seriam respondidas. Podemos confiar no que a Bíblia diz (Salmo 33:4). —Marvin Williams

o que Deus abomina

leia
2 Timóteo 2:15-26
Existem sete coisas que o SENHOR Deus detesta e que não pode tolerar (Provérbios 6:16).

examine
...cada pessoa vai prestar contas de toda palavra inútil que falou. Porque as suas palavras vão servir para julgar se você é inocente ou culpado (Mateus 12:36-37).

considere
Quais são alguns relacionamentos difíceis que você tem? Como melhorá-los com palavras de verdade e amor?

Após ter mudado para Uganda, soube de um voluntário que contribuiu em prol do povo da África Oriental, o qual servia. No entanto, apesar de tudo que conquistou no campo de trabalho, causou danos por falar falsidades que causaram divisões entre os membros de seu grupo missionário.

A Palavra de Deus trata de tal conduta firmemente, dizendo, "Existem sete coisas que o SENHOR Deus detesta e que não pode tolerar: o olhar orgulhoso, a língua mentirosa, mãos que matam gente inocente, a mente que faz planos perversos, pés que se apressam para fazer o mal, a testemunha falsa que diz mentiras e a pessoa que provoca brigas entre amigos" (Provérbios 6:16-19).

O que você pensa ao ler estas coisas? Você, às vezes, se acha pensando, quem sabe até recentemente, que cometeu o que Deus abomina? É interessante e condenatório Deus colocar "mãos que derramam sangue inocente" e "testemunha falsa que profere mentiras" na mesma lista de pecados. Um ato parece ser mais abominável que o outro.

A revelação de que na escala divina, ambos os comportamentos pesam igualmente deve servir como forte motivação para falarmos sobre Ele. Devemos ter discernimento ao falar para prevenir discórdia ou contendas entre os irmãos e irmãs em Cristo, e entre aqueles que encontramos todos os dias (Efésios 4:15).

No trabalho, por exemplo, deveríamos evitar falar de maneira que possa colocar um colega contra outro (Efésios 4:25). Se existe algum ressentimento entre você e outra pessoa, todos na sua equipe poderão sentir a tensão. Em sequência, a discórdia pode se espalhar por toda a sua organização.

Considere a maneira como você está tratando seus amigos, membros da família, colegas e outras pessoas em sua vida. Se você está criando desunião com suas palavras, peça ao Senhor por sabedoria para se comportar de forma diferente e então aja na direção que Ele lhe der.

—Roxanne Robbins

edifícios tofu

leia
1 Coríntios 3:9-15
...usam ouro ou prata ou pedras preciosas [...] em cima do alicerce. [...] outros usam madeira ou capim ou palha. O Dia de Cristo vai mostrar claramente a qualidade do trabalho de cada um (vv.12-13).

examine
- Mateus 6:19-21
- Efésios 2:8-10
- Gálatas 6:8-10

considere
Qual é o fundamento de sua fé? Quais "materiais" você usa para edificar sobre este fundamento? Por quê?

Um poderoso terremoto de magnitude 8.0 graus abalou a província Sichuan no sudoeste da China no dia 12 de maio de 2008. Ele foi sentido no norte do Paquistão e causou destruição numa área três vezes maior que o tamanho da Bélgica. Mais de setenta mil pessoas morreram e outras 365 mil ficaram feridas.

Apesar de os edifícios na zona do terremoto terem sido supostamente construídos para suportar um abalo de magnitude 7.0, mais de 4,7 milhões de casas e prédios ruíram. As autoridades advertiram que os responsáveis pelos edifícios "tofu" seriam severamente castigados (tofu = queijo que se parte facilmente; significando: construção com material de má qualidade).

Uma construção sólida é importante para edifícios e para nossa vida espiritual também. Paulo comparou a vida cristã a um edifício (1 Coríntios 3:9) e ele ofereceu duas medidas de segurança para uma estrutura segura e duradoura.

Primeiro, verifique as subestruturas. Cada prédio apoia-se numa fundação. Somente Jesus é o nosso alicerce (1 Coríntios 3:11; Atos 4:1,12). Se Ele é o nosso eterno abrigo (Isaías 26:4), sobre o qual construímos, estamos realmente salvos e seguros.

Segundo, verifique a superestrutura. Estamos construindo uma superestrutura permanente ou temporária? O ouro, a prata e pedras preciosas mencionados no versículo 12 referem-se à qualidade duradoura da obra do construtor; e a madeira, o feno e a palha, referem-se ao trabalho que é temporária e inferior.

Quando estivermos diante do tribunal de Cristo (2 Coríntios 5:10), nossas obras serão provadas pelo fogo (1 Coríntios 3:13). Sobre este julgamento, um escritor da Bíblia diz que não é questão de salvação, a qual é um dom (Romanos 6:23) ...mas de serviço, que será julgado com base em qualidade, e não quantidade. Outro escreve, "Pois pela graça de Deus vocês são salvos [...] não é o resultado dos esforços de vocês [...] as boas obras..." (Efésios 2:8-10). Nossa recompensa (1 Coríntios 3:14) ou perda de recompensa (v.15) depende de como construímos. —K. T. Sim

a oração dos esquecidos

leia
Salmo 13
Ó SENHOR Deus, até quando esquecerás de mim? Será para sempre?... (v.1)

examine
- Salmo 22
- Mateus 15:21-31

considere
Quais são seus questionamentos mais obscuros (ou temores) para Deus? O que o impede de ter coragem para falar-lhe sobre isso?

Em lugares como Darfur, oeste do Sudão, o genocídio e a fome são desenfreados e a crise humanitária vai além da imaginação. Estimativa recente da ONU sugere que milhares perecem por doenças e guerras. Conflitos tribais que se agravaram por interesses políticos nacionais colocam esta província ao refugo (literalmente).

O mais incompreensível desta calamidade é, sem dúvida, a não intervenção da comunidade internacional. Houve algumas condenações e resoluções, mas nada de solução efetiva sobre a situação. Parece que o mundo esqueceu-se do pesadelo de Darfur.

Imagino que as pessoas de Darfur se emocionem como o salmista: "Ó SENHOR Deus, até quando esquecerás de mim? Será para sempre?..." (Salmo 13:1). Quando nossa aflição e abandono se perpetuam, a realidade mais difícil pode ser algo mais do que a nossa dor contínua. Podemos descobrir que a provação mais difícil de suportar é o sentimento pungente de que, em tudo isso, não encontramos Deus em lugar algum. "...Por quanto tempo esconderás de mim o teu rosto?" suplica o salmista, fazendo uma acusação devastadora. Ele está suplicando o socorro de Deus — e Deus oculta sua face (v.1). Quatro vezes nesta curta oração, o escritor força a pergunta, "até quando?" (vv.1-2). Sua indagação inflamada ecoa: Deus, tu consideras de alguma forma meu desespero? Este longo pesadelo está me matando. Até quando?

A oração não é uma ocupação calma, segura e branda. A oração é o ato corajoso de entregar todas as emoções (tudo o que temos, seja nobre ou não) a Deus. O ato da oração oferece alívio. Com poucos indícios de mudança das circunstâncias, o salmista conclui: Deus "...sido bom para mim..." (v.6).

A experiência do encontro com Deus numa oração sincera nos reorienta à verdade de que nosso Deus nunca esqueceu de nós, nem por um momento sequer. —Winn Collier

girassóis

leia

2 Coríntios 1:8-11

...saibam das aflições pelas quais passamos na província da Ásia. Os sofrimentos que suportamos foram tão grandes e tão duros, que já não tínhamos mais esperança de escapar de lá com vida (v.8).

examine

Não nos cansemos de fazer o bem. Pois, se não desanimarmos, chegará o tempo certo em que faremos a colheita (Gálatas 6:9).

considere

De que maneira você permite que as lutas o impeçam de dar frutos a Deus? Como a sua vida em Jesus seria diferente se você apenas confiasse nele?

Estava hipnotizado, mas nada podia fazer. Pintado há mais de um século, a pintura *Os Girassóis* de Van Gogh brilhava na parede do museu. Divaguei sobre como um homem arruinado poderia criar uma imagem tão cheia de beleza. Vincent Van Gogh sofria de desordens mentais, dificuldades financeiras e outras provações. Contudo, produziu quase 900 pinturas em dez anos.

Como Van Gogh, o apóstolo Paulo suportou grandes dificuldades em sua vida, mas sua carreira por Cristo floresceu. Certa vez escreveu, "...porquanto foi acima das nossas forças, a ponto de desesperarmos até da própria vida" (2 Coríntios 1:8). Em outras palavras, ele estava bem certo de que o fim estava próximo, mas algo o manteve adiante.

Qual era o segredo de Paulo? Ele nos revelou quando escreveu, "...aprendêssemos a confiar não em nós mesmos e sim em Deus, que ressuscita os mortos" (v.9). Uma vida bem-sucedida em Cristo requer toda a sabedoria de Deus, todo Seu amor, o Seu poder que capacita e toda a Sua proteção — não os nossos próprios.

Confiar somente em Deus nos ajuda a desenvolver segurança nele. Paulo tinha um pouco de orgulho espiritual, devido à sua experiência direta com o Todo-poderoso. Ele declarou, "...na certeza de que ele continuará a nos salvar" (v.10). Paulo estava livre para ministrar porque não estava aprisionado pelo desespero ou medo aterrorizante.

O meu ponto é este: Podemos ser produtivos para Cristo ao enfrentarmos lutas e dificuldades. Jesus não foi ingênuo ao dizer, "...fui eu que os escolhi para que vão e deem fruto..." (João 15:16). Ele sabia que a vida na terra era confusa, e que somente a confiança em Deus produziria a convicção necessária para iluminar o mundo a nossa volta, assim como os girassóis de Van Gogh que ainda brilham. —Jennifer Benson Schuldt

praça de alimentação

leia

Isaías 40:12-31

Será que vocês não sabem? Será que nunca ouviram falar disso? O SENHOR é o Deus Eterno, ele criou o mundo inteiro. Ele não se cansa, não fica fatigado; ninguém pode medir a sua sabedoria (v.28).

examine

- Jó 38–41
- Salmo139:1-16

considere

Considerando meus recursos limitados, como vou confiar no Deus ilimitado? Durante este dia corrido, como vou adorar aquele que é infinito?

Aqui estou sentado na praça de alimentação de um shopping. Meu corpo está tenso, o estômago ronca. A lista de tarefas é longa e meu progresso neste dia em particular é desanimador. Complicações inesperadas atrasaram tudo e eu estou me corroendo com os prazos a minha frente: o programa de rádio para planejar, o artigo para escrever, e os inumeráveis detalhes de um projeto nacional que coordeno.

Desembrulho meu sanduíche, dou uma mordida, e por alguns minutos sou forçado a parar. Pessoas atarefadas correm a minha volta, aflitas também com seus próprios prazos finais. Sou então atingido pela finitude da humanidade. Somos seres limitados; no tempo, energia, habilidade e capacidade.

E surge em mim o enorme impulso de escrever uma nova lista de tarefas — priorizando-as por importância, colocar um asterisco nas tarefas urgentes e sublinhar as que serão feitas conjuntamente — outro pensamento entra em minha mente:

Alguém Infinito (Isaías 40:25).

Um Ser ilimitado.

Uma Pessoa que sem esforço junta o desejo e a habilidade de realizar.

Este Deus, diz Isaías, pode medir a água do mar com as conchas na mão, e calculou quanta terra existe no mundo inteiro (Isaías 40:12). Ele chama cada estrela do céu pelo seu nome e as faz sair em ordem como um exército (v.26); rebaixa os reis poderosos e tira altas autoridades do poder (v.23). Aquele que senta no Seu trono no céu (v.22), carrega as ilhas como se fosse um grão de areia, e as nações como gota de água no balde (v.15). "Com quem vocês vão comparar o Santo Deus?..." (v.25). "...O SENHOR é o Deus Eterno [...] não se cansa, não fica fatigado..." (v.28).

Estresse, correria e pressões não são coisas boas para a saúde, e neste dia me deram uma lição poderosa. O Deus ilimitado não é como eu. Ele cumpre o que deseja. Terminei meu sanduíche, fiz uma pausa, e silenciosamente o adorei. —Sheridan Voysey

descontrolado

leia›
Tiago 1:19-21
...cada um esteja pronto para ouvir, mas demore para falar e ficar com raiva (v.19).

examine›
- Êxodo 34:6
- Provérbios 22:24
- Eclesiastes 7:9

considere›
Quando você fica zangado, como evitar ser controlado por suas emoções? Qual é o valor de ser tardio em irar-se?

Imagine só. Você está em casa descansando quando um touro entra em disparada pela porta dos fundos, invade a cozinha, desce correndo pelo corredor e fica rodopiando vertiginosamente na sala de estar. Isso aconteceu com uma família em Aachen, na Alemanha. Antes que o proprietário finalmente abrisse a porta da frente para que o touro saísse, o animal causou um prejuízo superior a 27 mil reais.

Quando imagino o rebuliço causado pelo touro, lembro que a ira pode explodir repentinamente, ricochetear de uma pessoa para outra e deixar desgastes emocionais em nossos lares. O seu poder destruidor deve ser evitado. "Se vocês ficarem com raiva, não deixem que isso faça com que pequem..." (Efésios 4:26).

Tiago nos deu alguns conselhos práticos sobre como controlar a ira. Começa dizendo que devemos "...estar prontos para ouvir" (v.19). Respirar fundo. Não parece natural. Porém, ouvir com prontidão nos dá a chance de descobrir o que está acontecendo de verdade. O meu filho foi desrespeitoso ou apenas agiu como criança? O meu marido realmente quis dizer aquilo ou foi um mal-entendido? Qual é o meu grau de responsabilidade por esta situação?

Após o treinamento para sermos ouvintes ágeis, temos que praticar o falar tardio. Esta abordagem demorada para expressar nosso pensamento, nos dá tempo para orar por domínio próprio e elaborar uma resposta adequada. Afinal, "A resposta delicada acalma o furor..." (Provérbios 15:1). Ser tardio para falar envolve escolher refrear o poder destrutivo das suas palavras.

Finalmente, se a ira for inevitável, Tiago nos aconselha a ignorar nossos impulsos explosivos e evitar que aumentem. Há uma boa razão para isso. Ele prossegue dizendo: "...a raiva humana não produz o que Deus aprova" (Tiago 1:20). Como um touro descontrolado, a ira indomável é perigosa. Quando ela se aproxima, depende de nós sermos prontos para ouvir, tardios para falar e afastar a confusão. —Jennifer Benson Schuldt

adoro fim de semana

leia>
Deuteronômio 5:12-15
Vocês têm seis dias para trabalhar, mas o sétimo dia é o dia sagrado de descanso, quando todos deverão se reunir para adorar a Deus. Não façam nenhum trabalho nesse dia... (Levítico 23:3).

examine>
Pois pela graça de Deus vocês são salvos por meio da fé [...] é um presente dado por Deus. A salvação não é o resultado dos esforços de vocês; portanto, ninguém pode se orgulhar de tê-la (Efésios 2:8-9).

considere>
Como você vivencia o princípio do sábado? O que a graça de Deus significa para você?

Trabalho 44 horas por semana, mas espero ansiosamente pelo fim de semana. Dois dias para dormir até mais tarde e não ir para o escritório. Como eu adoro meus finais de semana. O descanso semanal de pelo menos um dia é observado na maior parte do mundo, sendo que o domingo é o dia de folga em muitos países. Então, como surgiu o conceito do dia de descanso?

Em Deuteronômio 5, Deus ordenou ao Seu povo que tirasse um dia de folga do trabalho para um período de descanso, renovo, reflexão e adoração (vv.12-14). Este dia de descanso é estabelecido no contexto da libertação da escravidão no Egito (v.15). Os judeus foram escravos no Egito por 430 anos e sua labuta não era um trabalho das 9h às 17h. Os escravos não têm direitos. Eram 24 horas por dia, sete dias por semana por mais de quatro séculos de trabalho duro. Imagine como eles se sentiriam se tivessem um dia de descanso!

Em Singapura, onde eu moro, existem mais de 100 mil trabalhadores imigrantes que trabalham como empregados domésticos. Os seus contratos de trabalho não incluem o benefício de "um dia de descanso". Mas deviam, pois Deus disse: "...Não faça nenhum trabalho nesse dia, nem você [...] nem os seus escravos, nem as suas escravas [...] Assim como você descansa, os seus escravos também devem descansar" (v.14)

Mais do que apenas um tempo para descanso e renovo, o sábado também é uma ilustração da nossa salvação. O princípio sabático é não trabalhar. Não é preciso trabalhar porque a nossa salvação é alcançada pela graça divina. É uma obra da graça, uma obra realizada unicamente por Cristo.

Descansamos na obra consumada por Jesus na cruz. Falando nisso, o autor de Hebreus afirmou: "...nós, os que cremos, recebemos o descanso prometido por Deus..." (Hebreus 4:3). —K. T. Sim

o que você tem na carteira?

leia
1 Timóteo 6:3-10
Pois o amor ao dinheiro é uma fonte de todos os tipos de males... (v.10).

examine
Quem ama o dinheiro nunca ficará satisfeito; quem tem a ambição de ficar rico nunca terá tudo o que quer. Isso também é ilusão (Eclesiastes 5:10).

considere
Quais as duras lições que você aprendeu sobre o amor ao dinheiro? Como você desenvolverá uma visão mais bíblica sobre como gastar dinheiro com sabedoria?

Li recentemente que cerca de 70% dos ganhadores na loteria acabam desperdiçando seus ganhos e indo a falência em poucos anos. Uau! Aparentemente ganhar uma fortuna não é o que se espera!

A maior parte dos que tiram a sorte grande deixa de usar o cérebro e começa a gastar impulsivamente. Compram brinquedos supérfluos, fazem maus investimentos e distribuem dinheiro às pessoas que os exploram. Antes de perceberem, o dinheiro se acaba e estão afundados em dívidas. Muitos terminam divorciados e envolvidos em longos conflitos familiares.

A experiência da média dos ganhadores de loteria ecoa as palavras de Paulo: "...os que querem ficar ricos caem em pecado, ao serem tentados, e ficam presos na armadilha de muitos desejos tolos, que fazem mal e levam as pessoas a se afundarem na desgraça e na destruição" (1 Timóteo 6:9).

A maioria de nós jamais experimentou um influxo enorme de dinheiro. Nem temos um parente rico que vai nos deixar milhões de reais. Porém, quer tenhamos muito ou pouco, todos nós precisamos ter sabedoria para administrar o dinheiro. Caso contrário, o dinheiro acabará nos dominando!

Paulo acrescenta que alguns dos que amam o dinheiro "se desviaram da fé e encheram a sua vida de sofrimentos."

Se for bem administrado, o dinheiro pode ser um maravilhoso instrumento que traz muitos benefícios para o próximo e para Deus. Ao mesmo tempo se for mal administrado, pode se tornar um terrível dominador que nos levará aos caminhos de destruição. A forma como você gasta seu dinheiro é uma boa indicação sobre onde o controle está.

Então o que você tem na carteira — um servo ou um senhor?
—Jeff Olson

ouça

leia
Êxodo 6:11-13
Porém Moisés respondeu ao SENHOR: Se até os israelitas não querem me dar atenção, o rei também não vai querer. Eu não tenho facilidade para falar (v.12).

examine
As minhas ovelhas escutam a minha voz; eu as conheço, e elas me seguem (João 10:27).

considere
Como você se tornará um melhor ouvinte? De que maneira você pode ouvir melhor a Deus?

Desde o início dos tempos, o anseio de ser ouvido por Deus e pelos outros é um desejo que está no coração de homens e mulheres. Como o salmista escreveu: "Ó Deus, defensor dos meus direitos, responde-me quando eu te chamar! Eu estava em dificuldade, mas tu me ajudaste. Tem misericórdia de mim e ouve a minha oração!" (Salmo 4:1).

Moisés ansiava por um público acolhedor — pessoas que o ouvissem. Moisés era um orador inseguro e ele reclamou com Deus: "Mas os israelitas não vão acreditar em mim, nem vão dar atenção ao que eu falar..." (Êxodo 4:1).

De volta aos Salmos, o rei Davi muitas vezes também ansiava por um bom ouvinte. "Ouve, ó Deus, a minha oração!" clamou. "...Escuta as minhas palavras" (Salmo 54:2).

Um livro muito útil sobre este tema é *Conversation Peace* (Conversa sobre Paz) da autora e palestrante canadense Mary A. Kassian. Em seu livro, Kassian sugere que existem diversos tipos de obstáculos que nos impedem de ouvir e sermos ouvidos. Estas barreiras incluem:

- *Adiantar-se:* pensar sobre o que vai dizer a seguir; planejando uma réplica.
- *"Viajar":* estar preocupado, pensando sobre assuntos pessoais ou deixar o pensamento ir longe.
- *Intrometer-se:* interromper o raciocínio da outra pessoa para interpor os seus.
- *Desconsiderar:* classificar mentalmente os pensamentos do interlocutor como sem importância ou insignificantes sem refletir adequadamente, ou achar que já compreendeu a perspectiva dele.
- *Bloquear:* recusar-se a reconhecer o tópico que a outra pessoa está tratando, filtrando seletivamente a mensagem para bloquear alguns trechos.

Da mesma maneira que desejamos ser ouvidos e compreendidos, é importante evitar as práticas listadas e ouvir atentamente a Deus e aos outros. Agindo assim, não seremos tolos, mas sábios (Provérbios 12:15).
—Roxanne Robbins

o mistério

leia›
2 Coríntios 3:7-18
...refletimos a glória que vem do Senhor. Essa glória vai ficando cada vez mais brilhante e vai nos tornando cada vez mais parecidos com o Senhor, que é o Espírito (v.18).

examine›
- Salmo 139
- Efésios 1–2

considere›
Como você se vê de verdade? O que a realidade de ter Jesus habitando em você — definindo sua identidade — significa para sua compreensão de si mesmo?

Recentemente meu filho de quatro anos estava me explicando o que queria ser quando crescesse: médico. Eu o ouvi falar de outras opções — astronauta, artista ou piloto de carros de corrida. Entretanto, ele jamais mencionou qualquer uma das minhas profissões — pastor ou escritor. Portanto, com alguma cautela, perguntei: "Você já pensou em ser pastor?"

"Não," ele respondeu, "não gosto de pastores."

Sei que meu filho não pretendia ferir minha identidade com o seu comentário. Muitas das mensagens que recebemos da nossa cultura, porém, podem fazer exatamente isso.

Se estivermos lutando com a autoestima, as palavras de Paulo podem nos fazer vacilar. Paulo explica que foi um mistério, "o segredo que ele escondeu de toda a humanidade durante os séculos passados," ...porém que agora foi revelado (Colossenses 1:26). E esta revelação é bárbara, escandalosa: a presença do próprio Jesus ressurreto habita em todo aquele que recebeu a misericórdia divina.

A salvação, portanto, não é meramente um ato jurídico através do qual Deus determina se somos perdoados ou não; salvação também é um ato de recriação divina. Ele nos recria para sermos o que deveríamos ser desde o princípio (2 Coríntios 5:17). Ele nos salva do pecado, de nós mesmos. Jesus nos faz novos nos dando o Seu próprio eu por inteiro. E esta obra redentora tem enormes implicações. Deus restaura nossa verdadeira identidade, e nos coloca numa posição na qual, literalmente, compartilhamos a "...força de Cristo..." (Colossenses 1:29).

Nesta realidade não há lugar para odiar a si mesmo. Não há espaço para ouvir as mentiras que dizem que somos desagradáveis, indesejáveis ou desprezíveis.

Como disse C. S. Lewis: "O que podemos entender, se a doutrina cristã for verdadeira, é que a nossa própria existência complexa não é o desvio anômalo que parece, mas a débil imagem da corporificação divina. —Winn Coller

partir o pão

leia›
Deuteronômio 16:13-17
A melhor coisa que alguém pode fazer é comer e beber e se divertir com o dinheiro que ganhou. No entanto, compreendi que mesmo essas coisas vêm de Deus (Eclesiastes 2:24).

examine›
- Provérbios 11:25
- Provérbios 15:13

considere›
Você faz reuniões de confraternização com os amigos e familiares regularmente? O que você pode fazer para melhorar o momento das refeições em sua casa?

No mês passado meus irmãos e nossas famílias reuniram-se para um delicioso jantar com os nossos primos *amish*. Os *amish* iniciam todos os jantares com uma oração silenciosa de agradecimento e — talvez porque as suas refeições caseiras sejam tão deliciosas — oram novamente no final. Além da comida maravilhosa, fiquei impressionado com a ênfase que os *amish* dão à comunhão. O momento da refeição não era simplesmente uma parada para reabastecimento, mas uma oportunidade para rir e conversar até tarde. Acho que eles descobriram algo valioso.

Nas Escrituras, as refeições também são significativas. O memorial mais importante de Israel é marcado por uma refeição. Na noite da Páscoa, enquanto as famílias judias compartilham cordeiro assado com pães sem fermento e ervas amargas recordam-se da libertação da escravidão no Egito. Acrescente-se a estas a Festa dos Pães sem Fermento, a Festa da Colheita e a Festa das Barracas em que os israelitas se reuniam frequentemente com Deus e uns com os outros ao redor de mesas fartas (Deuteronômio 16:16).

Jesus também participou de várias refeições — tanto que os Seus inimigos afirmaram que Ele era comilão e beberrão (Mateus 11:19). Jesus nos deu uma ceia especial pela qual nos lembramos dele e voltará para oferecer um banquete nas bodas do Cordeiro (Apocalipse 19:9).

Os primeiros cristãos entraram no espírito e "...participavam das refeições com alegria e generosidade" (Atos 2:46), muitas vezes encerravam suas reuniões com a Ceia do Senhor (Atos 2:42,46; 20:7). A hora da refeição era tão sagrada que Paulo recomendou que os cristãos evitassem irmãos não arrependidos recusando-se até mesmo a "comer com gente assim" (1 Coríntios 5:11).

Como herdeiro desta tradição tão rica como podemos transformar nossos jantares em celebrações comunitárias? Podemos desligar a TV, ter convidados para comer conosco e incentivar nossos filhos a participarem da conversa. Compartilhar uma refeição não é só alimentar-se; é ter comunhão. —Mike Wittmer

um lugar melhor

leia›
João 14:1-14
Jesus respondeu:
— Eu sou o caminho, a verdade e a vida; ninguém pode chegar até o Pai a não ser por mim (v.6).

examine›
- Atos 4:12
- Romanos 5:2
- Efésios 2:15

considere›
Em que sentido a fé em Jesus Cristo é exclusiva e restrita? Com quem você vai compartilhar as boas-novas hoje?

Há um mito que é comum em círculos cristãos e não-cristãos. As pessoas que morrem sempre vão para um lugar melhor. Estive em funerais de indivíduos sobre os quais foi dito que estavam "nesse lugar melhor" — mas eu sabia que não estavam num lugar melhor. As conversas de funerais trazem palavras de consolo que garantem e dão confiança às pessoas de que seus entes queridos — independente da vida que tiveram ou no que acreditaram, foram para o céu.

Existem motivos para que as pessoas tendam a crer que há um lugar melhor para todos. Em primeiro lugar, elas acham que Deus os reconhece contanto que sejam sinceros, e que qualquer caminho espiritual vai funcionar. Esta ideia se destrói por falta de veracidade, pois não há qualquer área da vida na qual seja verdadeiro (pense, por exemplo, numa cirurgia e no conserto de um carro).

As pessoas também querem acreditar que um Deus amoroso não mandaria ninguém para o inferno. Afirmam que apenas os fanáticos religiosos acham que Jesus é o único caminho.

Então, o que a Bíblia diz de verdade? Pode não ser um ensino popular, mas conforme Mateus 10:28 e Marcos 9:42-45, realmente existe um lugar chamado inferno. Lemos em Mateus 25:41 que o inferno foi criado para Satanás e seus anjos — não para os que creem em Jesus. Todavia, aqueles que se recusam a receber a dádiva gratuita e preciosa de Deus também irão para lá (Mateus 25:41-46). O pecado nos separa de um Deus santo. Em nossos melhores dias todos nós falhamos diante dos padrões divinos. No livro de Romanos 3:23, vemos que todos precisam de Jesus para ser salvos da morte eterna.

A Bíblia afirma claramente que Jesus é o único caminho para o céu (João 14:6). Confiar nele como nosso Senhor e Salvador é a única garantia que temos de que iremos para um lugar melhor quando morrermos. Rompamos todas as barreiras e falemos de Jesus para as pessoas!

—Marvin Williams

orações lembradas

leia›
Atos 10:1-8
...O anjo respondeu: —Deus aceitou as suas orações e a ajuda que você tem dado aos pobres (v.4).

examine›
- Mateus 9:37-38
- Colossenses 4:2-4
- 1 Tessalonicenses 3:1

considere›
Por que é importante que as nossas orações estejam alinhadas com a Palavra? De que maneira a intercessão pela salvação dos perdidos nos transforma?

Com uma breve história, Amapala, a capital de Honduras é uma pequena vila localizada na Ilha Tigre. A bela paisagem é uma fachada que esconde a sua espiritualidade obscura. Amapala tem apenas uma igreja para aproximadamente 25 mil habitantes. Não é de admirar que a bruxaria seja abundante. Seis em cada dez jovens são homossexuais ativos. A sua aparência de cidade fantasma reflete a ausência do evangelho que traz a vida. Na escuridão, entretanto, surge uma esperança. Um empresário cristão do local está se preparando para doar um terreno para quem vier pregar a Palavra.

A esperança e a oração conduzem a frágil humanidade à sala do trono de Deus. Carregando a semente da Sua Palavra, a oração nunca é em vão quando pedimos de acordo com a Sua vontade. Sabemos que Ele nos ouve e que nossas orações serão respondidas (1 João 5:14-15).

A história de Cornélio em Atos 10 revela o poder da oração na divulgação da mensagem de salvação. Um homem que "...de contínuo, orava a Deus" (v.2), Cornélio buscava a presença do Senhor. Deste lugar de rendição diária, ele chamou a atenção do céu. Com as preces e nossa fé conseguimos "...a vitória sobre o mundo" (v.4). No devido tempo, ele e muitos outros receberam a salvação em Cristo (vv.44-48).

O Espírito do Senhor atrai aqueles que estão dispostos a clamar pela restauração da justiça, cristãos que estejam dispostos a suprir as necessidades (Ezequiel 22:30). Onde quer que a oração vá, a esperança se fortalece. Como cristãos, somos chamados a orar para que:

- os olhos dos homens sejam abertos para compreender a salvação através de Jesus Cristo (Atos 26:18).
- obreiros preguem a Palavra com ousadia (Efésios 6:19-20).

Deus está profundamente preocupado com todas as nossas necessidades. Porém, as orações lembradas vêm de um coração que pulsa em compasso com o dele. —Regina Franklin

encontrando seu tom

leia>
Jeremias 1:4-19
...vá e fale com as pessoas a quem eu o enviar e diga tudo o que eu mandar. Não tenha medo de ninguém, pois eu estarei com você para protegê-lo. Sou eu, o SENHOR, quem está falando (vv.7-8).

examine>
E a maioria dos irmãos, vendo que estou na cadeia, tem mais confiança no Senhor. Assim eles têm cada vez mais coragem para anunciar a mensagem de Deus (Filipenses 1:14).

considere>
O que você pode dizer com ousadia em verdade e amor hoje? Como a segurança em Deus e em Sua Palavra podem ajudá-lo a superar o medo e a agir?

Li Xuedong, da cidade de Shangfan, China, tem uma voz que pode literalmente parar o trânsito. Conforme as medições, o som das suas estrondosas cordas vocais pode atingir 120 decibéis!

Durante uma das suas apresentações numa cerimônia em ruas da cidade, ele soltou um grito que fez os motoristas de mais de 60 veículos pisarem no freio. Eles acharam que o som emitido por Xuedong era um alerta de segurança.

Esse é um cara que verdadeiramente encontrou o tom!

Jeremias era um profeta relutante que precisava encontrar a seu tom. Deus o chamou para pregar a nação rebelde de Judá. O profeta respondeu dizendo que não estava preparado para a tarefa: "Ó, SENHOR meu Deus, eu não sei como falar..." (Jeremias 1:6).

O profeta era medroso e tímido. Você se identifica?

Neste caso, podemos aprender com Jeremias. Pois ele foi em frente para proclamar a mensagem impopular de que a corrupta Judá seria destruída (Jeremias 20:4). Três coisas que o ajudaram foram:

- *a promessa de Deus* — "...eu estarei com você para protegê-lo" (1:8).
- *a Palavra de Deus* —"Ele mandou que eu ficasse ali e anunciasse ao povo a mensagem do SENHOR Todo-Poderoso, o Deus de Israel." (7:2;19:2).
- *a capacitação de Deus* —" Farei com que você seja [...] como um forte muro de bronze" (15:20).

Embora Jeremias, às vezes, lutasse contra o medo e o desespero (20:10,18), ele finalmente encontrou coragem e esperança no Deus misericordioso que "...livra os pobres do poder dos maus" (v.13). E um dia o soberano Senhor lhe deu boas notícias para declarar a Judá: "Eu construirei de novo a nação..." (31:4).

Jeremias encontrou o seu tom quando se apegou à promessa de Deus, a Sua Palavra e capacitação. Você fará o mesmo? —Tom Felten

por causa de Jesus

leia
João 16:1-4
Mas eu digo isso para que, quando essas coisas acontecerem, vocês lembrem que eu já os tinha avisado (v.4).

examine
- Mateus 24:9
- João 15:18-19
- Romanos 8:35-38

considere
Como Deus pode usar a perseguição para o bem? Que tipo de perseguição velada ou pública você enfrentou recentemente? Como reagiu?

Recentemente, num país do Oriente Médio, uma adolescente foi espancada pela família, pois se recusou a renunciar a sua fé em Jesus. Na África, um jovem foi pregado numa tábua porque foi ao culto na igreja. Em todo o mundo, pastores e outros cristãos são tratados com hostilidade por realizarem cultos em seus lares.

Na época da igreja primitiva, a perseguição se espalhava por toda parte. Pedro e João foram presos por falar publicamente de Jesus (Atos 3–4). Estêvão foi martirizado por causa de sua fé (Atos 7). Paulo, um ex-perseguidor de cristãos, foi açoitado, espancado, apedrejado e preso (2 Coríntios 11:22-33). De acordo com a tradição cristã, ele foi finalmente decapitado.

Hoje, muitos de nós não enfrentamos uma perseguição que coloca nossas vidas em risco. Contudo, não devemos nos surpreender quando a perseguição nos atingir. Afinal, Jesus nos disse que assim como Ele foi perseguido, nós também enfrentaríamos perseguição, se o seguíssemos (João 15:20). E afirmou: "Eu digo isso para que vocês não abandonem a sua fé [...] chegará o tempo em que qualquer um que os matar pensará que está fazendo a vontade de Deus" (João 16:1-2).

No livro de Mateus 13:20-21, Jesus advertiu que aqueles que não têm raízes profundas abandonarão a fé quando forem perseguidos por crer na Bíblia. Para desenvolvermos raízes profundas precisamos mergulhar na leitura, estudo e obediência à Palavra (2 Timóteo 3:12-17) e oração (1 Pedro 4:7). Podemos também confiar que não temos que enfrentar a perseguição sozinhos. Antes de subir aos céus Jesus prometeu enviar o Espírito Santo (João 16:7-14) que agora nos consola e aconselha.

A perseguição virá. A boa-nova é a promessa de Deus: "...Eu nunca os deixarei e jamais os abandonarei" (Hebreus 13:5; Deuteronômio 31:6,8). —Alyson Kieda

drogado no Sinai

leia›
Salmo 19:7-11
O temor ao SENHOR é bom e dura para sempre. Os seus julgamentos são justos e sempre se baseiam na verdade (v.9).

examine›
...dá-me sabedoria para que eu possa conhecer os teus ensinamentos (Salmo 119:125).

considere›
Ao ler a Bíblia, você se preocupa com o significado ou o que Deus quis dizer? Quais preconceitos podem distorcer a sua visão sobre a Sua Palavra.

Quanto a Moisés no Monte Sinai, ou foi um evento cósmico sobrenatural, o que não acredito, ou lenda, o que também não creio, ou finalmente, e isto é muito provável, um evento que uniu Moisés e o povo de Israel sob o efeito de narcóticos. —Benny Shanon, *Time and Mind Journal of Philosophy* (Jornal de Filosofia, Tempo e Mente)

Não sei quanto a você, mas a suposição de que Moisés estava sob efeito de drogas no Monte Sinai e imaginou o seu encontro com Deus me tirou do sério! Ao dizer isso, estou consciente de que todos nós podemos ler a Bíblia de maneira distorcida por nossos preconceitos. Portanto, como podemos evitar isto?

Começamos respeitando o autor — e o autor é Deus. Davi escreveu: "O temor ao SENHOR é bom e dura para sempre. Os seus julgamentos são justos e sempre se baseiam na verdade" (Salmo 19:9). Respeitá-lo significa que estamos mais preocupados com o que Ele quis dizer do que com as nossas próprias e suavizadas interpretações das Escrituras.

Ao lermos a Bíblia dispostos a enxergar as mensagens de Deus, ao invés das nossas, precisamos pedir que o Espírito Santo nos guie. Jesus nos prometeu que "o Espírito Santo [...] ensinará [...] todas as coisas" (João 14:26), mas o cuidado ao manejar a Palavra não para por aí.

Com a ajuda do Espírito Santo, precisamos ler a Bíblia inteira. Sabemos que "...toda a Escritura Sagrada é inspirada por Deus..." (2 Timóteo 3:16), porém alguns preconceitos podem nos levar a enfatizar determinadas partes e ignorar outras. Davi nos garantiu que "A lei do SENHOR é perfeita..." (Salmo 19:7).

Nosso respeito pela Palavra de Deus deve sempre superar as ideias humanas a respeito da Bíblia, até mesmo as nossas! Davi afirmou: "Os ensinos do SENHOR são certos..." (Salmo 19:8), portanto vamos confiar inteiramente em Sua Palavra, em vez de nos "embriagarmos" em nossos próprios pensamentos. —Jennifer Benson Schuldt

para o bem

leia›
Romanos 8:26-32
Pois sabemos que todas as coisas trabalham juntas para o bem daqueles que amam a Deus, daqueles a quem ele chamou de acordo com o seu plano (v.28).

examine›
...sabemos que os sofrimentos produzem a paciência, a paciência traz a aprovação de Deus, e essa aprovação cria a esperança [...] por meio do Espírito Santo, que ele nos deu (Romanos 5:3-5).

considere›
Como você reage diante do sofrimento? Como Deus usou isto para torná-lo mais parecido com Jesus?

Há pouco tempo, recebi um telefonema pedindo que fosse ao pronto-socorro do hospital local. Um dos membros da minha igreja tinha se envolvido num terrível acidente, e ao chegar, descobri que ele tinha morrido. As pessoas estavam em prantos. A esposa estava sentada ao lado da cama onde o corpo do marido repousava, abalada demais para falar. Tentei consolá-la e li Romanos 8:28, e a mulher chorava ainda mais. Depois descobri o porquê. Em seu sofrimento, as palavras do versículo que eu lera pareciam afirmar que Deus era responsável pelo acidente — que Ele havia levado o marido dela.

Romanos 8:28 contém uma das mais amadas e mal compreendidas promessas da Bíblia. É parte de um trecho das Escrituras (8:26-32) no qual Paulo oferece ajuda e inspiração aos que sofrem:

• *Oração.* Paulo nos lembra que temos o Espírito Santo que "...vem nos ajudar na nossa fraqueza" (v.26). Jesus o chama de *Parakletos* — o Advogado, Consolador e Auxiliador (João 14:6), que intercede por nós. Aquele que nos ajuda a orar quando não temos vontade de falar com Deus ou não conseguimos expressar nossos sentimentos em palavras (vv.26-27).

• *Promessa.* Temos a maravilhosa promessa de que "...todas as coisas trabalham juntas para o bem daqueles que amam a Deus..." (v.28). Paulo não está dizendo que todas as coisas são boas, porque na realidade sabemos que a vida pode ser dolorosa. Porém, Paulo declara que todas as circunstâncias da vida são para o nosso bem — boas e ruins, alegres e tristes.

• *Propósito.* A obra de Deus em nossas vidas tem um rumo — em direção a Jesus. Ele quer que nos tornemos "parecidos com o seu Filho" (v.29). Deus está mais preocupado com o nosso caráter do que com o nosso conforto.

Deus pode usar todas as nossas experiências de vida para nos tornar mais parecidos com Jesus. —K. T. Sim

salvos

leia ›
Salmo 138
Quando te chamei, tu me respondeste... (v.3).

examine ›
...o Senhor Jesus é fiel. Ele lhes dará forças e os livrará do Maligno (2 Tessalonicenses 3:3).

considere ›
Você já experimentou o livramento de Deus em sua vida? De que maneira você buscará o livramento divino para os outros?

Uma noite enquanto estava presa no engarrafamento na capital de Uganda, Kampala, um colega e eu chamamos dois meninos de rua à janela do nosso carro e conversamos com eles, o papo foi mais ou menos assim: "Há quanto tempo vocês moram na rua?" "Quatro anos." "Vocês têm pai ou mãe?" "Não, nossos pais morreram." "Vocês gostam de morar na rua?" "Não."

Comovidos com o angustiante relato dos meninos sobre a vida nas ruas, ligamos a um amigo que trabalha com jovens em situação de risco. Ele veio até nós e surpreendentemente, em menos de uma hora, encontrou um abrigo para onde os dois órfãos Saddam e Moisés, se mudaram.

Ao entrarem em seu novo lar, Saddam e Moisés foram acolhidos e nutridos com o amor de Deus (Jeremias 31:3-4). A comovente história da transformação de Saddam é ilustrada pelos versículos seguintes:

- "Quando te chamei, tu me respondeste e, com o teu poder, aumentaste as minhas forças" (Salmo 138:3). Alicerçado em Cristo, Saddam recusou a proposta de homens que tentaram atraí-lo de volta à rua, oferecendo dinheiro em troca de crueldades.
- "Quando estou cercado de perigos [...] A tua força me protege do ódio dos meus inimigos..." (v.7). Durante os quatro anos em que Saddam vagou pelas ruas, ele acredita que Deus o protegeu de homens que queriam lhe fazer mal.
- "Tu cumprirás tudo o que me prometeste. O teu amor dura para sempre, ó SENHOR Deus" (v.8). Hoje Saddam leciona com ousadia uma vez por semana numa turma de Escola Dominical para garotos que ainda vivem nas ruas.

Apesar de jovem, Saddam já experimentou o livramento e a fidelidade de Deus de forma poderosa (v.8). Quem é o "Saddam" em sua vida? O que Deus gostaria que você fizesse por ele? —Roxanne Robbins

cores divinas

leia›
Atos 12:1-11
E assim Pedro estava preso [...] a igreja continuava a orar com fervor por ele (v.5).

examine›
- Mateus 18:19
- Lucas 18:1

considere›
O que você precisa levar a Deus em oração hoje? Quais as "cores" em suas circunstâncias que estão preocupando você?

Já pensou como uma semente de girassol, preta e enrugada colocada num solo marrom-escuro pode se transformar numa enorme planta verde com uma flor amarela? Esta metamorfose de formas e cores reflete os caminhos misteriosos e criativos de Deus. Muitas vezes nos surpreendemos com Sua obra em nossas vidas.

Os tons brilhantes e "luminosos" ao final de Atos 11 — cristãos sendo ensinados e ofertando sacrificialmente — são substituídos pela escura e perigosa Jerusalém em Atos 12. O rei Herodes perseguia e atormentava os cristãos para aumentar sua popularidade. Ele prendeu Tiago e Pedro. Tiago foi impiedosamente executado e os cristãos perceberam que não podiam simplesmente esperar por proteção divina para os apóstolos e para eles. Eram tempos de ansiedade e incerteza para a igreja. Você pode imaginar o que passava pela cabeça dos cristãos: *Onde está Deus em tudo isto? Quando Ele intervirá?* E eles reagiram orando (v.5). A situação daquele momento não limitou Deus, nem o fato de Ele estar no controle. Confiaram nele.

A oração é a resposta mais natural para o coração dependente de Deus. Se você realmente confiar nele para fazer algo, irá orar. Se não confiar, não clamará.

Oswald Chambers afirmou: "Temos que orar com nossos olhos fitos em Deus, não nas dificuldades." A igreja de Jerusalém havia perdido Tiago e aparentemente Deus não respondeu às orações em favor dele. Pedro estava num lugar perigoso, mas eles não deixaram de orar devido à obscuridão. Em vez disso, oraram com maior fervor e, mais tarde, Pedro foi solto para prosseguir com a missão que Deus lhe dera.

Assim como a igreja primitiva, confiemos em Deus, oremos constante e fervorosamente, e mantenhamos os nossos olhos nele. Poderemos encontrar cores mais brilhantes à frente. —Kevin Gregory

vivendo acordado

leia
Colossenses 4:2-6
Continuem firmes na oração, sempre alertas ao orarem e dando graças a Deus (v.2).

examine
- Marcos 14:32-41
- Lucas 21:33-46
- Efésios 6:18-20

considere
Em que área da sua vida você está mais "adormecido" e descompromissado? Como você pode começar a experimentar a atuação de Deus nessa área?

Na Alemanha, a antiga lenda do Imperador Frederico Barbaroxa persiste. De acordo com a tradição, Barbaroxa nunca morreu, apenas adormeceu e continua a zelar por seu império ainda hoje. O piscar intermitente de seus olhos e o balançar de sua cabeça são os únicos sinais de que ele ainda "respira".

Muitos de nós vivemos como ele: vivos, porém em estado terminal. Não experimentamos o que Paulo nos encorajou a vivenciar, e não estamos *alertas* em oração para os sinais do mover de Deus.

Inúmeras vezes, mal cumprimos nossas obrigações com a família, igreja e trabalho. "Apenas batemos o ponto." Vivendo desta maneira, não estamos vivos para o mundo ou para as maravilhas ao nosso redor. Não estamos sintonizados com o trabalho constante de Deus.

Para Paulo, a atitude de oração nos ajuda a resistir contra a existência indiferente e absorta (Colossenses 4:2). Através da oração os seguidores de Jesus permanecem alertas e envolvidos, vivendo de olhos bem abertos para enxergar onde Deus está agindo (v.3).

Você sempre viu a oração desta forma? Eu não. Em minha experiência, muitas vezes faltou essa atitude de alerta e a percepção aguçada na oração. Muitas vezes, enxerguei a oração como uma atividade suave e piedosa, a qual me colocava num lugar tranquilo para meditar nas "verdades celestiais" e no conhecimento sublime. Tal atitude, na verdade, afasta de mim o desejo de "anunciar a sua mensagem" (v.2) ao mundo. Além disso, distorci a oração para me desligar do caos e da dor — "vou orar por você" é uma fuga, que afasta o compromisso genuíno de interceder em favor de alguém.

A oração é mais perigosa do que essas perspectivas preconceituosas. A oração me desperta para a obra de Deus. E reforço o desejo que Robert Benson já expressou em *Living Prayer* (Oração Viva), "Quero viver atentamente." —Winn Coller

cristianismo cultural

leia›
João 3:27-33
...quem crê no Filho tem a vida eterna; porém quem desobedece ao Filho nunca terá a vida eterna, mas sofrerá para sempre o castigo de Deus (v.36).

examine›
Mas como é que as pessoas irão pedir, se não crerem nele? [...] E como poderão ouvir, se a mensagem não for anunciada? (Romanos 10:14).

considere›
Você já foi ridicularizado por acreditar que Jesus é o único caminho para a salvação? De que forma a nossa cultura revela a necessidade de uma fé genuína?

Todas as culturas têm valores que podem comprometer o evangelho. A igreja primitiva era platônica demais, a medieval aristotélica demais, a moderna iluminista demais e agora a igreja pós-moderna está se tornando muito pluralista. Uma pesquisa recente feita pelo *Fórum Pew de Religião e Vida Pública* constatou que 57% das pessoas que frequentam as igrejas evangélicas acreditam que outras religiões podem conduzir à vida eterna.

Assim como reconhecemos facilmente onde a igreja primitiva lia Platão em suas Escrituras, da mesma forma as futuras gerações se surpreenderão com a nossa falta de percepção crítica ao permitimos que os valores culturais da diversidade e inclusão — válidos aos seus olhos — enfraquecessem a nossa fé.

Resistiremos, se lembrarmos de nossa crença contracultural em pecado original. Apesar de impopular no contexto pós-moderno, quase todas as denominações cristãs ensinam que nascemos culpados e contaminados pelo pecado de Adão. Paulo explicou: "O pecado entrou no mundo por meio de um só homem, e o seu pecado trouxe consigo a morte. Como resultado, a morte se espalhou por toda a raça humana porque todos pecaram" (Romanos 5:12).

Por sermos herdeiros da corrupção Jesus disse a um judeu, bom, como Nicodemos, que ele devia "nascer de novo" para "ver o Reino de Deus" (João 3:3). Quando lhe perguntaram como um novo nascimento seria possível, Jesus explicou que isto ocorre quando o Espírito Santo utiliza as verdades bíblicas do evangelho para transformar os nossos corações (João 3:5-18).

E assim Jesus declarou que Ele é o único caminho que leva ao Pai (João 14:6), Pedro anunciou: "A salvação só pode ser conseguida por meio dele..." (Atos 4:12) e Paulo proclamou: "Como é bonito ver os mensageiros trazendo boas notícias!" (Romanos 10:15). Ao contrário do que um número cada vez maior de pessoas que frequentam as igrejas acreditam, é necessário crer em Jesus para ser salvo. —Mike Wittmer

desacelerando

leia›
Gênesis 2:1-3
No sétimo dia Deus acabou de fazer todas as coisas e descansou de todo o trabalho que havia feito (v.2).

examine›
...Parem de lutar e fiquem sabendo que eu sou Deus... (Salmo 46:10).

considere›
O que o mantém super ocupado nos últimos dias? O que acontecerá se você estabelecer um período de descanso semanal?

Quando o preço do litro da gasolina disparou, notei que as pessoas com quem eu convivia começaram a dirigir em velocidade menor. Ao invés de arrancarem rápido, um número cada vez maior de motoristas começou a adotar a abordagem mais econômica. Quanto menor a velocidade maior o rendimento do combustível!

Eu mesmo tirei o pé do acelerador e comecei a experimentar os benefícios inesperados da desaceleração. Apesar de no início não compreender inteiramente o que estava acontecendo, algo dentro de mim começou a desacelerar também. A caminho do trabalho ou de qualquer loja, percebia que não era mais tão apressado — como se a minha alma estivesse recuperando o fôlego. Foi um alívio surpreendente, mas bem-vindo.

Somos feitos para descansar. A Bíblia chama isso de "sábado". Faz parte do ritmo normal de vida que Deus soprou em nós quando Ele mesmo descansou após completar a obra da criação (Gênesis 2:2-3). Desde o princípio Deus queria que os seres humanos trabalhassem e realizassem projetos (Gênesis 2:15), mas que também descansássemos.

A tendência, entretanto, é passar dias e semanas a fio sem qualquer intervalo para o descanso semanal.

Investir tempo em descanso pode ser um verdadeiro desafio. Neste mundo em ritmo acelerado, é fácil entregar-se à correria da vida e esquecer-se da importância de pisar no freio. Dirigir mais devagar me ajudou a perceber o quanto isso me era necessário.

A maioria de nós precisa exercitar-se para desligar da correria da vida. Se isso significar reduzir a velocidade na estrada, optar por não trabalhar na hora do almoço ou tirar alguns dias de folga para descansar, então precisamos parar, ficar de pernas para o ar e lembrar-se daquele que nos criou. Encontraremos nele o nosso descanso final (Hebreus 4:9-10). —Jeff Olson

não se desgoste

leia›
Tiago 1:2-8
Meus irmãos, sintam-se felizes quando passarem por todo tipo de aflições. Pois vocês sabem que, quando a sua fé vence essas provações, ela produz perseverança (vv.2-3).

examine›
- Mateus 5:10-1
- Lucas 6:22-23
- Atos 5:41

considere›
Pense em algo bom que ocorreu em sua vida após uma situação difícil. O que Deus está lhe ensinando nesta semana através das provações que você enfrenta?

As leis de segregação racial nos Estados Unidos foram impostas na primeira metade do século 20. Até Duke Ellington, astro do *jazz*, era impedido de se hospedar nos hotéis onde ele e sua banda se apresentavam. Ao lhe perguntarem sobre tal discriminação, ele respondeu: "Usei a energia necessária para me aborrecer para compor algumas canções de *blues*." Duke permitiu que a situação horrível e racista forjasse seu caráter.

É isso que Tiago quer nos mostrar em seu livro. Ele lembrou seus leitores de que as provações são inevitáveis (v.2). Tiago queria que entendêssemos o conceito de que as tribulações podem ser usadas para nos ajudar no crescimento e desenvolvimento espiritual (v.3). Ele queria que os seus leitores ao lerem a sua carta, compreendessem que as provações podem forjar o caráter e a fé do cristão. Para isso, três coisas são necessárias:

- *Elas podem forjar o nosso caráter se reagirmos adequadamente diante delas.* Nossa reação deve ser de alegria (Tiago 2:2). Tiago não nos disse para alegrarmo-nos com a dor que sofremos, mas para encontrarmos alegria no relacionamento com Jesus e em sermos considerados dignos de sofrer por Ele (Filipenses 1:29).
- *Elas podem forjar o nosso caráter se compreendermos a razão para as nossas provações.* Seu propósito é produzir paciência e permitir que esta ajude-nos a sermos cristãos mais maduros (Tiago 1:3-4).
- *Elas podem forjar o nosso caráter se confiarmos inteiramente em Deus.* Devemos pedir-lhe por sabedoria e respostas ao enfrentarmos as diversas provações (v.5).

Deus ainda procura pessoas que não murmurarão diante das provações, mas que permitirão que Ele as use para criar uma bela canção para o mundo. "Quando a sua fé é provada, a sua perseverança tem a oportunidade de crescer" (Tiago 1:3). —Marvin Williams

amor intenso

leia

1 Samuel 2:12-36

Por que é que vocês olham com tanta ganância para os sacrifícios e ofertas que eu ordenei que me fossem feitos? Eli, por que você honra os seus filhos mais do que a mim...? (v.29).

examine

E Jesus disse aos discípulos: — Se alguém quer ser meu seguidor, esqueça os seus próprios interesses, esteja pronto para morrer como eu vou morrer e me acompanhe (Mateus 16:24).

considere

Se Jesus estivesse diante de você e dissesse: "Siga-me," o que você diria? O que você precisa entregar-lhe hoje?

"Você está sendo cruel, ninguém me ama! Já ouvi estas palavras muitas vezes. Apesar de meus filhos terem personalidades bem diferentes, ambos odeiam a disciplina. Após tê-los disciplinado com "punições," aprendi que criar filhos tem a ver com perseverança (Gálatas 6:9). É difícil absorver este conceito numa cultura imediatista e egoísta.

O elemento principal do coração de Deus é a Sua consistência altruísta. Eternamente fiel e imutável, Seu amor permanece como um baluarte nas tempestades da vida (Jeremias 31:3; 1 João 4:9-11). Como a fundação de uma estrutura, em Seu amor os limites nos dão força. A sociedade retrata incorretamente o amor como permissividade irrestrita. Limites não prendem; protegem, dão vida e demonstram amor (Provérbios 19:18). Porque Ele quer tanto nos dizer "sim," às vezes, precisa dizer "não."

Deus deseja que o amor dos pais reflita o Seu amor por nós. Criar nossos filhos sem disciplina é retratar uma falsa compreensão do desejo de Deus (Deuteronômio 8:5). Os pais precisam ver o caminho da verdade e da justiça de acordo com a Palavra, além do conflito momentâneo.

Os pais enfrentam a tentação de evitar ou ser inconsistentes na disciplina. No livro de 1 Samuel 2, Eli e seus filhos mostram o resultado de ceder a tais tentações: egoísmo. Eli tirou proveitos por não disciplinar seus filhos. Embora os castigasse por seu comportamento, ele engordou devido ao pecado deles (1 Samuel 2:29).

Falar não surte efeito se não for acompanhado da atitude (vv.22-25). Os pais são egoístas ao se recusarem a disciplinar os filhos porque estão ocupados, querem evitar o conflito ou estão mais preocupados em ser "amigos".

A maior demonstração de amor é a disposição de morrer para si mesmo para o bem do outro. —Regina Franklin

dolorosamente perfeito

leia›
Mateus 23:1-24
...Pois vocês dão a Deus a décima parte [...], mas não obedecem aos mandamentos mais importantes da Lei, que são: o de serem justos com os outros, o de serem bondosos e o de serem honestos... (v.23).

examine›
Pois a lei não podia aperfeiçoar nada. Mas agora Deus nos deu uma esperança melhor, por meio da qual chegamos perto dele (Hebreus 7:19).

considere›
Qual é a diferença entre ser "aperfeiçoado" (Hebreus 10:14) pelo sacrifício de Jesus e o perfeccionismo humano? Como você pode demonstrar aos outros a misericórdia que Deus mostrou por você?

Ele sorria e disfarçava a ira que podia explodir em qualquer momento. O pai do meu amigo era complicado, vizinho amável e prestativo, mas controlador e perfeccionista.

Os filhos ainda estão feridos por nunca estarem à altura, ser incapazes de agir com perfeição ou satisfazer as exigências. A casa deles não tinha manchas, mas o pai era impiedoso, buscava a perfeição e levou seus filhos à destruição.

Jesus usou palavras duras contra os líderes religiosos fariseus, bons em culpar outras pessoas, sob a perspectiva perfeccionista da obediência à Lei. Ele declarou: "Amarram fardos pesados e os põem nas costas dos outros, mas eles mesmos não os ajudam, nem ao menos com um dedo, a carregar esses fardos" (Mateus 23:4). As pessoas que caíram sob o peso da Lei do Antigo Testamento e regras criadas pelo homem, não recebiam ajuda nem apoio dos fariseus. Eles davam a "Deus a décima parte até mesmo da hortelã, da erva-doce e do cominho," mas não obedeciam "aos mandamentos mais importantes da Lei" (v.23), os quais incluíam a misericórdia.

Jesus é misericordioso. Ao contrário dos fariseus, Ele "dará descanso" e afirmou "que o fardo que Ele nos dá é leve" (Mateus 11:28,30). Você ou alguém que lhe seja próximo é perfeccionista ao extremo? A sua busca por perfeição destrói outras pessoas?

Neste caso, é hora de tirar as algemas do perfeccionismo e substituí-las pelo fardo leve e amoroso de Jesus. Glorificamos a Deus ao fazermos o nosso melhor por Ele, mas não significa que seremos perfeitos em tudo.

Somente Jesus foi perfeito (Hebreus 9:14). Nossos esforços humanos não nos farão perfeitos (Gálatas 3:3). Em vez disso, imitemos o exemplo de graça e misericórdia que Jesus tem com o próximo — especialmente àqueles mais próximos de nós. —Tom Felten

acima da lama

leia›
Salmo 69:1-33
...os que adoram a Deus ficarão animados (v.32).

examine›
Não fiquem com medo, pois estou com vocês; não se apavorem, pois eu sou o seu Deus. Eu lhes dou forças e os ajudo; eu os protejo com a minha forte mão (Isaías 41:10).

considere›
Pedir a ajuda de Deus pode restaurar uma alma desesperada? O exemplo de Davi lhe encoraja?

O mergulho no pântano é um esporte popular no País de Gales. Os competidores usam pés-de-pato e máscaras de mergulho ligadas a tubos de oxigênio e tentam se espremer entre as valas abertas nas turvas do pântano sem usar as mãos! Apesar de não ter a mínima ideia de como esse esporte começou, sei que "atolar-se" não é novidade.

Davi estava nessa situação — emocionalmente falando — quando escreveu: "Não me deixes afundar na lama. Livra-me [...] das águas profundas da morte" (Salmo 69:14). Se você alguma vez já se sentiu deprimido, sabe do que ele estava falando. Essa luta para continuar acima da lama pode ser esmagadora, apavorante e cansativa.

Davi expressou sentimentos de falta de esperança, mas ele também tentou encorajar a si mesmo apesar do desespero. Por exemplo, ele acreditava que no final sairia do lamaçal. Ele visualizava o fim do seu sofrimento quando escreveu: "Louvarei a Deus com uma canção; anunciarei com gratidão a sua grandeza" (v.30). Davi acreditava que Deus o libertaria.

E veja só — Davi prosseguiu dizendo: "...os que adoram a Deus ficarão animados" (v.32). A expressão-chave aqui é "os que adoram a Deus." Por que relutamos tanto em implorar a ajuda de Deus quando sabemos que Ele é o único que pode nos salvar?

Afinal, Deus "...ouve os necessitados" (v.33). Ele não ignorará as nossas lutas e nos dirá para sair dessa. Ele é o Deus da "compaixão e misericórdia" (Êxodo 34:6). Aquele que está sempre à disposição para nos ouvir.

Você conhece alguém que está se afundando na lama? Talvez, você seja essa pessoa. Neste caso, lembre-se de que Deus pode e vai ajudá-lo a manter-se acima da superfície. Busque-o hoje — equipamentos para respiração não são necessários. —Jennifer Benson Schuldt

as boas-novas

leia›
1 Coríntios 15:1-4
Eu passei para vocês o ensinamento que recebi e que é da mais alta importância: Cristo morreu pelos nossos pecados [...] ele foi sepultado e, no terceiro dia, foi ressuscitado... (vv.3-4).

examine›
E, se Cristo não foi ressuscitado, a fé que vocês têm é uma ilusão, e vocês continuam perdidos nos seus pecados (1 Coríntios 15:17).

considere›
Quando foi a última vez que você compartilhou as boas-novas com um amigo? A sua experiência pessoal de conversão o inspira a alcançar outras pessoas?

Uma grande amiga sua está gravemente doente. Um dia você recebe um telefonema do médico dela — uma mensagem urgente para ir ao hospital. Ao chegar lá o médico lhe diz que a sua amiga tem mais dez minutos de vida.

Com voz mansa e fraca, sua amiga prestes a morrer lhe diz: "Durante todos estes anos você nunca me falou de Jesus. Pode compartilhar as boas-novas comigo?" A sua amiga quer ouvir o evangelho antes de partir. O que você lhe diria nesses dez minutos? Aqui estão algumas sugestões para começar:

Cristo morreu pelos nossos pecados (1 Coríntios 15:3). Muitas vezes, falamos sobre o amor de Deus. Absolutamente certo. No entanto, deixamos de fora toda a realidade da ira divina. Embora Deus ame todos os pecadores, o pecado o deixa irado. Jesus não morreu por uma causa política ou para nos dar uma vida confortável. Ele morreu como um criminoso para aplacar a ira de Deus contra nosso pecado. Ele morreu por nós.

Ele foi sepultado (v.4). Essa foi a expressão usada por Paulo para dizer que Jesus realmente havia morrido. Você não enterra uma pessoa até ter certeza de que ela morreu. O sepultamento de Jesus pavimentou o caminho para a Sua ressurreição. E o sepulcro está vazio porque Jesus ressuscitou dos mortos.

Jesus ressuscitou dos mortos ao terceiro dia (v.4). O cristianismo é a religião da ressurreição. Sem a ressurreição, ele é muito parecido com qualquer outra filosofia ou religião humana. Um salvador morto não pode salvar ninguém, pois não pôde salvar nem a si mesmo. Os romanos crucificaram mais de 30 mil pessoas, mas apenas um morreu pelos pecados do mundo.

Somente Ele venceu a morte, o pecado e ressuscitou. Invista alguns minutos hoje falando de Jesus para alguém. —K. T. Sim

censurado por violência

leia›
Juízes 2:10-17
...cada um fazia o que bem queria (Juízes 21:25).

examine›
...Se vocês derem atenção a tudo o que o SENHOR, nosso Deus, está dizendo a vocês e se obedecerem fielmente [...] Deus fará com que sejam mais poderosos... (Deuteronômio 28:1).

considere›
Qual tentação tem lhe afastado de Deus? De que maneira você tem exigido resultados imediatos, ao invés de esperar pacientemente no Senhor?

O líder do grupo de jovens declarou: "A Bíblia está cheia de histórias violentas e proibidas para menores." "É mesmo? Onde?" perguntaram. "Não vou contar," disse ele. A Bíblia contém histórias sórdidas. Deus deu ordens a Israel para "destruir completamente" os habitantes da Terra Prometida e tomar o seu lugar em Canaã (Deuteronômio 20:17-18). Por quê? Pelas práticas religiosas pervertidas dos cananeus.

Porém, os israelitas falharam. O livro de Josué cita a incapacidade de exterminar os habitantes. O livro de Juízes narra a triste história subsequente. Os israelitas foram induzidos a cultuar outros deuses e o sexo desempenhou papel importante nesta idolatria (Juízes 2:12,17).

Os cananeus "adoravam" o deus da agricultura com rituais de fertilidade que envolviam a prostituição cultual. Não admira, que os hebreus achavam tal sistema interessante. O sexo com a prostituta aumentava a produção? Ter um deus que pudesse ser visto, parecia muito bom! Logo, era impossível diferenciar os israelitas dos cananeus e o povo escolhido de Deus estava escravizado pelas tribos que deviam ter aniquilado — por ordem divina.

Então por que o livro de Juízes, com sua narrativa de devassidão, desagregação e morte, está incluído na Bíblia? Posso citar duas razões principais:

• *É verdadeiro.* O livro de Juízes não descreve a grandeza de uma nação, ele mostra a raça humana como realmente é.

• *Ele revela os caminhos de Deus.* Este livro censurado para menores mostra a libertação inesperada que vem do nosso Deus, infinitamente surpreendente (v.16).

Quando seguimos a Deus, optamos por Sua ajuda e bênção. Contudo, esse auxílio raramente vem da maneira que esperamos. O livro de Juízes nos dá um vislumbre da Sua criatividade amorosa apesar da nossa obstinada rebeldia. —Tim Gustafson

visita divina

leia
Lucas 7:11-17
...Deus veio salvar o seu povo! (v.16).

examine
Ninguém tem mais amor pelos seus amigos do que aquele que dá a sua vida por eles (João 15:13).

considere
Como Jesus tocou a sua vida? O que significa a compaixão de Cristo para você hoje?

Se você viajasse para Israel, visitaria Naim? Provavelmente não. Esta antiga vila (hoje Neim) não está localizada em qualquer das rodovias principais que atravessam a Planície de Jezreel. É pouco provável que muitos turistas também visitassem este destino longínquo no tempo de Jesus. Porém, foi nesta pequena e obscura vila que o Salvador escolheu trazer de volta à vida o filho de uma viúva.

Jesus encontrou uma procissão fúnebre (Lucas 7:12) em Naim. A expectativa da multidão que o seguia era de Ele ficasse longe dos enlutados — não apenas para ser respeitoso, mas também para manter à distância aceitável entre o corpo do falecido e ele. Entretanto não foi o que aconteceu.

Jesus olhou para a viúva, que caminhava ao lado do caixão do filho sendo levado aos portões da cidade e "ficou com muita pena dela" (v.13). Ele rompeu a barreira da tradição religiosa, da lei da pureza ritual (Números 19:11,13) e tocou o caixão.

A viúva, tendo perdido seu único filho, corria o risco de ficar desamparada, pois iria enterrar o filho que cuidaria dela na velhice. Portanto, quando Jesus trouxe o filho dela de volta à vida (Lucas 7:15), Ele também tirou a viúva de situação desesperadora. Após testemunhar o milagre, a multidão declarou: "...Deus veio salvar o seu povo!" (v.16).

Os cristãos do século 21 têm uma compreensão mais abrangente da "visita" de Deus a terra — da obra de Jesus em nosso favor. "De fato, quando não tínhamos força espiritual, Cristo morreu pelos maus, no tempo escolhido por Deus" (Romanos 5:6).

Como a viúva, estávamos completamente desamparados, sem esperança. No entanto Jesus veio e voluntariamente entregou a Sua vida. Ele rompeu as barreiras do pecado e da morte para nos salvar. Movido de profunda compaixão, Ele nos tocou. —Poh Fang Chia

palavras de vida

leia

Deuteronômio 32:45-47

Não pensem que esta Lei não vale nada; pelo contrário, é ela que lhes dará vida... (v.47).

examine

Jesus respondeu: — Eu sou o caminho, a verdade e a vida... (João 14:6).

considere

Como as palavras lhe impactaram — positiva e negativamente? Quais desafios estão diante de você e como a Palavra de Deus está lhe guiando para enfrentá-los?

As palavras têm poder. Uma palavra indesejada pode ferir mais profundo do que a dor física. Lembro nos tempos de colégio, quando meus traços físicos indesejáveis se tornaram objeto do ridículo.

Muitos de nós carregamos as palavras rudes, violentas ou degradantes de um pai, treinador ou amigo — ditas há muito tempo. Quem disse: "Paus e pedras podem quebrar meus ossos, mas palavras jamais vão me machucar" obviamente vivia em negação. Por outro lado, uma palavra boa, de esperança, pode ser um bálsamo de cura para os solitários ou feridos. Palavras sinceras podem tocar os lugares mais profundos da alma humana.

Sou atraído pelas palavras de Moisés ao povo de Israel, instruções sobre como viver na terra que Deus havia lhes dado e como manter-se fiéis a Javé. Na conclusão destas diretrizes abrangentes e detalhadas, Moisés acrescentou que eles deviam "– Pensar bem em tudo o que lhes ensinei" (vv.45-46). Tais palavras não tinham a intenção de criar um regime frio e cheio de fórmulas. Não eram ordens estéreis, mas palavras do Criador feitas artesanalmente para habitar no rico solo do coração, no lugar onde o amor, a esperança e a vida são mais bem alimentados.

As palavras de Deus não eram bobagens, discurso prolixo sobre detalhes religiosos pedantes. Moisés afirmou que elas eram a própria vida de Israel. As palavras de Deus seriam como o ar que precisamos para respirar ou o alimento necessário para nutrir nosso corpo (Salmo 119:103). As palavras divinas lhes dariam significado e identidade, lhes diriam quem eram e os guiariam rumo à alegria e plenitude, dando-lhes direção para que "vivessem muitos anos na terra" (v.47).

As palavras de Deus farão o mesmo por nós. Ao escutar e obedecê-las, elas nos levarão em direção à vida, sempre em direção à vida.
—Winn Coller

quem é o meu próximo?

leia

Lucas 10:30-37

Então Jesus perguntou ao mestre da Lei: Na sua opinião, qual desses três foi o próximo do homem assaltado? Aquele que o socorreu! — respondeu o mestre da Lei... (vv.36-37).

examine

- Oseias 6:6
- Miqueias 6:8
- Mateus 10:42

considere

Quando foi a última vez que você desviou o seu trajeto para ajudar alguém? Você pode surpreender alguém com uma atitude inesperada e imerecida ainda hoje?

"Quem é o meu próximo?" É pergunta relevante para um judeu. Cercado por inimigos durante séculos, os judeus da época de Jesus olhavam com desprezo para os samaritanos mestiços que corriam grandes riscos e se casavam com estrangeiros.

"Quem é o meu próximo?" É pergunta relevante para nós. Cercados por países pobres com pessoas carentes; que, comem tortas de lama no Haiti, bebem água contaminada na Índia e dormem sem mosquiteiros no Burundi, questionamos se deveríamos fazer mais pelos que estão há apenas um clique de distância.

Jesus respondeu com a parábola do Bom Samaritano. Ao contrário do sacerdote e do levita (Lucas 10:31-32), figuras religiosas ocupadas demais, assustadas ou obviamente egoístas para ajudar um moribundo à beira da estrada, o samaritano desprezado perdeu um dia de viagem e o salário de dois dias, ao levar a vítima de assalto à modesta hospedaria (vv.34-35).

Jesus concluiu a parábola reformulando a questão. Mudou a pergunta de "Quem é o meu próximo?" para "Em sua opinião, qual desses três foi o próximo do homem assaltado?" (v.36). Jesus transformou o substantivo em verbo, e disse que seja quem for o nosso próximo, o que interessa é exercermos boa vizinhança. Nossa atitude é mais importante do que o número de pessoas que ajudamos.

Jesus rejeitou a nossa pergunta feita por razões erradas e semelhante à indagação do judeu, o mestre da Lei que indagou "Quem é o meu próximo?", para justificar suas atitudes (Lucas 10:29). Nos questionamos para descobrir qual é o mínimo que podemos dar e ainda ser salvos.

Os egoístas perguntam: "Quem é o meu próximo?", para ofertar pouco e guardar o restante para si. Os Bons Samaritanos perguntam "Quem precisa da minha ajuda?" Eles reconhecem que não podem salvar a todos, mas estão prontos para servi-los. —Mike Wittmer

correndo

leia›
1 Reis 19:1-5
...Já chega, ó SENHOR Deus! Acaba agora com a minha vida! (v.4).

examine›
Meus irmãos, sintam-se felizes quando passarem por todo tipo de aflições. Pois vocês sabem que, quando a sua fé vence essas provações, ela produz perseverança (Tiago 1:2-3).

considere›
Quais desafios você enfrenta em sua vida? Como vai perseverar pela força de Deus?

Tenho uma confissão a fazer. Detesto correr. Algumas pessoas gostam de correr para manter a forma. Outros se submetem a meses de treinamentos rigorosos para disputar corridas de longa distância. Embora admire essa disciplina, definitivamente não é para mim.

Meu amigo que é maratonista amador me contou que nos últimos dez quilômetros do percurso tudo abaixo da cintura começa a parar. As pernas gritam para o cérebro: "Por que você está fazendo isso comigo?" Nessas horas, para ele, não faz qualquer sentido continuar — mas de alguma forma ele persevera.

O profeta do Antigo Testamento Elias estava correndo — não para treinar ou se exercitar, mas para preservar a própria vida! Após o seu dramático confronto com os profetas de Baal no Monte Carmelo, a perversa rainha Jezebel o ameaçou de morte (1 Reis 19:1-3). Ele finalmente fugiu para o deserto, desmaiou debaixo de uma árvore e quis desistir (vv.4-5).

"Por que me incomodar?" pode ser o clamor da alma quando a jornada se torna difícil. Como um atleta percorrendo os últimos quilômetros de uma exaustiva maratona, os cristãos podem sentir-se tão sufocados ou confusos devido às circunstâncias que pode parecer inútil tentar resolver um problema ou realizar um sonho.

Satanás, nosso arqui-inimigo, quer que desistamos face às situações difíceis. Ele quer que concordemos com a mentira de que é inútil prosseguir. Todavia, se nos mantivermos focados em Jesus e em tudo o que Ele verdadeiramente é — não seremos enganados. Não seremos abatidos pelas mentiras do inimigo e não desistiremos. Por causa dele, podemos perseverar e encontrar forças para completar qualquer corrida que esteja proposta para nós (Hebreus 12:1-2). —Jeff Olson

alimento verdadeiro

leia
Isaías 55
...Por que gastam o seu salário com coisas que não matam a fome? (v.2).

examine
- Salmo 119:72-74
- Jeremias 15:16
- João 4:31-33; 6:27

considere
Quais são suas experiências recentes ao nutrir-se da Palavra de Deus? Qual atitude você tomará para transformar o alimento espiritual em prioridade em sua vida?

E*scutem, os que têm sede: venham beber água!* (Isaías 55:1).

No artigo do dia 13 deste mês, escrevi sobre um menino africano chamado Saddam que havia passado quatro anos de sua vida nas ruas de Kampala, Uganda. Há algumas semanas, levei Saddam e quatro colegas dele ao único cinema de Uganda para assistirem *As Crônicas de Nárnia: O Príncipe Cáspian.*

Saddam havia lido recentemente *O Leão, a Feiticeira e o Guarda-Roupa*, e estava particularmente entusiasmado para ver um filme sobre os mesmos personagens que o fascinaram no livro. Embora Saddam tenha gostado muito do filme, mais tarde ele me disse: "Aquele filme custou muito caro. Você poderia ter usado o dinheiro para comprar comida." "...Por que gastam o seu salário com coisas que não matam a fome. Por que vocês gastam dinheiro com o que não é comida?" (v.2).

Outro garoto, Frederick, oito anos, expressou o mesmo julgamento de valor apenas dois dias depois. Quando lhe perguntei qual fora o melhor presente de sua vida, ele respondeu: "Comida." "...Se ouvirem e fizerem o que eu ordeno, vocês comerão do melhor alimento, terão comidas gostosas" (v.2).

Deus quer que consideremos o "alimento espiritual" da mesma forma que a maioria das crianças ugandenses prioriza o alimento físico — como nosso alvo número um. Ingerir alimento espiritual vai...

- colocá-lo em posição de experimentar o perdão de Deus. "Voltem para o SENHOR, nosso Deus, pois ele tem compaixão e perdoa completamente" (v.7).
- orientá-lo nos caminhos mais elevados de Deus: "...os meus pensamentos e as minhas ações estão muito acima dos seus" (v.9).
- capacitá-lo a produzir bons frutos. "Assim também a ordem que eu dou não volta sem ter feito o que eu quero..." (v.11).

Você está "nutricionalmente" saudável em sua dieta espiritual? Caso não esteja, tome atitudes para aumentar a ingestão da Palavra de Deus. É o alimento que você precisa. —Roxanne Robbins

Deus está trabalhando

leia›
Habacuque 1:1-11
O SENHOR diz ao seu povo: "Olhem as nações em volta de vocês e fiquem admirados e assustados. Pois o que vou fazer agora é uma coisa em que vocês não acreditariam, mesmo que alguém contasse (v.5).

examine›
Pois o SENHOR vai se levantar [...] Ele vai realizar o seu plano misterioso; vai fazer o seu trabalho estranho (Isaías 28:21).

considere›
Você já se sentiu perplexo por algo que Deus permitiu acontecer? Cite as suas maiores preocupações e frustrações, sobre as quais você precisa falar honestamente com Ele.

Dizem que "um céu silencioso é o maior mistério da nossa existência."

Você já orou e sentiu como se o céu estivesse em silêncio? Já viu a injustiça e ficou imaginando "Onde está Deus?" Já se perguntou: "Vale a pena viver uma vida justa?" Neste caso você não está sozinho.

Quando Habacuque olhou para o seu mundo destruído e injusto, foi forçado a fazer algumas perguntas a Deus. Quanto tempo vai demorar até que me respondas? Por que o mal está vencendo. Quando acabarás com a violência? (Habacuque 1:1-4).

Os questionamentos de Habacuque surgem de uma fé confusa, não de uma fé enfraquecida. Contudo, Deus entendeu que tais preocupações vinham de uma perspectiva limitada do propósito maior de Deus. Ele respondeu: "Estou trabalhando..." (v.5). Deus iria disciplinar a ímpia Judá através de uma nação ainda mais perversa, violenta e famosa: a Babilônia. Deus estava abrindo os olhos de Habacuque para que pudesse ver que Ele estava sempre trabalhando. Mesmo quando Ele parecia distante, sustentava o universo e posicionava as pessoas para serem usadas para Sua glória.

Deus também queria que Habacuque soubesse que Ele não trabalha de maneira convencional. Ele optou por disciplinar Seu povo através de um recurso improvável e duvidoso — os perversos babilônios. E Deus queria que Habacuque soubesse que Ele faria a Sua obra de maneira que jamais escolheria. "...o que vou fazer agora é uma coisa em que vocês não acreditariam, mesmo que alguém contasse", declarou Ele (v.5).

Quando você reflete sobre questões que o deixam perplexo, lembre-se de que Deus ainda está trabalhando — modelando as circunstâncias, posicionando pessoas e permitindo certos acontecimentos para cumprir Seus propósitos divinos no mundo. Que Deus direcione seus olhos para enxergar onde Ele está trabalhando hoje! —Marvin Williams

invisível

leia›
1 Reis 17:3-16
Como o SENHOR havia prometido por meio de Elias, não faltou farinha na tigela nem azeite no jarro (v.16).

examine›
Confie no SENHOR de todo o coração e não se apoie na sua própria inteligência (Provérbios 3:5).

considere›
Em que áreas você está tendo dificuldade para confiar em Deus? Como o seu anseio por consolo limitou a sua obediência a Ele?

Nunca pensei que tivesse problemas para me controlar — até me casar. De algum modo a união entre duas pessoas revela o quanto desejamos fazer tudo de nosso próprio jeito. Desde a minha preferência em como dobrar (ou não) os cobertores à noite até a maneira de tomar decisões. Quero que as coisas sejam feitas de um jeito que me tragam conforto. Expondo a minha necessidade de controlar, Deus me revelou que ajo assim por resistir a confiar nele.

Confiar nunca é fácil. Porém é ainda mais difícil quando tudo parece desanimador. Estamos dispostos a obedecer contanto que tenhamos uma vaga ideia do resultado. No entanto, Deus quer saber nossa reação quanto estamos escondidos numa caverna e sem saída.

Ardoroso pelo Senhor, Elias proclamara com ousadia a um rei tolerante que a chuva cairia somente sob as suas (de Elias) ordens (1 Reis 17:1). O que deveria ter sido um momento de triunfo espiritual se tornou uma prova para a fé de Elias. Com a sua vida em perigo, tudo o que ele tinha era uma ordem oficial do Senhor.

Sem saber o que estaria reservado para cada dia, Elias aprendeu que a própria vida procede do que Deus fala (Números 23:19). Ele tinha que confiar que Deus cuidaria dele independente das circunstâncias (Isaías 41:10).

Ao abrir mão da necessidade de saber Elias descobriu...

- que qualquer que seja a direção dada por Deus, vem acompanhada da Sua provisão (1 Reis 17:3-6).
- Deus usa as circunstâncias para nos levar à Sua vontade (vv.7-9).
- nossa confiança e subsequente obediência traz vida aos necessitados (vv.14-16).

Queremos que Deus seja a nossa porção e esperança, mas às vezes prosseguimos somente quando nos sentimos confortáveis. A própria essência de confiar em Seus caminhos significa perceber que não são os nossos (Isaías 55:8-9). —Regina Franklin

permanecer unidos

leia>
Mateus 19:1-10
Assim já não são duas pessoas, mas uma só. Portanto, que ninguém separe o que Deus uniu (v.6).

examine>
...Esta é carne da minha carne e osso dos meus ossos... (Gênesis 2:23).

considere>
Na perspectiva divina, como deve ser a unicidade no casamento? O que isso exige de cada um dos cônjuges?

Ano passado uma mulher chamada Joana abriu a carta recebida de um escritório de advocacia e imediatamente caiu em prantos ao ler o conteúdo. A carta informava que o processo de divórcio de seu marido João "estava encerrado". Ela não acreditava — o casal tivera um casamento feliz por 36 anos!

Mais tarde descobriu-se que o escritório de advocacia enviara um modelo errado de carta para aquele casal. Apesar da confusão originada por aquela mensagem ter causado choque e tristeza, eles ainda estão casados e felizes.

As palavras de Jesus em Mateus 19:6: "Assim já não são duas pessoas, mas uma só. Portanto, que ninguém separe o que Deus uniu," testifica que algumas pessoas têm casamentos infelizes. Entretanto, em vez de aceitar o divórcio Jesus conclama os casais que enfrentam problemas a não destruírem o que se tornaram — um.

Jesus trata este assunto em Mateus 19:5. O que isto significa? Em Gênesis 2:24, Deus declarou sobre os casados que: "os dois se tornam uma só pessoa." Como diz um escritor, os casados "devem ser considerados um só corpo, sem separação ou independência de direitos. [...] A sua união (deve gerar filhos) que refletem exatamente a imagem deles como fazem entre si."

O filho reflete a sua unicidade! Os atributos transmitidos pelos pais não podem ser separados — um filho é um corpo e a metáfora viva da sagrada união do casamento na perspectiva divina (Efésios 5:31).

A chave para viver um casamento feliz é amar o cônjuge sacrificialmente: "...O homem que ama a sua esposa ama a si mesmo. Porque ninguém odeia o seu próprio corpo" (vv.28-29).

Para um casal permanecer unido e não se separar, o marido e a mulher precisam reconhecer que na verdade eles são uma só pessoa.
—Tom Felten

só Jesus

leia>
Atos 4:1-22
Os membros do Conselho Superior ficaram admirados [...] reconheceram que eles tinham sido companheiros de Jesus (v.13).

examine>
Porém nós que temos esse tesouro espiritual somos como potes de barro para que fique claro que o poder supremo pertence a Deus e não a nós (2 Coríntios 4:7).

considere>
Você vive a vida à sua maneira? Como isto influencia o seu testemunho cristão?

Recentemente, minha família se deparou com um mendigo que tinha o apelido de "Reverendo". Conversamos e compramos para ele um sanduíche de atum numa lanchonete. Mais tarde, Sandro, meu filho de quatro anos, perguntou: "Papai, por que eu tenho uma casa e ele não?" Tentei dar uma resposta rápida. Entretanto, sabemos que a verdade é complicada. Fiquei sem saber como o "Rev" foi parar ali e como poder ajudá-lo. Tudo que pude fazer por ele foi dar-lhe um sanduíche e bater um papo. Eu oro para que tenha sido suficiente.

No livro de Atos encontramos dois homens que tinham pouca coisa para dar. Pedro e João haviam testemunhado a terrível tortura e morte de Jesus. Cada um reagiu àquele evento cataclísmico de forma diferente, mas ambos foram radicalmente alterados — suas vidas foram abaladas. Nenhum deles continuou sendo o mesmo homem a partir daquele acontecimento.

Ao compartilharem suas histórias, eles o fizeram com um pouco de enfeite ou sabedoria filosófica. Relataram simplesmente o que viram, e proclamaram sua experiência extraordinariamente intensa, "...isso provava que os mortos vão ressuscitar" (Atos 4:2). Mas aquelas palavras eram mais que suficientes para suscitar a ira das autoridades religiosas.

No entanto, quando confrontaram Pedro e João, eles ficaram surpresos pela resposta resoluta dos apóstolos, e reconheceram que estavam simplesmente lidando com homens que eram "...simples e sem instrução..." (v.13). A única outra coisa que as autoridades notaram sobre os dois era que "...eles tinham sido companheiros de Jesus" (v.13).

Isto não era insulto algum, pois nossa experiência com Jesus é tudo que qualquer um de nós tem a oferecer. A esperança para o mundo não está centrada em nossa inteligência, habilidade, coragem ou genialidade. A esperança para o mundo são pessoas comuns — você, eu — vivendo a profunda, graciosa, curadora e salvadora presença de Jesus.

—Winn Collier

sem medo

leia›
Números 13:25-14:3
Por que será que o SENHOR Deus nos trouxe para esta terra? Nós vamos ser mortos na guerra, e as nossas mulheres e os nossos filhos vão ser presos. Seria bem melhor voltarmos para o Egito (14:3).

examine›
Deixo com vocês a paz. É a minha paz que eu lhes dou; não lhes dou a paz como o mundo a dá. Não fiquem aflitos, nem tenham medo (João 14:27).

considere›
Que tipo de medo você está enfrentando neste momento? Quais verdades da Palavra de Deus lhe ajudarão a libertar-se dessas amarras?

A*s Crônicas de Nárnia*, a série clássica de C. S. Lewis, dá vida aos elementos essenciais da fé e do amor em nosso relacionamento com aquele que nos amou primeiro. Uma terra presa à frigidez do inverno, Nárnia aguarda o fôlego de Aslam para poder se reanimar e reviver. Lucy, a mais nova dos quatro principais personagens no romance, demonstra confiança e perseverança. Porém, sua irmã mais velha, Susana, às vezes é mais medrosa e tímida. O medo, muitas vezes, também é meu companheiro infiel.

Onde estiver, o medo rouba. Leva-nos à autossuficiência em uma interminável ladainha de "e se". Inúmeras vezes, Deus supriu os filhos de Israel em sua jornada à Terra Prometida. Ainda assim, eles consideravam apenas as circunstâncias, ao invés de confiar na grandeza de seu Deus. Se aconselharam com o medo (Números 13:31-33) ao invés de confiar em Deus (13:30; 14:6-10). A consequência foi terrível. A provisão do dia anterior pode servir como um lembrete da fidelidade de Deus, mas a perambulação de Israel pelo deserto por 40 anos demonstra que confiar no Senhor é uma atitude diária.

O livro de 2 Timóteo 1:7 diz, "Pois o Espírito que Deus nos deu não nos torna medrosos; pelo contrário, o Espírito nos enche de poder e de amor e nos torna prudentes." O sacrifício de Jesus por nós na cruz removeu nossa necessidade de temer. Ao segui-lo, ganhamos a segurança e confiança de ter...

- O correto entendimento de Deus (Números 14:17-20).
- Absoluta confiança nele (Isaías 26:3-4).
- Uma vida crucificada (Romanos 6:4-6).

Assim como a salvação requer nossa submissão à cruz, devemos escolher andar na plenitude do imenso poder. Viver com medo é voltar ao "inverno" de nosso passado, esperando que o Pai nos dê algo que já é nosso (Lucas 12:32). —Regina Franklin

servindo os outros

leia
Filipenses 2:1-11
Que ninguém procure somente os seus próprios interesses, mas também os dos outros (v.4).

examine
Que o amor de vocês não seja fingido... (Romanos 12:9).

considere
De que maneira a vida de Jesus é o exemplo máximo do viver para os outros? O que o impede de considerar as necessidades dos outros?

João e Beatriz precisavam de ajuda. Eles já tinham suportado situações terríveis como a de João ter sido baleado por rebeldes em sua terra natal Libéria (ele quase morreu), anos em campos de refugiados infestados por doenças, e a morte de três de seus filhos devido aos combates na região.

Bruce Beakley, empresário cristão, retornava aos Estados Unidos, após ter sofrido uma cirurgia de substituição do quadril na Bélgica, quando conheceu o casal João e Beatriz no aeroporto. Movido pela situação deles, Bruce se tornou seu defensor — ajudando-os a se restabelecerem nos EUA e depois a se reunirem aos dois filhos que haviam sido detidos na Guiné Equatorial por três anos.

Bruce exemplificou o conselho de Paulo aos filipenses: "Não tenha cada um em vista o que é propriamente seu, senão também cada qual o que é dos outros" (2:4). O apóstolo não estava lidando apenas com um casal aflito, mas com uma congregação enfrentando a perseguição (1:27-30). Mas muito semelhante ao exemplo de Bruce, Paulo instruiu seus irmãos cristãos a seguir o exemplo do Salvador e servir uns aos outros.

O exemplo do Salvador como servo humilde é maravilhosamente apresentado no antigo hino encontrado no livro de Filipenses 2:6-11. Viver de maneira que agrade a Jesus exige quatro atitudes:

- *Unidade em Jesus*: "...participam do Espírito de Deus..." (Filipenses 2:1).
- *Compartilhar de Seu amor*: "...viverem em harmonia..." (v.2).
- *Corações humildes*: "...considerem os outros superiores a vocês mesmos" (v.3).
- *Servindo os outros*: "Que ninguém procure somente os seus próprios interesses, mas também os dos outros" (v.4).

Bruce Beakley poderia ter ouvido educadamente a história do casal e depois ter retornado aos seus negócios como de costume. Em vez disso, escolheu ser humilde e expandir o amor de Deus (vv.2-3). Ele serviu. De que maneira você irá considerar os interesses dos outros hoje? Como você irá servir? —Tom Felten

jogada extra

leia
Salmo 14:2-3
...o SENHOR Deus olha para a humanidade [...]. Mas todos se desviaram [...] e são [...] corruptos. Não há mais ninguém que faça o bem [...] nem mesmo uma só pessoa (vv.2-3).

examine
- Eclesiastes 7:20
- Romanos 3:23
- 1 Timóteo 1:15

considere
Em que posição você se colocaria numa escala de 1 a 10, com 1 representando maldade pura e 10 representando bondade total? Como Deus o vê?

Levei meu filho de sete anos a um jogo de mini-golfe e, para deixar o resultado competitivo, permiti que tivesse uma "jogada extra" — uma segunda tacada para praticar — por buraco. Ele foi bem até chegar ao buraco 14, pois agora era necessário que jogasse a bola contra uma parede e depois outra antes de correr pelo chão. Sua primeira tacada caiu atrás da parede, como também a segunda, e depois mais algumas. Sua quinta tacada finalmente rebateu na parede e rolou pelo campo de golfe — uma boa jogada. Ele orgulhosamente correu até sua bola, olhou para mim e perguntou, "isso conta como uma jogada, certo?"

Ri da vontade de meu filho em negligenciar suas diversas jogadas ruins, mas ele só estava fazendo no golfe o que todos fazem em outras áreas. Muitas vezes não tentamos também "escapar das situações"? O que imediatamente reconhecemos como "pecado" nas outras pessoas desconsideramos quando nós mesmos o cometemos. Ou quando somos apanhados em flagrante, sem desculpa plausível, dizemos a nós mesmos que nosso pecado aconteceu só daquela vez, e que foi uma falha casual.

Ao fugirmos de algumas situações também nos desqualificamos para salvação. Se Jesus veio salvar "...o seu povo dos pecados deles" (Mateus 1:21), então somente aqueles que admitem e se arrependem de seus pecados podem ser salvos. Esta foi a resposta de Jesus aos fariseus que indignamente questionavam Jesus por que Ele comia com esta "ralé" como "...cobradores de impostos e outras pessoas de má fama" (Mateus 9:10-11). Jesus respondeu que "...Os que têm saúde não precisam de médico, mas sim os doentes." E acrescentou o argumento decisivo, "...Porque eu vim para chamar os pecadores e não os bons" (vv.12-13).

As pessoas boas não precisam de Jesus, mas os pecadores sim. A menos que digamos a verdade sobre nós mesmos, não podemos ser salvos.
—Mike Wittmer

relâmpagos e trovões

leia›
Jó 37:1-16
...pare um instante e escute; pense nas coisas maravilhosas que Deus faz. Será que você sabe como Deus dá a ordem para que os relâmpagos saiam brilhando das nuvens? (vv.14-15).

examine›
- Deuteronômio 31:18
- Jó 23:10-14
- Mateus 8:23-27

considere›
Qual tempestade você está enfrentando hoje? Pelo que você vai orar ao defrontar com seus fortes ventos?

Uma de minhas músicas favoritas quando era garoto contém estas palavras: *Com Cristo no barco tudo vai muito bem, vai muito bem, vai muito bem. Com Cristo no barco tudo vai muito bem e passa o temporal.*

Era uma música fácil de cantar e era divertido cantá-la encenando. Porém, logo percebi que é difícil sorrir em meio às tempestades da vida.

Jó experimentou tremendas aflições — coisas que esperamos que nunca aconteçam conosco. Ele perdeu três das mais valiosas coisas na vida: família, riqueza e saúde (Jó 1:14-19; 2:7). E seus filhos foram mortos por uma — adivinhe — tempestade. Seria bem difícil para ele cantar minha música favorita.

Jó questionou a presença e a justiça de Deus (23:8-9; 30:26) e exigiu uma resposta dele. Deus respondeu falando ao Seu servo aflito do interior de uma tempestade. Uma já havia causado a dor de Jó e agora outra tempestade se tornava o local de onde Deus se comunicava.

Foi Satanás que enviou o primeiro temporal devastador (Jó 1:12; 2:6). Mas às vezes é o Senhor que nos envia para dentro das escuras e turbulentas provações da vida (Marcos 4:35-41). Arremessados violentamente pelos poderosos ventos e ondas intensas, tememos afundar, e vamos — se não estivermos ancorados seguramente em Jesus, a Rocha de nossa salvação (Salmo 18:2; Hebreus 6:19). Ouçamos o "...trovão que sai da sua boca [...] [pois] Deus troveja com a sua voz maravilhosa..." (Jó 37:2-5). Ouçamos também a Sua maravilhosa promessa, "...Eu nunca os deixarei e jamais os abandonarei" (Hebreus 13:5). Talvez nunca saibamos como Deus controla a tempestade. Mas sabemos que Deus está no temporal conosco (Marcos 4:36-38) — e Ele é maior do que qualquer tempestade (Marcos 4:41). —K. T. Sim

pura adrenalina!

leia›
Marcos 4:35-41
E os discípulos, cheios de medo... (v.41).

examine›
Eu pedi a ajuda do SENHOR, e ele me respondeu; ele me livrou de todos os meus medos (Salmo 34:4).

considere›
Quais são algumas lições que Jesus pode estar lhe ensinando através de uma experiência recente com o medo? O que você pode fazer para não deixar que o medo controle sua vida?

Era um quarto de hotel muito bom. O único problema era que o hotel ficava em Manhattan, em Nova Iorque, no décimo primeiro andar de um prédio com janelas que não se abriam. Não sou fã de lugares pequenos e fechados, e as paredes pareciam que estavam me apertando. De repente, comecei a suar e minha pulsação aumentou.

Os discípulos tiveram um destes momentos "de pura adrenalina" no Mar da Galileia. Tudo começou quando Jesus disse, "...Vamos para o outro lado do lago" (v.35). Então o Mestre permitiu um enfrentamento com ondas mortais e ventos para que pudesse ensinar aos Seus discípulos que Ele era (e é) "...superior a todas as coisas criadas" (Colossenses 1:15).

O medo geralmente tem um propósito maior — um propósito divino. Cabe a nós buscarmos Jesus e aprender Sua lição. Infelizmente, os discípulos deixaram que o medo os tragasse antes de buscarem a ajuda de Jesus. Esperaram até que o barco se enchesse com água para clamar, "...Mestre! Nós vamos morrer! O senhor não se importa com isso?" (Marcos 4:38). Se lançarmos fora todo o medo, temos que clamar imediatamente a Jesus — no momento que o sentirmos. É como o salmista disse, "Quando estou com medo, eu confio em ti..." (Salmo 56:3).

Estranhamente, esta reação ao medo vem do reconhecimento de que Jesus é muito mais "amedrontador" do que qualquer outra coisa. Marcos registrou que os discípulos ficaram "...cheios de medo..." (Marcos 4:41) depois do milagre de Jesus. Claro que eles se amedrontaram com a tempestade, mas ficaram mais temerosos ainda após ver Jesus calar um vento impetuoso e acalmar as ondas ensurdecedoras em águas tranquilas.

Seja um mar aberto durante a noite ou um quarto apertado no meio da cidade, o medo pode trazer aqueles momentos "de pura adrenalina". Mas com a ajuda de Deus, não podemos permitir que o medo venha a afundar o barco. —Jennifer Benson Schuldt

eletrocardiograma

leia
João 3:1-15
Eu afirmo ao senhor que isto é verdade: ninguém pode ver o Reino de Deus se não nascer de novo (v.3).

examine
...alguns creram nele e o receberam, e a estes ele deu o direito de se tornarem filhos de Deus. Eles não se tornaram filhos [...] pelos meios naturais [...] o próprio Deus é quem foi o Pai deles (João 1:12-13).

considere
Você depositou toda sua confiança em Jesus? O que Ele está dizendo sobre a situação atual de seu coração?

O eletrocardiograma (ECG) é um exame que ajuda o médico a determinar a saúde de seu coração medindo a sua atividade elétrica. O padrão destes sinais pode mostrar ao médico se o seu coração está funcionando bem, se está sob estresse ou com problemas. Imagine se todo o seguidor de Jesus pudesse ter um ECG espiritual hoje? Imagino o que este exame diria sobre nossa saúde espiritual.

Jesus fez este tipo de exame num homem chamado Nicodemos (João 3). Exteriormente, Nicodemos parecia um homem espiritualmente saudável, e pertencia à classe alta da sociedade judaica. Ele era fariseu (pertencente à seita rigorosa do judaísmo) e conservador em suas crenças religiosas, fazia parte do conselho do governo (Sinédrio) e deduz-se que era um rabino. Era sensível às tendências doutrinárias prevalecentes na época e tinha a aparência de um homem de intensa espiritualidade. Conhecia bem a Torá e estava até interessado nos ensinamentos de Jesus.

Nicodemos veio a Jesus à noite (v.2), temendo intensa crítica e perseguição. Mas Jesus não o criticou. Em vez disso, Ele o encontrou em seu momento de necessidade — Nicodemos precisava nascer de novo. Durante seu encontro com Jesus, Nicodemos descobriu que seu ECG espiritual nem sequer registrava pulsação cardíaca. Ele estava espiritualmente morto. Sua aceitação da Lei, conhecimento da Torá e sua etnicidade judaica, não eram suficientes para experimentar o reino de Deus. Ele precisava de um novo coração, um que pudesse ser dado por Deus.

Muitas pessoas dependem de associações religiosas externas — participação nos cultos, amigos da igreja e boas obras — para lhes dar acesso à família de Deus. Mas a única forma de ter acesso ao reino de Deus é através de um transplante cardíaco, no qual Deus retira nosso coração morto e o substitui por um novo (Ezequiel 36:26).
—Marvin Williams

esquecimento

leia
Romanos 1:18-25
Eles trocam a verdade sobre Deus pela mentira e adoram e servem as coisas que Deus criou, em vez de adorarem e servirem o próprio Criador, que deve ser louvado para sempre Amém! (v.25).

examine
O SENHOR, o Rei e Salvador de Israel, o Deus Todo-Poderoso, diz: "Eu sou o primeiro e o último, além de mim não há outro deus (Isaías 44:6).

considere
Você tem permitido que outros deuses roubem seu tempo com Deus? O que acontece quando você se esquece dele?

Posso ser uma pessoa esquecida. Às vezes esqueço coisas pequenas, como a chave do carro ou minha carteira. E também sou conhecido por não retornar um telefonema ou pagar uma conta no vencimento.

Queria que não fosse verdade, mas às vezes esqueço até de Deus — e aposto que não estou sozinho. Isto não acontece todos os dias, mas há dias que acordo pela manhã e vou direto para meus afazeres, esquecendo-me de reconhecer a presença de Deus e lembrar-me de tudo que Ele já fez e está fazendo por mim e pelos outros. Esqueço que Ele é o "Bom Pastor" e deseja me levar e guiar a uma vida de paz e alegria (Hebreus 13:20).

Sejamos honestos, a maioria das vezes não é que Deus simplesmente desaparece de nossas mentes. Esquecemos de Deus porque tornamos outras coisas (boas ou más) mais prioritárias do que andar com Ele. Preocupados com coisas menores, nos resta menos tempo, se algum, para pensar sobre Seus planos e caminhos.

Esquecer-se de Deus não é uma questão meramente de amnésia espiritual. Pode ser também o resultado de idolatria, em que acreditamos e agimos como se precisássemos de alguém ou algo mais do que precisamos dele. Ninguém está isento de fazer a troca insensata sobre a qual Paulo falou — mudando "...a verdade de Deus em mentira" e adorando "...as coisas que Deus criou, em vez de adorarem e servirem o próprio Criador" (Romanos 1:25).

Não fomos criados para investir os nossos dias adorando a criatura em vez do Criador. Se fizermos isso, nossa comunhão com a única Fonte de vida será rompida.

Enquanto discursava em Atenas, uma cidade mergulhada em idolatria, Paulo lembrou seus ouvintes que é no Deus Criador que "...vivemos, nos movemos e existimos" (Atos 17:28). Não esqueça; escolher outros deuses nos afastará do Deus único. —Jeff Olson

água para o povo

leia›
Mateus 25:31-46
Pois eu estava com fome, e vocês me deram comida...(v.35).

examine›
Pois ele dá água aos que têm sede e coisas boas aos que estão com fome (Salmo 107:9).

considere›
Ore pelos milhões de órfãos por causa da AIDS na África, que se preocupem uns com os outros apesar das provações e perda que experimentaram. Qual a "água" que você compartilhará com os outros hoje?

Logo após mudar-me para Uganda, abri meu lar para dois órfãos de pais aidéticos. Noutra noite saí com estes garotos para jantar. Ao retornarmos, mirei as luzes do carro em uma pedreira e disse, "há muitos ugandenses que não podem ir à escola. Sem instrução, eles devem trabalhar duro sob o sol escaldante, martelando pedras enormes, transformando-as em pequenos cascalhos".

No dia seguinte, os meninos correram até a cozinha gritando, "Tia Roxanne, água para o povo!" Compreendi que eles queriam distribuir garrafas de água para os homens da pedreira. E assim fizemos.

No dia em que estes dois órfãos estiverem na presença de Deus, fico pensando se o Senhor lhes dirá: "Então o Rei dirá aos que estiverem à sua direita: "Venham, vocês que são abençoados pelo meu Pai! Venham e recebam o Reino que o meu Pai preparou para vocês desde a criação do mundo. Pois eu estava com fome, e vocês me deram comida; *estava com sede, e me deram água.* Era estrangeiro, e me receberam na sua casa. Estava sem roupa, e me vestiram; estava doente, e cuidaram de mim. Estava na cadeia, e foram me visitar" (Mateus 25:34-36).

Os meninos, que tinham apenas cinco anos de idade quando deram água aos estranhos, poderão responder: "Senhor, quando foi que o vimos com fome e lhe demos comida ou com sede e lhe demos água? Quando foi que vimos o senhor como estrangeiro e o recebemos na nossa casa ou sem roupa e o vestimos?" (Mateus 25:37-38).

E Deus lhes dirá, "...Eu afirmo a vocês que isto é verdade: quando vocês fizeram isso ao mais humilde dos meus irmãos, foi a mim que fizeram" (Mateus 25:40). Peça hoje mesmo que Deus impulsione seu coração para agir em favor deste "mais humilde dos meus irmãos".
—Roxanne Robbins

a igreja se foi

leia ›
Atos 2:42-47
Todos continuavam firmes, seguindo os ensinamentos dos apóstolos, vivendo em amor cristão, partindo o pão juntos e fazendo orações (v.42).

examine ›
...Ame os outros como você ama a você mesmo. Quem ama os outros não faz mal a eles. Portanto, amar é obedecer a toda a lei (Romanos 13:9-10).

considere ›
De que maneira você revela seu amor por outros cristãos? Como você demonstra amor àqueles que ainda não creem nele?

Rebeca, o professor da Escola Dominical e o pastor da igreja faltaram ao culto dominical. Na verdade todos faltaram, pois saíram pela comunidade durante todo o final de semana para servir onde pudessem: cozinhando e distribuindo refeições, cortando o mato das ruas, alimentando os sem-teto.

No domingo seguinte, o pastor local disse à sua igreja, "Vocês foram uma igreja viva, perante pessoas que não fazem parte dela."

Causou tamanha impressão que foi publicada uma matéria sobre esta experiência da igreja, na primeira página de um caderno do jornal local. Foram boas-novas sobre as Boas-Novas!

"Nas Escrituras, a igreja, geralmente, estava além das paredes: na comunidade", disse o pastor, "e Deus colocou pessoas da igreja para ajudar, no caminho de outras".

A prática à qual o pastor se referia começou logo após Pedro pregar o evangelho a uma grande multidão em Jerusalém. Três mil pessoas creram em suas palavras sobre Jesus, se arrependeram de seus pecados, e foram batizados (Atos 2:36-41). Ansiosos em fazer o que era certo, dedicaram-se a quatro coisas: aos "...ensinamentos dos apóstolos, vivendo em amor cristão, partindo o pão juntos (incluindo a Ceia do Senhor) e fazendo orações" (v.42).

O seu amor uns com os outros era evidente e se espalhou pela comunidade. A Bíblia diz que "...partiam o pão e participavam das refeições com alegria e humildade. Louvavam a Deus por tudo e eram estimados por todos..." (vv.46-47). O resultado: "E cada dia o Senhor juntava ao grupo as pessoas que iam sendo salvas."

Se você depositou sua fé em Jesus para o perdão de seus pecados, junte-se aos seus irmãos e irmãs em uma comunidade de fé. Ao servirmos outros juntos, não há como prever o que o Espírito Santo fará através de nós. —Tim Gustafson

o cálice

leia
Mateus 26:36-46
...A tristeza que estou sentindo é tão grande que é capaz de me matar... (v.38).

examine
Então, Jesus clamou em alta voz: Pai, nas tuas mãos entrego o meu espírito! (Lucas 23:46).

considere
Os problemas físicos e dores afetam o seu relacionamento com Deus? Como o profundo relacionamento com Jesus ajuda-o a enfrentar tais situações?

No Jardim do Getsêmani Jesus afirmou: "...A tristeza que estou sentindo é tão grande, que é capaz de me matar..." (Mateus 26:38). Ele já tinha passado longas noites falando e encontrando forças em Seu Pai. Mas esta noite era diferente. A angústia o assolou. Por três vezes se levantou para buscar Seus discípulos. Ele não conseguia desfrutar da doce comunhão com o Pai, a qual tinha experimentado através da oração, pois sabia que breve Seu Pai o deixaria. Isto fazia parte do "cálice" que temia.

Por muitos anos achei que o "cálice" que Jesus temia era somente a crucificação. É horrível até pensar em dor tão excruciante. Sêneca, escritor romano retórico, descreveu desta forma: "Podemos encontrar alguém que preferiria definhar-se na dor, morrendo aos poucos, ou deixar que sua vida se dissipasse gota por gota, em vez de expirar-se de uma vez por todas? Podemos encontrar algum homem disposto a ser amarrado ao tronco maldito, repugnante, já deformado, dilatando-se pelas duras chicotadas nos ombros e peito, e expirando o fôlego de vida em meio à longa e interminável agonia?"

No entanto, a dor física não é a única razão por Jesus ter pedido libertação ao Pai. A percepção de que a Sua comunhão com o Pai seria desfeita quando Ele levasse os pecados do mundo sobre si, também o levou a clamar por ajuda. Se fosse apenas o sofrimento físico, o medo, ao invés da tristeza, seria a emoção mais apropriada para o Mestre.

Quando Jesus disse ao Pai, "...que não seja feito o que eu quero, mas o que tu queres" (v.39), Ele escolheu suportar toda dor e vergonha que o esperava — abandonado e sozinho.

Às vezes nos incomodamos mais pelo desconforto físico do que por estarmos distantes de Deus. A experiência de Jesus no Getsêmani nos ensina a valorizar o nosso relacionamento com Deus mais do que qualquer coisa, até mesmo a dor. —Poh Fang Chia

terminará bem

leia›
Apocalipse 22:1-5
Nunca mais haverá qualquer maldição (v.3).

examine›
...há duas coisas que não podem ser mudadas, e a respeito delas Deus não pode mentir. E assim nós, que encontramos segurança nele, nos sentimos muito encorajados a nos manter firmes na esperança... (Hebreus 6:18).

considere›
Em que área você mais precisa de cura? Você já pode ver Deus trabalhando nesta área?

Como consequência dos desastres naturais que destroem grandes áreas de plantações, e da inflação que eleva os preços vertiginosamente, faltam até mesmo os alimentos de subsistência como arroz e feijão, para muitas pessoas nos países em desenvolvimento. Após a morte por desnutrição de quase um milhão de norte-coreanos no fim dos anos 1990, os pesquisadores do governo estão desenvolvendo um tipo de macarrão que "retarda o sentimento de fome".

Todos nós esperamos que estas medidas aliviem o sofrimento. Entretanto, não é bom quando o melhor que podemos fazer é apenas abrandar os sinais da fome.

Com a sua visão do fim dos tempos, o apóstolo João nos deu esperança de que toda criação aponta para: o dia quando o povo de Deus viverá na nova cidade de Deus. Nesta cidade, os seres humanos viverão e florescerão da maneira que Deus sempre quis que vivêssemos. Nesta nova cidade, todo vilarejo seco tem esperança porque a água da vida flui "...no meio da rua principal..." (Apocalipse 22:2). Nela, toda nação atingida pela fome se alegrará porque a árvore da vida do jardim do Éden reaparecerá e produzirá "...doze frutas por ano, isto é, uma por mês" (v.2).

Além da água abundante e festa durante o ano todo, a árvore oferecerá o remédio para todo mal que já atingiu a sociedade humana — todo sistema abusivo de poder, todos os locais de vícios, guerra ou egoísmo. Haverá cura para as tribos devastadas, regiões famintas, subúrbios ricos, porém destruídos. João relata que "...as suas folhas servem para curar as nações" (v.2).

Nosso mundo parece estar caminhando para o inferno. Mas a esperança do evangelho se reflete nas palavras: "Ele enxugará dos olhos deles todas as lágrimas. Não haverá mais morte, nem tristeza, nem choro, nem dor. As coisas velhas já passaram" (Apocalipse 21:4).

—Winn Collier

evitando

leia›
2 Samuel 22:26-37
O SENHOR é o único Deus; somente Deus é a nossa rocha (v.32).

examine›
Entregue os seus problemas ao SENHOR, e ele o ajudará; ele nunca deixa que fracasse a pessoa que lhe obedece (Salmo 55:22).

considere›
Como você lida com seus desafios e inimigos? Para você, qual o significado de buscar a Deus e o Seu livramento hoje?

Seria fácil para Teresa Clarke desanimar-se e abandonar os seus planos. Ela havia reprovado em seu teste para carteira de motorista 12 vezes nos últimos 27 anos — sem nunca conseguir obter sua licença. Durante este tempo havia gasto mais de 40 mil reais em 450 horas de instrução para dirigir.

Mas Teresa dirigiu novamente no verão passado e passou na prova número 13! Esta mulher inglesa finalmente pode dirigir para onde quiser.

No livro de 2 Samuel 22, lemos sobre Davi e como ele poderia ter desanimado devido aos "...seus inimigos" (v.1). Seus adversários eram muitos e variados. Alguns eram humanos (Golias, Saul, Absalão, os filisteus), outros eram seus conflitos pessoais (recaídas, lascívia). Ele havia falhado muitas vezes (Salmo 51:3-4), mas sua esperança estava em um Deus fiel (v.26) que poderia dissipar sua escuridão com luz santa (v.29).

O cântico encontrado em 2 Samuel 22 (apresentado também quase literalmente no Salmo 18) destaca o caráter de Deus — quem Ele é. O rei de Israel poderia escrever estas palavras de vitória, pois o verdadeiro e Único Vitorioso havia provado ser um escudo (v.31), rochedo (v.32), fortaleza (v.33) para ele e seu povo. Davi foi capaz de superar o desânimo porque tirou seus olhos de si mesmo e os focou naquele sobre quem escreveu, "O SENHOR é o único Deus..." (v.32). Esse mesmo Deus nos ajuda a superar inimigos e fracassos pessoais hoje e sempre. Como Paulo escreveu, "O Senhor me livrará também de toda obra maligna e me levará salvo para o seu reino celestial" (2 Timóteo 4:18).

Teresa Clarke conhece esta verdade. Quando lhe perguntaram por que ela queria dirigir, suas primeiras palavras foram, "Estou ansiosa para poder levar pessoas à igreja." Ela quer que mais pessoas conheçam aquele que "...Tu não tens deixado que meus inimigos me peguem..." (v.37) — ajudando-os a livrar-se do desânimo. —Tom Felten

na tenda

leia›
Josué 11:15-23
Josué tomou toda aquela terra, isto é, a região montanhosa de Judá, toda a região sul... (v.16).

examine›
...o que eu quero é só isto: [...] viver na sua casa todos os dias da minha vida [...] Em tempos difíceis, ele me esconderá no seu abrigo. Ele me guardará no seu Templo e me colocará em segurança no alto de uma rocha (Salmo 27:4-5).

considere›
Como você reage quando é tentado pelo desânimo, e como você prioriza o tempo a ser gasto com Deus?

Ao examinar as correspondências do dia, repentinamente minha vida se juntou à vida de outros cristãos que estavam milhares de quilômetros distantes. Ao olhar para a página de uma revista, as cores marrom e branca do mapa demonstravam os locais em que os cristãos tinham sofrido violentos ataques. O mapa, identificando com precisão os lugares onde o evangelho progride com grande dificuldade, lembrou-me do pedido de Paulo para orar por aqueles que ousadamente pregam a Palavra de Deus (2 Tessalonicenses 3:1-2).

Se compartilharmos o evangelho em um país onde a liberdade religiosa é assegurada ou num onde predomina a perseguição, as lutas são reais. Para ser vitorioso, é vital perseverarmos e termos determinação.

Intimidade com o Senhor solidifica o nosso propósito e sustenta nossa obediência quando as circunstâncias parecem incertas. Em Êxodo 33, lemos que os israelitas ficavam em pé na entrada de suas tendas enquanto Josué seguia Moisés e deixava seu lugar de conforto até entrar na presença de Deus. E ali Josué ficava (v.11). Sua determinação em manter um relacionamento íntimo com o Senhor soberano preparou o caminho dos lugares para onde Deus o estava levando.

Os nossos próprios "momentos na tenda" são essenciais para o nosso relacionamento com Deus. Eles podem incluir reflexões silenciosas ou momentos de angústia e dias de questionamentos. Ao experimentarmos a presença de Deus, Ele examina os nossos corações e purifica as nossas intenções. Ao experimentarmos um tempo de adoração e submissão, começamos a enxergar o Seu propósito (1 Coríntios 2:12-16).

Quando a luta parece ser esmagadora, estar "na tenda" vai determinar nossa reação. Comunhão com aquele que controla o futuro é a única coisa que nos fará superar o desânimo e alcançar a fé desejada. Deste lugar, a vitória é certa (Lucas 22:41-43). —Regina Franklin

público de uma pessoa

leia
Mateus 6:1-18
...o cuidado de não praticarem os seus deveres religiosos em público a fim de serem vistos pelos outros. Se vocês agirem assim, não receberão nenhuma recompensa do Pai de vocês, que está no céu (v.1).

examine
- Provérbios 15:3
- Romanos 2:10-11
- Tiago 3:13-16

considere
Por que é difícil mantermos nossas boas obras em segredo? Por que Deus recompensará aqueles que praticam boas obras sem buscar a fama?

Como pai de três filhos, sou muito interessado em suas palavras e ações. Da mesma forma, Deus está interessado com o comportamento de Seus filhos. Ele espera que eles façam boas obras neste mundo (Efésios 2:10; Mateus 5:16). Mais do que isso, Ele deseja que Seus filhos tenham as motivações corretas. É por isso que Jesus nos advertiu sobre motivações certas e erradas em Mateus 6.

Jesus identificou as três grandes tarefas de toda religião — dar aos pobres (vv.1-4), orar a Deus (vv.5-15), e jejuar (vv.16-18). Ele nos advertiu a não usar nosso relacionamento com Deus como uma plataforma para mostrar como somos espirituais. Quando assim o fazemos, perdemos a recompensa reservada para nós.

Jesus não disse que era errado fazer estas coisas. Ele não focou no aspecto de como e quando, mas no porquê. Os fariseus faziam justiça "...para serem glorificados pelos homens", buscando autoexaltação e louvor dos homens (vv.1,5,16; 23:5). Jesus disse, "...já receberam a sua recompensa" (Mateus 6:2,5,16). Paulo acrescenta, "Pois a pessoa só é aprovada quando o Senhor a aprova e não quando é aprovada por si mesma" (2 Coríntios 10:18). Jesus condenou os fariseus por esta hipocrisia de autogratificação (Mateus 23:13-33).

Nossos atos de devoção a Deus devem ser feitos de forma simples, sincera e secreta. Ele sabe quem é autêntico e quem é hipócrita (Jeremias 23:24; Provérbios 15:3). "...Pai, que vê o que você faz em segredo, lhe dará a recompensa." (Mateus 6:4,6,18).

Ao fazermos boas obras, faça a si mesmo uma pergunta simples: Quem é meu público? Será que ouviremos isso de nós, "Como é que vocês podem crer, se aceitam ser elogiados pelos outros e não tentam conseguir os elogios que somente o único Deus pode dar?" (João 5:44).

—K. T. Sim

problema dobrado

leia
Isaías 64:1-8
Todos nós nos tornamos impuros, todas as nossas boas ações são como trapos sujos... (v.6).

examine
Será que alguém pode ser puro? Poderá alguma pessoa ser correta diante de Deus? [...] nem o céu é puro aos seus olhos, que diremos do ser humano, [...], que bebe o pecado como se fosse água? (Jó 15:14-16).

considere
Você acha que já realizou alguma ação inteiramente boa? De que maneira a sua resposta revela a sua visão da graça de Deus?

Vi um comercial engraçado na TV. Um garoto em um campo de beisebol em pé sobre a base do batedor dizendo, "Eu sou o melhor batedor do mundo!" Ele lançou uma bola no ar, tentou bater vigorosamente nela, mas errou. "Primeira", disse a si mesmo. Então gritou mais alto, "sou o melhor batedor do mundo!" Lançou uma bola ao ar, tentou bater e errou. "Segunda". Mais determinado do que nunca, cuspiu em suas mãos, virou seu boné e gritou provocativamente, "sou o melhor batedor do mundo!" E pela terceira vez errou. Já estava com dó daquele garoto, quando de repente, por um flash de reconhecimento do que havia feito, ele exclamou, "sou o melhor arremessador do mundo!"

O comercial era sobre o poder do otimismo, e foi engraçado porque o garoto parecia muito desiludido. Perguntamo-nos o que seria necessário para convencê-lo de que ele não era o melhor naquilo. E assim como ele superestimou sua habilidade, temos a tendência de aumentar nossos esforços. Precisamos ouvir o lembrete de Isaías de que nossas melhores justiças perante Deus são "...como trapos sujos..." (Isaías 64:6).

Martinho Lutero e João Calvino compreenderam a palavra de Isaías e ensinaram que nunca realizamos uma obra completamente boa, porque até mesmo nossos melhores esforços são manchados por motivos impuros. Diziam que precisamos de uma justificação dupla. Nossa pessoa precisa ser purificada pelo sangue de Jesus, e nossas obras são aceitáveis somente quando Deus perdoa os nossos pecados por Sua graça.

Este forte sentimento de perversidade não deve ser motivo de desespero, pois embora nunca consigamos nos tornar perfeitos nesta vida, podemos progredir. E todo o crédito vai para Deus. Como John Newton escreveu em sua autobiografia, "Lembro-me muito bem de duas coisas: sou um grande pecador, e Cristo é um grande Salvador". —Mike Wittmer

fraude

leia›
Atos 5:1-5
Então Pedro disse a Ananias: — Por que você deixou Satanás dominar o seu coração? Por que mentiu para o Espírito Santo?... (v.3).

examine›
- Jó 2:3
- Salmo 119:1
- Miqueias 6:8-11

considere›
De que maneira você é tentado a enganar ou ignorar os padrões de Deus sobre o certo e errado? Como evitar ser fraudulento com o Espírito Santo?

Jerônimo Kerviel, negociante de ações no segundo maior banco da França, *Société Générale,* usou o sistema bancário para fazer transações não autorizadas. Quando foi descoberto, o prejuízo totalizava 55 bilhões de dólares. Para se ter uma ideia, o banco todo valia 25 bilhões de dólares. Isso sim é uma fraude!

Ananias e sua esposa Safira, os famosos enganadores do Novo Testamento, cometeram um erro semelhante. Venderam um terreno e Ananias, retendo parte do valor, levou "...o restante, depositou-o aos pés dos apóstolos" (v.2), alegando que aquilo era tudo.

O impressionante é que Safira, sua esposa, estava de acordo com a fraude! É por isso que nem sempre podemos confiar nas pessoas ao nosso redor para nos darem uma orientação ética — especialmente quando elas têm algo a ganhar. Por esse motivo, "O SENHOR fez os pesos e as medidas; por isso quer que sejam usados com honestidade" (Provérbios 16:11).

Como Deus estabelece os padrões, não é surpresa alguma que Ele leva a sério quando nós não os consideramos. Uma falta de integridade envolve escolher a influência de Satanás sobre a influência do Espírito Santo. Você pensa que isso é forte demais? Quando Ananias mentiu, Pedro perguntou, "...Por que você deixou Satanás dominar o seu coração? Por que mentiu para o Espírito Santo?..." (Atos 5:3).

Mentir ao Espírito Santo não é somente errado, é o crime impossível — nunca nos livramos dele. A Bíblia adverte, "...E fiquem sabendo que vocês serão castigados por causa dos seus próprios pecados" (Números 32:23). A confrontação é certa, e para Ananias foi mortal — "...caiu morto..." (Atos 5:5).

Duvido que Ananias tenha visto sua mentira como uma ofensa grave a Deus. Ele provavelmente pensou, "Não é nada demais. Minha esposa acha que está tudo bem, e ninguém vai descobrir." Ele não sabia que "A pessoa honesta anda em paz e segurança, mas a desonesta será desmascarada" (Provérbios 10:9). —Jennifer Benson Schuldt

cuidado

leia>
Lucas 12:13-21
E continuou, dizendo a todos: — Prestem atenção! Tenham cuidado com todo tipo de avareza porque a verdadeira vida de uma pessoa não depende das coisas que ela tem, mesmo que sejam muitas (v.15).

examine>
- Marcos 10:21
- 1 Timóteo 6:10
- Tiago 5:1-6

considere>
Por que é importante reconhecer que Deus é o dono de tudo? Qual parte de seu estilo de vida você precisa mudar para ser rico em relação a Deus?

Davi ganhou nas loterias dos americanos três vezes — 350mil dólares em 2004, um milhão em 2005 e dois milhões e quinhentos mil dólares em 2007. O sortudo ganhador continua trabalhando como reparador de fornos de restaurantes, embora seus prêmios fossem mais que suficientes para permiti-lo se aposentar. "Será que sou o homem mais sortudo vivo?" ele pergunta. "Acho que sim. Tenho um bom círculo de amizades, um ótimo trabalho e uma linda esposa."

Este homem não está embriagado com as bebidas da riqueza e ganância. Seus pés ainda estão bem firmados no chão. Entretanto, o mesmo não pode ser dito sobre o rico fazendeiro no livro de Lucas 12.

Valorizar a riqueza corretamente e os resultados desastrosos da ganância são os temas da parábola de Jesus sobre o rico tolo. O homem rico julgou mal o que era realmente valioso na vida. Pensava que o fato de ter grandes posses era mais importante do que o relacionamento com Deus e com as pessoas (v.21). Ele escolheu mal sobre o que era verdadeiramente valioso na vida e se tornou um escravo daquilo que mais valorizava — coisas que podem ser roubadas, corroídas e destruídas (Mateus 6:19-21), e coisas que ele não poderia levar consigo quando morresse (1 Timóteo 6:7).

O homem rico julgou incorretamente quem realmente era o dono das suas riquezas. Ele usou os pronomes pessoais ocultos "eu" sete vezes e cinco vezes o pronome possessivo "meu(s)" nesta curta história. Esqueceu-se de que era um administrador e não um dono, e também falhou em compreender a brevidade da vida. No topo de sua fortuna, Deus o julgou e ele morreu — deixando tudo para trás. Que final trágico!

Dois mestres — Deus e dinheiro — estão disputando a nossa fidelidade. Estejamos alertas e julguemos corretamente — escolhendo servir e obedecer Aquele que criou o outro. —Marvin Williams

impressões erradas

leia›
João 3:16-18
Pois Deus mandou o seu Filho para salvar o mundo e não para julgá-lo (v.17).

examine›
Que o Senhor faça com que cresça cada vez mais o amor que vocês têm uns pelos outros e por todas as pessoas, e que esse amor se torne igual ao nosso amor por vocês! (1 Tessalonicenses 3:12).

considere›
Como Jesus tratava os pecadores? Como você tratará e ajudará aqueles que estão enfrentando problemas com o pecado?

Recentemente, um pastor levou um jovem a aceitar Jesus. Em determinado momento da conversa, o jovem questionou o pastor, "Agora que sou um cristão, tenho que sair por aí julgando todo mundo?" O pastor, triste pela pergunta, foi capaz de dizer, "Claro que não. O cristão deve tratar as pessoas de maneira oposta."

O jovem explicou que muitos cristãos que conhecera pareciam pessoas julgadoras. Agiam como se estivessem acima do pecado e tinham um ar de superioridade em relação aos outros. Tal arrogância deixara uma má impressão, especialmente por não serem tão perfeitos quanto pareciam ser.

Se já existiu alguém que tivesse o direito de agir de forma superior, esta pessoa foi Jesus. Ele foi o único ser humano a viver sem pecado (Hebreus 4:15). Mas ao ler os evangelhos, você descobrirá que Ele não evitou, nem condenou aqueles que viviam no pecado. Jesus não esperava que os fraudulentos coletores de impostos ou as prostitutas largassem imediatamente a sua imoralidade antes que Ele tivesse algum envolvimento com eles. Em vez disso, Ele foi amigo dos pecadores e os encontrou onde estavam em relação a Deus (Lucas 5:30-32; 7:34-50).

Como cristãos, devemos conviver com vizinhos incrédulos, colegas de trabalho e membros da família como pessoas que, verdadeiramente, se importam com os outros. Isto não deve dar a impressão errada de que não estamos preocupados com o pecado. Jesus certamente não agiu desta forma (João 5:14; 8:11). No entanto, por todo o Seu ministério terreno, Ele nos ensinou que podemos ter amizade com "pecadores" sem comprometer nossas preocupações e convicções morais.

Senhor, ajuda-nos a mostrar aos outros Seu amor e Seus caminhos que levam à vida. Ajuda-nos a não condenar aqueles que se perderam e aqueles que ainda não o conhecem — e vivem um estilo de vida que os leva à morte (Romanos 8:6). —Jeff Olson

culpa e confissão

leia›
Daniel 9:4-19
Nós temos cometido pecados e maldades... (v.5).

examine›
Todos pecaram e estão afastados da presença gloriosa de Deus (Romanos 3:23).

considere›
Quantas vezes Daniel usa "nós" em Daniel 9:4-19 e pede a Deus que "os" perdoe por seus pecados? Esta passagem pode servir de modelo à sua vida de oração?

Jogar a culpa nos outros é comum em nosso mundo hoje. Considere, por exemplo, o sistema bipartidário da política americana. Em vez de assumir parte da responsabilidade pelos erros, os Democratas culpam os Republicanos. E estes, os Democratas. Os "conservadores de direita" culpam os "liberais de esquerda" e vice-versa. Mesmo aqueles que professam a fé em Jesus frequentemente caem nesta armadilha, agindo com a atitude de "nós" versus "eles".

O profeta Daniel, do Antigo Testamento, era muito conhecido por andar fielmente com Deus. Apesar de sua bondade e integridade, Daniel não considerava seus próprios pensamentos e ações menos pecadores do que as dos outros. Ao contrário, Daniel acreditava que ele e os cidadãos da Babilônia estavam igualmente carentes da graça e perdão de Deus. Examine a humildade do profeta demonstrada nesta oração (Daniel 9:4-19):

- "...temos cometido pecados e maldades...
- ...nos voltamos contra ti...
- ...desobedecemos às tuas leis e aos teus mandamentos.
- Não demos atenção aos teus servos, os profetas...
- ...mas agora sentimos vergonha...
- Desobedecemos à tua ordem, ó SENHOR, nosso Deus, e não seguimos as leis que nos deste.
- ...não temos abandonado os nossos pecados, nem temos nos esforçado para seguir a tua verdade...
- ...nós não temos dado atenção às tuas ordens...
- ...Fazemos os nossos pedidos por causa da tua grande compaixão e não porque sejamos bons e honestos."

O que você pode aprender com esta oração de confissão de Daniel?

—Roxanne Robbins

o mais importante?

leia›
Mateus 22:34-40
Ame o Senhor, seu Deus, com todo o coração, com toda a alma e com toda a mente (v.37).

examine›
- Deuteronômio 6:5
- Josué 22:5
- 1 João 2:5

considere›
Como você pratica o maior mandamento de Deus? O que acontece em nosso relacionamento com os outros, quando amamos a Deus de todo nosso coração, alma e mente?

Se você é cristão há algum tempo, responderá facilmente a seguinte pergunta: "Mestre, qual é o mais importante de todos os mandamentos da Lei?" (Mateus 22:36). Qual foi a resposta de Jesus? "Ame o Senhor, seu Deus, com todo o coração, com toda a alma e com toda a mente" (v.37).

Será que este mandamento é o mais importante para nós? Deixe-me parafrasear esta pergunta com mais duas: Qual o mandamento que mais influencia nossa forma de viver? E o nosso comportamento?

Muitos outros "mandamentos" podem se destacar como mais importantes devido à nossa criação ou inclinação pessoal. A "lei" *tome cuidado com o n.º 1* e a necessidade da *autopromoção* são duas delas, com as quais você provavelmente irá se deparar.

Imagine esta cena: Alguém está espalhando mentiras sobre você. O que você fará? Imediatamente lançará um contra-ataque para preservar o seu bom nome? Ou você irá considerar o que o Deus amoroso exige de você, "Não pague a ninguém o mal com o mal"? (Romanos 12:17).

E quando você fica sobrecarregado com o seu trabalho, ou quando sente-se pressionado a pisar sobre as pessoas para subir na empresa — qual é o seu maior mandamento nesta hora? Ainda é amar a Deus? Buscar o reino de Deus sobre todas as coisas? (Mateus 6:33).

Jesus não somente descreveu "amar a Deus" como o maior mandamento, Ele também disse que este é o "primeiro" (v.38). Esta palavra implica prioridade. Amar a Deus exige darmos a Ele a *mais alta* prioridade. Exige *primazia* sobre quaisquer desejos ou anseios humanos. Este mandamento deve ser a primeira consideração em todas as nossas decisões. Temos que observar o nº 1 no trabalho, em nossos relacionamentos e em toda nossa vida.

Em suma, amar a Deus acima de tudo é o principal! Isso acontece em sua vida? —Poh Fang Chia

tolices

leia›
Salmo 127:1-2
...Se o SENHOR Deus não edificar a casa, não adianta nada trabalhar para construí-la... (v.1).

examine›
Precisamos trabalhar enquanto é dia, para fazer as obras daquele que me enviou. Pois está chegando a noite, quando ninguém pode trabalhar (João 9:4).

considere›
Por que resistimos em confiar no poder e no atuar de Deus? Como você viveria de forma diferente se você confiasse mais na obra de Deus em e ao redor de você?

Não sou muito fã de camisetas cristãs, mas recentemente vi uma que gostaria de ter. Andando pelo centro de nossa cidade, passei por um homem idoso com os seguintes dizeres em seu peito:

SAIA DO CAMINHO E PERMITA QUE JESUS AJA. Apesar de ser uma frase relativamente comum, descreve uma excelente atitude. Todo o mal, tristeza, pobreza e escuridão de nosso mundo devem nos compelir a sairmos de nossos confortáveis sofás para agir. Como certo escritor registrou: "Jesus ressuscitou dos mortos; e nós temos trabalho a fazer."

Entretanto, o salmista, de acordo com o fio condutor em toda a Escritura, nos adverte contra pensarmos que somos a causa central ou a consequência em quaisquer de nossos esforços. O engajamento de Deus com o mundo não está em desequilíbrio, pendendo, na ansiosa esperança de que nós, humanos, apareçamos.

Todo o nosso esforço, habilidade e técnica são insuficientes sem a intervenção de Deus. "...Se o SENHOR não proteger a cidade...", escreve o salmista, "...não adianta nada os guardas ficarem vigiando" (127:1). De fato, "Não adianta trabalhar demais para ganhar o pão, levantando cedo e deitando tarde..." (v.2) porque a atividade frenética ignora o fato de sermos dependentes da bondade e misericórdia de Deus.

Esquecidos desta verdade, nos fatigamos, preocupamos e suamos. Planejamos, manipulamos e lamentamos. Raramente descansamos. Raramente oramos. E ao final, nos descobrimos vivendo de forma insensata como se fôssemos Deus.

Este não é um argumento para uma vida frouxa, sonolenta e inerte. Ao invés disso, é uma chamada para nos engajarmos com a obra redentora de Deus no mundo — lembrando sempre de que esta é a Sua obra entre nós.

Tyler Wigg Stevenson descreveu bem: "Não preciso salvar o mundo, mas posso servir ao Deus que já o salvou." —Winn Collier

morrer para viver

leia

Hebreus 11:32-40

...Outros foram torturados até a morte; eles recusaram ser postos em liberdade a fim de ressuscitar para uma vida melhor (v.35).

examine

- Mateus 16:25
- Filipenses 1:21
- Apocalipse 6:9-11

considere

Como Jesus viveu e morreu pela vida? Como você pode entregar-se diariamente de maneira mais completa a Ele?

"Alguns homens não podem ser intimidados ou convencidos. Alguns homens só querem assistir o mundo pegar fogo".

—Alfred, o Mordomo

Essas palavras, do filme de grande sucesso, *Batman — O Cavaleiro das Trevas*, falam sobre motivações. Como eu, você pode se questionar sobre quais os motivos que levam os terroristas a se amarrarem com explosivos e se autoexplodirem — destruindo outras pessoas em atos de terrorismo que alguns chamam de martírio.

O escritor do livro aos Hebreus tem uma visão diferente do que é realmente ser um mártir (ser morto pelo que você acredita, e não tirar sua própria vida). Ele escreve sobre aqueles que morreram por Cristo: "...estes que obtiveram bom testemunho por sua fé" (Hebreus 11:39).

Por que um bom testemunho? Porque se recusaram a dar as costas para Deus (v.35) e aceitaram a morte das mãos de seus perseguidores.

Jesus é o supremo exemplo de uma fé que levou ao sacrifício extremo. Ele permaneceu calado e aceitou os horrores iminentes da crucificação (Isaías 53:7; Mateus 26:63). Seu alvo era a vida e vitória sobre a morte (1 Coríntios 15:54-57). Estêvão, um seguidor de Jesus, falou palavras de perdão e vida mesmo ao morrer como mártir (Atos 7:60) — imitando seu Salvador.

Estes exemplos definem bem o martírio — atos abnegados que levam à vida. Eles não vivem para morrer — morrem para a vida. Estas palavras de Matthew Henry esclarecem o contraste: "Devemos nos surpreender mais pela maldade da natureza humana, que é capaz de tão terríveis crueldades aos seus semelhantes, ou pela excelência da graça divina, que é capaz de sustentar os fiéis sob tais crueldades e guardá-los em segurança?"

A vida é viver e morrer por Jesus! —Tom Felten

porque você está aqui

leia
Gálatas 5:16-24
As pessoas que pertencem a Cristo Jesus crucificaram a natureza humana delas, junto com todas as paixões e desejos dessa natureza (v.24).

examine
- Romanos 8:12-14
- Gálatas 2:20
- Colossenses 2:12-14

considere
De que maneiras você está alimentando sua carne? E o contrário, como a crucificará e escolherá seguir a Cristo?

"Tudo bem. Vou cuidar disso eu mesma." De maneira brusca finalizei a conversa e fechei o celular. Percebendo que fizera justamente a coisa que não queria fazer, minha frustração aumentou. Não fazia nem 30 minutos que eu tinha compartilhado com uma amiga como Deus estava me ensinando a confiar em meu marido, ao invés de reagir. Mas ali estava novamente. Será que conseguiria aprender?

As Escrituras nos dizem que enquanto estivermos vivos nesta terra, dois desejos lutarão em nosso interior (Gálatas 5:17). Por meio de Sua morte na cruz, Jesus destruiu o poder do pecado sobre nós. Mas a nossa luta com o pecado não se encerra quando recebemos a salvação (Romanos 7:18). Jesus deixou claro para os Seus discípulos que a obediência e a renúncia são decisões diárias (Lucas 9:23).

Ao tentar nos convencer de que não estamos indo a lugar algum, o inimigo nos diz que nunca seremos livres. Ele vai sussurrar que nada mudou, que o poder de Deus não é real em sua vida. Envergonhados e enraivecidos por fazer o que não deveríamos, nos questionamos se as suas mentiras são verdadeiras.

Não podemos vencer nossa natureza pecaminosa com nossos próprios esforços. A salvação vem somente pela graça (Efésios 2:8). No entanto, quando escolho a Sua graça, minha vida já não me pertence. Gálatas 2:20 diz, "Assim já não sou eu quem vive, mas Cristo é quem vive em mim. E esta vida que vivo agora, eu a vivo pela fé no Filho de Deus, que me amou e se deu a si mesmo por mim". Recebo a condição de vencer a tentação quando — pela graça — entrego minha vida a Cristo e Ele vive através de mim (Romanos 6:6-8).

A Palavra de Deus promete liberdade. Mas não podemos andar onde não escolhemos ir. Ou nos alimentamos ou nos crucificamos. A pessoa espiritualmente morta escolheu rejeitar a liberdade e a vida que se encontra em Jesus. —Regina Franklin

graça e gratidão

leia
Tito 2:11-14
Deus revelou a sua graça para dar a salvação a todos. Essa graça nos ensina a abandonarmos a descrença e as paixões mundanas e a vivermos [...] uma vida prudente, correta e dedicada a Deus (vv.11-12).

examine
- Salmo 103:1-5
- Romanos 2:4
- Hebreus 12:28-29

considere
É significativo o termo gratidão (*eucharistia*) no Novo Testamento basear-se no termo graça (*charis*)? A gratidão é melhor motivação do que o dever? Por quê?

Martinho Lutero queria desistir. Sua congregação em Wittenberg, após ter aprendido que o evangelho de Lutero prometia perdão para todo e qualquer pecado, havia parado de frequentar os cultos e de ofertar à igreja e começara a ceder à avareza, lascívia e bebedeira. Frustrado, Lutero ameaçou entrar em greve se eles não mudassem suas atitudes, e declarou, "Suas bestas ingratas, indignas do evangelho; se vocês não se arrependerem, não vou pregar mais a vocês." Eles não se arrependeram e ele parou, tirando alguns meses de folga para não ser "o pastor de tais porcos".

Como os luteranos em Wittenberg, muitos de nós pensamos (no início de nossa caminhada cristã): *Se Deus nos perdoa independentemente do que fazemos, então não importa realmente o que fazemos. A salvação é um cheque em branco. Podemos pecar quanto quisermos, pois tudo está coberto!*

Surpreendentemente, Paulo diz a Tito que ao invés de encorajar o pecado, a graça de Deus na verdade nos instrui a viver de forma a "...abandonarmos a descrença e as paixões mundanas e a vivermos neste mundo uma vida prudente, correta e dedicada a Deus" (Tito 2:12).

O *Catecismo de Heidelberg* explica que somente quando percebo "o tamanho de meu pecado e miséria" posso compreender "como posso ser liberto de todos os meus pecados e miséria", o que me fará "expressar minha gratidão a Deus por tal libertação".

Portanto, aqui está a fórmula cristã. Compreender a extensão de meu pecado me capacita a valorizar a graça, o que automaticamente me enche de gratidão, que sempre irá procurar formas de dizer obrigado. Parece assim: Pecado → Graça → Gratidão → Boas Obras.

Se o seu amor por Deus está esfriando e a sua vontade em obedecê-lo enfraquecendo, a resposta não é ranger seus dentes e tentar com mais força. Em vez disso, use a fórmula. Comece com a percepção da profundidade de seu pecado. Somente então você valorizará a sua necessidade pela graça. E a gratidão e a obediência certamente o seguirão. —Mike Wittmer

festa ou jejum?

leia›
Mateus 9:14-15
...Vocês acham que os convidados [...] podem estar tristes enquanto o noivo está com eles? Claro que não! Mas chegará o tempo em que o noivo será tirado do meio deles; então sim eles vão jejuar! (v.15).

examine›
- Jó 23:12
- Isaías 58:1-9
- Mateus 6:16-18

considere›
Por que você jejua? Por que você não deve jejuar da Palavra de Deus?

Recentemente me pediram para ensinar sobre o jejum. Sabia que estava lidando com um assunto não muito praticado hoje em dia. Além do mais, moro num país onde comer é o passatempo nacional. Vamos ser sinceros — amamos comer. Portanto, é estranho falar sobre o jejum a um grupo de pessoas que prefere falar sobre o seu lanche favorito!

Muito tempo atrás, os discípulos de Jesus banqueteavam no momento que o jejum era considerado a coisa certa para se fazer. Não surpreende que foram criticados por não jejuarem como outros faziam (Mateus 9:14). Jesus declarou que Seus discípulos só jejuariam após Ele não estar mais com eles (v.15). Muitos estudiosos bíblicos acreditam que estamos vivendo o tempo a que Ele se referia — entre Sua ascensão e Sua segunda vinda (Atos 1:9-12). Se isto for verdade, este é o tempo para jejuarmos.

Jesus perguntou: "...Vocês acham que os convidados de um casamento podem estar tristes enquanto o noivo está com eles?..." (Mateus 9:15). Com esta pergunta Ele revelou a principal razão para jejuar — arrependimento e tristeza pelo pecado. Quando convencidos de idolatria, os judeus se arrependiam e jejuavam (1 Samuel 7:3-6). Em emergências nacionais, jejuavam também pedindo humildemente que Deus agisse em seu favor (2 Crônicas 20:1-4; Ester 4:16).

Nas Escrituras, encontramos apenas uma ordem direta sobre o jejum. Os israelitas deviam jejuar uma vez por ano no Dia da Expiação. Naquele dia, o Sumo Sacerdote entrava no Santo dos Santos para oferecer sacrifícios e expiar os pecados de toda a nação (Levítico 16:29-31).

Jejuar também nos lembra que Deus nos sustenta. O alimento pode nos manter fisicamente, mas a Palavra de Deus nos sustenta espiritualmente (Mateus 4:4).

Deleite-se na Palavra de Deus e jejue quando necessário! —K. T. Sim

mesmo endereço

leia
Cânticos dos Cânticos 3:1-4
Noites e noites, na minha cama, eu procurei o meu amado... (v.1).

examine
- Eclesiastes 9:9
- Cântico dos Cânticos 2:14
- Malaquias 2:14-15

considere
Por que a unidade é tão crucial para o casamento? Nesta semana, o que você pode fazer para achegar-se a Deus?

Certo homem, japonês, que morava sozinho na cidade de Fukoka, percebeu que a comida estava desaparecendo de sua geladeira. Por esta razão, ele instalou uma câmera de segurança que mostrou alguém movendo-se pela casa, enquanto ele estava ausente. Quando a polícia investigou, encontraram uma mulher de 58 anos que estava morando em um minúsculo espaço da dispensa por *quase um ano!*

É difícil imaginar que duas pessoas pudessem compartilhar o mesmo endereço sem nunca terem qualquer tipo de comunicação. Infelizmente, muitos casamentos optam pelo mesmo caminho. Exige-se esforço para permanecer juntos e dois se tornarem "...uma só pessoa" (Efésios 5:31).

A esposa de Salomão demonstra alguns indícios de que vivia em unidade com seu marido. Ela diz, "Noites e noites, na minha cama, eu procurei o meu amado..." (Cântico dos Cânticos 3:1). Ao gerarmos pensamentos carinhosos sobre nossos cônjuges abrimos os nossos corações para a comunhão quando estamos juntos.

E falando em intimidade, a esposa decidiu, "...Eu procurei o meu amado..." (v.2). Ela se levantou, colocou sua túnica e saiu pela porta para encontrar seu marido! Assim como ela, maridos e esposas precisam buscar um ao outro, apesar das inconveniências geradas pelas longas horas de trabalho; louças sujas e jogos de futebol.

Finalmente, a esposa de Salomão o alcança e diz, "...abracei o meu amado..." (v.4). Ela está tão feliz de ter encontrado seu marido que o leva à cama! Manter-se fisicamente envolvido é uma parte do plano de Deus para a "unidade" que faz o relacionamento conjugal tornar-se tão especial.

O casamento deve significar muito mais do que apenas duas pessoas que compartilham o mesmo endereço. Em seu melhor momento, envolve os pensamentos agradáveis, momentos juntos e intimidade física. Em seu pior momento, pode deixá-lo questionando, "O que aconteceu com aquele sanduíche de salame que deixei na geladeira?"

—Jennifer Benson Schuldt

o Deus que vê

leia
Gênesis 16:1-16
Então Agar deu ao SENHOR este nome: "O Deus que Vê... (v.13).

examine
- Salmo 34:17-18; 139:13-18

considere
Você alguma vez duvidou de que Deus tenha visto a sua situação com perfeita clareza e dispensado Sua atenção e graça? Como Deus afastou essas dúvidas?

Radiobaliza de Localização Pessoal (PLB) são aparelhos de salvamento usados por pessoas envolvidas em atividades terrestres ao ar livre. Transmitem os sinais de rádio que são detectados por 12 satélites na órbita terrestre. Os satélites retransmitem estes sinais às estações que processam e determinam a localização e o proprietário do aparelho. Em seguida, a informação é repassada à equipe de busca e salvamento.

Mesmo sendo tão útil, este aparelho não teria ajudado Agar. Pois ninguém parecia se importar o suficiente com ela e com o seu recém-nascido para monitorar sua localização e progresso no deserto. Ninguém exceto *El Roi*.

O livro de Gênesis 16 começa com Sarai armando um plano para ajudar Deus a cumprir Sua promessa de permitir que os descendentes de Abraão fossem numerosos como as estrelas. Mas havia um problema — Sarai não podia engravidar (v.1). Ela provavelmente via a si mesma como o elo fraco no plano de Deus, e ofereceu sua serva, Agar, ao marido. Quando Agar engravidou de Abraão, e começou a exibir sua superioridade em "procriar", Sarai zangou-se e começou a maltratar Agar (v.6).

Agar fugiu para o deserto, sentindo o desespero e o desânimo. O Anjo do Senhor a encontrou e fez-lhe algumas perguntas, e ordenou que desse à criança o nome de Ismael (que significa "Deus ouve"). Então ele a enviou novamente a Sarai. Entretanto, antes de deixar aquele lugar, Agar deu o nome de *El Roi* ao Senhor, que significa "Tu és Deus que vê". Isto implicava que Deus viu sua situação com perfeita clareza e que ela era o alvo de Sua maravilhosa atenção.

No deserto de aflição e miséria, confie que Deus vê a sua situação com perfeita clareza e lhe concede Sua presença viva (Gênesis 28:15), provisão (v.20) e proteção (Deuteronômio 2:7). —Marvin Williams

15 centavos

leia›
Lucas 16:1-13
Quem é fiel nas coisas pequenas também será nas grandes; e quem é desonesto nas coisas pequenas também será nas grandes (v.10).

examine›
- Provérbios 2:1-11
- Provérbios 11:1
- Provérbios 16:8

considere›
O que Zaqueu disse a Jesus que faria, ao se arrepender de ter enganado as pessoas (Lucas 19:8)? Se você agiu desonestamente, de que maneira você pode reparar isto?

Lembro-me dos dias em que praticava esportes no Ensino Médio e, queria muito uma nova luva de beisebol. Encontrei a luva que queria em uma loja de artigos esportivos e comecei a economizar o dinheiro. Mas no dia da compra, faltou 15 centavos, pois eu me esquecera do imposto sobre a mercadoria.

O dono da loja permitiu que eu levasse a luva, mas queria que trouxesse os 15 centavos que faltavam, assim que os tivesse. Eram somente 15 centavos! Mas seu pedido estava me ensinando a importância das pequenas coisas.

Passaram-se uns 12 anos. Ao aguardar para comprar um jornal de uma máquina automática, o homem que comprava antes de mim segurou a porta aberta, prendendo-a. Dirigindo-se a mim, ofereceu um jornal "grátis". Eu rejeitei, eram "somente" 50 centavos. Mas significava muito mais do que isso.

No livro de Lucas 16, ao ensinar uma lição sobre a integridade, Jesus usou uma parábola sobre um homem que era mais astuto do que honesto. Tal homem usava as finanças de seu mestre para assegurar a sua própria segurança financeira. Mas Jesus disse, "Quem é fiel nas coisas pequenas também será nas grandes; e quem é desonesto nas coisas pequenas também será nas grandes" (v.10).

Deus advertiu o Seu povo Israel sobre a integridade nos negócios. "Não prejudiquem os outros...", Ele disse, "Usem balanças certas, pesos certos e medidas certas..." (Levítico 19:35-36).

Desonestidade, mesmo nos pequenos negócios, permite que outros menosprezem o nome do Deus que servimos. E como disse o sábio, "O bom nome vale mais do que muita riqueza" (Provérbios 22:1).

Se você não tiver integridade nas pequenas tentações, você não terá chance alguma quando as grandes chegarem. —Tim Gustafson

maravilhoso

leia
Jó 9:9-11
"Deus faz coisas grandes e maravilhosas, e os seus milagres não têm fim" (v.10).

examine
Portanto, nós, como companheiros de trabalho no serviço de Deus, pedimos o seguinte: não deixem que fique sem proveito a graça de Deus, a qual vocês receberam (2 Corintos 6:1).

considere
O que você acha que é mais maravilhoso em Deus? De que maneira somos transformados ao nos maravilharmos em Deus e Suas obras?

Em 2008, as cerimônias de abertura das Olimpíadas de Pequim foram espetaculares. Os 17 dias de competições repletos de quebra de recordes foram sensacionais. Mas os Jogos Olímpicos foram maravilhosos?

Antes de responder, primeiramente considere o que a palavra *maravilhoso* significa. O dicionário *Houaiss* define *maravilhoso* como: (1) que provoca grande admiração, deslumbramento, fascínio, prazer etc. (2) que é inexplicável racionalmente. O dicionário *Aurélio* diz que *maravilhoso* significa: (1) Que maravilha; que causa admiração; supreendente, espantoso. (2) Excelente, primoroso, magnífico. (3) Aquilo que encerra maravilha, que é extraordinário ou sobrenatural.

Sempre que a palavra *maravilhoso* é usada nas Escrituras, nenhuma vez ela é descrita como qualidade ou realização do homem. Este adjetivo descreve atributos e obras de Deus:

- Seus feitos (2 Crônicas 26:15; Jó 5:9,9:10; Salmo 9:1; Apocalipse 15:1,3).
- Sua graça (Gálatas 1:15; Judas 1:4).
- Sua glória e excelência (2 Pedro 1:3).
- Sua sabedoria (Ezequiel 28:7).
- Sua habilidade (Salmo 139:14).
- Sua bondade (2 Coríntios 6:1).

Quem sabe um dos testemunhos mais bonitos desta palavra profundamente descritiva foi quando Jó disse, "Deus faz coisas grandes e maravilhosas, e os seus milagres não têm fim" (Jó 5:9; 9:10).

Quando fez estas declarações, Jó estava coberto por feridas extremamente dolorosas e havia perdido sua família e seus bens. Contudo, nada poderia impedi-lo de se maravilhar nos feitos e milagres de Deus.

Medite nas maravilhosas coisas que Deus está fazendo hoje.

—Roxanne Robbins

e agora?

por Chuck Fridsma

Com que podemos contar?

Em meio a um mundo incerto, podemos ansiar pelas garantias de um emprego, renda, crescimento e relacionamentos profissionais, mas essas são apenas garantias superficiais. As verdadeiras certezas pelas quais ansiamos são muito mais profundas. Portanto, neste mundo tão incerto, com que podemos contar?

A vida é conturbada.

No mais antigo livro da Bíblia, um homem chamado Jó conheceu em primeira mão a dor das perdas. Ele perdeu seus filhos, posses e até seus amigos. Tal magnitude de perdas seria devastadora, mas estas não o surpreenderam.

Seu testemunho demonstra a crua realidade de se viver em um mundo decaído. Jó disse: "Todos somos fracos desde o nascimento; a nossa vida é curta e muito agitada" (Jó 14:1). Não é necessariamente verdade que tenhamos sido escolhidos para sofrer, ou que estejamos enfrentando algo fora do comum. Devemos esperar dificuldades porque a vida é conturbada.

Não estamos sós.

Se nos sentirmos isolados em nossas circunstâncias, será porque perdemos de vista a mais crucial de todas as certezas; de que Deus ainda está presente, mesmo quando tudo ao nosso redor parece ter perdido o chão.

Lemos em Hebreus 13:5-6: "Não se deixem dominar pelo amor ao dinheiro e fiquem satisfeitos com o que vocês têm, pois Deus disse: 'Eu nunca os deixarei e jamais os abandonarei.' Portanto, sejamos corajosos e afirmemos: 'O Senhor é quem me ajuda, e eu não tenho medo. Que mal pode alguém me fazer?'"

Quando a vida se torna insuportável, não há nada mais importante do que saber que não enfrentamos esses fardos sozinhos. Deus está presente.

Nós temos recursos que vão além de nós mesmos. No livro de Mateus, Jesus falou às pessoas temerosas. Eles também não tinham certeza de como viveriam ou como suas necessidades seriam supridas. Jesus queria que elevassem os seus olhos, quando disse: "Portanto, ponham em primeiro lugar na sua vida o Reino de Deus e aquilo que Deus quer, e ele lhes dará todas essas coisas" (6:33).

Quando a vida se torna insuportável, não há nada mais importante do que saber que não enfrentamos esses fardos sozinhos. Deus está presente.

Pode ser que as pressões que sentimos resultem da busca por alvos errados. Um relacionamento correto com o Senhor é importante por Deus ser quem Ele é, e porque um relacionamento com Ele é o que permanece para sempre, em nossas vidas. Nele, temos um suprimento eterno, que este mundo não pode destruir.

Nossa dor pode aumentar nossa fé.
Odiamos a dor, principalmente porque a consideramos tão negativa. Entretanto, nossas lutas podem proporcionar oportunidades para o nosso crescimento, de maneira que os tempos de tranquilidade jamais poderiam produzir.

O apóstolo Paulo escreveu: "Porém nós que temos esse tesouro espiritual somos como potes de barro para que fique claro que o poder supremo pertence a Deus e não a nós. Muitas vezes ficamos aflitos, mas não somos derrotados. Algumas vezes ficamos em dúvida, mas nunca ficamos desesperados. Temos muitos inimigos, mas nunca nos falta um amigo. Às vezes somos gravemente feridos, mas não somos destruídos. Levamos sempre no nosso corpo mortal a morte de Jesus para que também a vida dele seja vista no nosso corpo" (2 Coríntios 4:7-10). Se você conhece a Cristo, pode estar certo de que serve um Deus que nada desperdiça, nem a dor da perda de um emprego.

Nossa dor pode ajudar aos outros.

Nossas lutas têm a capacidade de não apenas ajudar-nos a crescer, mas também de abrir uma oportunidade de ajudar aos outros. As nossas experiências podem nos dar o conhecimento prático para socorrer outras pessoas, quando sentem dor pela perda de seus empregos. Com esse propósito, Paulo escreveu: "Louvado seja o Deus e Pai do nosso Senhor Jesus Cristo, o Pai bondoso, o Deus de quem todos recebem ajuda! Ele nos auxilia em todas as nossas aflições para podermos ajudar os que têm as mesmas aflições que nós temos. E nós damos aos outros a mesma ajuda que recebemos de Deus" (2 Coríntios 1:3-4).

As nossas experiências podem nos dar o conhecimento prático para socorrer outras pessoas, quando sentem dor pela perda de seus empregos.

Nunca estaremos tão bem equipados para ajudar pessoas que sofrem, como quando já tivermos experimentado dores e perdas. Poderemos então receber o encorajamento de Deus e compartilhá-lo com os outros.

Este não é o fim.

Ao enfrentarmos uma crise séria na vida, como perder um emprego, pode parecer que esse é o fim do mundo, que a vida nunca será boa novamente, e que não há mais motivo para viver.

Porém, esteja certo, de que esse não é o fim. Paulo escreveu: "Eu penso que o que sofremos durante a nossa vida não pode ser comparado, de modo nenhum, com a glória que nos será revelada no futuro" (Romanos 8:18).

Não importam as sombrias experiências que tenhamos nesta vida, elas serão um dia inundadas pela realidade perfeita e completa da eternidade, na presença do Cristo, que nos ama e se entregou por nós.

O amor de Deus é verdadeiro.

Ao passarmos por tempos de provas e dor, é fácil questionar se Deus de fato nos ama. Porém a experiência de perda não é capaz de nos separar de Seu amor por nós. Paulo afirmou: "Pois eu tenho a certeza de que nada pode nos separar do amor de Deus: nem a morte, nem a vida; nem os anjos, nem outras autoridades ou poderes celestiais; nem o presente, nem o futuro; nem o mundo lá de cima, nem o mundo lá de baixo. Em todo o Universo não há nada que possa nos separar do amor de Deus, que é nosso por meio de Cristo Jesus, o nosso Senhor" (Romanos 8:38-39).

A perda de um emprego é um acontecimento profundamente desgastante. No entanto, este não é o evento mais importante de nossas vidas. Nada neste mundo pode nos separar do amor de Deus, e isso é o mais importante!

Adaptado de: *E agora? Recomeçando após a perda do emprego* (XM106)

© 2009 Ministérios RBC.

cumprir o dever

leia
Esdras 9:3-7
...Ó Deus, estou muito envergonhado e não tenho coragem de levantar a cabeça na tua presença. Estamos afundados nos nossos pecados, que sobem até o céu (v.6).

examine
Mas, se eu tivesse guardado maus pensamentos no coração, o Senhor não teria me ouvido (Salmo 66:18).

considere
Quando foi a última vez que você buscou o perdão de Deus para um pecado específico? Por que a confissão é importante na vida do cristão?

Alguma pessoas bem-intencionadas em modernizar uma liturgia na igreja católica enviaram as suas confissões aos padres através de mensagens de texto. Em resposta, um líder religioso comentou: "Estamos incentivando os católicos a confessarem seus pecados, pessoalmente, com um coração contrito."

Na confissão, não existe atalho para o lugar de sermos "...humildes debaixo da poderosa mão de Deus..." (1 Pedro 5:6). Nossas confissões devem envolver um encontro genuíno com Deus — qualquer atitude mais casual será o mero cumprimento de uma obrigação.

Para Esdras, tratar o pecado de Israel, não era simplesmente um dever rotineiro. Embora Deus tivesse advertido a nação quanto à proibição do casamento misto, os israelitas insistiram em continuar casando-se com estrangeiras.

Ao ouvir isto, Esdras declarou: "...rasguei as minhas roupas em sinal de tristeza, arranquei os meus cabelos e a barba e me sentei, muito desgostoso" (Esdras 9:3). Sua intenção não era obter rapidamente o perdão. Ele demonstrou autêntico remorso pelo pecado, e expôs o desejo de Deus em sua resposta.

A reação de Esdras o levou a confessar em oração: "...Ó Deus, estou muito envergonhado e não tenho coragem de levantar a cabeça na tua presença. Estamos afundados nos nossos pecados, que sobem até o céu" (v.6). Esdras não apresentou justificativas, nem minimizou a ofensa. Ele esperava que Deus não rejeitasse "...um coração humilde e arrependido" (Salmo 51:17).

Ao ler esta confissão percebi que às vezes volto facilmente ao pecado. Se você for como eu, pode ser que algumas vezes a sua vida de oração inclua um rápido "Ops, Senhor" como forma de confissão. Todavia, agir assim significa simplesmente cumprir uma obrigação, quando a situação exige muito, muito mais. —Jennifer Benson Schuldt

tire o ônibus!

leia›
Apocalipse 21:1-5
Aquele que estava sentado no trono disse: — Agora faço novas todas as coisas! E também me disse: — Escreva isto, pois estas palavras são verdadeiras e merecem confiança (v.5).

examine›
Quem está unido com Cristo é uma nova pessoa; acabou-se o que era velho, e já chegou o que é novo (2 Coríntios 5:17).

considere›
Qual a reconstrução total que Deus precisa fazer em sua vida? Para você, o que significa que um dia Ele fará "tudo novo."

Gosto de assistir o programa de TV *Reconstrução Total*. Cada semana é mostrado a história de uma família, cuja casa está aos pedaços. Em seguida, entram em cena as equipes de restauração e pessoas da comunidade que desejam ajudá-los. Eles reconstroem o humilde lar e superam os sonhos mais ousados dos donos da casa.

É comovente quando a família volta para ver o novo lar, após breve período de férias. O grande número de pessoas que colaborou reúne-se do lado de fora da casa para dar-lhes as boas-vindas. Com a família posicionada atrás de um ônibus enorme, a multidão grita em uníssono: "Motorista, tire o ônibus!" Enquanto o ônibus se afasta, a visão do novo lar deixa a família extremamente emocionada.

Talvez a reação da família mexa tão intensamente com os nossos corações por lembrar-nos de uma restauração mais profunda, pela qual todos nós "suspiramos" e "ansiamos" (Romanos 8:23-24). Parte das boas-novas do cristianismo é o fato de Deus ser um restaurador! Além de sermos salvos da punição pelos nossos pecados (1 Tessalonicenses 1:10), a salvação através de Jesus também está relacionada a viver "uma vida nova" hoje, experimentando o poder da Sua ressurreição (Romanos 6:4). E só melhora! Os cristãos podem esperar pelo dia em que Jesus voltará e — de uma vez por todas, restaurará a vida ao que deveria ser originalmente, antes que o pecado e a morte entrassem no mundo. Ele diz: "...Agora faço novas todas as coisas!..." (Apocalipse 21:5).

Hoje a vida ainda é dura — às vezes extremamente difícil para alguns de nós que o seguimos. Suas palavras nos dizem que Ele conhece os nossos desafios: "... No mundo vocês vão sofrer..." (João 16:33). Ainda assim, neste mundo decaído e hostil, há novos começos, à medida que vivemos a nossa vida através dele (1 João 4:9). —Jeff Olson

firme devoção

leia›
Daniel 1:1-8
Não vivam como vivem as pessoas deste mundo, mas deixem que Deus os transforme por meio de uma completa mudança da mente de vocês... (Romanos 12:2).

examine›
- João 17:14-18
- 1 Coríntios 6:14-18
- 1 Pedro 1:14-17

considere›
Quais são algumas áreas da sua vida nas quais você se conformou aos valores do mundo? Como você vai abandonar estas buscas vazias?

Em 605 a.C. o rei Nabucodonosor invadiu Jerusalém, e voltou para a Babilônia com os despojos da sua vitória. Trouxe os judeus de descendência real e nobre como reféns para garantir que Judá continuaria submissa à Babilônia (Daniel 2:1-3).

Daniel, Ananias, Misael e Azarias foram os quatro jovens judeus escolhidos para receber a educação babilônica (vv.4-6). Seriam reprogramados para "...aprender a língua e estudar os escritos dos babilônios" (1:4). O rei queria que eles pensassem, falassem e vivessem como os babilônios.

Os seus nomes judeus honravam Javé, os babilônicos não, e por isso receberam novos nomes. Um novo nome denota uma nova aliança (v.7). Daniel (Deus é meu juiz), por exemplo, foi mudado para Beltessazar (Bel, deus supremo dos babilônios, protege o rei) e Azarias (o Senhor é o meu auxílio) foi mudado para Abede-Nego (servo de Nebo). O rei queria que eles esquecessem e rejeitassem Javé.

Eles tinham uma vida de luxo e prazer — e se alimentavam da mesma comida do rei (Daniel 1:5). Nabucodonosor queria que vivessem voluptuosamente neste mundo material. Porém Daniel resolveu não ficar impuro (v.8). Além de recusar alimentos dedicados às divindades babilônias (Êxodo 34:15; 1 Coríntios 10:7,18-21), ele decidiu não assimilar a cultura.

Também vivemos num mundo que tenta moldar nossa maneira de pensar, falar, viver e adorar. Quer que esqueçamos que somos portadores do nome de Jesus, e nos seduz para construir altares aos deuses mundanos. Será que você, como Daniel, decidiu não se conformar? Você precisa ser transformado! Modifique o seu pensamento sobre este mundo (Romanos 12:2). Em Cristo, você é cidadão do céu (Filipenses 3:20; Hebreus 11:16; 13:14) e deve deixar as coisas do mundo para trás (João 15:19; Tiago 4:4). —K. T. Sim

cidadania

leia
Filipenses 3:12-21
...nós somos cidadãos do céu e estamos esperando ansiosamente o nosso Salvador, o Senhor Jesus Cristo, que virá de lá (v.20).

examine
Agora, o mais importante é que vocês vivam de acordo com o evangelho de Cristo... (Filipenses 1:27).

considere
O que a cidadania celestial significa para você? De que maneira você pode refletir melhor o reino dos céus para os outros?

Onde está sua cidadania? Não estou perguntando se você é um cidadão naturalizado de seu país, nem se você é africano, francês, alemão. De acordo com a Bíblia, existem apenas duas cidadanias — a do mundo e a do céu, o reino das trevas e o reino da luz. Em qual deles está a sua cidadania? A qual deles você pertence? Examine as questões propostas pelo reverendo Carl Haak em seu sermão, retoricamente intitulado "Nossa Cidadania Está no Céu", de 1997.

O apóstolo Paulo anuncia com autoridade que todos os verdadeiros cristãos "...[são] cidadãos do céu e [estão] esperando ansiosamente o nosso Salvador, o Senhor Jesus Cristo, que virá de lá. Ele transformará o nosso corpo fraco e mortal e o tornará igual ao seu próprio corpo glorioso..." (Filipenses 3:20-21). "Ele nos libertou do poder da escuridão e nos trouxe em segurança para o Reino do seu Filho amado. É ele quem nos liberta, e é por meio dele que os nossos pecados são perdoados" (Colossenses 1:13-14).

Como declarou um comentarista: "A Bíblia considera a igreja como um posto avançado do Reino de Deus na terra." E o pastor Charles Spurgeon ilustrou o significado da cidadania celestial através do exemplo de um cidadão inglês vivendo nos Estados Unidos. "Apesar de viver nos Estados Unidos e ter seus negócios por lá, ainda assim ele é um forasteiro e não pertence àquela nação afligida."

Como cidadãos do céu e "...estrangeiros de passagem por este mundo..." (1 Pedro 2:11), temos privilégios e responsabilidades. Também temos o dever de resplandecer a luz de Cristo, pois sabemos que refletimos o próprio reino celestial. —Roxanne Robbins

boas palavras

leia
Provérbios 18:15-21
O que você diz pode salvar ou destruir uma vida... (v.21).

examine
As palavras dos bons são como a prata pura; as ideias dos maus não têm valor (Provérbios 10:20).

considere
O ditado "Paus e pedras podem quebrar meus ossos, mas palavras jamais vão me machucar," é verdadeiro? Quem precisa receber uma boa palavra sua? Por quê?

O funeral da minha avó trouxe a oportunidade perfeita para dizer aos meus tios-avôs o quanto lhes era grato. Quando minha avó ficou viúva, eles incluíram meu jovem pai na família deles, levando-o aos passeios de férias e amando-o como mais um de seus filhos. Com lágrimas nos olhos, agradeci-lhes por sua contribuição em minha vida.

"Meus irmãos e eu somos parte do seu legado," disse. "Fomos criados por um pai amoroso graças a vocês." "Obrigado, essa foi a melhor coisa que alguém já nos disse," responderam.

Guardarei esse momento para sempre e estou feliz por ter-lhes agradecido enquanto viviam. E me questiono, por que não compartilho palavras de bênção com maior frequência. Por que esperar por um funeral antes de expressar uma "eulogia", uma "boa palavra"?

O livro de Provérbios nos lembra que nossas palavras têm poder para salvar e destruir uma vida (18:21), pois "...as palavras amáveis nos alegram" (12:25) e "...as palavras do sábio podem curar" (12:18). Salomão acrescenta que: "A palavra certa na hora certa é como um desenho de ouro feito em cima de prata" (25:11).

Se as palavras são tão poderosas — e quem pode dizer que não são — então assumamos o compromisso de engolir o humor sarcástico que fere, as palavras descuidadas que machucam e compartilhemos apenas os pensamentos que revigoram e alimentam a alma. Digamos apenas boas palavras e já que a "eulogia" está intimamente relacionada aos funerais, podemos também chamá-las de boas palavras (*bon mots*, o equivalente em francês soa deliciosamente como bombons).

Quantos *bon mots* você vai compartilhar hoje? Distribua-os como doces franceses para a sua família e colegas de trabalho e escreva alguns para que possam ser saboreados muito tempo depois de passado o momento. —Mike Wittmer

campo missionário

leia
João 8:1-11
...onde estão eles? Não ficou ninguém para condenar você? [...] Pois eu também não condeno você. Vá e não peque mais!(vv.10-11).

examine
- Mateus 7:1-5
- Romanos 2:1-4
- Tiago 4:11-12

considere
Você julga precipitadamente outras pessoas cujas tentações e lutas são diferentes das suas? Como Jesus demonstrou o conceito de amar o pecador e odiar o pecado?

As palavras de Adão ecoaram estranhamente pela sala como uma banda grunge em festival de polca, a expressão indecorosa pairava no ar como combustível queimado. Ele tinha acabado de usar um termo inadequado para descrever os homossexuais.

Achei realmente que a palavra escolhida por Adão fora ofensiva, mas parecia menos ofensiva por ele referir-se aos pecadores. Então, tudo bem, certo? Espere! Dá um tempo!

Minha amiga Pamela desafia ousadamente os cristãos que usam palavras depreciativas ao referir-se aos outros. E propositalmente pergunta: "Desde quando se tornou aceitável ofender um campo missionário? Como você acha que Jesus lidaria com isto? Como Ele enfrentaria esta situação?

Certo dia um grupo de líderes religiosos de Jerusalém levou até Jesus uma mulher apanhada em ato de adultério (João 8:3-5). Eles não estavam preocupados com o bem-estar espiritual dela, queriam apenas ludibriá-lo e talvez matá-la. Jesus não concordava com qualquer dessas alternativas, e não a via como alvo de escárnio e julgamento, mas via a sua necessidade. E Ele disse aos seus acusadores: "...Quem de vocês estiver sem pecado, que seja o primeiro a atirar uma pedra nesta mulher!" (v.7), e depois disse à mulher: "...Vá e não peque mais!" (v.11).

Quando nós, como cristãos, recorremos a xingamentos perdemos o privilégio de representá-lo àquele mundo. É pouco provável que o vejam em meio à fumaça e a neblina do nosso linguajar frívolo, farisaico e até mesmo envolto em dardos de ódio.

Deus "...não quer que ninguém seja destruído", (2 Pedro 3:9). Não ajudamos "determinados" pecadores a virem a Jesus se os insultamos com palavras em vez de compartilhar com eles as boas-novas do perdão de Deus através de Jesus Cristo. É uma lição que precisamos ter em mente ao lidarmos com as pessoas que fazem parte do nosso campo missionário. —Tim Gustafson

altares pessoais

leia›
Gênesis 11:1-9
...Agora vamos construir uma cidade que tenha uma torre que chegue até o céu. Assim ficaremos famosos e não seremos espalhados pelo mundo inteiro (v.4).

examine›
...as pessoas que têm a mente controlada pela natureza humana se tornam inimigas [...] não obedecem à lei de Deus e [...] não podem obedecer a ela [...] não podem agradar a Deus (Romanos 8:7-8).

considere›
Quanto você se desgasta para "construir uma boa reputação"? De que maneira você dedicará sua vida e seu trabalho a Deus e aos outros hoje?

Toda sexta-feira à noite nos reunimos para compartilhar, ler a Bíblia e orar. Somos uma turma diversificada, composta por um matemático, uma musicista, um advogado, um palestrante e até mesmo um ativista político amador.

Recentemente lemos a história da Torre de Babel e nos surpreendemos com a motivação dos construtores. Dizem que a torre foi feita porque estes homens e mulheres buscavam a "fama". Ao construírem o gigantesco monumento em forma de pirâmide cheio de degraus, os orgulhosos criadores dominariam o mundo e tornariam seus nomes conhecidos (Gênesis 11:4).

Tais intenções presunçosas não combinam com Deus e tal atitude causou problemas para o futuro da Terra. Se os seres humanos pudessem dominá-la, a rebeldia só aumentaria. Deus confundiu as línguas e acabou com a vã tentativa de glória pessoal.

Nossa geração caminha perigosamente em busca da fama, como Babel. Uma pesquisa recente descobriu que a fama é o segundo maior desejo dos jovens entre 18 e 25 anos (depois das riquezas). Graças aos *blogs*, *YouTube* e *Facebook* temos diversas ferramentas para contar ao mundo quem somos.

Deus tem algo maior para nós do que a busca trivial por construir a própria fama. É um mundo (reino) do qual desfrutamos quando o Seu nome é nossa maior paixão (Deuteronômio 6:5).

O meu grupo de sexta-feira à noite se debateu com esta verdade por algum tempo. Como nossa musicista poderia resistir à tentação de "construir uma boa reputação?" Ou o matemático, uma vez que ter seu nome publicado em artigos de pesquisa é fundamental para o sucesso profissional?

Percebemos que duas coisas nos ajudam a ser bem-sucedidos em Jesus: adoração e serviço. Quando nossas vidas e carreiras são entregues como ofertas a Deus, evitamos a tentação de edificar altares pessoais até o céu. —Sheridan Voysey

conquistar submissão

leia
Tito 3:1-8
Recomende aos irmãos que respeitem as ordens dos que governam e das autoridades, que sejam obedientes e estejam prontos a fazer tudo o que é bom (v.1).

examine
Obedeçam aos seus líderes [...] Se vocês obedecerem, eles farão o trabalho com alegria; mas, se vocês não obedecerem, eles trabalharão com tristeza, e isso não ajudará vocês em nada (Hebreus 13:17).

considere
O que lhe impede de respeitar os líderes? Qual a diferença entre obediência e submissão?

Em 2008, Usain Bolt, o corredor jamaicano, estabeleceu recordes mundiais nas competições das Olimpíadas de Pequim. Com duas medalhas de ouro garantidas, sabia o que era preciso para vencer a terceira e última disputa, o revezamento 4x100m masculino. Bolt queria correr o primeiro quarto e "resolver a parada de uma vez por todas", mas os treinadores pensavam diferente. Optando por submeter-se à autoridade deles, Bolt correu o terceiro quarto, e garantiu a medalha de ouro à sua equipe, acrescentando mais um recorde mundial ao seu currículo impressionante.

A submissão, "rendição de alguém ao poder, controle ou governo de outra," não é uma inclinação natural para a maioria das pessoas. Muitos acham que sabem melhor, e se recusam a agir contra os seus sentimentos (Tito 3:3). O teste definitivo de submissão para os cristãos, entretanto, não é se concordamos com o que se pede de nós, mas se está de acordo com a Palavra de Deus.

Infelizmente, na igreja de hoje, às vezes espiritualizamos nossa desobediência às Escrituras. Ofendidos por decisões da liderança seguimos outros caminhos e justificamos nossa resolução declarando obediência a orientação do Senhor. Podemos também alardear sobre nossa falta de respeito à autoridade no local de trabalho (Efésios 6:5-6), como se o ser "guiado pelo Espírito" justificasse nosso desrespeito. Tito 3:1 diz: "Recomende aos irmãos que respeitem as ordens dos que governam e das autoridades, que sejam obedientes e estejam prontos a fazer tudo o que é bom."

As Escrituras falam claramente contra o confiar na força da sabedoria humana (Provérbios 21:30; 1 Coríntios 2:5). Contudo, a verdade inegociável é esta: Deus estabeleceu a ordem e trabalha de maneiras inesperadas. A submissão às autoridades começa com a verdadeira confiança em Deus e Sua Palavra (Salmo 56:10-11). —Regina Franklin

cura demorada

leia
Apocalipse 22:1-6
...Em cada lado do rio está a árvore da vida [...] E as suas folhas servem para curar as nações (v.2).

examine
- Habacuque 1:1-11
- João 11
- Romanos 8:19-25

considere
Em que áreas o seu coração precisa ser curado? Em que áreas você precisa confiar em Deus para curar a sua vida?

Em setembro de 2008, um desastre natural atingiu a Costa do Golfo nos Estados Unidos mais uma vez. O furacão Ike varreu a Ilha Galveston e Houston, Texas, a quarta maior cidade do país. Um sobrevivente, Bobby Anderson, descreveu a horrenda experiência de se agarrar a um prédio enquanto a tempestade o arrastava. Para seu espanto presenciou uma mulher que não conseguiu se segurar e foi arrastada para o mar.

Outra testemunha, Aaron Reed, falou sobre uma área da cidade, que foi "quase destruída completamente. Como se alguém pegasse um facão e fosse abrindo picadas." Amigos, casas, comunidades — devastados.

Essas tragédias são desoladoras e também vívidas imagens da verdade que enfrentamos todos os dias — a triste realidade que as Escrituras descrevem em seus capítulos iniciais. Nosso mundo (governos, estruturas sociais, economias, ambientes, bairros, relacionamentos) tem profundas e dolorosas cicatrizes. Fomos mortalmente feridos pelo pecado e rebelião e toda enfermidade que resulta de tão completa destruição. E o único remédio para este estrago e ruína é uma cura profunda. Precisamos de um Salvador.

À luz da nossa necessidade urgente, a visão do apóstolo João de onde toda esta calamidade está acontecendo oferece uma imensa esperança. Estamos caminhando rumo a uma conclusão feliz onde "...não haverá [...] nada que esteja debaixo da maldição de Deus..." e "...não haverá mais noite..." (Apocalipse 22:3,5). Estamos nos aproximado do dia — você consegue imaginar? — em que Deus vai "curar as nações", cada uma delas (v.2).

Acabou o mal. Acabou a dor. A cura vai chegar. Mais precisamente, aquele que cura virá. Como João diz: esta restauração emana do "...Senhor Deus [que] brilhará sobre eles" (v.5). —Winn Coller

feito pela fé

leia
Gálatas 3:1-6
...Na minha pregação a vocês eu fiz uma descrição perfeita da morte de Jesus Cristo na cruz; por assim dizer, vocês viram Jesus na cruz (v.1).

examine
Pois pela graça de Deus vocês são salvos por meio da fé. Isso não vem de vocês, mas é um presente dado por Deus (Efésios 2:8).

considere
Por que é tão importante enxergar a salvação como uma dádiva da graça divina? Onde se encaixam as boas obras na vivência da nossa fé em Jesus?

O que acontece quando você escolhe 13 não-cristãos e os faz viver conforme as instruções bíblicas por três semanas? O *reality-show* britânico *Make me a Christian* (Torne-me um Cristão) tentou responder essa pergunta.

Entre os competidores incluíam-se: um ciclista ateísta e uma professora primária lésbica. Eles foram mentoreados por quatro clérigos: um anglicano, um católico, um evangélico e um pentecostal.

Apesar da bizarra estratégia para apresentar Jesus aos não-cristãos, alguns competidores afirmaram que pretendiam "aprender mais sobre o cristianismo." O apóstolo Paulo proferiu palavras duras aos gálatas que tentaram "se tornar cristãos" através das obras (Gálatas 3), e lhes fez quatro perguntas:

1. Vocês receberam o Espírito Santo pela obediência às leis de Moisés? (3:2). A resposta era não, pois a habitação do Espírito Santo vem pela fé.

2. Por que vocês tentam se tornar perfeitos através do próprio esforço? (v.3). Os gálatas seguiam estupidamente as orientações dos judaizantes que lhes diziam que eles poderiam progredir espiritualmente através das obras e fatores externos, não pela graça e pelo trabalho do Espírito Santo em nós.

3. Vocês enfrentaram tantas dificuldades por nada? (v.4). O povo de Paulo havia sido perseguido por causa da sua fé alicerçada na graça. Se tivessem voltado a seguir a Lei Mosaica, negando a graça, teriam sofrido por nada.

4. Deus lhes dá o Espírito Santo e realiza milagres entre vocês porque obedecem à lei? (v.5). A resposta dele: "É claro que não!" Os milagres não eram da lei, mas se referiam ao ouvir, que conduz à fé.

Às vezes, podemos perder de vista o fundamento de nossa própria fé, e achar que ela se fundamenta na prática do que é correto. A verdade? Nossa fé flui da maravilhosa graça divina. Somente Deus pode tornar alguém cristão. —Tom Felten

coração endurecido?

leia›
Êxodo 7:1-13
No entanto, como o SENHOR tinha dito, o rei continuou teimando e não atendeu o pedido de Moisés e Arão (v.13).

examine›
• Salmo 51:7
• Ezequiel 11:19

considere›
Que sintoma de um coração endurecido você está sentindo neste momento? O que precisa fazer para permitir que Deus amoleça o seu coração?

O coração é um órgão impressionante. Ele bombeia continuamente oxigênio e sangue rico em nutrientes pelos nossos corpos para manter a vida. Esta casa de força de primeira classe bate 100 mil vezes por dia e movimenta mais de sete litros e meio de sangue diariamente. O coração espiritual também é uma obra de arte. Ele pode ser amolecido pelo toque de Deus e também ser duro como a pedra ao ouvir a Sua voz.

A Bíblia apresenta pelo menos quatro sintomas de um coração endurecido:

• *Quando alguém se coloca fortemente contra uma obra almejada por Deus.* Deus desejava a liberdade do Seu povo, porém o Faraó os manteve como escravos no Egito. Não menos de dez vezes a Bíblia diz que o Faraó endureceu seu coração e não deixava o povo de Deus ir (Êxodo 7:13-22; 8:19).

• *Quando alguém tem atitude crítica em relação a Deus e Sua obra.* Em Êxodo 17:1-7, o povo de Deus reclamou e argumentou contra Deus e Sua liderança. Eles não confiavam que o Deus que os libertara era o mesmo que os alimentaria.

• *Quando as pessoas são descuidadas em relação às outras* (Deuteronômio 15:7-8). Tiago (2:15-16) e João (1 João 3:17) lembraram seu ouvintes que a verdadeira fé olha ao redor para ver e satisfazer as necessidades práticas dos outros.

• *Quando há falta de compreensão da obra de Deus no mundo.* Em vez de os líderes religiosos se alegrarem com a obra de Deus através de Jesus quando Ele curou o homem com a mão deformada, eles o criticaram por curar no sábado (Marcos 3:1-6).

Se você conhece alguém com um coração endurecido, ore para que Deus entre e substitua os caminhos confusos pela Sua graça. Ore também para que Deus continue a amolecer o seu coração. Ele pode transformar um coração endurecido em caloroso e aberto à Sua sabedoria que traz vida. —Marvin Williams

o que for preciso

leia
Gênesis 39:6-12
...ele [José] escapou e correu para fora, deixando a capa nas mãos dela (v.12).

examine
O que Deus quer de vocês é isto: que sejam completamente dedicados a ele e que fiquem livres da imoralidade (1 Tessalonicenses 4:3).

considere
O que você tem feito para manter-se puro? Quais os benefícios da pureza sexual?

Na Indonésia foi solicitado que alguns de seus moradores acrescentassem um acessório de moda ao seu guarda-roupa — um cadeado. Explico: Para inibir a prostituição que às vezes ocorre em casas de massagem, as massagistas foram incentivadas a usar cadeado na cintura da calça.

Apesar da ideia parecer medieval, relembra que a imoralidade não é opção. Sendo cristãos devemos refletir a mesma mensagem em nossas vidas, pois "Deus não nos chamou para vivermos na imoralidade, mas para sermos completamente dedicados a ele" (1 Tessalonicenses 4:7).

O compromisso de José era viver uma vida pura, apesar das investidas sexuais da esposa do seu patrão. Primeiro, o servo esforçado e atraente tentou se defender confrontando-a com a realidade: "...— Escute! [...] Ele [Potifar] me pôs como responsável por tudo o que tem. Nesta casa eu mando tanto quanto ele. Aqui eu posso ter o que quiser, menos a senhora, pois é mulher dele. Sendo assim, como poderia eu fazer uma coisa tão imoral e pecar contra Deus?" (Gênesis 39:8-9).

Embora José tenha se recusado cometer adultério, a sra. Potifar o desejava. Sabiamente ele "...evitava estar perto dela" (v.10). Como ele, precisamos evitar situações nas quais a sedução ameaça nossa pureza.

Quando a tentação se aproximar devemos fugir "...da imoralidade sexual!..." (1 Coríntios 6:18). José agiu assim quando a esposa de Potifar se jogou em cima dele em local privado. Ele "escapou e correu para fora..." (v.12). Ele abriu mão da sua reputação, emprego e status para honrar a Deus, abstendo-se do pecado sexual. Como ele, precisamos valorizar a pureza, deixando para trás namoros doentios, determinados sites na Internet e até mesmo abandonar antigos estilos de vida, tudo que nos leva a viver uma vida impura. Como cristãos devemos nos dispor a fazer o que for preciso. —Jennifer Benson Schuldt

nosso canto do mundo

leia
Gálatas 6:7-10
Portanto, sempre que pudermos, devemos fazer o bem a todos, especialmente aos que fazem parte da nossa família na fé (v.10).

examine
...que façamos o que é direito, que amemos uns aos outros com dedicação e que vivamos em humilde obediência ao nosso Deus.

considere
Quais são algumas necessidades humanitárias às quais Deus o chama para agir em sua parte do mundo? De que maneira você pode ajudar alguém que esteja sofrendo hoje?

Um episódio de seriado conta a história de um piloto de helicóptero que gerenciava um negócio paralelo; vendia ferro-velho no mercado negro. Ele pagava uma ninharia às crianças coreanas para que estas recolhessem o metal dos campos de batalha infestados de minas terrestres. Ao recolherem, muitas crianças se feriam e eram mutiladas.

Um cirurgião do exército, que tratou alguns garotos feridos, descobriu o negócio e indignou-se. Ele internou o piloto, indefinidamente, por razões médicas desconhecidas. Frustrado, o ganancioso piloto perguntou ao doutor se ele queria salvar o mundo. O médico sorriu e respondeu: "Não, só o meu cantinho."

Que maneira positiva de enxergar o ato de ajudar os necessitados ao nosso redor. Faz-me lembrar um dos desafios de Paulo à igreja da Galácia — "...sempre que pudermos, devemos fazer o bem a todos..." (Gálatas 6:10).

Apesar de não podermos acabar com a prática do aborto em nossa parte do mundo, podemos auxiliar uma jovem grávida assustada e confusa que tenha optado pela vida do bebê. Da mesma forma, não podemos resolver o problema da fome, mas podemos doar alimentos a alguma instituição de caridade ou levar uma refeição a um vizinho que esteja passando por momentos difíceis. Estas são algumas maneiras de resplandecer a luz e o amor de Jesus em nosso próprio canto do mundo (Mateus 5:16).

Jamais devemos subestimar o grande impacto que nossos pequenos esforços podem ter na vida dos outros. Demonstrar preocupação com alguém em momento de necessidade física ou emocional pode finalmente abrir a porta para compartilharmos sobre como Jesus é capaz de suprir uma necessidade espiritual ainda maior.

Como John Maxwell disse: "As pessoas não se importam com o quanto você sabe — até que saibam o quanto você se importa." —Jeff Olson

amar os inimigos

leia
2 Reis 5:1-5
...amem os seus inimigos e façam o bem para os que odeiam vocês. Desejem o bem para aqueles que os amaldiçoam e orem em favor daqueles que maltratam vocês (Lucas 6:27-28).

examine
- Provérbios 24:17,20,29
- Mateus 5:46-48
- Romanos 12:19-21

considere
Por que é difícil amar aqueles que lhe prejudicaram? Como o exemplo de Jesus o inspira a se importar com seus inimigos?

Naamã, o poderoso general de Arã, de repente ficou impotente. Sob sua armadura fascinante e impenetrável, uma doença o matava lentamente. Ele havia contraído lepra (2 Reis 5:1), e agora seu poder político e habilidades militares não poderiam ajudá-lo. Em breve perderia todo o poder e os bens na terra, inclusive a própria vida. Ele estava desamparado e sem esperança.

Nessa altura, uma escrava hebreia entra em cena. Não se sabe muita coisa a respeito dela. É bem provável que a sua casa tenha sido destruída e os pais mortos pelos invasores de Arã. Ela fora levada à força como escrava para uma terra estrangeira (v.2). Nem mesmo sabemos o nome dela. Mas, sem ela, Naamã teria sido história.

Certamente, ela poderia estar amargurada e zangada com Deus: Como posso continuar a crer num Deus que é incapaz de proteger a mim e aos meus queridos? Também poderia ter odiado o povo de Arã. Devia estar feliz por Naamã estar enfermo e morrendo.

No entanto, ela disse à patroa: "...Eu gostaria que o meu patrão fosse falar com o profeta que mora em Samaria, pois ele o curaria da sua doença" (v.3). Ela os direcionou ao Deus de Israel e ao Seu profeta Eliseu. Ela ainda tinha profunda fé no Deus de Israel, embora naquele tempo ninguém jamais tivesse sido curado de lepra (Lucas 4:27).

Em vez de permanecer em silêncio e deixar que Naamã morresse, ela na verdade quis que Naamã se recuperasse. Em lugar de um espírito de amargura ou desejo de vingança, ela demonstrou um coração cheio de amor e perdão por seu inimigo.

É natural odiarmos quem nos prejudicou. Seria considerado normal não perdoá-los ou desejar que não se recuperassem. Porém Deus nos chama a fazer o sobrenatural e o que não é natural. Interceder, amar e fazer o bem aos nossos inimigos (Mateus 5:43-44; Lucas 6:27-28).

—K. T. Sim

mensagem aos ladrões

leia
Efésios 4:17-32
Quem roubava que não roube mais, porém comece a trabalhar a fim de viver honestamente e poder ajudar os pobres (v.28).

examine
...nem esperem ganhar alguma coisa com o roubo. Ainda que as suas riquezas aumentem, não confiem nelas (Salmo 62:10).

considere
Quais são algumas formas de roubo que você praticou contra Deus e outras pessoas? O que será necessário para que você se arrependa e mude de comportamento?

Todo o ato foi filmado pelas câmeras de segurança. Enquanto três amigos e eu jantávamos num café na África Oriental, um homem vestindo uma jaqueta preta entrou e sentou-se numa mesa do outro lado do restaurante. Meus amigos e eu nem reparamos nele, nem mesmo quando ele rapidamente mudou-se para a mesa perto da nossa. O indivíduo se aproveitou da nossa desatenção e — enquanto orávamos pela refeição com os olhos fechados — tirou minha bolsa do encosto da cadeira, a escondeu na jaqueta e saiu correndo.

É provável que o ladrão tenha ficado ainda mais feliz com o sucesso do seu plano quando descobriu que na bolsa havia dinheiro, uma máquina fotográfica cara e outros objetos de valor. Imagino que ele nem sentiu remorso, como os israelitas descritos em Jeremias 2:26. "...Como o ladrão fica envergonhado quando é pego, assim o povo de Israel passará vergonha..."

As Escrituras contêm uma forte palavra de advertência para o indivíduo que surrupiou minha bolsa e criminosos como ele. "Quem roubava que não roube mais, porém comece a trabalhar a fim de viver honestamente e poder ajudar os pobres" (Efésios 4:28). Esta mensagem se aplica a todos nós que não furtamos bolsas também, pois é provável que em mais de uma ocasião tenhamos nos apoderado de algo que pertence à outra pessoa. Por exemplo, você já levou os créditos pelo trabalho ou ideia de um colega? Ou talvez tenha roubado temporariamente a felicidade de alguém dizendo algo doloroso ou falso sobre essa pessoa.

Confesso que muitas vezes fiz coisas assim. E descobri que a recompensa de furtar jamais supera a alegria do trabalho duro e de doar como alguém que pertence a Deus (v.30). O Senhor diz que quando damos acumulamos tesouros no céu. Os tesouros dessas "bolsas" jamais envelhecem ou se desgastam — nem são roubados (Lucas 12:33).
—Roxanne Robbins

legado

leia›
Deuteronômio 4:1-9
Não as esconderemos dos nossos filhos, mas falaremos aos nossos descendentes a respeito do poder de Deus, o SENHOR, dos seus feitos poderosos e das coisas maravilhosas que ele fez (Salmo 78:4).

examine›
- Deuteronômio 6:4-9
- Salmo 71:18
- Salmo 145:4

considere›
Faça uma lista das riquezas ou valores espirituais, que você herdou dos seus pais. Como você está transmitindo estes valores à próxima geração?

A maioria dos pais deseja uma vida melhor para os filhos. Muitas vezes, aqueles que têm condições financeiras deixarão uma herança considerável para os filhos — na esperança de que o dinheiro extra os ajude a enfrentar as necessidades, os perigos e as incertezas da vida. Esta atitude é nobre, pois Provérbios 13:22 diz: "O homem bom terá uma herança para deixar para os seus netos..."

Entretanto, não é o melhor que podemos fazer. Deus ordena que deixemos um legado que o dinheiro não pode comprar. Quando Ele libertou os israelitas da escravidão no Egito os advertiu: "...tenham cuidado e sejam fiéis para que nunca esqueçam as coisas que viram. E contem aos seus filhos e netos" (Deuteronômio 4:9).

Os israelitas deveriam transmitir sua aliança com Deus aos seus filhos, falando frequentemente a Seu respeito: "...e não deixem de ensiná-las aos seus filhos. Repitam essas leis em casa e fora de casa, quando se deitarem e quando se levantarem" (Deuteronômio 6:7). Se fossem bem-sucedidos em levar seus filhos a amarem a Deus, então seus descendentes viveriam "...muitos anos na terra que o SENHOR Deus jurou dar aos nossos antepassados..." (Deuteronômio 11:21). Se falhassem e seus filhos se voltassem aos ídolos, então eles desapareceriam "...logo da terra..." e seriam "...completamente destruídos" (Deuteronômio 4:26).

Portanto, deixar um legado espiritual também pode resultar em apoio financeiro à próxima geração. Os mansos verdadeiramente herdarão a terra. Embora a curto prazo não haja garantias, aqueles que foram criados para amar a Deus e ao próximo estão mais preparados para administrar com cuidado — e oração — qualquer bênção financeira inesperada que venham a receber. Mais importante, "...ponham a sua esperança em Deus, que nos dá todas as coisas em grande quantidade..." Ele vai capacitá-los a "...receber a vida, a verdadeira vida" (1 Timóteo 6:17-19). —Mike Wittmer

resumos da vida

leia
Gênesis 50:14-22
...vocês planejaram aquela maldade contra mim, mas Deus mudou o mal em bem para fazer o que hoje estamos vendo, isto é, salvar a vida de muita gente (v.20).

examine
- Salmo 73
- Salmo 105:17-19
- Tiago 1:2-4

considere
Como a busca por breves provações prejudicou o desenvolvimento do seu caráter? Como manter o foco no que Deus está fazendo ao enfrentar um desafio na vida?

Quando eu lecionava inglês para o Ensino Médio, meus alunos liam as versões condensadas. Sempre os incentivava a utilizar os guias de estudo com a leitura do romance ou peça. Embora as interpretações literárias condensadas pudessem ajudá-los a compreender trechos complexos, nada poderia substituir a leitura em primeira mão das obras completas. A leitura de versões condensadas em lugar do original seria como ler a receita de uma torta de maçã em vez de prová-la de verdade. Os atalhos nos deixam incompletos.

O mesmo é verdadeiro para a nossa caminhada espiritual. As provações são as escolas para desenvolvimento do caráter. Entretanto, quando pressionados pelas mãos do oleiro somos propensos a afirmar que a vida é injusta ou a buscar uma saída (Jeremias 18:6).

Acostumado com as dores das escolhas dos outros, José enfrentou situações complicadas. Porém, as lições que aprendeu vieram daquilo que ele acreditava sobre o coração de Deus (Gênesis 50:20). A questão não é se tempos difíceis virão, mas qual será nossa reação quando chegarem. Jesus disse que a chuva cai sobre os bons e os maus (Mateus 5:45). Portanto, o desafio é buscar a bondade que vem das Suas mãos em meio a qualquer provação que encontrarmos.

Paulo escreveu: "Pois sabemos que todas as coisas trabalham juntas para o bem daqueles que amam a Deus, daqueles *a quem ele chamou de acordo com o seu plano* (Romanos 8:28, ênfase acrescentada). Para que tudo coopere para o nosso bem...

- devemos amar a Deus, demonstrando isso através da nossa obediência (João 14:23).
- devemos almejar cumprir o propósito de Deus para nossa vida (Romanos 8:28) — nos tornarmos como Seu Filho (v.29) para Sua glória (2 Coríntios 3:18).

À medida que fizermos isso, conheceremos a bondade de Deus nos momentos difíceis, como José veio a conhecer. —Regina Franklin

amor e inferno

leia>
Mateus 25:41-46
...estes irão para o castigo eterno, mas os bons irão para a vida eterna (v.46).

examine>
- Mateus 10:28
- Lucas 16:19-31
- 2 Pedro 2:4

considere>
Quem na minha esfera de influência precisa ouvir sobre a ira e a graça de Deus? O que estou fazendo para ajudá-los a crer?

Em certo navio americano, a equipe de bordo se reuniu ao redor do capelão e perguntou-lhe: "Você acredita no inferno?" Ele respondeu: "não." Os membros da tripulação absorveram silenciosamente sua resposta e soltaram esse tiro de advertência: "Bem, então poderia se demitir, por favor? Se não existe inferno, não precisamos de você... e se existe, não queremos que nos guie na direção errada!"

Há muitos cristãos que se envergonham da doutrina bíblica do inferno — vendo-a como uma mancha a ser encoberta pelo amor divino. Estão errados, pois Jesus ensinou mais sobre inferno, do que qualquer outra pessoa na Bíblia.

Quais as palavras de Jesus a respeito do inferno? Ele declarou que o inferno é um lugar de punição e separação eterna e consciente de Deus (Mateus 8:12; 25:46; Marcos 9:43). Ele ensinou que o inferno é um espaço de sofrimento e escuridão, enfatizando o isolamento em relação a Deus e aos outros. O inferno é um local preparado para Satanás e seus anjos (demônios) e para os seres humanos que rejeitaram a Deus (Mateus 25:41). Quando Satanás e sua equipe caíram do céu, Deus preparou um lugar para castigá-los. Se alguém se afasta daquilo que Deus providenciou através de Jesus, esta pessoa está se rebelando contra o plano perfeito de Deus. Finalmente Jesus disse que o inferno é para aqueles que rejeitaram ao Pai e a Ele (João 3:18; 1 João 5:11-12).

Precisamos compreender a realidade de que todos — como seres eternos — passarão a eternidade em um dos dois lugares. A decisão tomada deste lado da vida influenciará eternamente o outro. Cada um de nós que seguimos a Jesus tem um papel vital em difundir a vida eterna que Ele dá a todos os que nele creem.

Compartilhe a verdade sobre o inferno com as pessoas que você conhece. É uma atitude amorosa. —Marvin Williams

tempo de obedecer

leia
Êxodo 16:1-29
Então o SENHOR Deus disse a Moisés:
– Até quando vocês vão desobedecer às minhas ordens e às minhas leis? (v.28).

examine
Ensinando-os a obedecer a tudo o que tenho ordenado a vocês... (Mateus 28:20).

considere
Em que você precisa obedecer a Deus hoje? Como a sua obediência influenciará o seu relacionamento com Ele?

Minha esposa Miska e eu gostamos de esclarecer as coisas com nossos filhos pequenos. Muitas vezes perguntamos como se sentem ou se compreendem as orientações que estamos lhes dando. Mesmo quando demonstram uma atitude negativa conseguimos convencê-los. Porém, nem sempre é assim. Às vezes, acaba a hora da conversa e chega o momento de "fechar a boca e obedecer."

Deus deve ter o mesmo sentimento ao lidar conosco. Na época do Êxodo, os israelitas começaram a reclamar e choramingar por mais comida. Deus deu-lhes uma resposta improvável, dizendo que derramaria maná (um alimento adocicado, parecido com *wafer*) e codornizes do céu. Deus queria usar esta alimentação milagrosa para ensinar Israel a confiar em Seu poder e em Seu generoso desejo de suprir todas as necessidades deles. Para isso, lhes deu instruções claras para que a cada amanhecer o povo recolhesse somente o alimento necessário para aquele dia e nada mais. Infelizmente, "...alguns não obedeceram à ordem de Moisés e guardaram uma parte daquele alimento" (Êxodo 16:20).

Em seguida, Deus instruiu o povo a recolher uma porção dobrada no final de semana, permitindo que o povo descansasse no sábado. No entanto, mais uma vez, "...no sétimo dia algumas pessoas saíram" para surrupiar o alimento que — descobririam — não estava lá (v.27).

A resposta de Deus revelava Sua frustração. Quando meu povo vai simplesmente obedecer? (v.28). Deus está sempre aberto aos nossos questionamentos. Ele é paciente, persistente, misericordioso e bondoso e conhece muito bem as nossas imperfeições humanas. Contudo, chega o momento em que nossas perguntas são uma maneira de nos escondermos do risco e do perigo da desobediência. Surge o instante que precisamos silenciar nossas justificativas ou temores e simplesmente obedecer — a hora é agora. —Winn Coller

hoje e no futuro

leia›
Tito 2:1-15
Aconselhe também os homens mais jovens a serem prudentes. Você mesmo deve ser, em tudo, um exemplo de boa conduta... (vv.6-7).

examine›
Nada me alegra mais do que ouvir que os meus filhos vivem de acordo com a verdade (3 João 1:4).

considere›
Você não ficaria empolgado se tivesse discipulado alguém e essa pessoa um dia discipulasse seu filho? Que atitude tomará hoje para amar e discipular os outros?

Você deve admirar as maneiras criativas que as pessoas demonstram o amor de Deus ao próximo. Recentemente, me impressionei ao descobrir sobre o ministério de compaixão de minha amiga para os estudantes universitários. Adolescentes e jovens vão a casa dela para as refeições, orientação, e para aprender com o seu exemplo. Como moram longe, eles agora têm um "lar" e uma "mãe" por perto.

Quando elogiei minha amiga por servi-los, ela explicou que seus esforços se concentravam no hoje e no futuro. Ela os ama e incentiva hoje da forma como espera que outros cristãos amem seus próprios filhos no futuro — quando estiverem na faculdade.

Paulo "acolheu" um jovem pupilo, Tito, e mostrou-lhe as "cordas" do amor e da orientação ao próximo. Ele enfatizou que este jovem líder na Ilha de Creta deveria "...ser, em tudo, um exemplo de boa conduta..." (Tito 2:7).

O objetivo do apóstolo era que Tito ensinasse e acompanhasse cada vez mais os cristãos de todas as idades (vv.2-4,6) e fizesse as obras de um cristão maduro para que eles por sua vez "as praticassem" (v.15). Esta estratégia de "multiplicação" foi posta em prática originalmente pelo próprio Jesus ao estabelecer a Grande Comissão da igreja (Mateus 28:18-20; Atos 1:8). À medida que os círculos concêntricos de cristãos se expandiam, mais pessoas se convertiam e iniciavam seus próprios movimentos — ensinando outros e praticando atos que fluem de uma fé autêntica (Tito 2:11).

Que ondas você tem produzido? Quem você incentivou a mergulhar mais fundo nas verdades espirituais? À medida que amamos e levamos outros a Jesus, ensinando-lhes Seus caminhos, estaremos fazendo o que a minha amiga apaixonada por servir os estudantes gosta de fazer — investir em jovens cristãos hoje para que possam discipular jovens cristãos no futuro. —Tom Felten

o que você não tem

leia
João 14:23-29
...É a minha paz que eu lhes dou; não lhes dou a paz como o mundo a dá... (v.27).

examine
- Salmo 37:11,37-40
- Salmo 119: 61-165
- Filipenses 4:6-7

considere
Liste as suas três metas mais importantes. Que tipo de sucesso elas lhe trariam se as alcançasse? Como elas lhe ajudarão a encontrar a paz?

A carreira de Harrison Ford personifica o sucesso. Os seus filmes renderam mais de seis bilhões de dólares nos Estados Unidos. Porém numa entrevista recente, Ford fez este profundo comentário: "Você quer apenas aquilo que não tem." O entrevistador perguntou-lhe o que desejava. Ford respondeu com uma palavra: "Paz."

Qual seria sua definição de sucesso? Talvez uma meta ilusória esteja acenando na próxima esquina. E se tivesse "aquilo", você pensa tudo daria certo. Mas na verdade isso é mentira. Não existe nada lá fora que torne as coisas melhores.

Na noite anterior a crucificação, Jesus indicou aos Seus discípulos o caminho da verdadeira paz. "Não fiquem aflitos. Creiam em Deus e creiam também em mim" (João 14:1).

Jesus embasou esta paz em diversos alicerces. Ele estava preparando um lugar permanente para eles (vv.2-4) e não os deixaria sem um Advogado, o Espírito Santo (vv.16-17). Prometeu-lhes vida eterna com Ele. "Não vou deixá-los abandonados, mas voltarei para ficar com vocês...", declarou Ele. "E, porque eu vivo, vocês também viverão. Quando chegar aquele dia, vocês ficarão sabendo que eu estou no meu Pai e que vocês estão em mim, assim como eu estou em vocês (vv.18-20).

Embora os discípulos não compreendessem totalmente as Suas palavras, se lembrariam delas no futuro e encontrariam a paz que precisavam para cumprir os mandamentos de Jesus. "Deixo com vocês a paz...", concluiu Jesus, "É a minha paz que eu lhes dou; não lhes dou a paz como o mundo a dá. Não fiquem aflitos, nem tenham medo" (v.27).

O único desejo de todos é algo que não podemos alcançar sem a intervenção divina. Na existe paz sem a paz que Jesus dá. —Tim Gustafson

curando as feridas

leia›
Lucas 22:39-53
Um deles feriu com a espada o empregado do Grande Sacerdote, cortando a sua orelha direita. Mas Jesus ordenou: — Parem com isso! Aí tocou na orelha do homem e o curou (vv.50-51).

examine›
Mas, para vocês que me temem, a minha salvação brilhará como o sol, trazendo vida nos seus raios. Vocês saltarão de alegria, como bezerros que saem saltando do curral (Malaquias 4:2).

considere›
Você guardou amargura contra aqueles que lhe machucaram? Qual a cura que Jesus poderia trazer ao seu coração?

Jesus ora no monte e Sua angústia se intensifica ao ver a morte se aproximar. Os discípulos, adormecidos, acordam apavorados enquanto Judas e a multidão enfurecida vão em direção a Ele. Judas aproxima-se de Jesus com um beijo de traição, os guardas agem e o medo agita o coração dos discípulos.

Fico imaginando o que eu faria se estivesse no lugar dos discípulos naquela noite? Jesus havia dito: "...quem não tem espada deve vender a capa e comprar uma" (Lucas 22:36). Será que eu também não compreenderia a metáfora e a interpretaria literalmente? Se meus olhos estivessem turvos e amedrontados pela horda, minha mão teria alcançado o cabo da espada? Se eu fosse Pedro, teria dado uma estocada no servo do Grande Sacerdote, golpeando-o para me defender? (v.50; Lucas 18:10).

A espada de Pedro atinge Malco e instantaneamente um dos seguidores do Príncipe da Paz torna-se culpado por tentativa de homicídio. "Parem com isso!" Jesus ordena, e se ajoelha próximo a Malco e milagrosamente cura a sua orelha ferida (v.51). Em instantes Jesus cura o ferimento provocado por Seu seguidor.

Muitas são as ofensas dos seguidores de Jesus hoje. Evangelistas hipócritas, cristãos críticos e fanáticos que interpretam incorretamente a Palavra de Deus, todos deixam cicatrizes em nome do Bom Pastor. Talvez você tenha passado por isso pessoalmente. A sua fé, um dia vibrante, agora está apagada, o seu coração que um dia foi alegre, agora está exausto. E você questiona que tipo de Deus teria seguidores assim?

Jesus clama: "Parem com isso!"

Os Seus seguidores podem falhar ao tentar viver como Ele viveu, mas Jesus é sempre consistente. Contemple novamente a Sua face. Observe-o caminhando em sua direção, ajoelhando-se diante de você e sinta o toque dele em sua ferida mais profunda. Ele pode curar o dano causado pelos Seus defensores — se você permitir o Seu toque. —Sheridan Voysey

ei, isso é meu

leia
1 Reis 1:5-10
...Davi nunca o havia repreendido... (v.6)

examine
- Provérbios 13:24
- Provérbios 29:15,17
- Hebreus 12:10-11

considere
Por que Deus quer que disciplinemos nossos filhos? Você pode disciplinar melhor os seus filhos? Ser mais consistente, amoroso, adequado à faixa etária?

Meu filho brincava com alguns brinquedos na biblioteca quando uma menina apareceu e tirou um caminhão dele. Ele a olhou como se dissesse: "Ei, isso é meu!" Examinei cuidadosamente a sala procurando a pessoa responsável por esta pequena saqueadora, mas não encontrei ninguém por perto para contê-la.

Como pais, temos a responsabilidade de "...educar a criança no caminho em que deve andar..." (Provérbios 22:6). É a nossa disciplina amorosa que os ajuda a lidar com o mau comportamento e estabelece as diretrizes para o resto da vida.

Davi provavelmente desejou ter feito um trabalho melhor para manter seus filhos na linha. Quando Davi estava à beira da morte, seu filho Adonias declarou: "Eu reinarei" (1 Reis 1:5 RA), em vez de esperar que seu pai escolhesse o próximo governante. Adonias não respeitava seu pai porque "...Davi nunca o havia repreendido..." (v.6). Corrigir nossos filhos os ensina a respeitar os outros — inclusive a nós como pais.

Disciplinar nossos pequeninos os ajuda a calcular as consequências das suas atitudes. Às vezes podemos oferecer orientações significativas apenas questionando seu comportamento. Infelizmente, Davi jamais perguntou a Adonias: "Por que você agiu dessa maneira?"

Adonias continuou a perseguir o trono de Israel até que finalmente, seu irmão Salomão — o legítimo rei — o matou. Talvez por isso, fomos advertidos "Corrija os seus filhos enquanto eles têm idade para aprender..." (Provérbios 19:18).

Como pais, queremos que nossos filhos vivam uma vida significativa e que honrem a Deus. Porém, admitamos, "...as crianças fazem tolices..." (Provérbios 22:15). Por esse motivo, precisamos ajudá-los a controlar suas travessuras através da correção e disciplina — para que estejam prontos para admitir: "Ei, isso é meu!" —Jennifer Benson Schuldt

o coração importa

leia
1 Samuel 16:1-7
...Não se impressione com a aparência nem com a altura deste homem [...] não julgo como as pessoas julgam [...] eu vejo o coração (v.7).

examine
Ó Deus, examina-me e conhece o meu coração. Prova-me e conhece os meus pensamentos. Vê se há em mim algum pecado e guia-me pelo caminho eterno (Salmo 139:23-24).

considere
Em que coisas exteriores você tem a tendência de concentrar atenção demais? Como você pode buscar um coração espiritualmente mais saudável, hoje?

A reanimação cardiorrespiratória é um procedimento de emergência aplicado em pessoas que sofreram paradas cardíacas. Logo que aprendi a fazer a reanimação há 25 anos, nos concentrávamos nas compressões no peito e na retomada da respiração. Repetíamos, "bombeie e ventile".

Hoje, o foco principal está no coração. Quando você socorre alguém que sofreu parada cardíaca, as novas pesquisas sugerem que você deve se concentrar nas compressões no peito. Supostamente, existe uma quantia suficiente de oxigênio no sangue para manter o funcionamento dos órgãos vitais por algum tempo. A falta mais imediata para o corpo é um coração pulsante para fazer o sangue circular.

Quando você pensa sobre isso, vê que a vida depende das condições do coração do indivíduo. A Bíblia enfatiza repetidas vezes que um coração espiritualmente saudável é vital. Por todas as suas páginas somos instruídos a buscar, servir e amar a Deus e ao próximo de todo coração (Deuteronômio 4:29; Mateus 18:35). Ela diz que devemos esconder a Palavra de Deus em nosso coração para não pecarmos contra Ele (Salmo 119:11). Ela nos adverte: "um coração enganoso" é o que nos leva a adorar falsos deuses (Isaías 44:20). E nos estimula a "cuidar" com o que pensamos, pois "...a sua vida é dirigida por seus pensamentos" (Provérbios 4:23).

Enquanto as pessoas se concentram na aparência externa, Deus vê o coração (1 Samuel 16:7). Ele sabe que a verdadeira história da nossa vida desabrocha do nosso interior. Não é tanto o que vemos na superfície. É o que não podemos enxergar abaixo dela que é a parte mais importante.

Não se concentre apenas nos aspectos visíveis da vida. Não pare por aí. Olhe para o interior que é o que mais importa.

Qual a condição do seu coração hoje? —Jeff Olson

velho fiel

leia
Josué 14:1-14
Fiz o melhor que pude na corrida, cheguei até o fim, conservei a fé (2 Timóteo 4:7).

examine
- Mateus 25:14-30
- Atos 20:24
- 1 Coríntios 4:12

considere
Qual a diferença entre sucesso e fidelidade? Como podemos viver uma vida mais fiel em Jesus?

Billy Graham pregou pessoalmente para mais pessoas do que qualquer outro evangelista no século 20. Ele proclamou as boas-novas para aproximadamente 100 milhões de pessoas em suas cruzadas, com cerca de três milhões de convertidos. Numa entrevista a NBC em junho de 2005, perguntaram-lhe como gostaria de ser lembrado. Billy Graham, na época com 86 anos, respondeu: "Espero que digam que ele foi fiel."

Calebe também era um octogenário que desejava servir fielmente a Deus. Em Josué 14, ele recordava que há 45 anos, como espia de Israel, ele tinha apresentado um "relatório verdadeiro" para que tomassem posse da terra de Canaã (v.7). Porém, devido à descrença da nação na época, não seguiram o seu conselho e todos os que tinham 20 anos ou mais morreram no deserto — exceto Calebe e Josué (Números 32:11-12). Agora, na velhice, Calebe reconhecia que Deus o manteve vivo por todos aqueles anos no deserto para que pudesse desfrutar do lar prometido por Deus em Canaã (Números 14:24).

Deus é fiel. Calebe também foi. Por três vezes as Escrituras afirmam que Calebe "...obedeceu fielmente ao SENHOR, o Deus de Israel" (Josué 14:8-9,14). Em outras passagens, Calebe é constantemente descrito como alguém que sempre foi fiel a Deus (Números 14:24; 32:12; Deuteronômio 1:36).

Nenhum de nós sabe quanto tempo de vida terá. Alguns podem chegar aos 85 anos ou mais. Entretanto, a questão não é a duração, mas a profundidade da nossa fidelidade a Deus. Será que quando atingirmos a idade avançada poderemos dizer: "...mas eu obedeci fielmente ao SENHOR, meu Deus" (Josué 14:8). As palavras que vêm da parte de Deus a seguir afirmam: "...Calebe tem um espírito diferente e sempre tem sido fiel a mim" (Números 14:24). Busquemos esse tipo de fidelidade na vida (Mateus 25:21). —K. T. Sim

r-e-s-p-e-i-t-o

leia
1 Pedro 2:13-25
Respeitem todas as pessoas, amem os seus irmãos na fé, temam a Deus e respeitem o Imperador (v.17).

examine
...obedeçam com medo e respeito àqueles que são seus donos aqui na terra. E façam isso com sinceridade, como se estivessem servindo a Cristo (Efésios 6:5).

considere
Quais são as três maneiras pelas quais você demonstra respeito pelas principais figuras de autoridade em sua vida? Como você demonstra respeito a Deus?

Steve Miranda, da *Sociedade para Gerenciamento de Recursos Humanos*, afirma que o principal motivo de as pessoas deixarem o emprego é devido aos chefes que depreciam seus empregados ou demonstram comportamento desrespeitoso. "Maus chefes são vampiros de energia," ele diz.

Como você deve reagir se estiver subordinado à autoridade de um chefe ou alguém difícil de respeitar? O palestrante motivacional, nadador medalhista de ouro olímpico Josh Davis afirma: "Não há motivo para ser rude ou grosseiro com outro ser humano." E continua: "aplico um princípio bíblico para me ajudar: 'Façam tudo sem queixas nem discussões para que vocês não tenham nenhuma falha ou mancha. Sejam filhos de Deus, vivendo sem nenhuma culpa no meio de pessoas más, que não querem saber de Deus. No meio delas vocês devem brilhar como as estrelas no céu'" (Filipenses 2:14-15). As Escrituras dizem que devemos respeitar...

- *as autoridades governamentais:* "Por causa do Senhor, sejam obedientes a toda autoridade humana..." (1 Pedro 2:13-14).
- *a todos:* "Respeitem todas as pessoas, amem os seus irmãos na fé, temam a Deus e respeitem o Imperador" (1 Pedro 2:17).
- *aos patrões:* "Vocês, empregados, sejam obedientes aos seus patrões e os respeitem, não somente os que são bons e compreensivos, mas também aqueles que os tratam mal" (1 Pedro 2:18).
- *aos líderes cristãos:* "...tratem essas pessoas com o maior respeito e amor, por causa do trabalho que fazem. E vivam em paz uns com os outros" (1 Tessalonicenses 5:12-13).
- *aqueles que buscam:* "...Estejam sempre prontos para responder a qualquer pessoa que pedir que expliquem a esperança que vocês têm. Porém façam isso com educação e respeito..." (1 Pedro 3:15-16).

Reflita hoje sobre como Deus gostaria que você demonstrasse maior respeito pelos outros. —Roxanne Robbins

estática

leia
Isaías 59:1-15
Pois são os pecados de vocês que os separam do seu Deus, são as suas maldades que fazem com que ele se esconda de vocês e não atenda as suas orações (v.2).

examine
As minhas ovelhas escutam a minha voz; eu as conheço, e elas me seguem (João 10:27).

considere
Que questão paralisante o afastou de Deus? O que você fará para fechar este abismo?

Adoro as conveniências da tecnologia — especialmente os telefones sem fio, pois propiciam a mobilidade sem o empecilho de enroscar nos fios. No entanto, apesar de desfrutar dessa liberdade, muitas vezes tenho que lidar com um incômodo — o ruído crepitante da estática. Estes problemas acontecem principalmente quando me distancio da base do telefone. Quanto mais longe, maior a dificuldade para ouvir e compreender meu interlocutor.

Da mesma forma, quanto mais nos distanciamos de Deus — nossa fonte de vida e força — maior a estática espiritual que enfrentamos, e não conseguimos ouvir a Sua voz.

A Bíblia contém uma lista dos itens que nos afastam de Deus. O primeiro item negativo é o *pecado* (Isaías 59:2). Isaías disse que pecados e iniquidades separaram o povo de Deus dele, e que Ele escondeu Sua face — consequentemente Deus não "responde" aos seus apelos.

O *egoísmo* é o segundo obstáculo que cria o afastamento (v.4). Tiago afirmou que Deus não respondeu as orações do Seu povo porque eles pediram com a motivação errada — para que pudessem gastar com prazeres (Tiago 4:3). A *rebelião* é o terceiro caminho destrutivo que provoca a estática espiritual (Isaías 59:13). O povo de Deus desobedeceu aos Seus mandamentos com arrogância e quando os inimigos os atacaram, eles clamaram a Deus. Porém Deus recusou-se a ouvir suas preces (Deuteronômio 1:43-45).

O quarto obstáculo a comunicação é a *injustiça* (Isaías 59:9,11,14-15). Deus disse que não olharia para Seu povo, pois este não defendia a causa dos oprimidos, órfãos e viúvas. (Isaías 1:15-17).

O último entrave que provoca a estática relaciona-se à nossa fonte pessoal de energia: a falta de fé (Tiago 1:6-7). Aproximemo-nos de Deus, nossa fonte de vida e força, vivenciando a humildade, justiça, sinceridade e fé. —Marvin Williams

rompendo o ciclo

leia
Salmo 13
Ó SENHOR Deus, até quando esquecerás de mim? Será para sempre?... (v.1).

examine
...o amor de Deus, o SENHOR, por aqueles que o temem dura para sempre. A sua bondade permanece, passando de pais a filhos, para aqueles que guardam a sua aliança... (Salmo 103:17-18).

considere
Como a sua atitude parental é um reflexo da sua criação? O que você pode fazer para proteger a sua família contra o pecado cometido por uma geração?

Meu pai cresceu sem pai. Quando ele tinha cinco anos, o seu pai abandonou a família e nunca mais voltou. Mais tarde, ao perguntarem ao meu avô se ele tinha um relacionamento com papai, ele se recusava a admitir que meu pai fosse seu filho — renegando-o e dizendo que era um parente distante.

Conforme a maioria das estatísticas, eu também deveria ter crescido num lar destruído, com pai ausente. As Escrituras dizem que os pecados dos pais são transmitidos à terceira e quarta gerações (Êxodo 20:5; Números 14:18; Jeremias 32:18). Dizem que garotos molestados crescem e se tornam abusadores; e crianças com pais ausentes se transformam em pais indisponíveis aos próprios filhos.

Não em meu caso. Jeremias 31:29-34 proclama um novo tempo no qual rompe-se o pecado de uma geração. Os filhos não precisam passar adiante os pecados dos seus pais, pois o poder da nova aliança — prometida e cumprida em Jesus — nos capacita a quebrar os grilhões do pecado em nossas famílias e iniciar um novo ciclo de amor e fidelidade.

Ezequiel 18:19-20 apoiado na promessa de Jeremias anuncia "...o filho não sofre por causa dos pecados do pai, [...] o filho fez o que era correto e bom. Ele guardou as minhas leis, e as seguiu cuidadosamente, e por isso é certo que viverá." Se somos vítimas de pais que nos feriram, não precisamos perpetuar isso. Cada um de nós tem um novo começo diante de Deus.

Não é fácil. Meu pai feriu-se profundamente pela ausência do pai, e a maneira como criou os filhos trazia as cicatrizes. Às vezes, ele tentava nos compensar, lutando muito para ser o pai perfeito no lar ideal. Porém nunca tive dúvidas de que ele me amava. Meu pai optou por absorver o ódio do meu avô em vez de passá-lo adiante, e iniciou um novo ciclo. Você também pode agir assim. —Mike Wittmer

estradas esburacadas

leia
Salmo 40:1-8
Tirou-me de uma cova perigosa, de um poço de lama. Ele me pôs seguro em cima de uma rocha e firmou os meus passos (v.2).

examine
- Salmo 18:30-33
- Salmo 27:4-5
- Miqueias 7:7-8

considere
Como você reage diante de um "buraco" na estrada da vida? Nesses momentos o que significa para você confiar verdadeiramente em Deus?

Meus pensamentos estavam longe, quando de repente um buraco na estrada sacudiu meu carro. Enquanto balançava pelo cruzamento, me dei conta de que tinha ignorado as placas que indicavam uma rodovia em obras. Encoberto pela escuridão da madrugada o desnível no asfalto era imperceptível aos olhos. Porém, dias depois enquanto dirigia por outro trecho da mesma estrada a suavidade da via recentemente pavimentada fez meus pneus cantarem com delicadeza. A diferença era visível.

Isaías 26:7 diz: "O caminho das pessoas direitas é fácil; tu, ó Deus justo, tornas plano o caminho por onde elas andam." O caminho do Senhor é sempre correto e Ele é fiel para endireitar as veredas diante de nós. Contudo, assim como a rodovia em construção, às vezes o tempo e os métodos de Deus não correspondem as nossas expectativas. Limitados por nossa restrita visão, lutamos para compreender o que Ele está fazendo quando tentamos ultrapassar os locais em que as obras ainda estão em andamento. Algumas vezes o solavanco provoca a dor. Confusos e na tentativa de perscrutar a escuridão, buscamos recobrar as forças.

Neste lugar de incertezas, a confiança é fundamental (Salmo 40:3-4). Ansiamos pela paz e descanso divinos — para ver o resultado do que Ele está fazendo. Todavia facilmente esquecemos que os vales escuros surgirão ao longo da estrada (Salmo 23:4). Sem confiança, nossa fé enfraquecerá. Sem fé continuaremos a vacilar em esforço próprio (Hebreus 11:6).

Nestes trechos descobrimos como Davi, que "esperar com paciência" significa encontrar libertação (Salmo 40:1). Não importa se atoleiro é consequência das nossas próprias escolhas ou de outros, somente Ele pode nos salvar. Pés firmes em terreno sólido, não se referem ao que vemos, mas a quem olhamos. —Regina Franklin

parte do futuro é agora

leia
Isaías 11:1-9
Lobos e ovelhas viverão em paz... (v.6).

examine
- Efésios 2:11-22
- Apocalipse 21:1-5

considere
Onde seu mundo mais precisa de Deus? De que maneira você pode se unir a Sua obra redentora?

Bafaluto, uma pequena vila de 300 habitantes em Gâmbia, mal podia sobreviver. Sem acesso a água limpa, toda a população estava presa a um ciclo de pobreza, doenças implacáveis e fome — até que Brian Harrold e Pamela Morgan, empresários irlandeses gastaram uma pequena fortuna para cavar um poço de 80 metros de profundidade para este povo. Quando lhe perguntaram o que os levou a fazer isso, Brian respondeu: "Não prejudicar o outro neste mundo ainda é pouco."

Da mesma forma, o profeta Isaías viu a confusão do mundo, e retratou uma visão instigante do mundo como Deus planejou que fosse. Neste novo mundo, Deus varrerá a vasta multidão de iniquidades da humanidade, "...defenderá o direito dos pobres" (Isaías 11:4), desfará todo o impulso direcionado a violência — tanto assim que até mesmo "Vacas e ursas pastarão juntas..." (v.7). Embora uma visão como essa ecoe os verdadeiros anseios dos nossos corações, ela parece fantasiosa e irreal. Será que este trecho das Escrituras é um sentimentalismo teórico ou há exemplos concretos em nosso mundo?

Deus não vive no abstrato — em algum lugar nebuloso do futuro. Ele vive *neste momento.* Apesar de Deus ter feito este mundo há muito tempo, Ele já começou Sua obra para terminá-lo. Após a catástrofe do Éden, Deus acionou imediatamente Seu plano de resgate através de Jesus — o resgate que seria obedientemente exemplificado pelo povo de Deus. Em primeiro lugar, Israel, agora a igreja.

As cartas de Paulo apresentam como nós, a tribo de Deus, somos (como diz um escritor) "um sinal antecipado da cura divina e do futuro restaurador para o mundo." Até mesmo hoje, nosso amor, as obras de justiça e a proclamação do evangelho refletem o plano de Deus para "...a terra [que] ficará cheia do conhecimento da glória do SENHOR..." (v.9). —Winn Coller

os intocáveis

leia
Gênesis 3:6-13
Nesse momento os olhos dos dois se abriram, e eles perceberam que estavam nus... (v.7).

examine
- Jó 40:3-4; 42:2-6
- Salmo 34:5
- Romanos 6:21-22

considere
Do que você se envergonha? Como Deus vê os seus pecados e falhas sob a luz da Sua graça?

A vida de Yashwant Rao em Karnataka, Índia, incluía alguns vícios pessoais que o envergonhavam, porém, algo mudou em sua vida. Yashwant recebeu Jesus como Salvador após um pastor em sua vila ter trabalhado amorosa e insistentemente para alcançá-lo.

Deus o orientou para compartilhar sua fé com os *dalits* ou "intocáveis", a mais baixa de todas as castas no sistema indiano. Nos últimos anos, muitas destas pessoas humildes e envergonhadas se converteram!

A humilhação é tão antiga quanto Adão e Eva (Gênesis 3). Ao desobedecerem a Deus e optarem por comer algo que Ele proibira (v.6), "...perceberam que estavam nus..." (v.7). O relacionamento de confiança com o seu Criador amoroso tinha se rompido. A confiança que compartilhavam também tinha sido quebrada — lembra-se a quem Adão culpou ao ser confrontado por Deus? "...A mulher que me deste para ser a minha companheira me deu a fruta..." (v.12).

A vergonha deles se tornou nossa. Tornamo-nos "intocáveis" — envenenados pelo pecado do primeiro homem e da primeira mulher. Mas, esse não é o final da história...

Assim como Yashwant Rao estendeu suas mãos de misericórdia aos *dalits* da Índia, Deus estende Sua graça a nós. "...De fato, muitos morreram por causa do pecado de um só homem; mas a graça de Deus é muito maior, e ele dá a salvação gratuitamente a muitos, por meio da graça de um só homem, que é Jesus Cristo" (Romanos 5:15).

Quando escolhemos receber a graça de Jesus e a salvação, somos libertos da vergonha. Somos livres para adorá-lo com alegria. Podemos ter comunhão com Ele — e com os outros — com corações limpos!

Se você é cristão e se arrependeu dos seus pecados, a vergonha do passado se foi. Você foi promovido. Não é mais um "intocável," pois foi tocado pela purificadora graça divina. —Tom Felten

antes de entrar

leia
Salmo 15
Ó SENHOR Deus, quem tem o direito de morar no teu Templo? Quem pode viver no teu monte santo? (v.1).

examine
• Salmo 24:3-6
• Isaías 33:14-16

considere
Como você se preparará para a adoração particular e pública esta semana? Em qual das perguntas sobre a adoração você acha que deve se focar mais? Por quê?

Antes de irmos ao mercado, muitos de nós fazemos uma lista. Antes de nos exercitarmos, temos o bom hábito de nos alongarmos. Antes de viajarmos, fazemos as malas de acordo com os dias que ficaremos fora, e clima do local de destino. Antes de trazermos um bebê para casa, compramos móbiles coloridos e um bom estoque de fraldas e lenços umedecidos. Praticamente tudo que fazemos requer algum tipo de preparação — inclusive a adoração a Deus. Davi fala exatamente sobre isso no Salmo 15.

O salmo começa com duas perguntas que vão fundo na alma: "Ó SENHOR Deus, quem tem o direito de morar no teu Templo? Quem pode viver no teu monte santo?"(v.1). A resposta que ele dá a estas questões traz pelo menos mais quatro perguntas que nos ajudam a nos preparar para a adoração:

• *Meu caráter é verdadeiro?* (v.2). Davi disse o "...que vive uma vida correta... ", ou seja, aqueles cujo caráter não é marcado por falhas morais e éticas — corrupção e incoerência — estão preparados para adorar.

• *Meus relacionamentos estão bem?* (v.3). Um sinal de que um relacionamento está ferido é o uso de palavras que ferem. A pessoa que calunia o nome e o caráter de alguém com palavras cruéis e fofocas maldosas não está preparado para adorar.

• *Honrei todos os meus compromissos?* (v.4). A pessoa está pronta para a adoração, particular e publicamente, quando mantém sua palavra sempre.

• *Ganho e uso meu dinheiro de modo honrado?* (v.5). Deus ordenou Seu povo a não tirar vantagem dos marginalizados na sociedade, e não deveria ser cobrado juros altos demais nem aceitar subornos à custa da verdadeira justiça. Pense nisso: Estou dando mais valor ao dinheiro do que às pessoas?

Antes de iniciar a adoração particular ou pública, permita que o Espírito Santo analise o seu caráter. —Marvin Williams

famintos

leia›
Romanos 10:8-15
Mas como é que as pessoas irão pedir, se não crerem nele? E como poderão crer, se não ouvirem a mensagem? E como poderão ouvir, se a mensagem não for anunciada? (v.14).

examine›
Abro a boca e suspiro, pois o que mais desejo na vida é obedecer aos teus mandamentos (Salmo 119:131).

considere›
De que modo você valoriza a Palavra de Deus como algo necessário à sua vida diária? Como você pode aumentar sua fome para ler e passá-la adiante?

Pronto para ver um número impressionante? 193.000.000. É difícil de conceber, mas trata-se do número estimado de pessoas que nunca viram ao menos um trecho das Escrituras traduzidas para a sua língua. Com a facilidade de comunicação no mundo atual, é difícil entender como mais de 2.200 idiomas não têm uma tradução da Bíblia. Muitos de nós achamos natural ler a Palavra de Deus em nosso idioma, e consideramos normal ter várias versões diferentes escritas em nossa língua nativa. Mas, infelizmente, às vezes encaramos a leitura das Escrituras como uma obrigação, ao invés de um prazer.

Aqueles que estão espiritualmente despertos sabem que a sede por Deus está intimamente ligada à fome por Sua Palavra. Como declara o Salmo 119:103: "Quão doces são as tuas palavras ao meu paladar! Mais que o mel à minha boca." Dando vida a todos os que a degustam, as Escrituras não apenas revelam o coração de Deus, mas deixam claro o Seu plano de salvação (1 Timóteo 2:3-4).

Falando em Seus planos, Isaías profetizou: "O povo que andava em trevas viu grande luz, e aos que viviam na região da sombra da morte, resplandeceu-lhes a luz" (9:2). Se nos valermos de nossos próprios métodos, erramos o alvo. Por ser a Palavra a revelação de Cristo, ela não é apenas o parâmetro da verdade, é a própria verdade. Prometendo dar-nos entendimento e luz para os nossos caminhos (Salmo 119:104-105), a Bíblia supre o alimento espiritual que precisamos.

Para aqueles dentre nós abençoados com a Palavra ao alcance das mãos, o desafio está em nos assegurarmos de que ela esteja "...na [nossa] boca e no [nosso] coração..." (Romanos 10:8).

Ninguém precisa convencer um faminto a comer. Nossa gratidão a Deus por termos Bíblia precisa nos deixar famintos por ver o restante do mundo suprido e satisfeito pela Palavra de Deus. —Regina Franklin

"permaneçam juntos"

leia
Gálatas 6:1-10
Levai as cargas uns dos outros e, assim, cumprireis a lei de Cristo (v.2).

examine
Quanto ao mais, irmãos, adeus! Aperfeiçoai-vos, consolai-vos, sede do mesmo parecer, vivei em paz; e o Deus de amor e de paz estará convosco (2 Coríntios 13:11).

considere
Que áreas você está trilhando sozinho na vida? Como os "amigos do peito, irmãos ou irmãs" poderiam ajudá-lo a crescer em Cristo?

Gladiador conta a história de Maximus, antes um respeitado general dos exércitos romanos que fora traído e condenado à escravidão. O filme retrata sua escalada pelas fileiras dos gladiadores, para enfim vingar as injustiças cometidas contra ele e sua família. Momentos antes da primeira luta de Maximus contra um adversário misterioso e poderoso no Coliseu, ele diz a seus colegas gladiadores: "O que quer que saia por estes portões, teremos melhor chance de sobreviver se agirmos juntos. Entenderam? Se ficarmos juntos — sobreviveremos!" Para o espanto da plateia, os gladiadores em desvantagem se juntam e conquistam uma vitória improvável.

Há uma lição essencial a ser aprendida com a história de Maximus — não fomos feitos para vivermos sozinhos. Esta verdade pode ser vista na vida de dois personagens bíblicos bastante conhecidos.

Davi era um homem sempre rodeado de gente. Em sua juventude ele era "uma só alma" com seu amigo Jônatas (1 Samuel 18:1). Como rei, Davi tinha a companhia de três homens que defenderam seu trono e arriscaram suas vidas por ele em batalha (2 Samuel 23:8-39).

Sansão, por outro lado, vivia solitário. A Bíblia não menciona nada sobre qualquer amigo que ele pudesse ter tido. Ele não tinha ninguém por perto para alertá-lo dos erros que estava cometendo com a perigosa Dalila (Juízes 16). E, diferente de Davi, que viveu por muito tempo e morreu com glórias, Sansão partiu prematuramente.

A vida num mundo corrupto é difícil — por vezes até selvagem. Precisamos de amigos próximos e que nos conheçam bem. Pessoas que irão orar por nós, nos fortalecer quando estivermos mal, e nos alertar quando estivermos nos desviando (Gálatas 6:2).

A diferença entre sobreviver e não sobreviver geralmente está nas palavras "se permanecermos juntos". —Jeff Olson

quebrantamento

leia
Gênesis 32:23-32
Quando o homem viu que não podia vencer, deu um golpe na junta da coxa de Jacó, de modo que ela ficou fora do lugar (v.25).

examine
...ouvir outra vez os sons de alegria e de felicidade; e, ainda que tenhas me esmagado e quebrado, eu serei feliz de novo. Não olhes para os meus pecados e apaga todas as minhas maldades (Salmo 51:8-9).

considere
Como você tem se quebrantado diante de Deus? Por que precisamos nos quebrantar para estarmos preparados para que Ele nos use?

"Tudo girava ao meu redor", costuma dizer um grande amigo meu quando fala de sua vida antes de Cristo. Quando jovem, seu talento musical garantiu um lugar sob os holofotes — colhendo os louros e desfrutando dos prazeres que acompanham a popularidade.

Mas aí chegou o dia em que tudo desmoronou. O casamento. As fachadas. O ego inflado. Diante da santidade ofuscante e pura de Deus, ele caiu de joelhos e pediu misericórdia. Ele finalmente se rendia.

Jacó teve uma experiência semelhante. Pouco antes de entrar na terra prometida a seu povo (Gênesis 15:7), ele se atracou numa luta com um anjo de Deus (32:24). As lutas não eram novidade para Jacó, que já havia lutado com o irmão (25–27), com o pai (27) e com o sogro (29–31). Agora ele lutava por uma bênção de Deus (32:26).

O desalento de uma vida de lutas contra os outros encontrou seu páreo na escuridão da noite em que ele lutou com o anjo (v.24). Exausto, suado, prostrado, Jacó tentou subjugar seu atacante uma última vez, ao amanhecer. Mas o anjo "...deu um golpe na junta da coxa de Jacó de modo que ela ficou fora do lugar" (v.25). Ferido e derrotado, Jacó se agarrou ao anjo e implorou por uma bênção de Deus.

Ele estava finalmente prostrado e pronto para receber aquilo que tentou conquistar pelas próprias mãos. O anjo disse que seu nome a partir deste momento seria Israel e não mais Jacó (v.28). E ele agora estava pronto para entrar na terra que Deus prometera aos israelitas. O novo nome de Jacó (Israel) atestava que, através do seu encontro com o poder de Deus, ele aprendera humildade e fé genuína.

Você está lutando com Deus? Prostre-se diante dele e renda-se em quebrantamento. A rendição é o caminho para a bênção. —Tom Felten

bolsa vermelha

leia>
Lucas 10:30-37
Mas um samaritano que estava viajando por aquele caminho chegou até ali. Quando viu o homem, ficou com muita pena dele (v.33).

examine>
Tenham misericórdia dos outros, assim como o Pai de vocês tem misericórdia de vocês (Lucas 6:36).

considere>
O seu ministério está alicerçado sobre a um espírito de compaixão? Por que você acha que Deus deseja que ajudemos as pessoas — nos importando com suas necessidades?

Uma igreja cristã local deixou uma bolsa vermelha vazia à nossa porta com um bilhete pedindo doações. Levei para dentro e larguei no balcão da cozinha, mentalmente me isentando de ajudar com a desculpa de que: a) *Não era a minha igreja,* b) *Tinha acabado de participar de projeto semelhante* e c) *Eu tinha um zilhão de coisas para fazer.*

Na manhã seguinte, quando li a história do Bom Samaritano, pensei, "Graças a Deus não sou como as pessoas que deixaram aquele pobre homem desamparado". E a bolsa vermelha chamou minha atenção.

Senti-me como o sacerdote que "...quando viu o homem, tratou de passar pelo outro lado da estrada" (Lucas 10:31). O sacerdote manteve-se à distância. Este que trabalhava no templo parou por um milésimo de segundo e disse "Parece que detonaram você" encolheu os ombros e desviou-se.

Finalmente, apareceu o samaritano e "...Quando viu o homem, ficou com muita pena dele" (v.33). A parábola de Jesus demonstrou que a compaixão — e não apenas as boas obras — diferenciaram o samaritano daqueles religiosos egoístas que passaram por ali.

O verdadeiro serviço cristão é o resultado da compaixão. Jesus, constantemente, respondia ao sofrimento humano com um coração atencioso. "Jesus chorou" (João 11:35), e ressuscitou Lázaro. "Quando o Senhor a viu [viúva], ficou com muita pena dela..." (Lucas 7:13), e trouxe o filho dela de volta à vida. Jesus viu "...viu a multidão e teve pena daquela gente..." (Marcos 6:34), e começou a ensiná-los.

Se você se tornou indiferente às necessidades dos outros, será que abrirá os olhos e o coração às "bolsas vermelhas"? Jesus enalteceu o Bom Samaritano como exemplo de um servo compassivo, e nos encarregou de ir e fazer o mesmo dizendo: "...Pois vá e faça a mesma coisa" (Lucas 10:37). —Jennifer Benson Schuldt

maltratado no trabalho

leia›
1 Pedro 2:18-25
Se vocês suportarem sofrimentos injustos, sabendo que esta é a vontade de Deus, ele abençoará vocês por causa disso (v.19).

examine›
- Deuteronômio 24:14-15
- Romanos 12:14, 17-21
- 1 Pedro 3:13-17

considere›
Se estivesse no lugar de Lai Meng, o que você faria? Por quê? Por que é tão difícil praticar o que Pedro diz neste texto?

Lai Meng, contador sênior numa empresa há 25 anos, recentemente, foi transferido de setor e forçado a aceitar um corte de salário. Seu chefe havia contratado um substituto que receberia metade do salário. Se pedisse demissão, Lai Meng perderia os anos de plano de saúde e benefícios financeiros, uma estratégia que o seu inescrupuloso chefe tinha planejado. Quais palavras de ânimo você daria a Lai Meng?

O livro de 1 Pedro 2:18-25 nos ajuda a lidar com situações em que os seguidores de Cristo são tratados injustamente por seus empregadores. No tempo em que o apóstolo escreveu essas palavras, estima-se que havia algo como 60 milhões de escravos no mundo. Pedro, porém, escreveu a todos os trabalhadores — usando o termo *oiketai* ou empregados (v.18). Esta definição inclui os assalariados. Felizmente não há mais tantos escravos hoje, mas muitas pessoas ainda sofrem exploração econômica.

Seja o chefe "gentil" ou "cruel", Pedro nos diz para sermos "obedientes aos [...] patrões..." (v.18). "Se vocês suportarem sofrimentos injustos...", ele escreveu, "...Deus os abençoará por causa disso" (1 Pedro 2:19-20) e "...vocês serão felizes" (3:14). Deus vê a sua situação. É por isso que o apóstolo Paulo alerta os empregadores antiéticos dizendo que eles também têm um Senhor a quem deverão prestar contas (Colossenses 4:1).

Ao lidar com o sofrimento injusto no trabalho, devemos seguir os passos de Jesus (1 Pedro 2:21). Ao ser maltratado, Ele...

- não pecou (v.22).
- não revidou nem fez ameaças (v.23).
- entregou o Seu caso nas mãos de Seu Pai, que sempre julga retamente (v.23).
- carregou sobre si os nossos pecados, para que vivamos para a justiça (v.24).

Podemos suportar os maus-tratos sabendo que Jesus está conosco — cuidando e protegendo-nos como Pastor e Protetor (v.25). —K. T. Sim

forjando qualidades

leia›
1 Timóteo 6:1-9
...Essa gente pensa que a religião é um meio de enriquecer. É claro que a religião é uma fonte de muita riqueza, mas só para a pessoa que se contenta com o que tem (vv.5-6).

examine›
- Mateus 23:5-7, 25-28
- Filipenses 4:11-13
- Hebreus 13:5

considere›
Quais qualidades o ajudaram a atingir o seu emprego atual ou posição social? Quanto do seu serviço a Deus baseia-se em aparência, e não na realidade?

Paulo alerta o jovem Timóteo de que algumas pessoas usam a religião ou *atos de piedade* (no original grego) para enriquecer. Como assim? Os atos piedosos são bons, logo têm valor. Então sempre haverá quem compre. Mas nunca deveriam existir os *vendedores*.

A preocupação de Paulo? Os cristãos virtuosos às vezes são tentados a desprezar a disciplina que desenvolveu o seu caráter e forjar suas qualidades para se beneficiar. Tal fato pode ocorrer ao perceberem que o seu caráter divino lhes abre portas e traz vantagens sobre os outros menos piedosos (1 Timóteo 6:5).

O pastor que constrói o seu ministério em oração pode começar a orar mais em público do que em particular se perceber que em decorrência disso, a sua igreja e a sua reputação crescem. Um atendente de enfermagem ao ser reconhecido por bem servir pode começar a selecionar os momentos que deseja demonstrar compaixão. E um professor reconhecido por seu conhecimento bíblico pode deixar de se dedicar aos próprios estudos e utilizar-se daquilo que outros já estudaram.

É nossa natureza falha que nos faz forjar nossas melhores qualidades. Os espertos sempre têm que ter a resposta certa, os simpáticos devem sorrir constantemente, e os líderes devem escolher as batalhas que já sabem que vencerão. Nesse ponto, começamos a nos identificar com a nossa imagem — uma imagem que protegeremos a todo custo (especialmente se formos pagos por fazê-lo).

Paulo afirma que o caminho à verdadeira riqueza está no contentamento. Diferente daqueles "...que querem ficar ricos" e por isso "...caem em pecado, ao serem tentados, e ficam presos na armadilha de muitos desejos tolos, que fazem mal e levam as pessoas a se afundarem na desgraça e na destruição" (1 Timóteo 6:9), aqueles que são contentes com o que são — e com o que Deus lhes deu — possuem maior riqueza espiritual. Eles continuarão a cultivar os hábitos que valeram sua reputação e recusarão oportunidades lucrativas que, apesar de aparentemente inocentes, sugariam energia demais de sua missão principal na vida.
—Mike Wittmer

coisas do coração

leia›
Provérbios 4:20-27
Sobre tudo o que se deve guardar, guarda o coração, porque dele procedem as fontes da vida. Tenha cuidado com o que você pensa, pois a sua vida é dirigida pelos seus pensamentos (v.23 RA).

examine›
Ó Deus, cria em mim um coração puro e dá-me uma vontade nova e firme (Salmo 51:10).

considere›
Como vai a saúde do seu coração? Está batendo no ritmo da vontade de Deus? Quais mudanças são necessárias?

Nosso coração bate aproximadamente 70 vezes por minuto. Logo, em um ano ele bombeia entre 3,5 e 7 milhões de litros de sangue por nosso corpo — dependendo de nossas atividades. Desempenha em 12 horas esforço suficiente para erguer um trem de 70 toneladas a 30 cm do chão. Firmes e silenciosos, eles nos mantêm vivos.

Por isso o texto "...guarda o coração, porque dele procedem as fontes da vida" (Provérbios 4:23 RA) faz muito sentido. Se o coração falhar, o corpo todo se desligará. E se o nosso coração estiver saudável, poderemos fazer coisas incríveis.

Com frequência, a Bíblia se refere ao coração como mais do que um órgão humano. O coração representa o centro das nossas emoções, pensamentos e raciocínios. Lemos no livro de Mateus 15:18-19 que "...o que sai da boca vem do coração [...] Porque é do coração que vêm os maus pensamentos."

Tendo isso em mente, com que intuito devemos guardar o coração? A expressão "Sobre tudo o que se deve guardar..." pode ser interpretada como com toda diligência (Provérbios 4:23 RA). Em outras palavras, deveríamos assumir uma postura proativa e honesta para manter o nosso coração saudável. Para o coração físico, significa fazer exercícios regularmente, manter uma dieta saudável e fazer exames médicos periódicos. Quanto às necessidades do nosso coração espiritual: como mantemos uma nutrição saudável com a Palavra de Deus? Como enchemos as nossas mentes? Há pecados obstruindo a nossa comunicação com Deus?

É hora de seguirmos o conselho de John Edwards: "Certifique-se que o foco de sua dedicação seja o coração; e a imagem de Deus seja plantada nele; Seus interesses sejam concretizados; o mundo e a carne sejam subjugados; o amor pelo pecado seja lançado fora; e que ali cresça o amor pela santidade." —Poh Fang Chia

a história acaba bem

leia›
2 Timóteo 4:1-8
Quanto a mim, a hora já chegou de eu ser sacrificado, e já é tempo de deixar esta vida (v.6).

examine›
- Salmo 90:1-12
- Filipenses 3:14

considere›
A quais objetivos fundamentais você se dedica? De que maneira você poderá alinhar sua vida com Deus neste momento, para viver seus últimos dias com esperança e alegria?

Randy Pausch era um respeitado professor na Universidade Carnegie Mellon ao ser diagnosticado com câncer no pâncreas em 2006. Pausch lutou bravamente, mas o câncer se espalhou com força. Um mês após lhe decretarem de seis a nove meses de vida, Pausch deu sua, hoje famosa, "última palestra". Dedicado homem de família (sua esposa Jai e três lindos filhos), Pausch estava determinado a fazer seus últimos meses valerem a pena, passando adiante aquilo que realmente importava. "Estou tentando me colocar numa garrafa que um dia irá parar na praia para os meus filhos", Pausch disse.

O apóstolo Paulo sentiu o mesmo desejo. Ao final de sua vida, ele escreveu uma carta direta e sincera a Timóteo, seu protegido. Sentindo que "a hora" de sua partida estava se aproximando, Paulo fez um resumo de sua vida, numa espécie de epitáfio (2 Timóteo 4:6). "Fiz o melhor que pude na corrida, cheguei até o fim, conservei a fé" (v.7).

Que alegria Paulo deve ter sentido quando recapitulou sua vida e percebeu que tinha cumprido a missão que Deus lhe confiara. Tinha investido suas energias, esperanças e reputação em propósitos bons e verdadeiros. Mas não concluiu que sua vida tivesse sido perfeita. Ele apressava-se sempre para assumir seus piores feitos. A essência de sua vida, porém, fora voltada a partilhar os propósitos de Deus no mundo. Como resultado, Paulo encarou o fim de sua vida com alegre esperança. "E agora está me esperando o prêmio da vitória...", ele disse (v.8).

Quando nos aproximarmos da morte, estaremos satisfeitos pela maneira como investimos nossas forças e nosso tempo, e com os ideais e causas que atraíram o nosso coração e atenção? Nossas vidas terão sido entregues aos desígnios de Deus? Desfrutaremos do prazer de uma história com final feliz? —Winn Collier

calma na multidão

leia
Atos 19:23-34
...O importante é que eu complete a minha missão e termine o trabalho que o Senhor Jesus me deu para fazer. E a missão é esta: anunciar a boa notícia da graça de Deus (20:24).

examine
Eu não me envergonho do evangelho, pois ele é o poder de Deus para salvar todos os que creem, primeiro os judeus e também os não judeus (Romanos 1:16).

considere
Você prefere evitar confrontos, ou vê neles a oportunidade para falar de Deus? De que maneira as pessoas que zombam de sua fé o afetam?

Se existissem câmeras de TV no primeiro século d.C, elas estariam direcionadas à cena do tumulto descrito em Atos 19. Uma multidão raivosa se reunira em Éfeso exigindo a cabeça de Paulo, pois ele havia afirmado "...que os deuses feitos por mãos humanas não são deuses de verdade. E está conseguindo convencer muita gente..." (v.26).

Os ourives de Éfeso ganhavam a vida vendendo imagens de Ártemis, também conhecida como Diana. E a cidade toda levou a teologia "irreverente" de Paulo para o lado pessoal. Mas o resoluto apóstolo não viu a multidão ensandecida como uma ameaça; ele os viu como um campo missionário. Nos versículos 30 e 31 vemos que Paulo tentou aparecer diante do povo, mas foi impedido pelos amigos, preocupados com ele.

Por que Paulo iria querer falar com aquela gente exaltada? Olhe mais adiante, em Atos 20. Mais uma vez, vemos Paulo mergulhando numa situação perigosa (vv.22-23). Ele disse "...prisões e sofrimentos estão me esperando". Mas acrescentou, triunfante: "Mas eu não dou valor à minha própria vida. O importante é que eu complete a minha missão e termine o trabalho que o Senhor Jesus me deu para fazer. E a missão é esta: anunciar a boa notícia da graça de Deus" (v.24).

O desdém de Paulo com a sua própria vida se sustentava firmemente no reconhecimento de que continuaria correndo até completar a corrida. Se cruzasse a linha de chegada em Éfeso ou em Jerusalém, lhe era indiferente. Ele poderia falar do evangelho da graça de Jesus Cristo a multidão.

Paulo não temia a opressão daquela multidão porque Jesus reinava em seu coração. Você está disposto a falar sobre o evangelho da graça de Deus para ao menos uma pessoa, ainda hoje? —Tim Gustafson

cristão conservador?

leia
Romanos 5:1-11
Agora que fomos aceitos por Deus pela nossa fé nele, temos paz com ele por meio do nosso Senhor Jesus Cristo (v.1).

examine
Os dias em que vivemos são maus; por isso aproveitem bem todas as oportunidades que vocês têm (Efésios 5:16).

considere
De que maneiras suas palavras e ações revelam a graça de Deus? Em que você mudará para ter um testemunho mais cativante por Jesus?

Pouco tempo antes de me mudar para a África, eu estava na recepção de um festival de cinema em Nova Iorque, onde encontrei o ator Tim Robbins e tivemos uma conversa interessante. Falamos sobre as causas e efeitos da guerra, questões sobre os direitos humanos em outros países, e por que os famosos de Hollywood são mais propensos que os atletas profissionais a apoiar ou se opor a vários líderes políticos.

Quando o assunto voltou-se para a religião, Tim perguntou: "Afinal, qual o significado da expressão 'cristão conservador'? A pergunta de Tim me atingiu em cheio. Parece que aos olhos e entendimento de muita gente, o corpo de Cristo parece fazer um trabalho melhor ao expor as posições políticas e morais do que ao transmitir com humildade esta mensagem transformadora: "Todos pecaram e estão afastados da presença gloriosa de Deus. Mas, pela sua graça e sem exigir nada, Deus aceita todos por meio de Cristo Jesus, que os salva. Deus ofereceu Cristo como sacrifício para que, pela sua morte na cruz, Cristo se tornasse o meio de as pessoas receberem o perdão dos seus pecados, pela fé nele" (Romanos 3:23-25). De que maneira as nossas palavras, ações e atitudes definem a nossa fé e o dom da salvação que recebemos gratuitamente através da graça de Deus? Será que nós — cristãos — estamos livres de contendas e rixas? (Isaías 58:4). Estamos ajudando a libertar os oprimidos e a cuidar dos pobres? (v.7). Nossa luz por Jesus ilumina a escuridão ao nosso redor? (v.10). Falamos e demonstramos a verdade do evangelho em amor? (1 Coríntios 13:1).

Como seguidores de Cristo, peçamos a Deus para que nos mostre como podemos demonstrar com amor o que Ele fez por nós e quer que façamos pelos outros. —Roxanne Robbins

sob a influência

leia›
Efésios 5:18-21
Não se embriaguem, pois a bebida levará vocês à desgraça; mas encham-se do Espírito de Deus (v.18).

examine›
- Romanos 8:5-16
- Gálatas 5:16-25

considere›
Quais as demonstrações em sua vida de que você está sendo controlado pelo Espírito? Quais áreas ainda precisam ser entregues a Ele?

Dirigir um carro ou qualquer outro veículo sob o efeito de álcool e/ou drogas pode resultar em tragédia e — em menor consequência — uma multa. Dependendo do grau de comprometimento da coordenação mental e motora, a lei prevê punições de acordo com a situação específica, sejam elas: dirigir intoxicado, incapacitado de manobrar, dirigir sob a influência de álcool e/ou drogas. Infelizmente, todo ano milhares de pessoas morrem, são feridas ou presas devido à combinação da direção com o álcool e drogas. Paulo instigou os cristãos em Éfeso, como seguidores de Jesus, a viverem sob outra influência. No livro de Efésios 5:18, o apóstolo Paulo disse: "Não se embriaguem, pois a bebida levará vocês à desgraça..."

Infelizmente, assim como hoje, embriagar-se era uma prática comum entre os povos dos tempos antigos. Um bêbado não tinha mais controle sobre suas palavras e ações. O apóstolo prossegue "...mas encham-se do Espírito de Deus". O que ele quis dizer? Paulo dizia aos efésios que estar em Cristo significava ser controlado e influenciado pelo Espírito Santo.

A gramática é útil neste caso. O termo "encham-se", no idioma grego, é presente imperativo. Isso quer dizer que ser controlado pelo Espírito Santo era uma ordem aos efésios — deveria ser uma experiência contínua e diária. Paulo queria que a igreja de Éfeso vivenciasse a orientação, o controle e o poder do Espírito, para viver por Jesus todos os dias. O encher-se com o Espírito gera vida e alegria interior através da adoração e agradecimento a Deus — não a destruição e morte trazidas pela embriaguez.

Busquemos uma vida "sob a influência" do Espírito Santo. Ao permanecermos sob Seu controle, nossas palavras e ações influenciarão outras pessoas por Jesus. —Marvin Williams

aproximação

leia
2 Coríntios 6:14-18
Como podem Cristo e o Diabo estar de acordo? O que é que um cristão e um descrente têm em comum? (v.15).

examine
- Provérbios 27:17
- Gálatas 5:9
- Hebreus 10:23-25

considere
Por que é importante que os seus relacionamentos mais próximos sejam com verdadeiros cristãos? De que maneira é possível evitar os relacionamentos que atrapalham a sua obediência a Jesus?

Meu filho de seis anos adora *Magnetix*. Diferente do *Lego* que se encaixa e desencaixa, as peças magnéticas que se atraem ou repelem são mais fáceis de montar. De acordo com meu filho, as peças do brinquedo chegam a sair de onde estão guardadas e ir para o chão, sozinhas. Tá bom, sei...

Quando se trata de relacionamentos, a atração não é brinquedo. Para os que creem em Jesus, a Palavra de Deus nos manda buscar relacionamentos amorosos apenas com pessoas do sexo oposto e que também sejam cristãos verdadeiros (2 Coríntios 6:14). Devemos ser conscientes em nossos relacionamentos mais íntimos. (1 Coríntios 7:39).

Paulo não estava defendendo que nos refugiássemos numa subcultura cristã. Ele sabia como é importante nos relacionarmos com não-cristãos para que possamos falar-lhes de Jesus (Colossenses 4:5-6). No entanto, os limites em nossas relações são importantes. E têm tudo a ver com a compreensão da *koinonia*. A palavra grega que significa comunhão envolve comunhão e intimidade. Significa muito mais do que simplesmente conhecer alguém. A ideia aqui implica em que a comunhão íntima permitirá que um receba ânimo do outro.

Manter uma intimidade profunda assim com um não-cristão pode nos levar a adotar seus pontos de vista e escolhas (Êxodo 23:32). Em nossos relacionamentos com pessoas que não conhecem a Jesus, precisamos estar alertas para não compactuarmos com o pecado (Salmo 1:1). Isso inclui não tomar atitudes que neguem o chamado de Deus para aplicarmos mudanças saudáveis em nossas próprias vidas (Romanos 16:19).

Davi assumiu o compromisso de receber forças apenas daqueles que permitiram que o Senhor fosse a sua morada (Salmo 119:63). Deveríamos agir igual. As pessoas, as quais nos aproximamos, influenciam grandemente a nossa capacidade de alcançarmos vidas para Jesus.
—Regina Franklin

tanque cheio

leia

Romanos 15:13-19

Que Deus, que nos dá essa esperança, encha vocês de alegria e de paz, por meio da fé que vocês têm nele, a fim de que a esperança de vocês aumente pelo poder do Espírito Santo! (v.13).

examine

Eu estou dizendo isso para que a minha alegria esteja em vocês, e a alegria de vocês seja completa (João 15:11).

considere

De que maneira você pode reabastecer seu tanque espiritual? De onde Jesus recebia poder e força em Seu ministério?

Bernardo de Claraval, um abade francês do século 12, disse certa vez: "O homem sábio [...] verá sua vida mais como um reservatório do que um canal. O canal [...] libera ao mesmo tempo em que recebe. O reservatório retém a água até se encher, depois despeja o excesso sem perder o que já tem."

Essa metáfora é bastante inspiradora, não é? Revela a sabedoria de dar aos outros aquilo que vem de um tanque espiritual cheio, ao invés de simplesmente repassar o ensino espiritual com a mesma velocidade que recebeu. Paulo espelhou essa mesma verdade numa oração pela igreja em Roma: "Que Deus, que nos dá essa esperança, encha vocês de alegria e de paz, por meio da fé que vocês têm nele, a fim de que a esperança de vocês aumente pelo poder do Espírito Santo!" (Romanos 15:13). Paulo queria que a confiança da igreja de Roma viesse de um tanque que já estava cheio de esperança. Talvez essa seja uma das razões por ele ter orado para que Deus enchesse completamente os santos em Éfeso "...com a sua natureza" (Efésios 3:19).

As orações de Paulo refletem a ideia de que viver em plenitude é o melhor modo de se ter uma vida vigorosa em Cristo. E a boa notícia é que é perfeitamente possível ter a vida de um reservatório ao invés de um canal! Como Jesus disse: "A pessoa boa tira o bem do depósito de coisas boas que tem no seu coração..." (Lucas 6:45). As palavras do Senhor admitem ser possível viver de um "tesouro" de abundância. Mas ele não cai do céu. Essa abundância interior — o reservatório cheio — aparece quando estamos buscamos ativamente a Deus e Sua verdade espiritualmente revigorante.

Com pouco combustível não se vai longe. Volte-se hoje para aquele que deseja restaurar a sua alma e fazer transbordar o seu reservatório espiritual (Salmo 23:5; João 7:38). —Jeff Olson

terras e ações

leia›
Atos 4:32; 5:11
...[Barnabé] vendeu um terreno dele e entregou o dinheiro aos apóstolos... (Atos 4:36,37).

examine›
Assim também a luz de vocês deve brilhar para que os outros vejam as coisas boas que vocês fazem e louvem o Pai de vocês, que está no céu (Mateus 5:16).

considere›
Por que é mais fácil assinar um cheque do que demonstrar graça, fortalecer os outros, e servir? Quais "boas ações" Deus deseja que você pratique esta semana?

Tem algum lugar que você gostaria de estar neste momento — um lugar que você adore? Eu adoro ajudar em um acampamento bíblico. É um lindo local nos bosques ao norte de Michigan, e lá os acampantes desfrutam da criação de Deus e ouvem as boas-novas há mais de 70 anos.

Recentemente uma família doou uma casa para o acampamento — permitindo que outras pessoas possam vir e ter uma experiência com Deus naquele local. O presente foi um claro ato de bondade para a obra de Deus.

No livro de Atos, pouco antes do infame incidente com Ananias e Safira, vemos um homem que vendeu um campo e deu o dinheiro aos apóstolos (4:36). Seu apelido, dado pelos fundadores da igreja primitiva, era Barnabé — "Aquele que dá ânimo", ou, "Filho de exortação" (v.37). Diferente de Ananias e Safira, que morreram por causa de sua desonestidade (5:1-11), Barnabé deu todo o dinheiro que recebeu por sua terra. Ele voluntariamente entregou sua escritura para ajudar nas necessidades de outros cristãos. Mas ele fez muito mais...

Este judeu, seguidor de Cristo, demonstrou graça e aceitação para com um recém-convertido Saulo de Tarso (Paulo) em Jerusalém (9:27). Então, ele deixou a igreja de que participava para ajudar a fortalecer a igreja em Antioquia (11:22).

Consegue perceber? Barnabé deu sua terra, mas também deu sua vida a Jesus — mostrando graça para com os outros, deixando para trás o que lhe era familiar em prol de novos cristãos, e servindo com um coração acolhedor e encorajador.

É muito bom abençoar os outros com dinheiro e presentes para a obra de Deus. Mas o exemplo de Barnabé mostra-nos que há muito mais do que se entregar a Jesus. Vá fundo e "entregue sua escritura", mas não esqueça da Escritura que Deus deixou para nós — falando de atos que o glorificam e encorajam os outros. —Tom Felten

mostrar o caminho

leia›
Salmo 23:1-4
O SENHOR renova as minhas forças e me guia por caminhos certos, como ele mesmo prometeu (v.3).

examine›
- Salmo 4:8
- João 14:27
- 2 Tessalonicenses 3:16

considere›
Como você tenta aliviar o estresse em sua vida? Por que Deus quer que superemos o nosso estresse à Sua maneira?

Li sobre um guru indiano que vende "paz interior" por uns 500 reais. Seu método de respiração controlada e meditação são uma febre entre os estressados trabalhadores na Índia e no mundo. Felizmente este método pode ser aprendido num fim de semana e requer apenas meia hora de exercícios por dia para manter as vibrações positivas.

Claro, respirar fundo algumas vezes ajuda a baixar a pressão, mas o alívio do estresse da nossa alma vem de Deus. Precisamos dele para nos mostrar o caminho para a paz. Davi menciona isso em seu famoso salmo que diz: "O SENHOR é o meu pastor: nada me faltará" (23:1). É uma mensagem simples, mas que me desconcerta sempre que leio. Quando sinto a pressão sobre mim e os pensamentos girando como um redemoinho, lembro que "a paz de Deus, que ninguém consegue entender, guardará [o nosso] coração e a [nossa] mente [...] com Cristo Jesus." (Filipenses 4:7). Ele é tudo que precisamos.

Por ser suficiente, Deus é mais do que capaz de guiar "...por caminhos certos como ele mesmo prometeu" (Salmo 23:3). O verdadeiro remédio para o estresse é superá-lo com Seu poder — para honrá-lo!

Talvez você esteja pensando: "Tudo bem, mas minhas contas continuam chegando"; "Não consigo dormir" e "Minha casa é um caos constante". Quando Davi estava estressado, ele escreveu, "...não terei medo de nada. Pois tu, ó SENHOR Deus, estás comigo..." (v.4). A orientação de Deus é um caminho aconchegante e protetor que serve para nos "...aperfeiçoar, firmar, fortificar e fundamentar." (1 Pedro 5:10).

Trabalhe você num escritório, fábrica ou com um bebê de dois anos, o estresse é inevitável. Felizmente, Deus pode nos ajudar a administrá-lo, e o Seu método de alcançar a paz interior não está à venda. Ele apenas deseja nos mostrar o caminho. —Jennifer Benson Schuldt

aprumados

leia

Amós 7:7-9

O SENHOR me mostrou numa visão isto também: ele estava perto de um muro construído direito, a prumo, e tinha um prumo na mão (v.7).

examine

- Jeremias 2:5
- Romanos 2:4-10
- 1 Pedro 1:13-19

considere

O que o prumo de Deus revela em sua vida? Que desculpas você dá a Deus por não ter uma vida em santidade?

Na Itália, a Torre de Pisa, em Toscana é uma parada obrigatória para os turistas. O campanário de oito andares completado em 1370 já foi reto. Hoje, porém, é inclinado. Em 1990, o eixo do topo da torre estava deslocado em quase cinco metros e havia o perigo de desabamento. A torre passou por 12 anos de intenso trabalho de estabilização e — pela primeira vez desde o século 12 — parou de se inclinar. Em 2001, foi declarada "segura pelos próximos 300 anos".

Na terceira das cinco visões dadas a Amós, Deus aparece "...ele estava perto de um muro construído direito, a prumo, e tinha um prumo na mão" (7:7). Israel foi construída de acordo com este prumo. Apenas três meses após sair do Egito (Êxodo 19:1-2), Deus deu Seus mandamentos a Israel (Êxodo 20), para ser uma nação santa (19:6). Deus estabeleceu um padrão claro: "Sejam santos, pois eu, o SENHOR, o Deus de vocês, sou santo" (Levítico 19:2).

Setecentos anos depois, Deus aprumou Seu povo para ver se ainda estavam retos (Amós 7:7). E, assim como a torre de Pisa, Israel estava severamente inclinada. Deus não podia ignorar o ângulo absurdo (v.8). Um muro que pode desabar precisa ser demolido (v.9).

Deus deixou Seus padrões para nós em Sua Palavra. Devemos viver vidas santas e piedosas (1 Tessalonicenses 4:7-8; 2 Pedro 3:11). Um dia, também nós seremos aprumados. E ainda assim, Deus é paciente conosco, pois Ele quer que nos arrependamos (Romanos 2:4-6; 2 Pedro 3:9,15). Mas não podemos nos acomodar com a Sua paciência. Pois haverá o tempo em que Ele dirá "Eu vou mostrar que o meu povo não anda direito: é como um muro torto, construído fora de prumo. E nunca mais vou perdoar o meu povo" (Amós 7:8).

Em que posição Deus o encontrará quando utilizar o Seu prumo em sua vida, reto ou inclinado? —K. T. Sim

siga firme

leia
Filipenses 3:7-14
Não estou querendo dizer que já consegui tudo o que quero [...], mas continuo a correr para conquistar o prêmio, pois para isso já fui conquistado por Cristo Jesus (v.12).

examine
Vocês sabem que numa corrida, embora todos os corredores tomem parte, somente um ganha o prêmio. Portanto, corram de tal maneira que ganhem o prêmio (1 Coríntios 9:24).

considere
Qual área da sua vida precisa de maior atenção? O que lhe falta para agir a respeito?

Toda primavera, plantamos aproximadamente 40 mudas de tomate. Todo outono, ao descobrirmos que temos mais tomate do que somos capazes de comer, enlatar ou transformar em molho, distribuímos aos agradecidos amigos e membros da família. Mas fico pensando, por que nossos beneficiados — como amantes de tomates que são — não plantam eles próprios? Não é que sejam preguiçosos, pois trabalham muito em outras áreas. Talvez seja simples questão de inércia. Apesar de gostarem de tomates, jamais os plantaram.

Quantas vezes agimos com mediocridade devido à inércia? Gostaríamos de orar mais, ter maior intimidade com os cônjuges, com os amigos, sair mais com os filhos, ler mais livros, arrumar um emprego melhor, comer melhor, fazer mais exercícios — mas nada fazemos a esse respeito. Seguimos em frente, deixando as coisas como estão ao invés de trabalhar pelo que elas poderiam ser.

Sou desafiado por Paulo, que — bem mais maduro em sua caminhada espiritual — humildemente declarou: "É claro, irmãos, que eu não penso que já consegui isso. Porém uma coisa eu faço: esqueço aquilo que fica para trás e avanço para o que está na minha frente. Corro direto para a linha de chegada a fim de conseguir o prêmio da vitória. Esse prêmio é a nova vida para a qual Deus me chamou por meio de Cristo Jesus" (Filipenses 3:13-14).

Qual a área da sua vida em que você gostaria de ir além da mediocridade? Se continuar a fazer o que sempre fez, a tendência é conseguir o que sempre conseguiu. Mude. Vá em frente — lute para melhorar o seu relacionamento conjugal, e também melhorá-lo com os filhos, para aproximar-se de Deus. Quais passos você pode dar nessa direção? Primeiro estabeleça suas metas com Deus em oração. Depois escreva. Agora inicie — e siga firme! —Mike Wittmer

anormais

leia›
Salmo 73
Parece que não adiantou nada eu me conservar puro e ter as mãos limpas de pecado (v.13).

examine›
- Salmo 37:1-7
- Mateus 5:3-10
- Hebreus 11:13-16

considere›
Que situações de hoje fazem-no sentir-se um anormal por seguir os ensinamentos de Deus? Como mantê-lo no centro da sua visão?

Freak folk, psych folk e *folk-pop* são termos usados para descrever gêneros dentro da música *folk* (popular, ou das pessoas). Musicalmente, o *freak folk* (*freak* significa anormal, bizarro) tem instrumentos acústicos, geralmente violão e às vezes violino ou flauta, acompanhados de instrumentos de percussão como bongôs. O *psych folk* é uma mistura de música *folk* com *rock* ou pop psicodélicos. As variações de música *folk* não param de surgir.

A Bíblia tem seu próprio tipo de música popular. Está nos Salmos. Essas fascinantes canções "populares" contam as experiências de vários homens e mulheres. Contam histórias sobre transtornos emocionais, problemas e perturbações que os crentes em Deus enfrentaram.

Vejamos o Salmo 73, por exemplo. Começa igual a algumas músicas populares contemporâneas, com o autor reclamando das injustiças do mundo. A letra é de uma honestidade nua e impactante. Asafe, músico chefe de Davi, questiona se sua busca por Deus valeu a pena (vv.13-14). Pessoas egoístas, mesquinhas "...têm muito e ficam cada vez mais ricos" (v.12). Eles zombam de Deus e nada lhes acontece. Asafe se questiona se ele foi um anormal por manter o coração puro. Valeu a pena?

Mas quando ele vai ao santuário de Deus, encontra nova perspectiva e entendimento (v.16). Asafe é relembrado de que os ímpios e suas atitudes terão um fim, e renova o seu desejo de quebrantar o coração diante de Deus (v.21). Ele compreendeu que nada no céu ou na terra é melhor do que estar perto do soberano Senhor (vv.23,28).

Aprendemos com esse clássico atemporal que ao voltarmos os nossos olhos para Deus, adquirimos a Sua perspectiva. Percebemos então, que a vida não é tão melancólica e sombria, e vemos, claramente, que Deus está no controle e se importa conosco — Seus "anormais".
—Poh Fang Chia

toda a verdade

leia
Gênesis 4:1-12
Mais tarde o SENHOR perguntou a Caim:
— Onde está Abel, o seu irmão?
— Não sei — respondeu Caim.
— Por acaso eu sou o guarda do meu irmão? (v.9).

examine
- Salmo 32
- 1 João 1:9

considere
O que você tenta esconder de Deus? De que maneira a sua atitude atrapalha a sua cura?

Nos anos de 1930, a Espanha passou por uma guerra civil quando o general Francisco Franco participou de um golpe para tirar do poder os esquerdistas. Quinhentas mil pessoas morreram no conflito, outros 114 mil simplesmente "desapareceram" nos primeiros anos do governo de Franco. Quando ele morreu em 1975, ninguém queria investigar o seu passado sombrio. Porém, após anos de pressão por parte das famílias dos desaparecidos, o juiz Baltasar Garzon ordenou o início das investigações em 2008 — incluindo a abertura de 19 covas coletivas não registradas. O processo, embora perturbador, será necessário para a cicatrização da Espanha.

No primeiro de muitos relatos grotescos registrados nas Escrituras, Caim assassinou seu irmão Abel por causa da inveja que sentia por Deus aceitar melhor os seus sacrifícios (Gênesis 4). Caim atraiu seu irmão para fora de casa e ao ficarem a sós, sua fúria veio à tona e "Quando os dois estavam no campo, Caim atacou Abel, o seu irmão, e o matou" (v.8).

Ele sabia que era culpado, mas quando Deus o confrontou perguntando sobre o paradeiro de Abel, Caim se fez de bobo: "...Não sei [...] Por acaso eu sou o guarda do meu irmão?" (v.9). Deus o pressionou e perguntou: "Por que você fez isso? Da terra, o sangue do seu irmão está gritando, pedindo vingança" (v.10).

No fim, Caim não teve escolha. Deus o forçou a assumir a responsabilidade, e ao enfrentar seu pecado, lamentou ter que se esconder da presença de Deus.

Embora procuremos encobrir nossos pecados e segredos, apenas amplificamos nossa vergonha. Nossa esperança depende de uma cura profunda — que só ocorre se nos dispusermos a ela. Precisamos nos purificar — permitir que Deus conheça nossas falhas e desespero. Para recebermos a cura, precisamos ser honestos sobre o passado.

—Winn Collier

quem se importa?

leia›
Malaquias 1:6-14
"Será que alguém pode roubar a Deus?" Mas vocês têm roubado... (Malaquias 3:8).

examine›
Ó Deus, o meu sacrifício é um espírito humilde; tu não rejeitarás um coração humilde e arrependido (Salmo 51:17).

considere›
Que tipo de "sacrifícios" você oferece a Deus? Você o depriva, não lhe dando o seu melhor?

O livro de Malaquias foi escrito por volta de 420 a.C. como um alerta à nação de Israel. Deus acusou os sacerdotes de oferecerem sacrifícios "imundos" (Malaquias 1:7). Ele estava preocupado especificamente com a desobediência direta da nação ao não oferecer-lhe o seu melhor (v.8), e por ficarem com o dízimo que Ele havia ordenado que fosse dado à Sua obra (3:8-14).

Mas o que isso tem a ver conosco? Não oferecemos sacrifícios de animais a Deus. A morte e ressurreição de Seu Filho Jesus Cristo foi um sacrifício definitivo para os nossos pecados (Hebreus 10:1-18). Então, o alerta de Malaquias não se aplica a nós, certo? Não podemos ser acusados de oferecer sacrifícios impuros a Deus. Ou podemos?

Vejamos algumas situações em que damos "sacrifícios impuros" a Deus:

Tempo. Levanto de manhã e tenho centenas de coisas para fazer. Passo o dia correndo planejando parar um minuto para orar e ler a Palavra. Durante o dia todo sinto aquela urgência de passar tempo com Deus. Depois de oitocentos ou novecentos minutos, estou cansado e querendo dormir. Não apenas o deixei em segundo plano, — mas o deixei fora dos meus planos!

Dinheiro. Preciso de tanta coisa! Digo a mim mesmo que darei dinheiro para a obra do Senhor no mês que vem, quando eu estiver mais tranquilo. Mas o princípio bíblico é claro: Deus quer o nosso melhor em todas as áreas. Ele não precisa do meu dinheiro; Ele quer que eu invista em Sua obra para que Ele possa estar em meu coração. "Pois onde estiverem as suas riquezas, aí estará o coração de vocês" (Mateus 6:21).

Por causa do sacrifício definitivo de Jesus, não matamos mais bois e cabras. Mas Deus ainda precisa estar em primeiro plano em todos os aspectos de nossas vidas — tempo, dinheiro, talento, amigos, escolhas. Que sacrifícios você precisa fazer hoje? —Tim Gustafson

enfim esperança

leia›
Deuteronômio 10:17-19
...[É Deus] que defende os direitos dos órfãos e das viúvas; [...] e lhes dá comida e roupa (v.18).

examine›
O SENHOR é um abrigo para os que são perseguidos; ele os protege em tempos de aflição (Salmo 9:9).

considere›
Como Deus supriu suas maiores necessidades? O que você pode fazer hoje para ajudar outros a verem suas circunstâncias sob a luz da fé?

"Você não a encontrará [Kibera-Quênia] no mapa de turismo — ou qualquer outra mapa. É uma gigantesca área de ocupação, uma cidade esquecida e ilegal, e pelo menos um terço de Nairobi mora neste local", explica o correspondente da BBC na África Oriental, Andrew Harding. Foi neste ambiente, que meu amigo e eu conhecemos um senhor idoso com roupas desgastadas, que exemplificou o que é fé.

"Acabei de vir da igreja", ele proclamou. Imune ao lixo e ao fedor penetrante que impregnava seu bairro do tamanho de dois quilômetros quadrados. Agradeceu-nos pela visita e completou, com um sorriso "O Senhor nos ama [moradores da favela] e nos proverá."

Aquele homem se agarrou firme às seguintes verdades:

• Deus "...levanta os pobres do pó e tira da miséria os necessitados. Ele faz com que os pobres sejam companheiros dos príncipes e os põe em lugares de honra. Os alicerces da terra são de Deus, o SENHOR; ele construiu o mundo sobre eles" (1 Samuel 2:8).

• Deus "...salva da morte os pobres; ele livra os necessitados das mãos dos poderosos" (Jó 5:15).

• Deus "...ouvirá o seu povo abandonado e escutará a sua oração" (Salmo 102:17).

• "Eu penso que o que sofremos durante a nossa vida não pode ser comparado, de modo nenhum, com a glória que nos será revelada [por Deus] no futuro" (Romanos 8:18).

• Deus, "... nem mesmo deixou de entregar o próprio Filho, mas o ofereceu por todos nós! Se ele nos deu o seu Filho, será que não nos dará também todas as coisas?" (Romanos 8:32).

Nada pode nos separar do amor de Cristo, nem mesmo a miséria financeira. "Serão os sofrimentos, as dificuldades, a perseguição, a fome, a pobreza, o perigo ou a morte? [...] Em todas essas situações temos a vitória completa por meio daquele que nos amou" (Romanos 8:35,37). *Amém.* —Roxanne Robbins

representando

leia
2 Coríntios 5:11-21
...estamos aqui falando em nome de Cristo, como se o próprio Deus estivesse pedindo por meio de nós. Em nome de Cristo nós pedimos a vocês que deixem que Deus os transforme de inimigos em amigos... (v.20).

examine
- Efésios 6:19-20
- Colossenses 4:3-6
- 1 Pedro 3:15-16

considere
Como será a sua atuação como embaixador de Cristo aos seus amigos e colegas esta semana? O que significa representar Jesus?

Os embaixadores são diplomatas do mais alto escalão indicados para representar um país. Geralmente são indicados por um presidente ou organização para ser o representante oficial e porta-voz de seu país. Às vezes um país pode indicar indivíduos de alta respeitabilidade para serem Embaixadores Extraordinários. Tais pessoas recebem tarefas temporárias para cumprir. Historicamente, o embaixador é cidadão vitalício em seu próprio país, mas também o representante de seu país de origem e, residente no local onde o trabalho está sendo realizado.

No Novo Testamento, Paulo escreveu aos coríntios e lembrou-lhes que eram os embaixadores de Cristo (2 Coríntios 5:20). Eram embaixadores por indicação, não por mérito ou por capacidade. A graça do soberano Deus os trouxe para si através da obra de Jesus na cruz. O resultado foi uma nova vida e uma mensagem de reconciliação para compartilhar com os outros.

Isso significa que eles deveriam falar apenas aquilo que Deus lhes direciona para falar. Não era desígnio deles. A mensagem era clara: "A nossa mensagem é esta: Deus não leva em conta os pecados dos seres humanos e, por meio de Cristo, ele está fazendo com que eles sejam seus amigos..." (v.19). Deus proveu uma maneira de as pessoas serem restauradas para Ele. Deus permitiu a Cristo ser a oferta pelos nossos pecados para que pudéssemos acertar as contas com o Pai.

Paulo queria que os coríntios percebessem que como embaixadores, eles eram cidadãos de outro lugar — do céu. Eram os representantes residentes na terra, refletindo o Rei da glória com suas palavras e suas vidas. Como seguidores de Jesus, recebemos a incrível responsabilidade de sermos embaixadores de Jesus para o nosso mundo. Vamos representá-lo bem enquanto passamos a Sua mensagem adiante.
—Marvin Williams

ídolos em nós

leia›
Miqueias 1:1-7
...acontecerá porque o povo de Israel pecou e se revoltou contra Deus. Quem é culpado da revolta de Israel? [...] E quem é responsável por haver santuários pagãos em Judá? É o povo de Jerusalém! (v.5).

examine›
Não se ajoelhe diante de ídolos, nem os adore, pois eu, o SENHOR, sou o seu Deus e não tolero outros deuses. Eu castigo aqueles que me odeiam, até os seus bisnetos e trinetos (Êxodo 20:5)

considere›
Você já tentou definir Deus, de maneiras erradas? Quais áreas da sua vida ainda não foram submetidas ao Seu controle?

Enquanto estávamos numa conferência em Nashville, meu marido e eu resolvemos aproveitar o tempo livre para ver a famosa réplica do Partenon — o templo da deusa grega Atena. Embora a arquitetura inspirasse admiração, não conseguíamos nos esquivar do sentimento de frio e vazio que se abateu sobre nós ao entrarmos. Com seus 12m de altura, a estátua dourada de Atena era o centro de todas as atenções. Meu coração se sentiu pesado quando pensei nas multidões que se curvaram diante da estátua original.

A tentação da idolatria existe em cada um de nós. Em nós há uma luta entre o desejo de criar um deus que nos sirva e o chamado para ser um servo de Deus. Nos tempos do bezerro de ouro, a idolatria de Israel não era simplesmente uma rejeição a Javé. Ao contrário, infelizmente, tentaram criar a imagem do próprio Deus (Êxodo 32:4-6).

Gerações se seguiram e o rei Jeroboão teve a fatídica ideia de determinar onde as pessoas prestariam adoração. Seu orgulho conduziu o povo ao cativeiro espiritual. Durante o reinado de Manassés, Judá adorava na cidade certa, mas eles permitiram que a cultura local moldasse a sua adoração. Manassés chegou a erguer altares pagãos e um ídolo no templo de Deus (2 Crônicas 33:7-9). Isso é que é falta de foco!

Considere os seguintes fatos sobre Deus para evitar que se adore um deus fabricado:

- Só Ele é digno de nossa adoração (Habacuque 2:18-20).
- Nós não o definimos; Ele é que nos define (Romanos 1:21-23).
- Ele é totalmente soberano; qualquer definição menor que isso provém do homem (Isaías 45:9).

Clame a Deus hoje e peça-lhe que revele os ídolos em seu coração. Um coração puro conduz à verdadeira adoração. —Regina Franklin

palavras de vida

leia›
Salmo 145:17-19
Ele está perto de todos os que pedem a sua ajuda, dos que pedem com sinceridade (v.18).

examine›
A razão por que podemos ter a certeza de que vivemos unidos com Deus e de que ele vive unido conosco é esta: ele nos deu o seu Espírito (1 João 4:13).

considere›
Deus lhe parece perto ou distante? Por quê? De que maneira a resposta a pergunta anterior modifica a sua percepção de que Ele está perto?

Em 1990, Bette Midler gravou a música *From a Distance* (Certa Distância). Sua interpretação tornou-se um sucesso imediato — disparando nas paradas. Não apenas venceu um Grammy, mas tornou-se uma das músicas mais pedidas nas rádios sauditas durante a Primeira Guerra do Golfo.

O refrão da música diz "Deus nos observa. Deus nos observa. Deus nos observa — à distância."

Deus *está* nos observando. Esse pensamento otimista é uma das prováveis razões de tantos soldados terem sido atraídos pela música. Mas a música está equivocada — Deus não nos observa à distância.

Deus não está espionando por trás das paredes do céu, olhando para nós de longe. A mensagem da Bíblia é a de que Deus está perto (Salmo 145:17-19). Por essa razão o menino Jesus recebeu um nome especial: "A virgem ficará grávida e terá um filho que receberá o nome de Emanuel." Emanuel quer dizer "Deus está conosco" (Mateus 1:23). O apóstolo João escreveu que Jesus "...se tornou um ser humano e morou entre nós..." (João 1:14). E depois de ressuscitar dentre os mortos, pouco antes de subir aos céus, Ele disse aos Seus seguidores: "...eu estou com vocês todos os dias, até o fim dos tempos" (Mateus 28:20).

Apesar de Jesus estar "longe" de nós em Seu corpo glorificado, o Espírito de Deus vive nos corações daqueles dentre nós que somos Seus filhos pela fé (Gálatas 4:6). O Novo Testamento nos incita a chegarmo-nos "...perto de Deus, e ele chegará perto [de nós]..." (Tiago 4:8).

Nem de perto isso é "estar distante".

Deus está realmente conosco — não apenas para nos manter na linha, mas para nos ajudar a superar o maligno, e viver a vida que Ele preparou para nós (1 João 3:8). —Jeff Olson

alegria milagrosa

leia
João 2:1-11
Jesus fez esse seu primeiro milagre em Caná da Galileia. Assim ele revelou a sua natureza divina, e os seus discípulos creram nele (v.11).

examine
O SENHOR é a minha força e o meu escudo; com todo o coração eu confio nele. O SENHOR me ajuda; por isso, o meu coração está feliz, e eu canto hinos em seu louvor (Salmo 28:7).

considere
O que tem minado sua alegria ultimamente? Você se alegra ao refletir sobre o milagre da transformação de seu coração em Jesus? Como?

Algo estranho aconteceu no outono passado numa aldeia italiana. Os moradores abriram as torneiras em suas casas e delas saiu vinho branco! Não, não se trata de um milagre moderno — foi só um acidente.

Um trabalhador local, inadvertidamente, conectou um encanamento com o suco fermentado da uva à rede principal, ao invés de ligá-lo no chafariz da praça. Nesse local, anualmente é celebrado um festival que inclui o chafariz jorrando vinho — e os cidadãos enchem suas taças. Este ano, era só abrir uma torneira em casa para degustar o melhor do vinhedo local.

É interessante que noutra festa de casamento Jesus *transformou* a água em vinho — (João 2:1). Ele abençoou o mestre-sala, o noivo e, todos os convidados e presentes na festa (v.9).

O milagre de Jesus trouxe uma alegria inesperada às pessoas, mesmo tendo sido este o "...princípio [de] seus sinais" (v.11). A receita instantânea de vinho tinha os ingredientes necessários para fornecer aos discípulos sua "primeira" fé. Pois, após tal ato sobrenatural, "...os seus discípulos creram nele" (v.11). João escreveu mais tarde que todos os milagres de Jesus, incluindo a transformação da água em vinho, foram feitos para que crêssemos "...que Jesus é o Messias, o Filho de Deus. E para que, crendo, [tivéssemos] vida por meio dele" (João 20:31).

Por dois mil anos Jesus alimenta nossa fé, concede vida eterna e alegria — não transformando água em vinho, mas pecadores em cristãos (Efésios 1:18-19). Diferente da água amarga do legalista ou da bebida azeda do cético, o "vinho novo" de Jesus flui e vivifica os nossos corações. Pela fé, você pode confiar nele e "[exultar] ...com uma alegria tão grande e gloriosa, que as palavras não podem descrever" (1 Pedro 1:8). Celebre o milagre de seu coração transformado, em profunda comunhão com Jesus, ainda hoje. —Tom Felten

siga em frente

leia
Êxodo 16:2-7
...Lá, nós podíamos pelo menos nos sentar e comer carne e outras comidas à vontade... (v.3).

examine
- Jeremias 30:8
- Romanos 8:2
- 1 João 5:3-5

considere
Se Deus o libertou de um vício, de que maneira você pode seguir em frente? Por que é importante seguir a orientação do Espírito Santo em todas as áreas de nossa vida?

Seu pai o descreveu como responsável, gentil, amante da vida e altruísta. Talvez por isso tantos se surpreenderam quando o ator australiano Heath Ledger morreu de overdose de remédios. Antes de morrer, ele lutava, supostamente, contra o vício em heroína.

Todos nós lutamos com nossos anseios. O alimento, o jogo e a pornografia são apenas algumas das coisas que podem nos escravizar. Felizmente, Deus pode nos libertar como libertou os israelitas da escravidão no Egito. Mas quando nos liberta, almeja que sigamos em frente.

Pouco depois do povo sair do Egito, começaram a reclamar: "...Lá, nós podíamos pelo menos nos sentar e comer carne e outras comidas à vontade..." (Êxodo 16:3). As circunstâncias adversas os fizeram lembrar-se dos "...bons e velhos tempos", mas os pensamentos retroativos estragam os nossos esforços em seguir em frente, impedindo também que andemos no Espírito (Gálatas 5:25).

Deus quer que continuemos caminhando em fé — crendo em Sua provisão diária às nossas necessidades. Quando o povo de Israel percebeu que perto de onde estavam não tinha nenhuma fonte de suprimentos, Deus falou: *Tranquilo. Vou mandar um pouco de maná para eles* "...uma porção que dê para um dia..." (Êxodo 16:4). Nós também devemos viver um dia de cada vez, confiando em Deus para prover-nos uma rota de fuga para abandonarmos nossos desejos mesquinhos. Deus "...não deixará que vocês sofram tentações que vocês não têm forças para suportar..." (1 Coríntios 10:13). Quando somos tentados, Ele nos mostra a saída.

Se Deus lhe mostrou a rota de fuga, não olhe para trás. Não permita que "...o pecado domine o corpo mortal de vocês" (Romanos 6:12). Em vez disso, siga em frente diariamente, confiando que "...pela manhã, vereis a glória do SENHOR" em sua jornada pelo deserto (Êxodo 16:7).

—Jennifer Benson Schuldt

amanhã

leia

Tiago 4:13-17

Não conte vantagem a respeito dos seus planos para o futuro, pois você não sabe o que vai acontecer amanhã (Provérbios 27:1).

examine

- Salmos 37:1-8; 39:4-7
- Mateus 6:25-34

considere

Como será o seu amanhã? Quais medos e preocupações sobre o amanhã devem ser apresentados a Deus?

Falemos do amanhã — hoje. Como será o seu amanhã?

O amanhã poderá nos trazer a morte. Desde o momento em que nascemos, começamos a morrer. Alguém já disse que a morte é um compromisso que se pode adiar, mas não cancelar (Salmo 89:47-48).

O amanhã poderá trazer a doença (Jó 14:1-2). Desejamos uma vida saudável. Mas temos que lidar com a fragilidade da vida e de nossos corpos.

O amanhã poderá trazer atribulação e sofrimento. Nossos dias são cheios de dores e desgosto (Jó 5:7; 7:1; Eclesiastes 2:23). Nós vivemos sob frustrações, amarguras e aflições (Salmo 90:9-10, Eclesiastes 5:17).

Talvez o amanhã em nada mudará. Só mais um capítulo na mesmice. Amanhã é igual ao ontem que é igual ao hoje, "...nada há de novo neste mundo" (Eclesiastes 1:9).

O amanhã poderá nos trazer sucesso e recompensas (Ah, até que enfim algo positivo!). Uma promoção? Lucros? A vida é boa e você mal pode esperar pela chegada do amanhã (Isaías 56:12).

Mas que tal o próximo amanhã? Será que os próximos dias mudarão a sua sorte — trazendo a morte, a doença ou sofrimento? Sua vida é um ciclo que se fecha (Eclesiastes 1:5-6,9; 3:15).

Ira Stanphil resume as nossas reações aos nossos amanhãs com estas palavras: "Nada sei sobre o amanhã, vivo um dia após o outro. Não conto com o sol por vir, pois os céus poderão escurecer. O futuro não me preocupa, pois sei o que Jesus disse. Hoje andarei ao Seu lado, pois Ele conhece o amanhã. Pareço não compreender muitas coisas sobre o futuro, e sei quem é dono do amanhã, e quem segura a minha mão."
—K. T. Sim

maranata

leia›
Salmo 96
...pois ele vem governar a terra. Com justiça e sem parcialidade, ele governará os povos do mundo (v.13).

examine›
- Isaías 2:2-5
- Miqueias 4:1-5
- Tiago 5:7-8

considere›
Você anseia pela volta de Jesus? O que você pode fazer para incrementar a sua expectativa pelo Seu retorno?

Meus filhos estavam tão empolgados com a chegada dos primos que foram de bicicletas até o fim da nossa estradinha na expectativa da sua chegada. Ao observá-los montando guarda para escoltar a *van* dos primos até a nossa casa, lembrei-me da antiga palavra grega *parousia*. Uma *parúsia*, ou a chegada de realeza, dava início a uma celebração na qual a cidade inteira iria ao encontro do rei acompanhando sua visita pela cidade. No Novo Testamento, a *parúsia* com frequência refere-se à segunda vinda de Jesus.

Paulo escreveu que "...o grito de comando, e a voz do arcanjo, e o som da trombeta de Deus, e então o próprio Senhor descerá do céu. Aqueles que morreram crendo em Cristo ressuscitarão primeiro. Então nós, os que estivermos vivos, seremos levados nas nuvens, junto com eles, para nos encontrarmos com o Senhor no ar. E assim ficaremos para sempre com o Senhor" (1 Tessalonicenses 4:16-17).

Algumas pessoas podem não ansiar por este retorno por pensarem que esta passagem ensina que Jesus simplesmente virá para nos varrer da face da Terra. Na verdade, Paulo está apenas descrevendo a primeira parte da *parúsia*. Subiremos e encontraremos o nosso Senhor e depois voltaremos com Ele para esta terra.

Jesus não vem para evacuar a terra, mas para restaurá-la. Ele voltará para recompensar os justos e punir os opressores. Ele estabelecerá um reino eterno de paz e prosperidade, transformando espadas em arados e habitando para sempre junto de Seu povo num planeta restaurado e rejuvenescido.

Você não suporta mais a injustiça de nosso mundo e sente repulsa pela destruição do pecado? Então faça a menor oração da Bíblia: Maranata! que quer dizer "...Vem, nosso Senhor!" (1 Coríntios 16:22).

—Mike Wittmer

maior que nosso medo

leia
Gênesis 26:1-11, 19-25
...Não tenha medo, pois eu estou com você... (v.24).

examine
...O mar fica bravo, mas não pode avançar; as ondas rugem, mas não podem passar... (Jeremias 5:22).

considere
Qual é o seu maior medo? De que maneira a presença de Deus muda a percepção deste medo?

Tenho dois filhos que têm medos diversos: de dentista, do escuro, de ervilhas. Nosso último episódio foi quando o que está na primeira série se recusou a entrar na sala de aula sozinho. Com ele ali empacado, senti vontade de lhe mostrar a garotinha do jardim de infância indo alegre e contente para a sala, sozinha. Pensei em sentar, conversar e mostrar-lhe que seus medos não tinham razão de ser.

Felizmente resisti, reconhecendo que ele não precisava de dicas ou lógica, nem queria passar vergonha. Ele só precisava que eu segurasse suas mãos e entrasse com ele na sala. Isaque, um dos patriarcas de Israel, tinha muitas razões para temer. Sem casa, precisou iniciar do zero numa terra estranha. Quando chegou a Gerar, mentiu ao rei Abimeleque dizendo que sua bela esposa Rebeca era sua irmã, pois ele tinha medo que alguém o matasse para tomá-la dele (Gênesis 26:9).

Anos depois, quando Isaque finalmente tinha estruturado sua vida, Abimeleque ordenou que ele saísse da região.Para onde ele iria? Será que teria que começar tudo de novo? Ele e sua família passaram a mudar constantemente de lugar, sendo sempre expulsos por conflitos e resistências. Será que sua família teria futuro? A tristeza pairava no ar e o medo era constante.

Então Deus falou. "...Eu sou o Deus de Abraão, o seu pai. Não tenha medo, pois eu estou com você..." (v.24). Deus combateu o medo de Isaque, sem listar todas as razões que tornavam o medo desnecessário, ou ensiná-lo a pensar positivamente. Deus combateu o medo oferecendo-se a si mesmo, Seu nome, Sua presença.

Feito homem em Jesus, Deus o fez por toda a humanidade (Mateus 1:23). Jesus veio ao nosso mundo de medo e pecado. Nossos medos exigem um Deus maior que eles, um Deus que virá e estará conosco. Jesus é essa realidade. —Winn Collier

regozije-se!

leia

Salmo 16

Por isso o meu coração está feliz e alegre, e eu, um ser mortal, me sinto bem seguro (v.9).

examine

- 1 Samuel 2:1-3
- Salmos 13:4-6; 35:8-10

considere

O que você pode fazer para ajudar as crianças-soldado ao redor do mundo? De que maneira a sua libertação o inspira a desejar a liberdade dos que estão em prisões espirituais?

Por toda a África, de Serra Leoa a Uganda, líderes rebeldes capturaram centenas de milhares de crianças inocentes para transformá-las em soldados. Forçadas a cometer crimes e assassinatos, às vezes contra seus próprios parentes, estas crianças-soldado raramente conseguem se perdoar ou se readequar à sociedade caso tenham a rara oportunidade de largar o serviço forçado.

Porém, quando o milagre acontece — e uma criança consegue se perdoar e experimentar o perdão através da graça de Deus — há motivo para regozijar!

Recentemente, vi 100 crianças ex-soldados cantando e louvando a Deus por tê-las resgatado das mãos dos seus opressores. Sua celebração girava em torno do Salmo 13:4-6, que diz: "Assim os meus inimigos não poderão se alegrar com a minha desgraça, nem poderão dizer: 'Nós o derrotamos!' Eu confio no teu amor. O meu coração ficará alegre, pois tu me salvarás. E, porque tens sido bom para mim, cantarei hinos a ti, ó SENHOR."

Enquanto estavam em mãos de seus captores, as crianças tinham orado assim: "Declara-os culpados, ó Deus; caiam por seus próprios planos. Rejeita-os por causa de suas muitas transgressões, pois se rebelaram contra ti" (Salmo 5:10).

Apesar de haver passado muito tempo entre suas orações e sua libertação, as crianças puderam enfim viver a continuação do salmo, que diz "Mas os que buscam abrigo em ti ficarão contentes e sempre cantarão de alegria porque tu os defendes. Os que te amam encontram a felicidade em ti. Pois tu, ó SENHOR Deus, abençoas os que te obedecem, a tua bondade os protege como um escudo" (Salmo 5:11-12).

Que belo exemplo de livramento e restauração quando as crianças, antes presas em uma existência deplorável, regozijam-se por causa do que o Senhor fez por elas. —Roxanne Robbins

momentos de meditação

leia›
Salmo 56
Confio em Deus e o louvo pelo que ele tem prometido; confio nele e não terei medo de nada... (v.4).

examine›
- Salmo 27:1
- João 14:1
- Hebreus 10:35

considere›
O que acontece com a sua confiança em Deus quando você negligencia a Bíblia? Como você aumentará o seu tempo de meditação em Sua Palavra?

Durante um voo, uma senhora tirou da bolsa uma Bíblia novinha em folha — ainda embrulhada. Meu amigo, ao seu lado, apontou para o livro tão novo e observou: "essa é nova mesmo!"

A mulher sorriu e explicou que a sua antiga Bíblia, na bagagem de mão, estava "lotada". As anotações em tinta azul e as reflexões escritas nas margens tinham deixado pouco espaço e quase em pedaços. Por esta razão, ela tinha uma nova!

Obviamente, aquela senhora é alguém que, literalmente, se apega à Palavra de Deus. Ela me faz lembrar de Davi que escreveu: "Eu louvo a promessa de Deus, a promessa de Deus, o SENHOR" (Salmo 56:10). Davi escreveu esta canção para relatar a sua pavorosa experiência ao ser capturado pelos filisteus (Salmo 56:1; 1 Samuel 21:11-15). Ele precisou fingir que estava louco para escapar das garras dos seus inimigos. Porém Deus o confortou enquanto ele passava com segurança do cativeiro para a liberdade (Salmo 56:9).

Tanto a proprietária da Bíblia cheia de anotações, que demonstrou a sua grande fé em Jesus, quanto Davi tinham um motivo em comum para apegar-se à Palavra de Deus: confiança. "Confio em Deus e o louvo pelo que ele tem prometido" (vv.4,11).

Pode ser que você não goste de escrever nas margens da sua Bíblia, mas espero que esteja investindo bem o seu tempo na Palavra. Sem esses momentos edificantes de meditação, observação e aplicação podemos ser deixados em devastação quando os tempos difíceis chegarem.

Enquanto celebrava a libertação divina das mãos dos filisteus, Davi escreveu: "...Assim, ó Deus, eu ando na tua presença, eu ando na luz da vida" (v.13). As anotações à margem da página da Bíblia não surgem do acaso, nem tampouco a profunda confiança em Deus. Continue se expondo à luz edificante da Sua Palavra. (Salmo 119:105). —Tom Felten

carpe diem

leia›
Eclesiastes 12:1-5
Respeite o seu pai e a sua mãe, para que você viva muito tempo na terra que estou lhe dando (Êxodo 20:12).

examine›
...mesmo que você viva muitos anos, lembre que ficará morto durante muito mais tempo (Eclesiastes 11:8).

considere›
Como você pode "aproveitar o dia" com seus pais e avós? De que maneira você os tratará hoje?

"*Carpe diem!* Aproveitem o dia! Tornem suas vidas extraordinárias!" recomendava insistentemente o professor de inglês John Keating no filme *Sociedade dos Poetas Mortos*. Gosto do lema: *Carpe diem* (latim, aproveite o dia). Ele me incentiva a viver cada dia com plenitude, sem desperdiçar um momento sequer. Após assistir recentemente a um drama que retratava o relacionamento entre dois filhos na casa dos 30 anos e seu pai, adquiri um novo e mais amplo entendimento desta expressão.

Os filhos estavam "aproveitando o dia" em suas carreiras e relacionamentos. O pai estava sempre à disposição deles, providenciando uma boa refeição ou levando os netos ao colégio, até sofrer um derrame cerebral. Para os filhos pareceu tão repentino. Não houve sintomas anteriores — nenhuma mudança que tivessem percebido. Enquanto o pai estava em coma, eles perceberam que consideravam o pai como alguém sempre disponível. Não estavam "aproveitando o dia" em seu relacionamento com ele.

Ao lermos Eclesiastes 12:1-5, somos propensos a concentrar nossa atenção nas razões para nos lembrarmos do nosso Criador enquanto somos jovens. Podemos deixar de perceber que ele descreve a deterioração que surge com a idade — para nossos pais (e para nós). Um dia as pernas deles começarão a tremer, os ombros se curvarão para frente, os dentes deixarão de mastigar e a visão ficará embaçada (v.3). Um dia a energia deles diminuirá. Não mais veremos a costumeira vivacidade dos seus passos ou o prazer que tinham ao executar uma tarefa (vv.4-5).

As oportunidades para honrarmos nossos pais têm um tempo limitado. Um dia, como observou o sábio rei Salomão em Eclesiastes 12:5: "...[estarão] caminhando para o [seu] último descanso..." Se os seus pais ainda estiverem vivos, honre-os hoje. *Carpe diem.* —Poh Fang Chia

morrendo para o eu

leia›
Efésios 5:22-31
Marido, ame a sua esposa, assim como Cristo amou a Igreja e deu a sua vida por ela (v.25).

examine›
Também você, marido, na vida em comum com a esposa, reconheça que a mulher é o sexo mais fraco e que por isso deve ser tratada com respeito... (1 Pedro 3:7).

considere›
Se você é casado, de que modo prático se sacrificará para demonstrar amor ao cônjuge? Como expressar sua gratidão a Jesus por fazer de você parte da Sua noiva (a igreja)?

Nas últimas semanas estou morrendo para o meu eu. Minha esposa parou de lecionar meio período numa faculdade para lecionar numa escola de ensino médio em tempo integral. Empolguei-me com a sua nova oportunidade e não me importei em fazer alguns sacrifícios para que fosse bem-sucedida. Contudo, não me dei conta de que ela teria que sair cedo, ficar até mais tarde e trabalhar de madrugada para montar planos de aula e registrar notas. Os novos horários dela significam que tenho que acordar as crianças mais cedo, fazer o café da manhã, preparar e embalar almoços, levar e trazê-los da escola, e flexibilizar meus horários para os casos de emergência.

Será que Paulo tinha isso em mente quando escreveu Efésios 5:25. Ele ordena aos maridos que modelem seu comportamento da mesma forma que Cristo amou a igreja e demonstrou Seu amor morrendo na cruz. Tal amor divino vai além do amor sexual ou pelos amigos. Esse tipo de amor nos leva a sacrifícios pessoais por quem amamos.

Cristo se sacrificou pela igreja, para que ela pudesse se tornar pura e santa (vv.25-26). Os maridos devem amar suas esposas e tratá-las com o mesmo cuidado que teriam com seus próprios corpos (v.28). Cristo alimenta e cuida da Sua igreja, pois somos membros do Seu corpo e o marido deve mostrar o mesmo cuidado com sua esposa (v.29).

O papel do marido no casamento pode ser plenamente compreendido à luz do que Cristo fez e faz pela Sua noiva, a igreja. Não devemos olhar para a cultura para entender o nosso relacionamento e papel no casamento, mas para o exemplo de Cristo.

Este exemplo pode significar que talvez tenhamos que morrer para as nossas ambições egoístas, planos e horários para demonstrarmos amor sacrificial e carinho pelos nossos cônjuges. Junte-se a mim para "morrer para o eu!". —Marvin Williams

venha!

leia›
João 1:35-42
— Venham ver!
— disse Jesus [...] e ficaram com ele o resto daquele dia... (v.39).

examine›
- Salmo 27:4
- Salmo 42:1-2
- Salmo 73:24-28

considere›
Na semana passada você investiu seu tempo com Jesus, falando com Ele e ouvindo Sua Palavra? O que você aprendeu com Ele? O que você aprendeu dele e que agora pode compartilhar com os outros?

Na aula de evangelismo na igreja, o instrutor perguntou: "Como você apresentaria Jesus a um não-cristão? Apresentaria como alguém que soluciona todos os nossos problemas ou como alguém que nos dá uma saudável autoestima e felicidade?" Boas perguntas!

Ao apresentar Jesus aos seus dois discípulos, João Batista o descreve como o "...Cordeiro de Deus, que tira o pecado do mundo" (1:29,36). João nos lembra que nosso problema básico é o pecado e que a nossa necessidade básica é a salvação. Jesus morreu pelos nossos pecados.

Os discípulos imediatamente seguiram a Jesus (v.37). E Jesus lhes fez uma simples pergunta: "O que é que vocês estão procurando?..." (v.38). Você pediria a Jesus boa saúde? Um emprego melhor? Um casamento mais feliz? Mais dinheiro?

Os discípulos fizeram uma pergunta um tanto estranha: "...onde é que o senhor mora?..." (v.38). Não estavam perguntando pelo local onde Jesus residia. Na verdade, o que estavam dizendo era: Queremos passar um tempo contigo! Não estavam buscando algo para si mesmos. Buscavam o próprio Jesus. Venham ver. Os dois discípulos passaram o dia com Jesus (v.39). Exemplificaram para nós as exigências e o privilégio do discipulado — investir tempo com Jesus.

Muitas vezes perdemos a oportunidade de investir tempo com o nosso Salvador porque estamos buscando algo além da Sua presença. Será que ansiamos mais pelo Doador do que pelas dádivas? Precisamos orar como Richard of Clichester: "Misericordiosíssimo Redentor, que eu possa conhecê-lo mais claramente, amá-lo mais afetuosamente, segui-lo mais de perto, dia após dia."

Precisamos investir mais tempo com Jesus porque desejamos conhecê-lo intimamente. De modo algum poderemos compartilhar a respeito dele com os outros se não o conhecemos verdadeiramente. —K. T. Sim

seja o vencedor

leia ›
Números 12:1-15
...Será que o SENHOR tem falado somente por meio de Moisés? Será que não tem falado também por meio de nós?... (v.2).

examine ›
- Provérbios 17:14
- Gálatas 5:26
- 2 Timóteo 2:24

considere ›
É importante permanecer humilde durante um conflito? Com base na experiência com seus irmãos de sangue — ou até mesmo um irmão ou irmã em Cristo, qual o papel do ciúme nas disputas entre irmãos?

Não consigo pensar numa ocasião em que eu tivesse que pagar para assistir a rivalidade entre irmãos em ação. Seria divertido testemunhar pessoalmente uma partida entre as gigantes do tênis Venus e Serena Williams. Antes que as duas irmãs competissem em Wimbledon em 2008, Venus observou: "Cada uma por si."

Elas são atletas profissionais, mas nós, mesmo adultos, também enfrentamos altos e baixos semelhantes e intensos — emocionalmente falando — entre nós e nossos irmãos.

Como líder de Israel, Moisés certamente tinha desafios suficientes sem contar com o casal de irmãos irritantes. Arão e Míriam ficaram com ciúme de Moisés e o criticaram, reclamando: "...Será que o SENHOR tem falado somente por meio de Moisés?..." (v.2).

Moisés recusou-se a confrontá-los. E como ele, quando se trata de irmãos que se preocupam com minúcias, devemos reagir com humildade e lembrar que numa "...briga; quem fica fora dela é que merece elogios" (Provérbios 20:3). Talvez tenhamos que corrigir o erro com amor, e devamos seguir o seu exemplo de mansidão. Ele "...era um homem humilde, o mais humilde do mundo" (Números 12:3).

Sendo "...[Deus] bondoso com os humildes" (Tiago 4:6), não devíamos nos impressionar por Ele defender Moisés contra seus irmãos. Observe o que ocorreu a seguir: "...Míriam foi atacada por uma terrível doença da pele, que ficou branca como a neve..." (Números 12:10). Quando servimos a Deus humildemente não precisamos tomar o conflito em nossas mãos. Podemos contar com Ele para acertar as coisas à Sua maneira, em Seu tempo.

Agravado o conflito, jamais desejaríamos que uma irmã irritante contraísse lepra. Como Venus e Serena, só queremos vencer. Permanecer humildes e pedir a Deus que nos guie é a melhor maneira de "vencermos" quando se trata de rivalidade fraternal. —Jennifer Benson Schuldt

riso falso

leia
Provérbios 14:1-13
O sorriso pode esconder a tristeza; quando a felicidade vai embora, a tristeza já chegou (v.13).

examine
Felizes as pessoas que choram, pois Deus as consolará (Mateus 5:4).

considere
Que sofrimento você tentou esconder por trás de um riso falso? Que atitude tomará para levar sua dor diante de Deus e de outros para que haja cura genuína?

Hunter Adams, o médico cuja história de vida inspirou o filme *Patch Adams, O Amor é Contagioso,* de 1998, sempre incentivou o relacionamento médico-paciente apoiado fortemente no senso de humor e brincadeiras. Adams acredita que estabelecer este tipo de conexão com o paciente é fundamental para melhorar a sua saúde física e emocional.

O riso e o humor são importantes na vida. O livro de Provérbios diz: "A alegria faz bem à saúde..." (Provérbios 17:22). Todos nós poderíamos utilizar mais o riso em nossas vidas.

Embora haja lugar para o humor, às vezes o riso pode ser um disfarce. As pessoas podem aparentar felicidade, mas por dentro sentir-se emocionalmente destruídas. Como conselheiro, estive numa posição privilegiada para ouvir alguns dos mais trágicos relatos de sofrimentos pessoais, para depois, simplesmente, terminar rindo da situação.

É verdade. Algumas vezes rir ou fazer piada representa algo mais do que simples defesa. Podemos brincar o tempo todo como forma de nos escondermos dos outros, pois assim não nos levarão a sério. E muitos de nós aprendemos a interpretar o palhaço e a encobrir muitos sofrimentos profundos por trás do nosso senso de humor e espírito brincalhão. O livro de Provérbios diz: "O sorriso pode esconder a tristeza; quando a felicidade vai embora, a tristeza já chegou" (Provérbios 14:13). Embora o riso possa mascarar a dor, ela continua lá e precisamos tratá-la.

Chega o momento na vida de todos em que precisamos enfrentar nossos sofrimentos ao invés de nos escondermos deles. Há um tempo para transformar nosso riso em tristeza (Eclesiastes 7:3) e convidar Deus para nos dar palavras de consolo e cura às áreas feridas do nosso coração.

Não permita que o riso falso impeça o consolo e a cura que somente Deus pode trazer. —Jeff Olson

no entardecer da vida

leia
2 Timóteo 4:9-21
Meus queridos irmãos, sinto muitas saudades de vocês. Vocês me fazem tão feliz, e eu me orgulho muito de vocês! Portanto, continuem todos firmes, vivendo unidos com o Senhor (Filipenses 4:1).

examine
- 1 Reis 2:1-4
- Eclesiastes 4:7-12
- 1 Tessalonicenses 3:6-10

considere
Se você descobrisse que morreria amanhã, com quem precisaria ou gostaria de passar o dia de hoje? Que atitude vai tomar para interagir com essa pessoa?

Recentemente, meu pai fez uma cirurgia cardíaca e meu sogro fraturou as costas. Após os procedimentos cirúrgicos, ambos expressaram, entre lágrimas, o seu profundo afeto pelos familiares e amigos. "Amo as pessoas!", meu sogro repetia para quem estivesse ao alcance de um abraço.

Embora as explosões emocionais fossem atribuídas parcialmente aos medicamentos, é provável que as batalhas com a morte tenham focado naquilo que realmente importa. Ambos tinham carros, gramados e casas obsessivamente bem cuidados. No entanto, após as crises, não se preocuparam com seus bens. Somente as pessoas lhes importavam.

A última carta de Paulo para Timóteo transmite um enfoque semelhante. Consciente de que "...a hora já chegou de eu ser sacrificado..." (2 Timóteo 4:6), Paulo implorou: "Venha me ver logo que puder" (v.9). O apóstolo sentia-se só, pois Demas, Crescente e Tito o haviam abandonado. Ele recomendou insistentemente a Timóteo: "...procure Marcos e traga-o com você..." e "Faça o possível para vir antes do inverno..." (vv.11,21).

Paulo era uma pessoa impulsiva. De que outra forma ele poderia ter se tornado nosso maior missionário? No final de sua vida ele se importava ainda mais com as pessoas.

Talvez por isso ele conclui sua epístola mais doutrinária com aproximadamente 30 saudações pessoais aos cristãos em Roma. Paulo sabia que a teologia ortodoxa tem pouco significado, sem as pessoas com quem compartilhar.

O mesmo é verdade para qualquer tipo de sucesso. Warren Buffett declarou: "Conheço pessoas que têm muito dinheiro, são homenageadas com jantares e dão seus nomes às alas de hospitais, porém, ninguém no mundo as ama. Ao envelhecer você medirá o seu sucesso na vida pelo número de pessoas que o amam de verdade. Esse é o teste final para a sua maneira de viver." —Mike Wittmer

mais elevado

leia>
Mateus 27:11-26
Mas, quando foi acusado pelos chefes dos sacerdotes e pelos líderes judeus, Jesus não respondeu nada (v.12).

examine>
Quando foi insultado, não respondeu com insultos. Quando sofreu, não ameaçou, mas pôs a sua esperança em Deus, o justo Juiz (1 Pedro 2:23).

considere>
Você deseja vingança por algo que alguém fez contra você? O que o impede de se livrar da mágoa? Você valoriza o perdão que Deus lhe concede?

Confortavelmente acomodada debaixo das cobertas pesadas numa noite fria, cobri o rosto e tentei dormir. Porém o conforto da cama aquecida não afastava o meu sonho inquietante.

Aprendi do modo mais difícil que os relacionamentos na igreja não estão livres de complicações, e tentava lidar com minha mágoa durante o sono. Traição é uma palavra forte, e me senti manipulada, enganada e profundamente incompreendida. Cansada de procurar o caminho mais elevado, o sonho revelava meu coração: eu queria vingança.

Abrir mão do nosso direito de defesa é com certeza um daqueles momentos em que chega "a hora da verdade" para nossa fé. Podemos tentar assumir o controle e recusar-se a ter a nossa definição de justiça negada ou abrir mão e nos entregarmos a um Salvador que "...compreende as nossas fraquezas, [...] [pois] foi tentado do mesmo modo que nós, mas não pecou" (Hebreus 4:15). Ninguém gosta de ser incompreendido. Ninguém gosta de ficar por perto e deixar que as coisas aconteçam. Mesmo assim, Jesus aceitou Sua traição, porque sabia que Deus é fiel (Hebreus 10:23).

Salmo 119:165 diz: "Aqueles que amam a tua lei têm muita segurança, e não há nada que os faça cair." Jesus suportou a traição e o sarcasmo por dois motivos. Ele amava o Pai e a nós. Nos momentos de grande misericórdia, a simplicidade dos dois maiores mandamentos parece estar ao nosso alcance (Mateus 22:37-39). Com o espinho da traição em nosso coração, entretanto, ficamos imaginando como conseguiremos fazer isso.

É aí que o caminho mais elevado — um lugar doloroso onde o "eu" morre — entra em ação. A verdadeira vida se torna abundante quando vivenciamos a graça que Deus nos demonstrou. Será que escolheremos nossa vingança humana ou Seu perdão divino? Não podemos ter os dois (Mateus 6:14-15). —Regina Franklin

sozinho na escuridão

leia›
Gênesis 28:10-22
Eu estarei com você e o protegerei em todos os lugares aonde você for... (v.15).

examine›
- Josué 1:5
- Hebreus 13:5

considere›
Quando você se sentiu mais solitário? Qual teria sido o impacto se tivesse descansado no fato de que Deus estava lá com você?

Em 1963, Darryl Hill, jogador da equipe de futebol americano da Universidade de Maryland, enfrentou o escárnio, Ele foi o primeiro jogador negro a entrar para a equipe que segregava raças. Semana após semana Hill encontrava multidões hostis, com alguns fãs opositores vestidos com trajes brancos da *Ku Klux Klan* ou com enormes laços pendurados. Durante uma partida, Hill enfrentou uma atmosfera particularmente mordaz. Brian Piccolo, um jogador da equipe adversária atravessou o campo e o conduziu bem diante da frívola torcida dos alunos de sua própria equipe e o abraçou — e permaneceu ao lado dele. Quase instantaneamente, a multidão se calou.

A simples presença ao lado de alguém pode ser um remédio poderoso e eficiente. A proximidade de Deus junto ao Seu povo é algo surpreendente e confortante.

Jacó experimentou essa proximidade. Longe da família e no meio do deserto numa jornada solitária e sem lugar para descansar, Jacó encontrou apenas "...uma pedra daquele lugar para servir como travesseiro e se deitou ali mesmo para dormir" (Gênesis 28:11). Em seguida teve uma estranha visão de Deus. Jacó viu uma escada que levava ao céu e anjos subindo e descendo por ela. Deus estava em seu topo.

As palavras divinas lembravam-lhe sua identidade, e revelavam sua posição na história da família. Elas declaravam que Ele era o Deus que sempre esteve com os seus antepassados "...Eu sou o SENHOR, o Deus do seu avô Abraão e o Deus de Isaque, o seu pai..." (v.13). E Deus garantiu a Jacó, enquanto ele dormia sozinho apoiado numa pedra na escuridão da noite, que sempre estaria com ele também. "...Eu não o abandonarei", disse Deus (v.15).

Quando estamos sozinhos, cansados ou desesperados, é fácil sentirmo-nos abandonados à própria sorte. Mas, não é verdade, Deus está conosco. —Winn Collier

medite

leia
Salmo 119:9-18
...sempre darei atenção às tuas ordens (v.117).

examine
Quando estou deitado, eu lembro de ti. Penso em ti a noite toda (Salmo 63:6).

considere
Em que versículo ou passagem bíblica você meditará hoje? O que acontece quando você enche sua mente com a Palavra de Deus?

"Nós, cristãos africanos, de maneira geral amamos a Bíblia. Amamos ter nosso próprio exemplar da Bíblia. Apreciamos ouvir pregações baseadas na Bíblia. Amamos ler folhetos e livretos sobre a Bíblia. Às vezes a estudamos para orar um determinado salmo ou ler alguns versículos que foram citados durante uma aula, um sermão, ou debate. Contudo, poucos de nós lemos a Bíblia regularmente como um devocional. Por quê?" Essa é a pergunta do sacerdote Ernest Munachi Ezeogu.

Vale a pena propor a pergunta do reverendo Munachi aos cristãos não somente na África, mas ao redor do mundo. Por que os cristãos não passam mais tempo dedicados a meditar na Palavra de Deus?

O estudioso Matthew Henry disse que é através da meditação na Palavra de Deus que somos mais profundamente consolados nas tribulações e alimentamos nossa alma. "Podemos afirmar com certeza a respeito de nosso Senhor Jesus Cristo," escreveu Henry, "que Suas palavras são expressões de bondade e graça."

Reflita hoje nos seguintes versículos que reiteram as riquezas que serão encontradas à medida que você mergulha nas profundezas da Palavra de Deus:

- "...Estude esse livro dia e noite e se esforce para viver de acordo com tudo o que está escrito nele. Se fizer isso, tudo lhe correrá bem, e você terá sucesso" (Josué 1:8).
- "No teu Templo, ó Deus, ficamos pensando no teu amor" (Salmo 48:9).
- "Mesmo que as autoridades se reúnam e contra mim façam planos, eu, que sou teu servo, meditarei nas tuas leis" (Salmo 119:23).
- "Respeito e amo os teus mandamentos e medito nas tuas leis" (Salmo 119:48).
- "Eu lembro dos teus julgamentos do passado, e eles me confortam, ó SENHOR" (Salmo 119:52).
- "Dá-me apoio, e estarei em segurança; e sempre darei atenção às tuas ordens" (Salmo 119:117). —Roxanne Robbins

perito criminal

leia
Deuteronômio 17:2-13
Se souberem que alguém está fazendo isso, examinem o caso com todo o cuidado... (v.4).

examine
- Deuteronômio 19:15-19
- Mateus 18:15-17
- 1 Timóteo 5:19-21

considere
Qual a sua atitude ao perceber um irmão lutando contra o pecado? Você cresceu espiritualmente quando alguém o exortou em amor quanto ao pecado em sua vida?

Minha irmã é perito criminal. Certa madrugada ela acordou às quatro da manhã pelo toque do seu telefone — tinha ocorrido um assassinato! Ela tinha 48 horas para reunir provas suficientes e registrar as acusações contra o suspeito do crime, sob custódia. Minha irmã investigou cuidadosamente o tenebroso crime, nos dias seguintes.

Na primeira noite disse: "Quando fecho os olhos vejo sangue por toda parte." Na segunda noite, cismou: "Vejo apenas ferimentos e lacerações." Na terceira noite, anunciou: "Consigo compor a sequência do crime!"

De certa forma, os cristãos também são chamados a serem peritos criminais. Dê uma olhada em Deuteronômio 17. Nos versículos 2-13, lemos duas vezes: "...assim tirarão o mal do meio do povo" (vv.7,12). Estes versículos destacam a importância dos israelitas em investigar e punir o pecado em sua comunidade. O pecado é tão abominável para Deus que não pode coexistir com Ele. O Senhor é santo e espera que reflitamos Sua santidade. Enquanto Moisés reafirmava os termos da aliança de Deus com os israelitas, disse-lhes que não deveriam permitir que as consequências do pecado corrompessem a comunidade. Como um câncer, devia ser diagnosticado e exterminado.

Entretanto, eles deveriam "...examinar o caso com todo o cuidado..." (v.4). Deus não queria que tirassem conclusões precipitadas. Era necessário envolver as testemunhas (v.6). E para prevenir falsas acusações, as testemunhas tinham que atirar as primeiras pedras (v.7). Se a vida de um inocente fosse tirada, eles assumiriam a culpa pessoalmente.

Quando os cristãos que conhecemos tiverem aparentemente caído em pecado, precisamos investigar o assunto com cuidado. Se o pecado estiver presente, nossa meta deveria ser incentivá-los a se arrependerem diante de nosso Deus santo, compassivamente. —Poh Fang Chia

redimensionando-nos

leia>
Salmo 19
O céu anuncia a glória de Deus e nos mostra aquilo que as suas mãos fizeram (v.1).

examine>
Desde que Deus criou o mundo, as suas qualidades invisíveis, isto é, o seu poder eterno e a sua natureza divina, têm sido vistas claramente... (Romanos 1:20).

considere>
Como o conhecimento da boa criação divina fez os seus pensamentos se voltarem para Ele recentemente? Como a Palavra de Deus revelou os propósitos dele para sua vida?

Recentemente li um artigo que descrevia como o ex-presidente americano Theodore Roosevelt algumas vezes encerrava um longo dia de trabalho com os diplomatas. Ele os levava para fora da Casa Branca, ficava no gramado e contemplava o céu. Enquanto examinava cuidadosamente as estrelas e a vastidão do universo, os convidados seguiam seu exemplo. Após uma longa e silenciosa pausa, o Sr. Roosevelt dizia: "Senhores, creio que agora somos suficientemente pequenos. Vamos dormir."

Muitos anos atrás, quando o salmista escreveu o Salmo 19, podemos imaginar que ele estava tentando despertar a mesma reação do povo de Deus. Lembrou aos seus leitores que Deus revelou Sua grandeza na criação. O que Davi quis dizer quando afirmou que "...o céu anuncia a glória de Deus" (Salmo 19:1-6). Ele estava dizendo que o universo é uma revelação da existência de Deus, de poder e beleza tão grande que deveria conduzir cada ser humano na face da Terra a buscar a Deus. A agradecer por trazê-lo à existência. A adorá-lo.

Como não podemos conhecer plenamente os propósitos de Deus para as nossas vidas através da criação, Ele revelou os Seus planos através das Escrituras. A Bíblia nos ensina a viver em comunhão com Deus e em paz e justiça com o próximo. Ao lermos a lei de Deus, ela vivificará nossas almas, nos tornará sábios, trará alegria aos nossos corações e nos dará inspiração para viver (vv.7-11).

Refletir sobre a grandeza de Deus conforme está revelada nas Escrituras deveria nos conduzir a um redimensionamento de nós mesmos. E buscaremos Seu perdão (Salmo 19:12), proteção contra o egoísmo e o orgulho (v.13) e orientação para que os nossos pensamentos e palavras sejam agradáveis aos Seus olhos (v.14). —Marvin Williams

de volta ao lar

leia›
Rute 3
...O senhor é nosso parente chegado e por isso tem o dever de me proteger (v.9).

examine›
- Jó 19:25
- Isaías 44:22
- Colossenses 1:13-14

considere›
Qual foi o preço que Jesus pagou para trazê-lo sob Sua proteção? De que maneira você demonstrará a natureza misericordiosa e redentora de Jesus, hoje?

Sua casa fora retomada pelo banco, ela perdera o emprego e não manteve os pagamentos da hipoteca em dia.

Ao participar do leilão no qual sua casa seria vendida, ela, em meio às lágrimas, relatou seu drama a uma pessoa completamente desconhecida, Marilyn Mock. A desconhecida, num ato de compaixão, de repente começou a dar lances pela propriedade. No final, deu o lance vencedor, e entregou as chaves da casa à proprietária original. Esta, agradecida por sua propriedade recuperada, voltou para casa e agora está efetuando os pagamentos à arrematadora.

Noemi e a sua nora Rute, tinham voltado para casa em Belém — após passarem por sofrimentos na terra de Moabe. A duas mulheres eram viúvas numa sociedade patriarcal, e não tinham esperança, nem tampouco um lar (Rute 3:1). Porém, Rute fez um belo e misterioso pedido a Boaz, membro da família estendida da sua sogra (Rute 3:9). Como diz um comentarista: "Ela havia se colocado sob a proteção de Javé (Rute 2:12), e agora pedia para ser colocada sob a proteção de Boaz."

A palavra *proteger* usada no versículo 9 é usada também como "proteção" em Rute 2:12. Rute estava literalmente pedindo a Boaz que a protegesse! E ele o fez. No dia seguinte recuperou as terras de Noemi — seu lar — e abriu caminho para que Rute se tornasse sua noiva (4:9-10).

Enquanto refletimos sobre as atitudes de uma redentora da atualidade, Marilyn Mock, e o antigo exemplo de Boaz, é importante reconhecer o próprio "redentor da nossa família" — Jesus. Ele permitiu que fôssemos salvos da maldição do pecado e da morte, estendendo sua "proteção" redentora sobre todos aqueles que nele creem, através do Seu sacrifício supremo na cruz. "...Cristo, tornando-se maldição por nós, nos livrou da maldição imposta pela lei..." (Gálatas 3:13).

Através de Jesus, a comunhão com Deus foi restaurada. Fomos remidos e estamos espiritualmente em casa, novamente. —Tom Felten

fracassos e rejeições

leia›
Atos 15:35-41
Não esmagará um galho que está quebrado, nem apagará a luz que já está fraca... (Isaías 42:3).

examine›
- Isaías 35:3-4
- Mateus 11:28-30
- Filemom 1:11-12

considere›
Você é mais parecido com Paulo ou Barnabé em suas interações com pessoas que falharam? Para qual "João Marcos" em sua vida você expressará palavras de cura e restauração hoje?

O jovem João Marcos havia se juntado a Paulo e Barnabé em sua primeira viagem missionária (Atos 13:4-5). Por razões desconhecidas, ele os deixou (v.13). Talvez estivesse com saudades de casa, ou não suportara a dura vida no campo missionário. Paulo estava incomodado com o não comprometimento de João Marcos e por ele ter abandonado a missão.

Três anos depois da primeira viagem missionária, Paulo queria visitar as mesmas cidades novamente para encorajar os novos cristãos de lá (Atos 15:35-36). Barnabé queria que João Marcos os acompanhasse nesta segunda viagem. Paulo discordou veementemente. Achava que o jovem havia demonstrado que era indigno de confiança (vv.37-38). Para Paulo, a missão era importante, e ele estava certo em não levar Marcos. Para Barnabé, o jovem era valioso. Barnabé tinha razão em querer levá-lo. Irredutíveis em suas convicções, "...eles tiveram uma discussão tão forte, que se separaram..." (v.39).

João Marcos já havia falhado antes. No entanto Barnabé acreditava que Marcos merecia uma segunda chance. Barnabé enxergava o valor e o potencial do jovem primo que fora rejeitado como um fracassado (Colossenses 4:10). Barnabé via além do fracasso de Marcos, enxergava restauração e um futuro produtivo e eficaz.

João Marcos aproveitou a segunda chance que recebeu. Mais tarde Paulo reconheceu (quase se desculpando) que João Marcos foi de grande ajuda no ministério (2 Timóteo 4:11). Este jovem rejeitado foi em frente e escreveu o livro que leva o seu nome — o evangelho de Marcos.

Você se lembra de alguma ocasião em que falhou e surgiu um Barnabé ao seu lado — acreditando e restaurando por completo sua vida para ser útil? É a sua vez. Existem pessoas como João Marcos ao seu redor que imploram por uma segunda chance. Você será um Barnabé para eles? —K. T. Sim

empreste-me

leia›
1 Pedro 3:13-16
...Estejam sempre prontos para responder a qualquer pessoa que pedir que expliquem a esperança que vocês têm (v.15).

examine›
Ninguém acende uma lamparina para colocá-la debaixo de um cesto. Pelo contrário, ela é colocada no lugar próprio para que ilumine todos os que estão na casa (Mateus 5:15).

considere›
Quando foi a última vez que você compartilhou sobre a sua fé com um amigo ou alguém mais próximo? Seus amigos se surpreenderiam ao descobrir que você é cristão? Por quê?

Na Suécia, certa biblioteca permite que seus usuários emprestem pessoas vivas, em vez de apenas livros, são eles: nove indivíduos incluindo um imã (sacerdote muçulmano), um cigano e um jornalista. Os usuários podem retirar a pessoa para uma conversa de 45 minutos no café da biblioteca e conhecê-la melhor.

Como cristãos, as pessoas ao nosso redor nos "emprestam" o tempo todo — em especial os amigos que provavelmente não compartilham a nossa fé. Por isso Pedro aconselha: "...Estejam sempre prontos para responder a qualquer pessoa que pedir que expliquem a esperança que vocês têm" (1 Pedro 3:15).

E nos lembra: "...façam isso com educação e respeito..." (v.16). Ele deseja que compartilhemos nossa fé em amor, sem preconceitos, com abordagens do tipo: "estou certo e você errado." Enfim, foi por amor que Deus entregou "...o seu único Filho, para que todo aquele que nele crer não morra, mas tenha a vida eterna" (João 3:16).

Nossos amigos podem se interessar pela oferta de vida eterna de Deus ao perceberem o quanto a fé influencia o nosso dia a dia. Quando "...não [vivemos] como vivem as pessoas deste mundo..." (Romanos 12:2), as pessoas reparam!

Não se trata de parecer perfeito, significa viver para agradar a Deus e permitir que "...Espírito de Deus dirija a [nossa] vida... (Gálatas 5:16).

Mesmo quando estamos bem espiritualmente, pensar em compartilhar nossas crenças com os amigos nos amedronta. Precisamos orar pela oportunidade e confiar que "...se [tivermos] de sofrer por [fazermos] o que é certo..." Deus nos recompensará (1 Pedro 3:14).

Não sei quanto a você, mas eu quero estar preparado para compartilhar minha fé com bondade. Até lá, vou me esforçar para viver de maneira que eu possa ser a primeira a me voluntariar: "empreste-me!" quando se tratar de defender Jesus. —Jennifer Benson Schuldt

contra tudo

leia›
1 Samuel 14:1-23
...se ele nos ajudar, nada poderá impedi-lo de nos dar a vitória, ainda que sejamos poucos (v.6).

examine›
O SENHOR não nos deixa esquecer dos seus feitos maravilhosos; ele é bom e tem muita misericórdia (Salmo 111:4).

considere›
Leia o Salmo 111 e relembre uma situação na qual Deus interferiu de maneira indubitável. Por que precisamos relembrar que Ele é o Senhor das batalhas da vida?

Ao refletirmos sobre as vitórias dramáticas registradas na Bíblia, pensamos imediatamente em Davi e Golias. Com certeza você lembra da história de um jovem e destemido pastor de ovelhas que derrotou um enorme guerreiro filisteu usando uma funda e uma tonelada de confiança em Deus (1 Samuel 17:1-50). Esquecemos que antes de Davi matar o gigante, Jônatas (que se tornaria um dos amigos mais íntimos de Davi) demonstrou grau de coragem e confiança semelhantes.

Aqui está o cenário. O exército de Israel estava em situação perigosa. Os filisteus tinham reunido uma poderosa tropa armada até os dentes e pronta para a batalha. Desarmados e em número muito inferior aos milhares de filisteus, os homens de Israel fugiram para as montanhas e se esconderam nas cavernas (1 Samuel 13:6-7).

Finalmente Jônatas, o filho do rei de Israel, se cansou de viver amedrontado e decidiu tomar uma atitude. Ele e seu escudeiro desafiaram um acampamento filisteu estrategicamente posicionado no alto de um despenhadeiro. À primeira vista parecia uma missão suicida. Porém na visão de Jônatas "...nada poderá impedi-lo de nos dar a vitória, ainda que sejamos poucos" (1 Samuel 14:6). Através de uma miraculosa cadeia de eventos, Jônatas e seu companheiro surpreenderam o acampamento filisteu (vv.8-14). A vitória deles desencadeou um enorme pânico que tomou conta de todo o exército filisteu e o levou à derrota (vv.15-20).

Contra todas as possibilidades, naquele dia Deus salvou Israel. Pode não ser tão dramaticamente óbvio, mas às vezes Ele nos levará a enfrentar situações em que todas as circunstâncias parecerão estar contra nós. Por que todo esse drama e suspense? Talvez para aumentar nossa reverência e confiança nele. Pois não somos nós que vencemos as batalhas, mas Deus. —Jeff Olson

perdão

leia>
Colossenses 3:12-17
Não fiquem irritados uns com os outros e perdoem uns aos outros, caso alguém tenha alguma queixa contra outra pessoa. Assim como o Senhor perdoou vocês, perdoem uns aos outros (v.13).

examine>
- Mateus 6:14-15
- Lucas 17:3-5
- Efésios 4:32

considere>
Se a meta do perdão é a reconciliação, é válido oferecer perdão a alguém que nos feriu e não se arrependeu? O que fazer se a pessoa que o ofendeu já faleceu?

Ficamos chocados quando uma mulher que nos ofendera no passado apareceu numa reunião familiar. Ela destruiu a família do meu pai quando criança, e apesar das tentativas de reconciliação, nunca admitiu sua culpa nem pediu perdão pelas consequências. E invadiu nosso encontro familiar e exigindo ser tratada como alguém da família!

Não sabíamos como reagir. Ser delicados e afetuosos ao recebê-la, correndo o risco de trivializar a sua ofensa, ou ser radical demais, alimentar ressentimentos e fantasiar sobre a vingança, correndo o risco de negar a graça que Deus estendeu a nós. Ficávamos imaginando qual o significado do perdão em tal situação (Colossenses 3:13).

Descobrimos que o objetivo do perdão é a reconciliação. Embora nem todos os relacionamentos rompidos possam ser consertados, pois esposas e filhos agredidos devem ser protegidos de seus abusadores, devemos visar a reconciliação entre transgressor e vítima.

A reconciliação exige o arrependimento do transgressor, que peça o perdão e, se possível, restitua as perdas. A vítima deve liberar o transgressor da necessidade de pagar por seu pecado. Ela escolhe arcar com o prejuízo e, ao invés de planejar vingança, se compromete a amar e procurar o melhor para essa pessoa.

Pode ser extremamente difícil agir assim. Muitas vezes, é árduo demais para se conceder o perdão. Mas nós, que fomos perdoados por Deus, devemos nos comprometer a perdoar os outros e, em seguida, fazer mais um esforço para nos aproximar de quem foi perdoado (v.12).

C. S. Lewis escreveu a um amigo: "Na semana passada, enquanto orava, de repente descobri — ou me senti como se tivesse descoberto — que havia perdoado alguém que eu tinha tentado perdoar há mais de 30 anos. Orava para conseguir fazer isso."

Às vezes a revelação vem de modo repentino. —Mike Wittmer

laços de família

leia›
Gênesis 37:1-4,13-20
Eles viram José de longe e, antes que chegasse perto, começaram a fazer planos para matá-lo (v.18).

examine›
Acima de tudo, amem sinceramente uns aos outros, pois o amor perdoa muitos pecados (1 Pedro 4:8).

considere›
Sua família influenciou a visão que você tem de si mesmo? Suas experiências moldaram a sua visão de Deus? Ele pode usar os traumas familiares para fortalecê-lo?

O barulho indicava problemas. Nossos pais tinham saído e minha irmã e eu começamos uma guerra de purê de batata, em vez de lavar os pratos. Persegui-a escada abaixo, determinada a não permitir que ela ganhasse apesar de eu ser a mais nova. Os louros da vitória se foram quando ela não viu uma porta e seus óculos se espatifaram. Seríamos punidas com certeza.

Planejada por Deus para dar sentido à nossa identidade, a família é um dos lugares onde descobrimos nossos gostos, habilidades e como nos relacionar uns com os outros. É nela que enfrentamos nossos primeiros conflitos. Mesmo em famílias mais estruturadas temos que lidar com ressentimentos que nos fazem acreditar em falsos conceitos sobre nós mesmos.

Ao lermos a história de José, muitas vezes nos concentramos nos sofrimentos que ele enfrentou devido ao ciúme dos irmãos. Ela ensina sobre o perdão (Gênesis 50:20-21), e demonstra como as questões familiares atingem profundamente o coração.

José era o primogênito da esposa favorita de Jacó (Gênesis 30:21-24), era o predileto e seus irmãos sabiam disso (v.4). Uma coisa é enfrentar a desaprovação dos pais por não ter feito a lição de casa, outra é imaginar-se um fracassado, simplesmente porque nasceu da mulher errada (v.2). Acreditando que Jacó os rejeitara ao preferir José, seus irmãos se vingaram rasgando sua túnica e sua dignidade (vv.20-24).

Desde o início da criação, os relacionamentos familiares são difíceis (Gênesis 4:8). Os conflitos são inevitáveis. Trabalhando através da natureza pecaminosa do homem, o inimigo coloca os membros da família uns contra os outros (Miqueias 7:6).

Reagir às mágoas, magoando os outros só perpetua o ciclo. Alinhar nossos corações ao de Deus, entretanto, permite o início da cura e a restauração (Lucas 1:17). —Regina Franklin

a paz da cidade

leia
Jeremias 29:4-9
Trabalhem para o bem da cidade... (v.7).

examine
- Atos 2:42-47
- Romanos 13:1-8
- 1 Pedro 2:11-17

considere
Qual é a história da sua cidade? De que forma concreta você pode interceder e buscar a paz e a prosperidade da sua cidade?

Amamos nossa cidade e quando nos mudamos para cá, realmente queríamos vir, e que nossa história se entrelaçasse com a da cidade; que nosso bem-estar estivesse ligado ao de nossa vizinhança. Certa noite assisti ao canal comunitário e fiquei intrigado com uma reunião do conselho municipal na qual se discutia sobre uma controvérsia quanto às calçadas. Estranhamente, descobri que realmente me importava.

Durante parte da sua complicada história, Israel se encontrou numa nova cidade que não havia escolhido. Os babilônios tinham forçado Israel a fazer as malas e exilar-se. Compreensivelmente, Israel tentava resistir. Este não era o seu lar, nem o seu povo, nem a sua terra.

O profeta Jeremias escreveu uma carta ao seu povo sofrido, dando-lhes algumas instruções incomuns. Ele os encorajou a marcarem sua presença neste novo território. "Construam casas e morem nelas. Plantem árvores frutíferas e comam as suas frutas. Casem e tenham filhos..." (29:5-6). Em vez de procurar fugir, Jeremias disse-lhes para executarem as atividades humanas mais básicas: alimentar a família, cuidar da terra, construir uma vida na Babilônia. Em vez de se ressentirem pelo cativeiro, deveriam buscar o seu bem-estar. Pois ao orarem e trabalharem pelo bem da Babilônia, encontrariam o seu próprio bem-estar "...se ela estiver bem, vocês também estarão" (v.7), afirmou Jeremias.

A encarnação de Jesus nos convoca a nos doarmos a determinados povos e nações, a vivermos como se compartilhássemos as mesmas esperanças e batalhas que os nossos vizinhos (porque compartilhamos). Um escritor se expressa desta forma: "Se você veio até aqui para me ajudar, está perdendo o seu tempo... Mas se você veio porque a sua libertação está ligada à minha, então trabalhemos juntos." —Winn Collier

encruzilhada do *blues*

leia
Lucas 23:26-43
...ele nos salvou porque teve compaixão de nós, e não porque nós tivéssemos feito alguma coisa boa... (Tito 3:5).

examine
Todos pecaram e estão afastados da presença gloriosa de Deus (Romanos 3:23).

considere
Você espera que Deus perdoe os seus pecados mesmo que você se recuse a arrepender-se? O que você enxerga quando examina sua própria fé em Jesus?

Enquanto esperava na fila de uma lanchonete no sul dos Estados Unidos, a camiseta de um cliente chamou minha atenção. Acima de duas guitarras cruzadas lia-se: "Rodovia 49 e Rodovia 61, — encruzilhada do *blues*." Abaixo se encontrava a legenda: "Senhor, por favor, perdoe Robert Johnson."

Uma das estrelas da música que despontou do sul dos Estados Unidos no século 20, Robert Johnson escreveu os clássicos do *blues Cross Road* e *Blues Sweet Home Chicago*. Um guitarrista exímio e inovador, infelizmente ele tinha uma predileção por mulheres casadas. Johnson morreu aos 27 anos — a lenda diz que foi envenenado por um marido ciumento.

Então, será que Deus perdoará Robert Johnson?

Até certo ponto, pode ser que todos nós apreciemos o perdão gratuito. Ouvimos as incríveis palavras de Jesus em favor dos soldados romanos enquanto o crucificavam: "Pai, perdoa esta gente! Eles não sabem o que estão fazendo" (Lucas 23:34). Porém em nenhum trecho das Escrituras lemos a respeito de alguém que foi perdoado após a morte.

Jesus não oferece perdão devido aos nossos próprios méritos. Ele o oferece porque nos ama como Sua criação destruída. Por essa razão, Ele escolheu pagar o preço por nossa rebeldia contra Seu Pai celestial. Um dos ladrões crucificados com Jesus compreendeu essa verdade fundamental bem a tempo (vv.40-43). Ele acreditava naquele que pode fazer tudo novo (Apocalipse 21:5).

Desconfio que o rapaz da camiseta na cafeteria do Mississipi estava mais interessado nos talentos de Robert Johnson do que em refletir sobre as ramificações do seu estilo de vida destrutivo. A verdadeira encruzilhada está na cruz sobre a qual Jesus foi crucificado por nossos pecados. Será que aceitaremos o perdão que este verdadeiro herói nos oferece? —Tim Gustafson

momento copernicano

leia›
Salmo 33
Mas o que o SENHOR planeja dura para sempre, as suas decisões permanecem eternamente (v.11).

examine›
...Deus criou tudo, no céu e na terra, tanto o que se vê como o que não se vê, [...] os poderes espirituais, as forças, os governos e as autoridades. Por meio dele e para ele, Deus criou... (Colossenses 1:16).

considere›
O mundo parece girar ao seu redor? O que você entregará a Deus hoje?

Em 1543, Nicolau Copérnico publicou a teoria que marcou uma das bases para a revolução científica do século 16. A hipótese dele era: A Terra não é o centro do universo.

Recentemente, vivenciei algo que para mim foi um "momento copérnico." Lembrei-me que não sou o centro do universo, e que o mundo não gira ao meu redor. Quando estou ocupado, mesmo assim o trabalho se acumula. Ainda existem necessidades que precisam ser supridas e assuntos de família que precisam ser resolvidos. Resumindo, repito que o mundo não gira no meu ritmo, meus termos nem de acordo com minhas preferências.

Apesar de desejarmos que seja de outra forma, a vida não está centrada em nós. Pois o mundo foi criado para girar em torno de Deus, não das pessoas. No Salmo 33 lemos:

• *Toda a natureza gira em torno do Senhor* (vv.6-9). Ele estabeleceu os limites dos mares e guardou os oceanos em seus vastos reservatórios. A Sua palavra deu início ao mundo. Ele surgiu a partir de Sua ordem. Funciona de acordo com as leis estabelecidas por Ele.

• *Todas as nações giram em torno do Senhor* (vv.10-12). Todos os planos e conspirações não podem prevalecer contra o que Deus planejou. Ao fim, o plano de Deus prevalecerá para sempre. Suas decisões jamais poderão ser abaladas.

• *Todas as vidas giram em torno do Senhor* (vv.13-19). Deus vê toda a raça humana. Ele criou os nossos corações, compreende tudo que fazemos, e tem poder para intervir em nossas vidas e nos livrar de situações que fogem ao nosso controle.

Precisamos viver uma vida centrada em Deus, não em nós mesmos. Hoje, enquanto giramos em torno dele, vamos nos submeter aos Seus mandamentos e seguir Seus caminhos. —Poh Fang Chia

sofrimento perfeito

leia›
Hebreus 2:9-18
...tornou Jesus perfeito por meio do sofrimento. Deus fez isso a fim de que muitos, isto é, os seus filhos, tomassem parte na glória de Jesus. Pois é Jesus quem os guia para a salvação (v.10).

examine›
- Jó 23:10
- Filipenses 3:10
- 1 Pedro 1:6-7

considere›
O que Deus está lhe ensinando através do sofrimento? Como você pode experimentar alegria e vitória mesmo ao passar por momentos difíceis?

"Aqueles que pregam a prosperidade não duram muito onde há perseguição, e simplesmente vão embora." Em seu livro *Chamados para Dor e Alegria* (Edições Vida Nova) Ajith Fernando capta duas realidades da fé cristã: (1) Jesus sofreu; (2) aqueles que nele creem também sofrerão.

Ao contrário dos falsos mestres que pregavam "saúde e prosperidade," Jesus ensinou que Deus usa o sofrimento para o nosso bem. Em Hebreus 2:10 lemos que Jesus se tornou perfeito "por meio do sofrimento." Isto não significa que Jesus não era perfeito, pois Ele é Deus Filho. Mostra, no entanto, que a morte permitiu que Ele conhecesse o estágio final da experiência humana — dando-lhe melhor condição de se identificar com nossas batalhas (Hebreus 5:8).

O apóstolo Paulo foi aperfeiçoado através da dor. Ele orou três vezes para que Deus retirasse o que o atormentava. Contudo, Deus permitiu que o espinho permanecesse nele, dizendo: "A minha graça é tudo o que você precisa, pois o meu poder é mais forte quando você está fraco" (2 Coríntios 12:9). A resposta de Paulo? "Eu me alegro também com [...] os sofrimentos [...] por causa de Cristo. Porque, quando perco toda a minha força, então tenho a força de Cristo em mim" (v.10).

Jesus se identifica conosco e nos ajuda, pois também enfrentou provações, e "... pode ajudar os que são tentados, pois ele mesmo foi tentado e sofreu" (Hebreus 2:18). Ele "...compreende as nossas fraquezas, [...] [pois] foi tentado do mesmo modo que nós..." (Hebreus 4:15). Você está sofrendo? Não lute contra isso como alguém sem esperança. Não acredite nas mentiras dos falsos mestres que afirmam de maneira incorreta: "Você precisa de mais fé para vencer suas batalhas."

Em vez disso, aceite o seu sofrimento como uma dádiva de Deus — para aperfeiçoar sua fé nele. (Hebreus 12:2). —Tom Felten

morrer para a vida

leia>
Atos 9:36-42
Assim também a luz de vocês deve brilhar para que os outros vejam as coisas boas que vocês fazem e louvem o Pai de vocês, que está no céu (Mateus 5:16).

examine>
- Provérbios 31:30-31
- Efésios 2:10
- 1 Tessalonicenses 1:3

considere>
Quais boas obras você praticou e que farão as pessoas agradecer ao Pai celestial? Como você vai estabelecer um legado como o de Cristo para que outros o sigam?

Recentemente, li um cartaz que dizia: "Quando nasceu, você chorou e o mundo se regozijou. Viva sua vida de tal maneira que, quando morrer, o mundo chore e você se regozije." —Provérbio Indígena (Cherokee)

A história de Tabita (Dorcas, em grego) é triste. Tabita era uma dedicada seguidora de Cristo. Não se sabe muito mais do que isso a respeito dela. Porém esta descrição em uma frase diz muito: "...Ela usava todo o seu tempo fazendo o bem e ajudando os pobres" (Atos 9:36).

Tabita era uma boa pessoa. Mas, infelizmente, às vezes os bons morrem cedo. Mesmo assim, parecia tão trágico, um desperdício até, que uma obreira tão útil, amada, bondosa e incansável como ela morresse de maneira tão repentina e inesperada (v.37). Isso nos mostra que a morte pode chegar inesperadamente, até mesmo em meio a um ministério frutífero.

Até aquele momento, Pedro havia realizado apenas duas curas (Atos 3:6 e 9:34), mas ele não havia feito algo tão dramático ou difícil quanto ressuscitar um morto. Portanto, foi um ato de fé da parte de Pedro, ao saber do fato, ir até Jope para encontrar Tabita (vv.39-41).

Quando da sua chegada, nos contam que "...Todas as viúvas ficaram em volta dele [Pedro], chorando e mostrando os vestidos e as outras roupas que Dorcas havia feito quando ainda vivia" (v.39). Que testemunho de uma vida bem vivida. Quando Pedro orou e Tabita voltou a viver, deve ter sido um momento de grande alegria.

Quando você partir, será que sentirão sua falta? Será que muita gente vai chorar por você? Que testemunho de boas obras você deixará para trás? Será que haverá vestidos e outras roupas para serem mostrados? Quando nasceu, você chorou e o mundo se regozijou. Porém, quando você morrer, será que o mundo irá chorar enquanto você irá se alegrar? —K. T. Sim

porque você está aqui

leia
2 Coríntios 8:11-15
...Já que agora vocês têm bastante, é justo que ajudem os que estão necessitados. Em alguma outra ocasião, se vocês precisarem, e eles tiverem bastante, aí eles poderão ajudá-los... (v.14).

examine
- Deuteronômio 15:7-8
- Eclesiastes 5:13
- Lucas 6:34

considere
Você conhece alguém que poderia ser beneficiado através de uma oferta? O que o impede de ofertar? Você acha mais difícil dar uma oferta voluntária ou proporcional?

Você já ficou sem dinheiro quando mais precisava? Keith Taylor era estudante de pós-graduação e trabalhava em três empregos. Quando o carro quebrou, ele teve que decidir: pagar o aluguel ou consertar o carro? Consertou o carro e seria despejado, não fosse por bondade de seu chefe que lhe concedeu um bônus de 525 reais para pagar o aluguel.

Hoje, Keith dirige um site que ajuda as pessoas a solucionar pequenos problemas financeiros. Surpreendentemente, cerca de 70% dos que recebem ajuda voltam ao site para fazer doações.

O programa de Taylor exemplifica as palavras de Paulo aos coríntios: "Já que agora vocês têm bastante, é justo que ajudem os que estão necessitados. Em alguma outra ocasião, se vocês precisarem, e eles tiverem bastante, aí eles poderão ajudá-los..." (v.14).

Sabemos que devemos usar "...as riquezas deste mundo para conseguir amigos..." (Lucas 16:9), mas acho que Deus está mais interessado em nossa disposição do que na quantia em dinheiro que entregamos. "...Deus ama quem dá com alegria" (2 Coríntios 9:7), e Ele pode usar qualquer quantia para sustentar os outros. Paulo declarou: "Porque, se alguém quer dar, Deus aceita a oferta conforme o que a pessoa tem..." (2 Coríntios 8:12).

Dar com zelo nem sempre significa doar até nossas contas bancárias zerarem. Paulo lembrou aos cristãos: "Não estou querendo aliviar os outros e pôr um peso sobre vocês" (2 Coríntios 8:13). Preferencialmente, "...dando de acordo com o que [temos]" (v.11).

Deus se alegra quando somos generosos com as pessoas. Portanto, aqui está um desafio: Dê uma olhada naquilo que Deus lhe concedeu. Quanto você está disposto a ofertar com tranquilidade para ajudar a suprir as necessidades das pessoas ao seu redor — uma quantia modesta ou generosa? —Jennifer Benson Schuldt

quem é você?

leia>
Tito 2:11-14
...Deus revelou a sua graça [...] Essa graça nos ensina a abandonarmos a descrença e as paixões mundanas e a vivermos neste mundo uma vida prudente, correta e dedicada a Deus (vv.11-12).

examine>
E, para mostrar que vocês são seus filhos, Deus enviou o Espírito do seu Filho ao nosso coração, o Espírito que exclama: "Pai, meu Pai" (Gálatas 4:6).

considere>
Quais visões erradas sobre a sua identidade você está alimentando? Como a sua percepção sobre Deus influencia a sua visão de si mesmo?

"Quem é você? Quem? Quem? Quem?" Esta estrofe abre um clássico da música pop. São mais do que simplesmente versos de uma canção cativante. A letra levanta uma questão importante: você sabe quem realmente é?

Esta é uma pergunta relevante. E respondê-la não é tão simples quanto repetir de memória seu nome, onde você mora e qual a sua profissão. Você é mais do que as informações básicas encontradas em sua carteira de trabalho — muito mais. Para responder de verdade esta questão, você precisa guardar a sua carteira de trabalho e utilizar sua Bíblia.

Para começar, as primeiras páginas da Bíblia nos contam que nascemos à imagem de Deus (Gênesis 1:26-27). Na verdade, os seres humanos são a única peça da criação que tem a ilustre honra de ser criada à semelhança de Deus. Ao contrário de uma barulhenta manada de cavalos selvagens ou uma montanha coberta de neve ou uma constelação de estrelas no céu noturno, nós temos a excelência de ser marcados pela imagem de Deus.

A Bíblia também nos diz que "...Nós [...] somos filhos dele" (Atos 17:28). Em outras palavras, somos filhos preciosos do Rei do Universo. Impressionante! A nossa identidade está vinculada ao fato de sermos indivíduos criados à Sua imagem, que fomos remidos pelo sangue de Jesus Cristo. Podemos caminhar na paz, alegria e propósito de uma nova vida nele (2 Coríntios 5:17).

É importante que estas respostas reflitam a compreensão de quem nós somos em Jesus. Há muitos aspectos envolvidos em sua resposta às perguntas feitas no início desta meditação. Se você não souber quem é de verdade, continuará a viver de modo inferior ao que Deus planejou para você.

Então, quem é você? —Jeff Olson

improdutivo proposital

leia›
Marcos 2:23-27
E Jesus terminou:
— O sábado foi feito para servir as pessoas, e não as pessoas para servirem o sábado (v.27).

examine›
Faça todo o seu trabalho durante seis dias da semana; mas o sétimo dia da semana é o dia de descanso, dedicado a mim, o SENHOR, seu Deus (Êxodo 20:9-10).

considere›
Os cristãos não são obrigados a guardar o princípio do sábado? Ou um dia de descanso representa o nosso descanso espiritual em Cristo? Poderia significar as duas coisas? Por quê?

Aparei o gramado da casa de meu pai às 8 horas da manhã de um domingo. Fiquei imaginando o que os vizinhos pensariam, pois meu pai jamais cortou a grama ou fez qualquer tipo de trabalho no domingo. Ele achava que o "Dia do Senhor" devia ser reservado às atividades tranquilas focadas em Deus — muito parecido com o descanso sabático do Antigo Testamento. Mas agora ele estava hospitalizado, a grama estava alta e eu partiria naquela tarde. Então me lembrei das palavras de Jesus: "...O sábado foi feito para servir as pessoas, e não as pessoas para servirem o sábado" (Marcos 2:27). Quebrei o princípio do sábado para ajudar meu pai.

Embora esta fosse a atitude correta numa emergência, "o sábado foi feito para servir as pessoas" me faz lembrar que existe um valor inestimável em guardar um dia de descanso. Deus não instituiu o princípio do sábado para testar nossa determinação com uma regra arbitrária, mas Ele nos concedeu um dia de descanso para nos dar uma chance de desacelerar e aproveitar a vida. Neste dia devemos ser propositalmente improdutivos.

Além do repouso, João Calvino afirmou que os dias de descanso também nos dão uma oportunidade para o renovo espiritual. Ele os comparou a uma torre alta que escalamos para explorar o terreno das nossas vidas e nos lembrarmos do quanto Deus tem sido bom para nós. Calvino declarou que se aproveitássemos esta chance seríamos cheios de gratidão a semana toda.

Muitas vezes começo os domingos com uma lista mental das tarefas que precisam ser feitas. Normalmente deixo a lista de lado e, após o culto matutino, um bom almoço e uma longa soneca, brinco e me divirto com as pessoas que amo. Sempre me alegro por agir assim.
—Mike Wittmer

conhecidos

leia›
Jeremias 1:4-10
Antes do seu nascimento, quando você ainda estava na barriga da sua mãe, eu o escolhi e separei para que você fosse um profeta para as nações (v.5).

examine›
- Salmo 139:1-5
- 1 Coríntios 13:12
- 1 Tessalonicenses 1:2-8

considere›
O que o impede de crer que Deus conhece a sua vida intimamente? Você crê que é portador da mensagem da redenção divina? De que maneira isto o afeta?

"Ei, Gina." A saudação foi informal, mas surpreendente. Gosto do meu café descafeinado, sem calorias, super quente, bem cheio, mas não é todo dia que saio para saboreá-lo. Acho que meu pedido caro fez o barista gravar meu nome. Em meio à surpresa, uma lição do Senhor fez a ficha cair. Sou conhecida.

Quem sou eu? Para onde estou indo? A minha vida faz alguma diferença? Todos nós refletimos sobre estas perguntas, até mesmo os cristãos. Esmagados pelas mentiras do diabo a respeito da nossa insignificância, às vezes nos escondemos. Achando que ninguém está nos vendo, de repente ouvimos uma voz. Olhando para cima, percebemos que o Deus do universo nos chamou pelo nome! (Isaías 43:1) Não somos apenas observados. Somos *conhecidos*.

Jeremias, o profeta chorão, era um jovem separado e escolhido para uma tarefa assustadora desde o ventre da sua mãe. Ele foi chamado para ser um facilitador do plano divino de redenção, levando os israelitas ao arrependimento. A complexidade da sua tarefa às vezes o deixava em dúvida.

Assim como o profeta, pode ser que os desafios da vida o tenham feito questionar se o que você sabe é verdade. Deus realmente sabe quantos cabelos tenho? Ele enxerga os vales profundos pelos quais andei? O próprio Jeremias fez perguntas como estas (Jeremias 15:15-18).

O livro de 1 Pedro 2:9 diz que nós somos "...raça escolhida, os sacerdotes do Rei, a nação completamente dedicada a Deus, o povo que pertence a ele..." Nosso propósito não está escrito num *outdoor* de Deus que declara: "Vá por aqui." Somos Seus vasos chamados para transmitir Sua mensagem redentora através das nossas vidas. Ele quer que descansemos na certeza de que somos conhecidos e que Ele é um Deus que "...[está] vigiando para que as [Suas] palavras se cumpram" (Jeremias 1:12). —Regina Franklin

moldando um jovem

leia›
Provérbios 22:6-16
Eduque a criança no caminho em que deve andar... (v.6).

examine›
Pais [...] vocês devem criar [seus filhos] com a disciplina e os ensinamentos cristãos (Efésios 6:4).

considere›
Os seus pais foram bem-sucedidos ou falharam em ajudá-lo a descobrir o caminho certo? Que atitude você vai tomar para começar a compreender o coração de seus filhos?

Recentemente, meu filho de cinco anos zangou-se comigo. Eu fui o responsável pelo incidente (não lhe dei total atenção) e ele também teve sua culpa (não obedeceu). Coloquei-o de castigo, mas quando acabou, continuava chateado. Percebia-se que ele tentava se expressar — com palavras que melhor demonstrassem seus sentimentos. E disse: "Papai, não acredito mais em Deus." Claro que ele não estava enfrentando uma crise de fé. Porém, perguntava algo do tipo: *Será que você vai caminhar comigo, cativar meu coração e descobrir o que há de errado com minha alma?*

As palavras de Provérbios 22:6 oferecem uma sabedoria inconfundível sobre a educação dos filhos. Elas incentivam os pais a dedicar-se com afinco à demorada arte de descobrir a intimidade e a textura singular dos corações de seus filhos. Quando o escritor da sabedoria nos instrui a guiar nossos filhos para à trajetória de vida que devem seguir, ele nos convida à árdua tarefa de discernir o "caminho certo" — a melhor forma de ensiná-los com base na personalidade, dons e inclinações peculiares de cada um.

O "caminho certo" inclui guiá-los pela trilha espiritual e moral que devemos seguir. Ensiná-los a ser diligentes, honestos e submissos a Deus. Desviar da tolice e orientá-los nos comportamentos que agradem a Ele (v.15). O versículo, entretanto, acrescenta este toque esclarecedor: As orientações do "caminho certo" devem levar em conta a singularidade de cada criança. Portanto, ao criar e educar nossos filhos, devemos reconhecer como são formados, e usar as melhores alternativas para que cresçam e amadureçam individualmente.

Em nossa vida, de maneira singular, Deus nos buscou e ensinou, apresentou-nos Suas verdades eternas, reconheceu a nossa individualidade. Nossos filhos precisam da mesma orientação sobre o "caminho certo". —Winn Collier

quebrar o lápis?

leia>
2 Samuel 9
...Eu serei bondoso com você por causa de Jônatas, o seu pai. Eu lhe darei de volta todas as terras que pertenciam ao seu avô Saul, e você será sempre bem-vindo à minha mesa (v.7).

examine>
- João 3:16
- Romanos 5:6-10
- Hebreus 9:15

considere>
De que maneira a proteção, provisão e posição que Deus lhe deu influenciaram sua vida? Como você lhe agradecerá e louvará por Sua graça e misericórdia?

Eu ouvia um programa de rádio que tinha a participação dos ouvintes, por telefone, era um debate sobre fazer e quebrar promessas. Um dos apresentadores resumiu o consenso ao declarar: "Para a maioria de nós, quebrar promessas é comum como quebrar um lápis. É um estilo de vida, é o que as pessoas esperam hoje em dia."

O rei Davi não pensava assim. Em 2 Samuel 9 vemos o seu empenho em cumprir promessas feitas a Jônatas, aproximadamente 15 anos antes (1 Samuel 20:14-17). As atitudes dele teriam impressionado as pessoas naquela época. Quando um novo rei chegava ao poder costumava tratar a antiga família real como inimiga, exterminando-a completamente.

Em contraste, vemos Davi lhes demonstrando a bondade de Deus (v.3). Como? No versículo 7 observamos que Davi oferece a Mefibosete; proteção, provisão e uma posição. Davi não só demonstrou ter misericórdia dele e o protegeu, mas restituiu sua herança. Ele não apenas o salvou da sombra da morte, mas também preparou um lugar na mesa do rei e o tratou como um filho.

Vemos a profundidade da bondade de Deus nas Suas promessas sob a nova aliança que fez conosco. Ele nos oferece proteção, provisão e posição muito acima daquilo que Davi poderia oferecer a Mefibosete. Ele nos garante a salvação quando nos achegamos a Jesus Cristo em arrependimento e fé — prometendo que nunca nos deixará nem abandonará. As Suas provisões para nós são: Jesus, o Espírito Santo, Sua Palavra, Sua igreja e o sustento das nossas necessidades físicas e espirituais. Em Sua graça Ele nos concede a posição de sermos Seus filhos e herdeiros da vida eterna.

Aos olhos do mundo, Davi demonstrou graça e misericórdia supremas a Mefibosete, mas é apenas um reflexo apagado da graça e misericórdia que Deus demonstra por nós a cada dia. —Kevin Gregory

permaneça em posição

leia›
2 Crônicas 26:3-21
Enquanto [...] Uzias serviu a Deus fielmente [...] Durante esse tempo Deus o abençoou (v.5).

examine›
Peça a Deus que abençoe os seus planos, e eles darão certo (Provérbios 16:3).

considere›
Você tem a tendência de ocupar-se demais trabalhando para Deus? Especifique o que você pode fazer de diferente para agradar a Deus ainda hoje.

"Permaneça em posição!", o sargento gritou para o soldado. "Você não está só. Confie em seus companheiros!" Ele tinha abandonado seu posto no flanco direito da patrulha para ajudar a defender o lado esquerdo contra uma emboscada. Porém, o sargento tinha uma informação que o soldado desconhecia: o "inimigo" atacaria pela direita. A emboscada era uma armadilha no exercício militar.

O treinamento militar torna os indivíduos humildes, destruindo-os para reconstruí-los como parte de uma equipe. Na vida também é assim.

Muito tempo atrás um grande líder militar aprendeu essa lição ao tentar assumir responsabilidades demais. Mas a verdadeira tragédia foi a sua destruição após uma vida inteira de bons serviços prestados.

Uzias era um excelente rei que implementou reformas extremamente necessárias em Judá. Sob a tutela do profeta Zacarias, ele seguiu a Deus e conquistou vitórias contra os seus inimigos. "Porém, quando se tornou assim poderoso, Uzias ficou cheio de orgulho, e essa foi a sua desgraça..." (2 Crônicas 26:16).

Certo dia, Uzias entrou no templo para usurpar os deveres sacerdotais. Quando o sumo sacerdote Azarias e outros 80 sacerdotes confrontaram o arrogante rei, Uzias enfureceu-se. Mesmo assim, enquanto insultava os sacerdotes "...uma terrível doença da pele apareceu na sua testa" (v.19). Uzias passou o resto da vida isolado, incapaz de governar.

Muitos daqueles que dizem amar a Jesus não o demonstram servindo-lhe. Outros porém, talvez na tentativa de suprir a falta, assumem responsabilidades demais. Eles querem "consertar" o mundo confiando na própria força.

As duas abordagens estão incorretas. Todavia ao "permanecermos em posição," dependendo do Senhor a cada dia para nos dar força e sabedoria, Ele pode nos usar para Sua glória — não nossa.

—Tim Gustafson

aprovação

leia>
Romanos 14:7-18
...quem serve a Cristo dessa maneira agrada a Deus e é aprovado por todos (v.18).

examine>
- Lucas 16:15
- João 5:44
- Gálatas 1:10

considere>
Você precisa da aprovação de alguém em especial? Qual a importância da aprovação de Deus para você?

Em *O Grande Gatsby*, F. Scott Fitzgerald narra as tentativas desesperadas de Jay Gatsby para obter aprovação de sua amada Daisy. Ele faz de sua vida um teatro baseado nos desejos de sua amada, na esperança de reconquistá-la. Embora não autobiográfico, o livro espelha algumas lutas do autor para ser aprovado por aqueles cuja opinião valorizava — ele mesmo e a esposa Zelda. Ficção e vida real colidem quando as expectativas encobrem a realidade.

Sua vida e obra não eram centradas em Deus, porém, a sua propensão em viver pela aprovação dos outros é uma luta que muitos enfrentam — até os cristãos. Poucos escolheriam viver com medo da opinião alheia. Em vez disso, a preocupação nociva com o que os outros pensarão brota do nosso medo de rejeição.

Obter a aprovação dos outros não é pecado. Lucas 2:52 diz que Jesus agradava cada vez mais a Deus e às pessoas. Paulo procurou "...sempre ter a consciência limpa diante de Deus e das pessoas" (Atos 24:16). O problema surge quando a aprovação dos outros se torna a nossa meta.

Mesmo o mais devoto pode falhar às vezes. E nossas opiniões com frequência são obscurecidas por nossa natureza pecaminosa, quando nos dedicamos em atender às expectativas alheias, colocando a opinião deles acima da de Deus (João 12:42:43). O que importa é a aprovação que recebemos de Deus (2 Coríntios 10:18).

Viver para agradar aos outros — mesmo com boas intenções — é uma busca vã. Ser um trabalhador aprovado por Deus (2 Timóteo 2:15) significa viver para agradá-lo, avaliando e julgando os nossos desejos e pensamentos pela Palavra (Hebreus 4:12).

No fim, só uma opinião importa: a de Deus. Suas expectativas em relação a nós não mudam de acordo com emoções ou circunstâncias; Ele permanece consistente e verdadeiro. —Regina Franklin

o Senhor é rei

leia›
Salmo 93
O SENHOR Deus é Rei. Ele está vestido de majestade e coberto de poder. A terra está firme no seu lugar e não pode ser abalada (v.1).

examine›
- Êxodo 15:1-18
- Salmo 99:1-5
- Daniel 4:34-35

considere›
Quais problemas da vida ameaçam a sua segurança? Como Deus quer que vejamos nossos medos e vulnerabilidades?

Os sistemas do nosso mundo parecem cada vez mais vulneráveis. Crises bancárias e hipotecárias minaram a confiança dos consumidores. Os ataques terroristas ao redor do mundo despertaram novos medos. Políticos e líderes religiosos corruptos continuam a produzir descrenças. A economia instável ao redor do mundo trouxe o medo e o estresse à vida de muitas pessoas. Estes sentimentos de vulnerabilidade e dúvida fazem alguns cristãos se perguntarem se Deus ainda é o Rei de todos.

Há muitos anos, quando o reconhecimento do reinado de Deus era questionado pelo Seu povo, o salmista escreveu um salmo real que os assegurava que o Senhor ainda era rei. Ele começou dizendo "O SENHOR Deus é Rei..." (Salmo 93:1). Ele usou o termo Javé, que simbolizava o nome de Deus e a aliança para indicar que Ele estava reinando. Era o nome que comunicava ao povo de Deus que Ele reinaria para sempre e protegeria o Seu povo continuamente. O salmista também declarava que não havia outro deus que se qualificava como rei além do Senhor.

O texto em hebraico na verdade diz: "O Senhor está se tornando rei." Espere aí! Quer dizer que houve um tempo em que Ele não era rei? Claro que não! Com esta frase, o salmista dizia que o reconhecimento e a afirmação do governo do Senhor se concretizara mais entre o Seu povo. Após a sua visão ter sido temporariamente obscurecida por atribulações, caos e incerteza, eles estavam renovando e aceitando o Seu reinado e entronizando-o em seus corações (v.2).

O Senhor reina sobre a criação e o caos no mundo, apesar de às vezes, pensarmos que não (vv.3-5). Mais ainda, Ele deseja habitar e reinar nos corações de Seu povo. Entronizemos o Senhor novamente e rendamos todas as áreas de nossas vidas à Sua soberania. —Marvin Williams

seja específico

leia›
1 João 3:16-24
Sabemos o que é o amor por causa disto: Cristo deu a sua vida por nós. Por isso nós também devemos dar a nossa vida pelos nossos irmãos (v.16).

examine›
Se alguém diz: "Eu amo a Deus", mas odeia o seu irmão, é mentiroso. Pois ninguém pode amar a Deus, a quem não vê, se não amar o seu irmão, a quem vê (1 João 4:20).

considere›
Como o verdadeiro amor aceita as falhas de uma pessoa e a desafia a melhorar? Qual a diferença entre o contentar com a nossa situação e ser preguiçoso?

Nossa vida começa cheia de possibilidades. Nossas vidas podem ser moldadas para sermos o que preferirmos; de bailarinos a astronautas ou treinadores de golfinhos. Mas a maturidade vai estreitando nossas opções. Logo somos forçados a escolher faculdades e carreiras. Cada escolha conduz as nossas energias a caminhos específicos e fecha portas para vários outros. Lá pelos 30 anos, a maioria de nós já definiu o rumo de nossas vidas. Temos nosso casamento, nossos filhos, nossa igreja.

É aqui que o idealismo da infância confronta a especificidade da vida adulta, e as coisas podem se complicar. É fácil se apegar à ideia de casamento, filhos e igreja quando seu parceiro, filho ou comunidade são uma folha em branco na qual você pode projetar o que quiser. Mas quando você vê as peculiaridades de cada um, torna-se tentador jogar a toalha.

Quando a realidade desbanca o romantismo, você pode querer desistir — se divorciar, negligenciar os filhos, parar de ir à igreja. Mas o ideal é encarar isso como um teste. As pessoas realmente maduras superam os idealismos de casamentos, famílias e igrejas perfeitos e amam aqueles que Deus colocou em suas vidas.

Karl Barth escreveu que não podemos dizer "Acredito na igreja" se não participarmos ativamente da nossa. Martinho Lutero disse que não podemos dizer que amamos nosso próximo se não amarmos nosso cônjuge. E o apóstolo João disse que não pode haver amor uns para com os outros se não for um amor "...que se mostra por meio de ações" (1 João 3:18).

Tendo experimentado o amor verdadeiro de Jesus (v.16), você pode amar seu cônjuge, seu filho, e seu grupo de irmãos em Cristo. Como você, eles não são perfeitos. Mas Deus convoca a agir como adulto e amá-los mesmo assim. —Mike Wittmer

dividendos altruístas

leia›
Salmo 41:1-3
Felizes são aqueles que ajudam os pobres... (v.1).

examine›
- Provérbios 14:31
- Mateus 25:40
- Atos 10:31

considere›
Como você pode ajudar os necessitados esta semana? O que você aprendeu no passado ao se importar com os pobres e oprimidos?

Vivemos num tempo em que indivíduos, celebridades, empresas e instituições descobrem o valor da caridade, responsabilidade social, marketing de causa e outras formas de altruísmo. Vários líderes filantropos travam uma luta admirável para fazer diferença no mundo.

Por que, nos perguntamos, tantos representantes de várias crenças religiosas se motivam a ajudar os oprimidos e menos afortunados? Douglas Jacobsen e Rodney Sawatsky em seu livro *Gracious Christianity: Living the Love We Profess* (Cristianismo Bondoso: Vivendo o Amor que Professamos) sugerem "Todos querem ser tratados com justiça e dignidade. Não deve ser surpresa percebermos que aquilo que os cristãos consideram bom, apropriado e louvável geralmente é o mesmo que os outros também consideram."

Jacobsen e Sawatsky parafraseiam Paulo, em sua carta aos gálatas, e escrevem: "Não há lei que proíba as qualidades que os cristãos mais valorizam, como o amor, compaixão e bondade" (5:22-23). "Apesar de serem virtudes características dos cristãos, Paulo indica que não são exclusivamente cristãs."

Embora a salvação seja obtida pela fé e graça de Deus, não por nossos esforços (Efésios 2:8-9), as Escrituras demonstram que ajudar os pobres e necessitados é uma maneira de compreendermos melhor o coração de Deus. Ninguém se torna rei "...só porque constrói casas forradas de cedro, melhores do que as dos outros...", diz o Senhor a respeito do rei Josias e o palácio real de Judá. Mas Josias "...tratou com justiça os pobres e os necessitados, e tudo lhe correu bem. Quem faz isso mostra que, de fato, me conhece...", diz o Senhor (Jeremias 22:15-16).

Deus pôs dentro dos seres humanos o desejo de apoiar os oprimidos e os necessitados. Podemos conhecê-lo melhor, quando ajudamos os outros. —Roxanne Robbins

nunca sozinhos

leia›
Hebreus 13:1-6
...jamais os abandonarei (v.5).

examine›
- Salmo 121
- Isaías 41:10
- Romanos 8:31-32

considere›
Quando você se sentiu mais abandonado? O que significa para você saber que Deus promete nunca o deixar nem abandoná-lo?

Brianne Leckness foi colocada nos degraus de uma igreja, abandonada pela mãe e padrasto, aos três anos. Eles prenderam um bilhete em sua roupa: "Por favor, cuide dela. Não podemos mais." Ela foi de um lar adotivo para outro, e cresceu do melhor jeito que pôde. Ela se lembra de que ao completar 18 anos, sua mãe "apareceu alvoroçada querendo que fôssemos a um programa de televisão para que ela dissesse que nunca quis me abandonar." Mas a garota compreendia o óbvio: a mãe nunca a desejara.

Uma história assim nos corta o coração. É impossível imaginar um abandono tão insensível. Felizmente, somos poucos os que passamos por esse tipo de abuso. No entanto, todos já sentimos o veneno da rejeição. Todos nós, cada qual do seu jeito, já nos sentimos sozinhos. Um divórcio que nos deixa sem pai ou mãe. Um mal-entendido que nos deixa sem um amigo. Uma crise econômica que nos deixa sem emprego. Qualquer que seja o problema, o resultado é o mesmo: sentimo-nos sós.

Quando estamos nesta situação, as palavras firmes de Deus ecoam com esperança e perfeita clareza: "...Eu nunca os deixarei e jamais os abandonarei" (Hebreus 13:5). Essa afirmação direta não significa que nossa dor humana seja imediatamente dissolvida, nem ameniza a gravidade da negligência que nos foi imposta. Significa que a presença de Deus pode curar nossa rejeição (v.6). O amor de Deus é aquele que mais almejamos, e nunca diminuirá. Nunca perderá o vigor. O amor de Deus estará sempre — sempre — conosco.

Quando Deus diz que não nos "deixará", Ele promete que nunca abandonará ou negligenciará aqueles a quem ama. O amor de Deus nunca nos faltará, nunca nos deixará sozinhos. —Winn Collier

o poder da gratidão

leia›
1 Tessalonicenses 5:16-22
...sejam agradecidos a Deus em todas as ocasiões. Isso é o que Deus quer de vocês por estarem unidos com Cristo Jesus (v.18).

examine›
Estejam enraizados nele, construam a sua vida sobre ele e se tornem mais fortes na fé, como foi ensinado a vocês. E deem sempre graças a Deus (Colossenses 2:7).

considere›
Hoje, qual é o motivo da sua gratidão? Por que Deus é digno da sua gratidão?

Estudos recentes mostraram que a prática da gratidão leva a uma vida mais saudável, mais completa e mais altruísta. Pessoas focadas nas coisas pelas quais são gratas (ao invés de aborrecimentos e frustrações) vivem melhor que as outras. Têm menos chances de adoecer e são mais ativas, esperançosas e caridosas com outras pessoas.

Deus deseja que os Seus seguidores demonstrem um coração grato. Por exemplo, o Salmo 92 diz: "Ó SENHOR Deus, como é bom dar-te graças!..." (v.1). No Novo Testamento, Paulo encoraja seus irmãos em Cristo a serem "...agradecidos a Deus em todas as ocasiões..." (1 Tessaloniceses 5:18).

Será que uma das razões por que as Escrituras enaltecem a importância da gratidão é o benefício mútuo entre nós e os outros? Tudo indica que sim! Pelo jeito, ser grato é o melhor para todos os envolvidos. No fim, a gratidão gera pessoas enriquecidas que desejam espalhar o amor e a alegria de Deus aos outros.

Não entenda mal. Incorporar a gratidão em nosso viver não significa sair por aí com um sorriso bobo na cara, negando as dores e injustiças da vida. Não precisamos sacrificar a realidade para ser gratos. Basta apenas adotar uma atitude de gratidão que influencie cada momento do dia (Efésios 5:20).

Como tudo que vale a pena na vida, praticar a gratidão dá trabalho. Para os que tendem a centrar-se nos aspectos negativos, mudar o tom pode dar maior trabalho. Mas todos são capazes de ser gratos. E quando vivemos isso, mostramos ao mundo que o nosso Deus é tremendo e digno de todo nosso louvor e gratidão (Salmo 75:1). Ele é glorificado e as pessoas são abençoadas por nossa atitude de gratidão.

Dê uma chance à gratidão. Ela mudará a sua visão de Deus, dos outros, e de você mesmo. —Jeff Olson

emboscada

leia>
1 Samuel 25:23-25
...aos seus pés, dizendo: "Por favor, senhor! Escute-me! Eu sou a culpada!" (v.24).

examine>
- Provérbios 10:12-14
- Hebreus 12:15
- 1 Pedro 5:8

considere>
Há perigo no conflito que se arrasta sem solução conveniente? Você já precisou intervir por um membro da família? Considerando a estratégia de Abigail, qual seria a sua reação?

Nell e Jim caminhavam em uma reserva quando um leão da montanha os emboscou, atacando Jim. Sua esposa Nell tentou ferir o animal com uma caneta. Quando viu que não funcionava, bateu no leão com um tronco até ele fugir!

A maioria de nós nunca terá que lutar com um animal selvagem, mas podemos ter que defender nossa família de várias ameaças diferentes — críticas injustas, fofocas, ou até do valentão da vizinhança. Na hora H, o bom senso é importante quando tentamos manter nossa família a salvo.

Abigail é famosa por seu juízo ao salvar seu marido do plano de Davi de "...[se] vingar por [ele] mesmo" (1 Samuel 25:33). Quando soube das intenções de Davi, Abigail mandou seus servos irem adiante para encontrá-lo com um carregamento de mantimentos (vv.18-19)

"Quando Abigail viu Davi, [...] ajoelhou-se diante dele [...] dizendo: '[...] Eu sou a culpada!'" (vv.23-24). Sua humilhação foi o ponto de partida para a conversa com um homem que estava preparado para guerrear. Ela devia saber que "A resposta delicada acalma o furor..." (Provérbios 15:1).

A estratégia de Abigail funcionou, e Davi a escutou enquanto ela admitia que Nabal "...não vale nada...um tolo..." (v.25). Nabal havia insultado os mensageiros de Davi, e, apesar de não ser algo fácil, Abigail sabiamente defendeu sua família no conflito.

No fim, Davi agradeceu a Deus pelo juízo dela (v.33) e absolveu Nabal. A receita de sensibilidade de Abigail: a reação rápida, a abordagem humilde e o fato de assumir a culpa — nos ajudarão também quando interviermos por nossas famílias e outras pessoas. A bondade advinda de Deus é um grande método para frustrar as emboscadas deste mundo. —Jennifer Benson Schuldt

nossa principal tarefa

leia
Mateus 7:12-33
A porta estreita e o caminho difícil levam para a vida, e poucas pessoas encontram esse caminho (v.14).

examine
- Levítico 19:18,34
- Lucas 6:27-36
- Romanos 12:17-21

considere
O Breve Catecismo de Westminster, de 1647, questiona: "Qual é o fim principal do homem? E declara: "...é glorificar a Deus, e louvá-lo eternamente." De que maneira você pode praticar esse ideal?

"Que graça tem a paz, o amor e o entendimento?" cantaram Nick Lowe e Elvis Costello há uma geração. Esta pergunta retórica atemporal invadiu o século 21 ainda sem resposta satisfatória.

Uma estudiosa das religiões sugere: "A principal tarefa de nosso tempo é construir uma sociedade global, na qual as pessoas de todas as crenças possam viver juntas em paz e harmonia." Ela reivindica que como a maioria das religiões tem a *Regra de Ouro* em comum, esta supre uma base firme para a união.

Parece bom. Jesus usou a *Regra de Ouro* no Sermão do Monte: "Façam aos outros o que querem que eles façam a vocês..." (Mateus 7:12).

Mas existe uma implicação perigosa inerente em qualquer apelo para unidade religiosa. Jesus convocou Seus seguidores a serem um (João 17:20-21), mas no mesmo contexto em que Ele mencionou a *Regra de Ouro*, Ele também nos alertou contra falsos profetas e líderes (Mateus 7:15-20). Jesus falou sobre o número limitado de pessoas que encontrariam o caminho certo. "Entrem pela porta estreita...", Ele disse: "...a porta larga e o caminho fácil levam para o inferno, e há muitas pessoas que andam por esse caminho" (Mateus 7:13).

Jesus nunca nos incita a guerrear contra outras religiões. Mas também, não garante que haverá paz entre as nações do nosso tempo. Essa paz virá depois, quando o Messias puser tudo em ordem.

Por enquanto, Cristo oferece aos corações e mentes uma paz profunda, duradoura e pessoal (João 14:27). Ele nos ensina a perdoar prontamente, superar com amor nossas injustiças pessoais, e a reconhecermos primeiro nossas próprias falhas. Nossa principal tarefa é tomar nossa cruz dia a dia e segui-lo (Lucas 9:23). Esta é uma base sólida para a unidade que com certeza chama a atenção de um mundo em constante busca. —Tim Gustafson

forte e bela

leia›
João 15:1-8
...assim como o ramo só dá uvas quando está unido com a planta, assim também vocês só podem dar fruto se ficarem unidos comigo (v.4).

examine›
- Salmo 1:1-3
- Jeremias 17:7-8

considere›
De que maneiras você tem se valido de sua própria força para o crescimento espiritual? Como você pode produzir frutos através do poder de Jesus hoje?

Um jovem perturbado certa vez disse ao pastor Ray Stedman: "Não sei o que há comigo. Quero ser um bom cristão, e me esforço para isso, mas por alguma razão eu nunca consigo. Sempre faço a coisa errada. Não consigo viver como um cristão."

O pastor apontou para um pinheiro e disse "Quais qualidades esta árvore sugere a você?" "É forte e bela."

O pastor Stedman disse: "Exato! Força e beleza. Não é isso que você busca para você também? De onde ela tira essa beleza e força?"

O jovem respondeu: "Das raízes."

Em João 15, Jesus também usou uma planta para ensinar os Seus discípulos uma lição semelhante (v.1). Ele descreveu os discípulos como ramos unidos a Ele mesmo — a videira. Um ramo consegue dar fruto sozinho? Não. É preciso extrair nutrientes e água da videira. Jesus quis dizer que o segredo para gerar frutos não estava na força ou em nossa determinação, mas em estar unido à Fonte da vida.

No verso 7 Jesus promete: "Se vocês ficarem unidos comigo, e as minhas palavras continuarem em vocês, vocês receberão tudo o que pedirem."

Este versículo não é um convite para perseguirmos nossos próprios desejos egoístas. No entanto, ele demonstra que ao orarmos extraímos de Deus os recursos necessários para produzir frutos. O verso 8 fala sobre o resultado de uma oração respondida: "E a natureza gloriosa do meu Pai se revela quando vocês produzem muitos frutos e assim mostram que são meus discípulos."

Você quer ser forte e cheio de beleza espiritual? Permaneça em Jesus e dependa dele! Ele com certeza responderá os clamores do filho de Deus que está produzindo frutos através do Seu poder. —Poh Fang Chia

vida completa

leia
Romanos 5:12-21
...eu vim para que as ovelhas tenham vida, a vida completa (João 10:10).

examine
Pois o salário do pecado é a morte, mas o presente gratuito de Deus é a vida eterna, que temos em união com Cristo Jesus, o nosso Senhor (Romanos 6:23).

considere
Quais as coisas agradáveis que você deixa de fazer por causa do seu relacionamento com Jesus? Como Ele completa e satisfaz a sua vida?

"Deus provavelmente não existe. Agora pare de se preocupar e aproveite a vida."

A mensagem começou a aparecer nas laterais dos ônibus londrinos em 2008, cortesia de um grupo de autoproclamados ateus e humanistas seculares. Eles arrecadaram mais de 300 mil reais para a campanha. Porém, é interessante observar que alguns cristãos também contribuíram para este projeto. Sua justificativa para tal? Eles acham que os anúncios são tão fracos que acabam levando as pessoas *para* Deus!

Uma ideia sutil que a mensagem passa é a de que quem está com Cristo não "aproveita a vida". Será verdade? Jesus disse "...eu vim para que [os cristãos] tenham vida, a vida completa" (João 10:10).

O apóstolo Paulo declarou: "...todos aqueles que Deus aceita e que recebem como presente a sua imensa graça reinarão na nova vida, por meio de Cristo" (Romanos 5:17). Ele destaca o fato de que em Jesus recebemos o dom da justiça (v.17), nova vida (v.18) e vida eterna (v.21).

Nosso Senhor nos proveu com essas bênçãos e outras, incluindo graça, paz, amor e salvação. Em Adão há somente o pecado, a morte e a condenação (vv.12,17,18). E enquanto contemplamos esse abismo entre os dois, encontramos outra distinção para considerar. Nesta vida, todas as pessoas — incluindo os cristãos — enfrentarão tempos difíceis (João 16:33). Mas aqueles dentre nós que têm um relacionamento pessoal com Cristo desfrutam do conforto e alegria incomparáveis de Sua presença (Mateus 28:20).

Então, como é uma vida bem aproveitada? É participar do banquete abundante que Jesus nos provê (Romanos 5:17), e não recolher as migalhas das metas superficiais neste mundo. Sem Deus não há vida verdadeiramente completa. —Tom Felten

a cidade-jardim

leia
Apocalipse 22:1-14
Felizes as pessoas que lavam as suas roupas, pois assim terão o direito de comer a fruta da árvore da vida... (v.14).

examine
- Gênesis 2:8-17
- Ezequiel 47:6-7,12
- Apocalipse 21:1-7

considere
O que a árvore da vida significa para você? Como o sacrifício de Jesus abençoa você hoje e na eternidade?

Singapura é uma minúscula ilha tropical com menos de 640km². Apesar dos imponentes arranha-céus, permanece como uma das cidades mais limpas e verdes do mundo. Os visitantes não demoram a perceber por que Singapura é conhecida como a Cidade-Jardim dos Trópicos. A Alameda Costa Leste, a estrada que liga o aeroporto ao centro da cidade, é envolta por um túnel de árvores. Singapura quer transformar a "Cidade-Jardim" para "Cidade em um Jardim". Singapura, meu lar, é uma bela ilha.

Na ilha de Patmos, o apóstolo João, já velho, recebeu uma visão do jardim da cidade celestial (Apocalipse 21:1–22:5). João viu "...o rio da água da vida..." (22:1) e "...em cada lado do rio está a árvore da vida..." (v.2). Este jardim celestial lembra o Éden (Gênesis 2:8-3:24) onde também há um rio (2:10) e a árvore da vida (v.9).

A árvore da vida no Jardim do Éden representava a vida física sem fim (Gênesis 3:22). Deus não proibira Adão e Eva de comerem de qualquer árvore exceto da árvore do conhecimento do bem e do mal (2:16-17). Portanto, era permitido comer da árvore da vida. Mas depois de pecarem por comer da árvore proibida, eles não puderam mais comer da árvore da vida, pois senão viveriam para sempre em pecado (3:22,24).

Mas agora, aqueles que lavarem suas roupas poderão comer da árvore da vida (Apocalipse 2:7; 22:14). A maldição do pecado foi removida completamente (22:3). Haverá perfeição e pureza (v.1), adoração perfeita (v.3) e perfeita comunhão com Deus, pois "Verão o seu rosto..." (v.4), algo que o pecador jamais experimentará (Êxodo 33:20). Esta é a bênção especial dada àqueles que são limpos pelo sangue do Cordeiro — Jesus (Apocalipse 7:14-17). —K. T. Sim

respostas delicadas

leia›
Provérbios 15:1-5
A resposta delicada acalma o furor, mas a palavra dura aumenta a raiva (v.1).

examine›
- Provérbios 25:15
- Mateus 11:29
- Tiago 3:17-18

considere›
Por que nos é difícil seguir o ensinamento de Deus em relação à delicadeza nas respostas? A delicadeza é relacionada ao teor do que falamos, e não somente ao volume?

Sentindo a raiva dominando meu ser, abri a gaveta, peguei uma pasta e a joguei sobre a mesa. O barulho alto satisfez minha irritação, mas só por um instante. Minha frustração só aumentou, ao perceber minha alteração emocional. Tudo por causa da *festa da escola* de minha filha. Chateada por perder a festa devido a outro compromisso com a escola, minha menina de nove anos desrespeitosamente descontou sua frustração em mim. Ela se irritou por eu mandá-la cumprir seu compromisso inicial. Todo o meu esforço para ensinar sobre o caráter foi ofuscado pelo meu próprio comportamento.

Ninguém pode nos encher de raiva tão rápido quanto nós mesmos. Por mais devotos que busquemos ser, todo pai ou mãe tem momentos em que a fala é tudo, menos delicada e sábia (Provérbios 31:26). Ser pais é trabalho difícil, tão difícil quanto aprender a crucificar nossa própria carne e ensinar os filhos a fazer o mesmo.

Como pais, queremos que nossos filhos aceitem a nossa correção (Provérbios 15:5), mas, como filhos de Deus, os pais precisam acatar a correção que Ele nos traz através de Sua Palavra (Hebreus 12:6). Por causa de nossa natureza pecaminosa, a delicadeza raramente é nossa reação normal às situações conflitantes. Na verdade, é um comportamento que devemos permitir que o Espírito Santo cultive em nossas vidas (Gálatas 5:22-23).

Uma maneira garantida de caminhar com as próprias forças é permitir que um conflito com nossos filhos torne-se um desafio de autoridade. Uma resposta delicada pode não acabar com a raiva que nossos filhos sentem, mas com certeza atocaia a nossa própria raiva. Podemos permitir que as emoções comandem, ou podemos andar no poder do Espírito Santo seguindo os princípios de Sua Palavra, mesmo que nossa carne esteja exigindo o contrário (Gálatas 5:17). —Regina Franklin

águas e noites

leia
Marcos 6:45-51
Jesus falou com eles, dizendo: "Coragem, sou eu! Não tenham medo!" (v.50).

examine
- Jó 19:25
- Isaías 44:22
- Colossenses 1:13-14

considere
Qual o preço que Jesus pagou para protegê-lo? De que maneira você pode viver a natureza compassiva e redentora de Jesus hoje?

No filme *Mar em Fúria*, um capitão e sua tripulação partem naquela que esperam ser uma pescaria comum. Em sua busca por resultados mais lucrativos, eles vão muito além de sua área de pesca costumeira. Lá eles têm enorme sucesso, mas no retorno se deparam com a terrível combinação de duas frentes de ar e um furacão. A tripulação luta para tentar atravessar as águas profundas, na noite escura, com ondas implacáveis e ventos cortantes. Finalmente, são vencidos pela forte tempestade.

Quando os discípulos atravessavam o Mar da Galileia a caminho de Betsaida, eles também foram pegos por uma feroz tempestade — por águas turbulentas e profundas, e pela noite escura. Eles lutaram para atravessar as ondas implacáveis e os ventos cortantes. Apesar de não poderem ver Jesus, Ele os via (Marcos 6:48). Jesus viu a sua exaustão, o desespero e a falta de progresso deles. Ele não apenas os viu, mas foi ao encontro deles de maneira inesperada e poderosa: andando sobre a água (vv.48-49). Quando Jesus andou sobre a água, Ele lhes deu um vislumbre do poder ilimitado de Deus. Apesar de eles não conseguirem falar, Jesus lhes falou: "Coragem, sou eu! Não tenham medo!" (v.50). Sua presença lhes deu coragem.

Se você está passando por águas profundas e noites escuras, tenha três coisas em mente: 1) Quando você não vê Jesus, Ele o vê. Ele vê o seu esforço, cansaço, tristeza, medo, e falta de progresso, e se importa com você. 2) Quando você não consegue vir a Jesus, Ele vai até você — de maneiras inesperadas e poderosas. Nem sempre para nos libertar, mas também para nos lembrar de que Ele ainda está no controle e não nos deixará afundar. 3) Quando não podemos falar com Jesus, Ele fala conosco e diz as poderosas palavras: "Não tenham medo!"

—Marvin Williams

o ato mais difícil

leia›
Lucas 23:23-34
Então Jesus disse: "Pai, perdoa esta gente! Eles não sabem o que estão fazendo" (v.34).

examine›
... disse: "Empregado miserável! Você me pediu, e por isso eu perdoei tudo o que você me devia. Portanto, você deveria ter pena do seu companheiro, como eu tive pena de você" (Mateus 18:32-33).

considere›
O que significa perdoar? Como você faz para saber se já perdoou alguém?

Na eleição presidencial dos Estados Unidos em 2000, o senador John McCain perdeu pontos e eventualmente a candidatura por seu partido quando surgiram boatos sobre ele ter um filho de outra raça de um relacionamento extraconjugal. Além de assumidamente racista, a calúnia era particularmente detestável pelo fato da criança em questão ser uma órfã com necessidades especiais, que John e sua esposa Cindy adotaram de Bangladesh.

Sete anos mais tarde, quando seu marido concorria à presidência outra vez, perguntaram a Cindy o que ela faria se encontrasse a pessoa que espalhara o boato. Ela o apunhalaria pelas costas? "Não", ela disse, "apunhalaria pela *frente* mesmo."

Quem poderia culpar Cindy McCain por nutrir esse rancor por todos aqueles anos? Ela se sacrificara por sua filha, e esse ato de amor foi distorcido e usado contra ela.

Mas a questão é a seguinte: nós que recebemos o perdão de Cristo temos obrigação de passar o mesmo perdão para os outros. Senão, Jesus disse que seremos como o devedor de "milhões de reais" que exige pagamento de alguém que lhe deve "uns mil reais" (Mateus 18:23-35). Mil reais é uma quantia considerável, mas bem menos do que nossa dívida perdoada por Deus.

Mas é tão difícil perdoar os outros! Na verdade, é impossível. Sozinhos, continuaremos a agir naturalmente e sonhando em nos vingar daqueles que nos prejudicaram. Mas com o poder do Espírito de Jesus podemos seguir o Seu exemplo, que enquanto concedia o perdão para o mundo todo, também pedia perdão pelas pessoas que o estavam matando (Lucas 23:34). O perdão é um ato de Deus. Se Ele vive em você, você pode e deve praticá-lo. —Mike Wittmer

eu amo?

leia›
1 João 4:7-12
Quem não ama não o conhece [a Deus]... (v.8).

examine›
E o amor é isto: não fomos nós que amamos a Deus, mas foi ele que nos amou (1 João 4:10).

considere›
Sabendo que Deus já o encheu com o Seu amor, de que maneira isto altera a sua compreensão sobre este amor? Como você reage às oportunidades de amar os outros?

Nos anos de 1940, Fred Craddock começou a servir como missionário na Índia. Quando acabou a Segunda Guerra Mundial, a igreja dele arrecadou fundos para ele retornar para casa de navio a vapor. Chegando ao porto de partida no dia do Natal, Craddock testemunhou uma cena perturbadora. Um navio de refugiados judeus da Alemanha tinha sido autorizado a atracar temporariamente, e os exilados estavam amontoados em compartimentos pequenos em condições desumanas. Craddock usou seu dinheiro para comprar alimentos para quantos deles fosse possível. Quando mencionou isso à sua igreja, eles lhe perguntaram "Você não sabe que eles não acreditam em Jesus?"

"Sim", Craddock respondeu. "Mas eu acredito."

Quando cremos em Jesus, nosso mundo se reordena radicalmente. Somos preenchidos com o Espírito do Cristo vivo, e nossos corações, visão e esperança são (se permitirmos) sintonizados para enxergarmos o mundo como Deus o vê.

Se tivermos curiosidade para saber se nossa fé está crescendo... se nossas ações estão de acordo com Jesus, se de fato "conhecemos a Deus", precisamos responder: Nós amamos? "...Quem ama [...] conhece a Deus" (1 João 4:7).

É raro hoje em dia ter uma resposta definitiva, um caminho oito ou 80, certo ou errado. Mas em 1 João 4 temos a prova dos nove. Se você ama de verdade — você conhece a Deus. Se você não ama de verdade — você não conhece a Deus. Ponto.

Quando um amigo me deixa só, quando meu pai abandona minha família, quando vejo a necessidade do próximo — nestes momentos, eu amo? E este amor não trata somente de acumular uma reserva interior de boa vontade. Amar de verdade é compartilhar daquilo que Deus generosamente nos deu. —Winn Collier

normas do Teu querer

leia›
Lamentações 3:37-40
Ninguém pode fazer acontecer nada se Deus não quiser (v.37).

examine›
Mas tu, ó SENHOR Deus, és o nosso Pai; nós somos o barro, tu és o oleiro, todos nós fomos feitos por ti. (Isaías 64:8).

considere›
Como reajo às mudanças recentes em meus planos? O que farei para sujeitar-me e permanecer na presença de Deus?

Adelaide Pollard, nasceu em 1862, nos EUA, serviu a Deus por muitos anos com seus dons do ensino e da escrita. Seu maior desejo, porém, era ser missionária na África. Finalmente ela conseguiu acertar os detalhes e estava pronta para embarcar. Mas aí, inesperadamente, ela foi obrigada a cancelar os planos. Isso deixou Adelaide decepcionada e deprimida. Deus falou a seu coração e ela escreveu: "Molda e refaze todo o meu ser, segundo as normas do Teu querer." Seu poema completo tornou-se o famoso hino "Vontade Soberana" (HCC 472).

O profeta Jeremias também passou por circunstâncias deprimentes, como vemos relatado no livro das Lamentações. Ele viu Jerusalém ser destruída pelos babilônios e o povo de Deus sofrer com um governo severo (Jeremias 39:1-14; 52:12-14).

Mas, como Adelaide, em vez de se render à tristeza, Jeremias sujeitou-se e permaneceu na presença de Deus. Ele reconheceu que seu povo tinha pecado contra Deus. Adelaide também reconhecia, dizendo que "a vontade do homem é o pecado básico que ele comete contra Deus." Por meio de arrependimento e da busca por Sua orientação, tanto a compositora quanto o profeta enxergaram esta verdade: Deus é soberano (Lamentações 3:37). O que importa é a vontade *dele*, não a nossa.

Em vez de queixarem e irar-se (v.39), eles sabiamente escolheram examinar o que estavam fazendo e voltar ao Senhor (v.40). Esta é uma fórmula segura para empregarmos ao nos deparamos com mudanças inesperadas em nossos planos. Ao buscarmos os caminhos de Deus, e não os nossos, nos sujeitaremos e aquietaremos.

Com o tempo, o povo de Judá foi liberto e reconstruiu a cidade de Jerusalém. E, com o tempo, Adelaide Pollard recebeu a permissão de Deus para servi-lo na África — segundo as normas do Seu querer.

—Tom Felten

lidando com dragões

leia>
Atos 19:11-20
O enorme dragão [...] aquela velha cobra, chamada Diabo ou Satanás, que leva todas as pessoas do mundo a pecar [...] foi jogado sobre a terra, e os seus anjos [...] junto com ele (Apocalipse 12:9).

examine>
E Deus, a nossa fonte de paz, logo esmagará Satanás debaixo dos pés de vocês. Que a graça do nosso Senhor Jesus esteja com vocês! (Romanos 16:20).

considere>
Você comete o erro de não acreditar no diabo ou dá importância demais aos poderes dele? Quais os perigos de se estar em um ou outro extremo?

O adesivo no carro à minha frente me fez rir: *Não se meta nos assuntos dos dragões, pois você é crocante, e fica bem com ketchup.*

O dono do carro tem bom senso de humor. A frase contém uma verdade profunda: Não brinque com aqueles que têm potencial de devorá-lo.

As Escrituras se referem ao diabo como um dragão (Apocalipse 12). Apesar de enfraquecido, ele continua sendo o líder dos anjos que se rebelaram contra Deus. O "dragão" é real, e não se deve mexer com ele.

Enquanto Paulo servia a Deus em Éfeso, alguns líderes religiosos locais invejavam sua habilidade de realizar milagres, e tentaram imitá-lo, expulsando espíritos maus. Lucas, o historiador, nos diz: "...quiseram usar também o nome do Senhor Jesus para expulsar os espíritos maus, dizendo a eles: 'Pelo poder do nome de Jesus, o mesmo que Paulo anuncia, eu mando que vocês saiam!' [...] Um espírito mau disse a eles: 'Eu conheço Jesus e sei quem é Paulo. Mas vocês, quem são?'" (Atos 19:13-15). Por causa disso, eles levaram a surra de suas vidas (v.16). Como foram pretensiosos em achar que teriam poder sobre demônios sem conhecer a Jesus! Até Miguel, um dos anjos mais fortes de Deus, não se atreveu a discutir com o diabo, apenas respondendo "...Que o Senhor repreenda você!" (Judas 1:9).

Mas também é igualmente errado temer o diabo sem necessidade. Numa passagem que nos alerta sobre aqueles que se opõem às coisas de Deus, João nos dá estas palavras reconfortantes: "Meus filhinhos, vocês são de Deus e têm derrotado os falsos profetas. Porque o Espírito que está em vocês é mais forte do que o espírito que está naqueles que pertencem ao mundo" (1 João 4:4).

O Cordeiro foi sacrificado por nós (Apocalipse 5:6-10). Não precisamos matar dragões. Alguém muito mais poderoso já derrotou nosso adversário. —Tim Gustafson

"meu Deus"

leia›
Salmo 29
Anunciem a glória de Deus; curvem-se diante do SENHOR, o Santo Deus, quando ele aparecer (v.2).

examine›
Pai nosso, que estás no céu, que todos reconheçam que o teu nome é santo (Mateus 6:9).

considere›
Quais expressões você costuma usar com mais frequência? Quais seriam as melhores expressões para se usar em situação de surpresa ou espanto?

Com o advento dos celulares, mensagens de texto e conversas *on-line*, surgiu uma nova linguagem cheia de termos abreviados. Os usuários geralmente se comunicam usando "vc" (você) ou "blz" (beleza).

Em sua maioria, essas abreviações são inofensivas. Porém um termo, que é popular no inglês, chega a ser ofensivo aos cristãos — "omg". A tradução mais comum para a sigla leva ao termo *Oh, my God*, ou, "Ai, meu Deus."

Será que devemos nos preocupar com este uso? Ou estamos fazendo tempestade em copo d'água? Considere o seguinte: apesar de a Bíblia não regulamentar toda e qualquer palavra que saia de nossa boca, ela deixa bem claro que não devemos usar o nome de Deus de modo trivial (Êxodo 20:7). Mesmo que soltar um "Ai, meu Deus" de vez em quando ou escrever "omg" em celulares e internet tenha se tornado socialmente aceitável, ainda assim são exemplos do uso indevido do nome de Deus.

É uma questão de respeito. Referir-se ao Deus do universo deste modo, mesmo se for para expressar espanto ou surpresa, é irresponsável e desonroso. Trata o "...nome mais importante de todos..." (Filipenses 2:9) como irrelevante, como se não tivesse peso ou significado especial. Justiça seja feita, nem todos usam o "omg" deste jeito. Os que amam a Deus sabem que o Seu nome merece absoluto respeito.

O nome de Deus deve ser reverenciado, não tratado como uma palavra qualquer. Sempre que nos referirmos a Ele, reflitamos no que o salmista escreveu: "Anunciem a glória de Deus; curvem-se diante do SENHOR, o Santo Deus, quando ele aparecer" (Salmo 29:2). —Jeff Olson

resistindo ao grampo

leia
Hebreus 12:6-11
Quando somos corrigidos, isso no momento nos parece motivo de tristeza e não de alegria. Porém, mais tarde, os que foram corrigidos recebem como recompensa uma vida correta e de paz (v.11).

examine
- Salmo 141:5
- Provérbios 10:17
- Tito 3:1

considere
Quais são as suas reações às correções de Deus em sua vida? Com base na Palavra de Deus, como você deveria demonstrá-las?

O britânico Ian Taylor tentou protestar serrando seu Ford Fiesta ao meio quando guardas de trânsito "grampearam" o carro. Parte do veículo estava estacionada, por uns cinco centímetros fora do limite permitido, e ele teria que desembolsar mais para pagar a multa do que o carro, que ele planejava dar ao seu enteado, valia. Antes de apoiar este homem, deixe-me terminar a história. Enquanto o sr. Taylor serrava, o carro pegou fogo, obrigando os bombeiros e a polícia a controlar as chamas e a movimentação de curiosos na área.

Quando recusamos correções, enfrentamos as consequências. Mas, quando aceitamos a disciplina — seja de Deus ou de autoridades terrenas, "...[recebemos] como recompensa uma vida correta e de paz" (Hebreus 12:11), e isso tem um peso especial quando se trata de disciplinarmos os nossos filhos.

Nossas reações às correções passam um exemplo para os nossos filhos. Salomão disse, "Quem rejeita conselhos prejudica a si mesmo, mas quem aceita a correção fica mais sábio" (Provérbios 15:32). Quando erramos, nossos filhos precisam nos ver agir com humildade e aprender com as consequências. Assim, eles saberão o que fazer quando nós os disciplinarmos.

Nossa submissão às autoridades não apenas serve de modelo para como nossos filhos deveriam reagir à nossa disciplina, mas também os ensina a respeitar as correções de Deus à medida que eles crescem. O autor do livro de Hebreus diz "Deus nos corrige para o nosso próprio bem, para que participemos da sua santidade" (12:10).

A correção vinda de Deus traz muitos benefícios: relembramos que Ele nos ama (v.6), que nos acolhe (v.7) e nos permite uma vida correta e de paz (v.11). Mas para os pais há mais uma coisa. O segredo para corrigir nossos filhos pode começar com a aceitação da disciplina, e não resistir ao "grampo". —Jennifer Benson Schuldt

um simples nome?

leia›
Mateus 16:13-20
Portanto, eu lhe digo: você é Pedro, e sobre esta pedra construirei a minha Igreja, e nem a morte poderá vencê-la (v.18).

examine›
...agora nós somos filhos de Deus, mas ainda não sabemos o que vamos ser. Porém sabemos isto: quando Cristo aparecer, ficaremos parecidos com ele, pois o veremos como ele realmente é (1 João 3:2).

considere›
De que maneiras você tem feito jus ao nome de Cristo? Como você tem se tornado cada vez mais parecido com Ele?

"Que há num simples *nome*? O que chamamos *rosa*, com outro *nome* não teria igual perfume?", divagou Julieta para Romeu, na famosa peça de Shakespeare. Evidentemente ela não era hebreia. Pois o povo da antiga Israel achava que o significado por trás do nome de alguém tinha importância vital. Os pais escolhiam um nome cuidadosamente, baseando-se na personalidade, características ou caráter que eles viam em seu filho, ou o que eles desejavam para o futuro dele.

Quando Jesus chamou Simão para ser Seu discípulo, o pescador era conhecido por seu jeito rude e impulsivo — era um sujeito instável. Mais tarde, Jesus mudou o nome de Simão para Pedro, que significa rocha. Porém, levou um tempo até que Pedro fizesse jus a seu novo nome.

Lemos num relato mais adiante (Mateus 26) que Pedro falhou com Jesus ao negá-lo três vezes. Antes disso, houve outro episódio triste no jardim do Getsêmani. Lá, Jesus sentiu uma tristeza "tão grande, que [era] capaz de [lhe] matar" (Mateus 26:38). Ele foi falar com os discípulos três vezes. E em todas, Ele os encontrou dormindo. "...Disse a Pedro: 'Será que vocês não podem vigiar comigo nem uma hora?'" (v.40).

Ao final do evangelho de João, vemos Pedro voltando ao seu antigo ofício de pescador, talvez por estar desapontado consigo mesmo (João 21). Mas a história não termina. Jesus foi restituir Pedro. Essencialmente, Jesus ajudou Pedro a entender que Deus não o tinha abandonado e ainda queria usá-lo.

Se você, como Pedro, recebeu Jesus como Salvador, você agora se identifica com o nome de Cristo. Você é um cristão. Esse título enaltece quem você é e o chama para ser aquilo que ainda você não é. Anime-se. Deus ainda não completou Sua obra em você. —Poh Fang Chia

castelo forte

leia
Salmo 46
Deus é o nosso refúgio e a nossa força, socorro que não falta em tempos de aflição (v.1).

examine
O SENHOR é a minha rocha, a minha fortaleza e o meu libertador.
O meu Deus é uma rocha em que me escondo. Ele me protege como um escudo;
ele é o meu abrigo, e com ele estou seguro (Salmo 18:2).

considere
Quais provações e aflições você está enfrentando? Por que é tão difícil aquietar-se na presença de Deus?

Você deve conhecer Martinho Lutero como o pai da Reforma e tradutor da Bíblia para o alemão. Mas o que poucos lembram é que ele também compôs 37 hinos, sendo o mais popular "Castelo Forte", também conhecido como *Hino de Batalha da Reforma.* Existem pelo menos 70 versões diferentes em inglês. A versão mais conhecida em português contém as palavras "Castelo forte é nosso Deus, escudo e bom refúgio" (CC 323).

O hino de Lutero baseia-se no Salmo 46, que fala sobre o refúgio e proteção que Deus oferece em tempos de aflição (v.1). Perigos como desastres naturais (vv.2-3) são uma realidade sempre presente. O mundo já experimentou grande devastação e destruição causadas por terremotos, maremotos e furacões. E Jesus nos avisou de uma futura catástrofe de proporções cósmicas (Lucas 21:11,25-26; Mateus 24:29-30; Apocalipse 16:18-21). Mas não importa o que acontecer, ou o quanto as circunstâncias forem adversas, aquele que fizer de Deus o seu refúgio e fortaleza, estará seguro (Salmo 46:1-3).

Vivemos em um mundo repleto de conflitos (vv.8-9), onde é normal a hostilidade e guerra entre as nações, inúmeras delas travadas nestas últimas décadas. Mas Jesus falou sobre guerras ainda maiores (Lucas 21:9-10; Mateus 24:6-7) e a última guerra do mundo, a de Armagedom (Zacarias 14:2-3; Apocalipse 16:12-16; 19:11-21). O resultado desta batalha apocalíptica será a vitória para o povo de Deus (Salmo 46:5) e paz para o mundo (v.9). *Por duas vezes somos assegurados que o "Senhor Todo-Poderoso" está conosco; nosso Deus é nosso refúgio* (vv.7,11).

Não importam as circunstâncias, Deus nos chama a "...[parar] de lutar e [saber] que [Ele é] Deus..." (v.10). Com esperança nele, cantaremos "Castelo forte é nosso Deus, escudo e bom refúgio." —K. T. Sim

sendo satisfeitos

leia›
Hebreus 2:9-18
...Deus [...] fez o que era apropriado e tornou Jesus perfeito por meio do sofrimento, [...] pois é Jesus quem [guia Seus filhos] para a salvação (v.10).

examine›
Deus, que dá a semente para semear e o pão para comer, também dará a vocês todas as sementes que vocês precisam [e] fará com que elas cresçam e deem uma grande colheita... (2 Coríntios 9:10).

considere›
Você olha suas circunstâncias pela sua perspectiva ou de Deus? Deus o chama para investir na vida de outras pessoas?

Biju Thampy, um jovem indiano, conhecia bem a pobreza. Quando um filantropo anônimo o enviou para a Inglaterra para estudar para o ministério, ele não quis se acomodar. Ávido por cumprir a Grande Comissão, pediu às autoridades escolares para usarem parte do orçamento de sua alimentação em missões. Para ele, ter apenas uma refeição por dia era sacrifício pequeno para cumprir. Hoje, sua igreja em Mumbai alimenta cerca de mil crianças todos os dias, e lhes ensina o evangelho. Um feito impressionante, mas ainda pouco para as mais de 200 mil crianças abandonadas naquela cidade.

O mundo ensina a medir nosso contentamento com base em nossas circunstâncias. Nossa cultura não apenas nos diz "tenha", mas "tenha do seu jeito". Se você comprar algo que não funcione como quer, devolve. Se um relacionamento não der certo, termina-se. Se o emprego não for como quer, procura-se outro. Se você sentir um vazio na vida, uma pessoa ou um bem material poderão preenchê-lo. Recusamos-nos às faltas.

Sempre teremos necessidades, objetos de desejo ou relacionamentos melhores. Tentar encontrar respostas em nossas circunstâncias deixa os nossos corações hesitantes sobre a provisão de Deus (Tiago 1:5-8). Somente Cristo pode conceder o que realmente precisamos. O contentamento que vem de Deus vai além das circunstâncias.

O contentamento não surge por acaso. É uma escolha que começa ao vermos a vida sob a perspectiva de Deus (Jó 28:24). Quando o vemos como nossa fonte, nossas necessidades se definem por Sua vontade. Escolhemos:

- Confiar no Senhor acima dos bens, pessoas e situações (Filipenses 4:6-7).
- Encher nossas mentes com o que realmente importa (v.8).
- Olhar para o que temos não ao que não temos, e ter em Cristo nossa fonte de satisfação (vv.11-13). —Regina Franklin

nossas vestes

leia

Apocalipse 19:6-13

A ela foi dado linho finíssimo, linho brilhante e puro para se vestir. O linho são as boas ações do povo de Deus (v.8).

examine

- Salmo 37:12-20
- Romanos 1:18-19
- 1 Pedro 2:9-12

considere

Você procura cobrir-se de vermelho para vingar-se? Quais as boas obras que podem ser praticadas hoje para revelar a graça de Deus que habita em você?

Conheci um sujeito que dizia "o hábito faz o monge." Ele se vestia impecavelmente, e gostava de aparecer em público com suas peças e acessórios finíssimos. Infelizmente, sua vida pessoal e profissional com o tempo veio à tona — revelando um caráter maltrapilho e rasgado.

No livro de Apocalipse 19 vemos dois estilos de roupas dramaticamente diferentes. Ao se preparar para o casamento com o Cordeiro, quando a igreja se unirá a Jesus, seu Salvador, ela veste "linho finíssimo, linho brilhante e puro" (v.8). O autor do Apocalipse, João, explica que o vestido branco representa "as boas ações do povo de Deus". Pela graça de Deus, nós — a igreja — um dia seremos vestidos por roupas "tecidas" pelas boas ações que fizemos por Jesus. A importância de se viver vidas puras e retas por Ele, é demonstrada com clareza nesta visão dada a João.

Jesus, diferente do branco de Sua noiva, a igreja, é visto usando uma capa "...encharcada de sangue..." (v.13). Sua roupa avermelhada mostra que Jesus é o grande destruidor da Babilônia (18), e aquele cuja fúria será despejada sobre todos os inimigos de Deus (19:11-21). Esta visão impressionante da fúria de Jesus reflete-se em Isaías 63:1-6, onde o Senhor outra vez está vestido de vermelho (v.2). Ele pisou Seus inimigos "...como quem pisa uvas no tanque" (v.3).

A ira de Deus também é justa. Ele "...se chama Fiel e Verdadeiro. Ele julga e combate com justiça" (Apocalipse 19:11). Não devemos julgar ou vingar, só Deus pode fazer isso (v.2). Nossa ira humana não reflete Sua justiça (Romanos 12:19).

Deixemos a Ele a vingança e o julgamento final, enquanto deixamos nossa luz "...brilhar para que os outros vejam as coisas boas que [fazemos]" (Mateus 5:16). Essas coisas boas produzem o "material" que realmente nos tornam homens e mulheres que servem a Deus. —Tom Felten

Ele nos suprirá

leia
Marcos 8:1-10
Estou com pena dessa gente porque já faz três dias que eles estão comigo e não têm nada para comer (v.2).

examine
- Salmo 86:15
- Marcos 6:33-44
- Filipenses 4:19

considere
Como a obra que Deus fez no passado o encoraja a lhe entregar o seu futuro? De que maneiras Deus provê a você e sua família?

Um homem caiu num buraco e várias pessoas reagiram assim: O realista diz "É um buraco." "Tudo ficará bem", sorri o otimista. O repórter propõe: "Quanto quer por uma entrevista exclusiva sobre a vida no buraco?" "Você tem licença para este buraco?" indaga o policial. E o matemático se apressa "Posso calcular a largura, comprimento e profundidade do buraco para você!"

O que o homem precisava era de alguém que suprisse sua maior necessidade — que o ajudasse a sair dali.

Foi o que Jesus fez por um grupo de pessoas que estava com Ele ouvindo Seus ensinamentos. Algumas delas vieram de longe, e estavam ali há dias. Com o tempo, os seus suprimentos acabaram (Marcos 8:2). Compadecido, Jesus quis suprir-lhes as necessidades. Jesus compreendeu o que eles estavam passando; colocou-se no lugar deles para sentir a sua fraqueza, vulnerabilidade, solidão, fragilidade; e dispôs-se a fazer algo para reverter a situação (v.3).

Os discípulos fizeram uma pergunta prática: "...Como vamos encontrar, neste lugar deserto, comida que dê para toda essa gente?" (v.4). Esta pergunta subestimava a pessoa, o poder e a desenvoltura de Jesus para suprir as necessidades de Seu povo. Jesus respondeu "Quantos pães vocês têm?..." Tudo o que tinham eram sete pães e alguns peixes (vv.5-7). Mas Jesus com essas provisões escassas, milagrosamente alimentou quatro mil pessoas (vv.8-9). Incrível!

Podemos confiar em Jesus para suprir nossas necessidades, lembrando que: 1) Ele se preocupa com nossas necessidades; 2) Ele pode e usará recursos aparentemente inadequados e naturais para suprir nossas necessidades de maneira sobrenatural; 3) Ele não se limita a nos suprir apenas uma vez; e 4) Ele às vezes, suprirá nossas necessidades com mais do que o necessário. Ele é o nosso fiel provedor! —Marvin Williams

amando a Jesus

leia
Mateus 25:34-40
Aí o Rei responderá: "Eu afirmo a vocês que isto é verdade: quando vocês fizeram isso ao mais humilde dos meus irmãos, foi a mim que fizeram" (v.40).

examine
- Isaías 1:10-17
- Amós 4:1-5
- Marcos 12:28-31

considere
Nem todos os que são bons amam a Jesus. Qual a singularidade em seus atos que refletem seu serviço a Cristo? Por que é importante amar aos outros e investir tempo a sós com Jesus?

Jesus deixou nosso mundo muito antes de nós chegarmos. E apesar de Suas supostas aparições no decorrer dos tempos, nenhum de nós o viu de fato. Então como podemos amar alguém que nunca vimos?

Jesus falou sobre isso na noite anterior à Sua morte. Ele prometeu que voltaria na forma de Seu Espírito para viver conosco para sempre. Então, de certa forma, Jesus não se foi, pois vive em nós como a terceira pessoa da Trindade (João 14:16-19). O Espírito de Cristo nos une a Jesus, abrindo nossos ouvidos para ouvir Sua voz quando lemos a Escritura (1 Coríntios 2:10-16) e nos ajudando a orar, intercedendo por nós com "...gemidos que não podem ser explicados por palavras" (Romanos 8:26).

Além dessa comunicação espiritual, há outra maneira, geralmente esquecida, de amarmos Jesus hoje. Ele nos disse que quando servimos aos outros também amamos a Ele, pois Ele pessoalmente recebe toda refeição e copo de água, cada porta aberta e mão estendida oferecidas "...ao mais humilde dos [Seus] irmãos" (Mateus 25:34-40). Servir ao necessitado, para nós pode não parecer tão atraente quanto expressar nosso amor diretamente a Jesus, mas Ele nos assegura de que vale tanto quanto.

Quando a peste bubônica chegou a Wittenberg, na Alemanha, em 1527, muitos pastores apavorados queriam fugir para se salvar. Mas Martinho Lutero ordenou que eles ficassem e cuidassem dos enfermos e moribundos. Ele os encorajou dizendo: "Se querem servir a Cristo e esperar nele, muito bem, aí está um doente próximo de você. Vá até ele, sirva-o, e você encontrará Cristo nele [...] qualquer um que pretenda servir a Cristo, em pessoa, precisa servir a seu próximo também."

Nós não simplesmente amamos a Jesus e ao nosso próximo, mas amamos a Jesus ao amarmos o nosso próximo. —Mike Wittmer

lua cheia

leia
Salmo 19:1-4
O céu anuncia a glória de Deus e nos mostra aquilo que as suas mãos fizeram. Cada dia fala dessa glória ao dia seguinte, e cada noite repete isso à outra noite (vv. 1-2).

examine
Sol e lua, louvem o SENHOR! Todas as estrelas brilhantes, louvem a Deus! (Salmo 148:3).

considere
Qual é o perigo em se adorar a criação em vez do Criador? Qual elemento na natureza o faz querer adorar a Deus? Por quê?

Uma das visões mais magníficas da natureza é o nascer de uma lua cheia. É brilhante, majestosa e absolutamente imensa ao elevar-se no céu noturno.

Quando uma lua cheia paira sobre o horizonte, parece bem maior que o normal. A "ilusão lunar", como é conhecida, é uma ilusão de ótica que engana os nossos olhos e nos faz pensar que a lua está bem maior quando se aproxima do horizonte. Mas não está. Na verdade, neste momento a lua cheia não está nem mais perto nem maior do que se estivesse bem no meio do céu.

A lua cheia nascente é tão impressionante que Deus teve que alertar Seu povo — aqueles que Ele resgatou do Egito de milagre em milagre — a não adorá-la. "E, quando olharem para o céu, não caiam na tentação de adorar o sol, a lua ou as estrelas. Pois o SENHOR, nosso Deus, repartiu o sol, a lua e as estrelas entre os outros povos, para que eles os adorem" (Deuteronômio 4:19). O povo da antiga cidade de Jericó deveria ter levado essas palavras a sério. Pois a história nos conta que a sua cidade, que mais tarde seria conquistada pelos israelitas em busca de sua Terra Prometida, tinha sucumbido à adoração lunar.

Nunca me canso de ver uma lua cheia invadindo o céu da noite. Espero que nunca canse. Sentir admiração e temor é uma reação adequada. Mas em vez de adorá-la, reflitamos sobre quem a criou. No livro dos Salmos, Deus se refere à lua como Sua "...fiel testemunha que está no céu" (89:37).

Na próxima vez que você estiver contemplando a lua cheia, olhe além de sua beleza estonteante para o Deus que a colocou nos céus há muito tempo (Gênesis 1:14-18). —Jeff Olson

grandes expectativas

leia>
2 Reis 5:1-5
Eu pensava que pelo menos o profeta [...] oraria ao SENHOR, seu Deus, e que passaria a mão sobre o lugar doente e me curaria! (v.11).

examine>
Somente em Deus eu encontro paz e nele ponho a minha esperança (Salmo 62:5).

considere>
Suas expectativas frustradas o fizeram sentir raiva ou amargura contra outros? Quais passos você pode dar para confiar mais na provisão de Deus?

A mensagem na TV nos avisava para que buscássemos abrigo, e o céu carregado confirmava que seria uma tempestade daquelas. A luz elétrica piscava. Peguei uma lanterna e levei meu filho de nove meses ao porão.

Quando liguei ansiosa para meu marido no trabalho dele, ele atendeu já dizendo "Só um instante". Eu pensei "Como ele simplesmente me deixa de lado numa emergência?" Mesmo ele trabalhando a 70 quilômetros, onde o sol brilhava tranquilo, minhas altas expectativas exigiam atenção total dele ao telefone naquela hora!

Parece que Naamã (2 Reis 5) e eu temos que lidar com expectativas altas demais. Só que no caso dele a situação era bem diferente — lepra. Desesperado por uma cura, ele foi até o profeta Eliseu, que não deu a Naamã a atenção pessoal que ele desejava. As instruções de Eliseu para que ele "...fosse se lavar sete vezes no rio Jordão..." (v.10) foram entregues por um mensageiro. Em vez de sentir-se grato pela cura, Naamã desdenhou: "Eu pensava que pelo menos o profeta ia sair e falar comigo" (v.11).

Não foi apenas a falta de atenção e cuidado que incomodavam Naamã. Ele queria cura imediata. Ele esperou que Eliseu "...oraria ao SENHOR, seu Deus, e que passaria a mão sobre o lugar doente e [o] curaria" (v.11). Como isso não aconteceu, ele "...foi embora muito bravo" (v.12).

Assim como Naamã, nossas expectativas podem gerar raiva e amargura. Geralmente são nossos amigos e familiares que sofrem as consequências, quando erroneamente exigimos que eles satisfaçam todas as nossas necessidades. Em vez disso, precisamos lembrar que só Deus pode fazer isso. Ele prometeu: "Eu nunca os deixarei e jamais os abandonarei" (Hebreus 13:5). Podemos descansar em Seu cuidado e provisão ilimitados. —Jennifer Benson Schuldt

algo para durar

leia›
Números 11:1-15
Eu plantei, e Apolo regou a planta, mas foi Deus quem a fez crescer (1 Coríntios 3:6).

examine›
Porque Deus já pôs Jesus Cristo como o único alicerce, e nenhum outro alicerce pode ser colocado (1 Coríntios 3:11).

considere›
Qual foi o erro de Moisés ao reclamar com Deus no livro de Números 11? O que o motiva a trabalhar?

Por anos, Greg Mann deu duro para espalhar as boas-novas de Jesus ao o povo da remota região de florestas na Guiana. Ele tinha supervisionado a construção de várias igrejas em regiões acessíveis apenas por barcos. Mas Greg começou a sentir que as suas igrejas estavam estagnando.

Ele começou a enfrentar problemas de saúde que afetavam seriamente sua capacidade de trabalho. Então, ele orou. E as igrejas cresceram. Greg percebeu um aspecto importante do serviço ao Senhor. Não era trabalho dele; era de Deus. A dedicação de Greg em servir a Deus era admirável, mas os guianeses não precisavam dele e sim de Jesus. Deus continuaria a Sua obra — com ou sem Greg Mann.

Ao olharmos para os heróis da Bíblia, vemos tremendas falhas humanas neles. Moisés chegou a confrontar Deus, dizendo "...Por que me deste um trabalho tão pesado de dirigir todo este povo?" como se Deus o estivesse abandonando e à nação também (Números 11:11). Indignado, ele disse a Deus "...tem pena de mim e mata-me" (v.15). Deus, no entanto, ainda tinha muitos planos para Moisés. A Bíblia diz que Moisés fora enviado por Deus para ser líder e libertador do povo de Israel (Atos 7:35). Mas também revela que o êxodo do Egito não era responsabilidade de Moisés — mas de Deus.

Ninguém conquista nada de valor sem Ele. O apóstolo Paulo compreendeu isso quando exortou a igreja em Corinto por depositar sua fé em líderes humanos. Ele, humildemente, colocou os servos de Deus, incluindo ele mesmo, em seus devidos lugares, quando disse: "Não importa nem o que planta nem o que rega, mas sim Deus, que dá o crescimento" (1 Coríntios 3:7).

É vital que assumamos os papéis que Deus tem para nós. Mas não podemos esquecer que Jesus precisa ser o alicerce em tudo que fizermos (v.11). —Tim Gustafson

a grande busca de Deus

leia
Salmo 8:3-8
...Que é um ser mortal para que te preocupes com ele? (v.4).

examine
Porque Deus amou o mundo tanto, que deu o seu único Filho... (João 3:16).

considere
Em que áreas Deus precisa importuná-lo? De que maneira o toque de Deus lhe mostrará como você deve amar aos outros?

A manchete relatava um daqueles romances de tirar o fôlego que só se vê nos filmes. Patrick Moberg viu uma mulher estonteante no meio da multidão do metrô de Manhattan, em Nova Iorque, mas não conseguiu se aproximar dela. Desesperado, ele criou um site e começou uma busca, procurando a garota que ele havia visto apenas por alguns instantes, mas que não conseguia esquecer. Surpreendentemente, após 48 horas, numa cidade de oito milhões de habitantes, ele a encontrou: Ela era uma jovem australiana.

Sempre que ouvimos uma história sobre uma grande paixão, não conseguimos deixar de escutar, observar, nos maravilhar. Somos atraídos pela intensa emoção, e somos curiosos em descobrir o que motiva tudo isso.

No Salmo 8, o autor está fascinado com a maneira avassaladora com que Deus buscou alcançar Sua criação — Seu povo — com zeloso amor. Davi usou exemplos sublimes do poder e do empenho de Deus "O céu que [Ele criou] [...] a lua e [...] as estrelas que [Ele pôs] nos seus lugares" e se mostrou estupefato com o fato de um Deus tão poderoso se importar tanto conosco (vv.3-4): "...que é um simples ser humano para que penses nele...?"

Quando olhamos com honestidade para a nossa fragilidade, comparando os nossos caminhos com o grande e inflexível amor de Deus, começamos a perguntar: Por que Deus nos ama tanto se na maioria das vezes nós o desprezamos? Sabendo quem Ele é — e quem nós somos — por que Deus nos buscaria alcançar?

A resposta para essas perguntas transita por cada página da Bíblia. Em uma única palavra, é o amor. Deus amou. E por Deus amar, Ele veio até nós e por nós. —Winn Collier

preguiçosos agitados

leia›
Provérbios 10:1-9
Quem tem juízo colhe no tempo certo, mas quem dorme na época da colheita passa vergonha (v.5).

examine›
- Provérbios 6:6-11
- 2 Timóteo 2:3-5

considere›
O que o mantém ocupado? Como você precisaria reorganizar sua agenda desta semana para glorificar a Deus, ainda mais?

"Preguiçoso? Não eu. Sou atarefado. Acordo cedo e durmo tarde. Minha agenda é cheia do começo ao fim. Adoro o que faço e gosto de produzir. Devoro as listas de tarefas com a mesma intensidade com que jogo basquete."

Identifico-me completamente com essas palavras de um blogueiro cristão. É ótimo estar ocupado e produzindo, certo?

No entanto, se compreendermos o significado do verdadeiro discernimento demonstrado no livro de Provérbios, poderemos descobrir que somos apenas preguiçosos agitados. Eis a razão. Provérbios 10:5 descreve a pessoa ajuizada como ocupada e sábia. Em outras palavras, uma pessoa ajuizada usa a sua força e o cérebro. Analisa a situação e toma decisões sábias sobre seu trabalho. Sabe como agir e falar em situações diferentes. Não foge de desafios, mas os analisa com a ajuda de Deus. Sabe que sabedoria não é sinônimo de quociente de inteligência alto, mas de saudável temor ao Senhor (9:10).

Uma pessoa de bom senso também se prepara em expectativa pela colheita. Tem uma meta clara a cumprir e toma as atitudes apropriadas no tempo certo para colher na melhor época.

Essa pessoa reconhece que a agitação não nos torna imunes à preguiça. As pessoas podem se ocupar e ainda assim não realizar algo de valor. Podem se ocupar, fazendo as coisas erradas na hora errada. E aquilo que realmente deveriam fazer, não o fazem.

O bom senso procede da análise, expectativa, ação apropriada e realização — provenientes da ação do Espírito Santo em nosso interior. Ao considerarmos nossos afazeres, concentremo-nos nas prioridades e projetos que se originaram nos sábios planos de Deus. Ter zelo por Deus não significa apenas ocupar-se. —Poh Fang Chia

cinco *solas*

leia›
2 Timóteo 3:14-17
Quanto a você, continue firme nas verdades que aprendeu... (v.14).

examine›
- Efésios 2:4-10
- 1 Timóteo 2:5
- 2 Pedro 1:19-21

considere›
Em sua opinião, quais *solas* têm mais significado? Por que é importante reafirmar nossas crenças?

No dia 31 de outubro, os Estados Unidos, Reino Unido e vários países europeus comemoram o *Halloween*. O Dia das Bruxas tem suas origens no antigo festival celta, e acreditava-se que, neste dia, a fronteira entre o mundo dos vivos e dos mortos se dissolvia. Na sequência, os mortos poderiam causar problemas, como doenças, nos vivos. O *Halloween* hoje é uma indústria multimilionária para os varejistas.

Mas para os cristãos, o dia 31 de outubro também celebra o Dia da Reforma. Em 1517, Martinho Lutero pregou suas 95 Teses na porta de uma igreja em Wittenberg, Alemanha. Seus escritos desencadearam a Reforma Protestante na Europa. Ele e outros reformadores criaram cinco "solas" que eles definiram como essenciais à crença e prática cristãs: *sola Scriptura* (somente as Escrituras), *sola fida* (somente por fé), *sola gratia* (somente pela graça), *solus Christus* (somente por Cristo) e soli Deo gloria (somente para glória de Deus).

Os reformadores reiteraram o que Paulo escreveu 15 séculos antes:

- *Sola Scriptura.* "Pois toda a Escritura Sagrada é inspirada por Deus e é útil para ensinar a verdade, condenar o erro [...] E isso para que o servo de Deus esteja completamente preparado e pronto para fazer todo tipo de boas ações" (2 Timóteo 3:16-17).
- *Sola fida, sola gratia, solus Christus* e *soli Deo gloria.* As Sagradas Escrituras "...podem dar a sabedoria que leva à salvação, por meio da fé em Cristo Jesus" (v.15). Somos justificados (salvos perante Deus) pela graça (favor imerecido) através da fé, sem necessidade de boas obras (Efésios 2:8-9); pois Cristo é o único mediador entre Deus e o homem (1 Timóteo 2:5). Tudo isso somente para a glória de Deus.

Neste dia 31 de outubro, reafirmemos estas *solas* da fé cristã e reflitamos sobre o que significam para nós (v.14). —K. T. Sim

abrigo sem matança

leia>
Mateus 9:9-13
...Os que têm saúde não precisam de médico, mas sim os doentes (v.12).

examine>
Ajudem uns aos outros e assim vocês estarão obedecendo à lei de Cristo (Gálatas 6:2).

considere>
Como você pode ser um "abrigo sem matança" vivo para as pessoas ao seu redor? O que Jesus lhe ensinou sobre o cuidar dos que lutam contra o pecado?

A *Cidade dos Cães* é parte de um santuário animal de 13.355 hectares; um "abrigo sem matança" no qual os cães que poderiam morrer encontram esperança.

Uma dedicada equipe de treinadores, veterinários e voluntários acolhe os cães indesejados, indisciplinados e lesados para transformar cada um deles num amoroso animal de estimação. Muitos cães entregues ao abrigo exibem comportamento mau ou agressivo porque estão feridos e amedrontados. A equipe de cuidadores acredita que até os cães que enfrentaram grandes dificuldades na vida podem ser transformados para melhor.

Não seria ótimo se as nossas igrejas e comunidades cristãs se tornassem um local deste tipo? Lugares onde pessoas amedrontadas, feridas e confusas pudessem vir e encontrar esperança, amor e completeza? De muitas maneiras, a comunidade da fé tem o propósito de ser como "abrigos sem matança" para pessoas despedaçadas ou que lutam contra o pecado (Gálatas 6:1). Com muita frequência, porém, nossa tendência é "atirar" nos nossos feridos. E aqueles que desejam puxar o gatilho primeiro são aqueles que, geralmente, escondem seus profundos pesares atrás da autojustificação.

Quando os líderes religiosos dos dias de Jesus questionaram Seus discípulos sobre o porquê de Ele estar socializando com pecadores, Jesus disse: "...Os que têm saúde não precisam de médico, mas sim os doentes [...] Porque eu vim para chamar os pecadores e não os bons" (Mateus 9:12-13).

As pessoas que seguem o exemplo de Jesus demonstrarão cuidado e preocupação, independente das lutas das pessoas. Jesus nunca foi brando com a falência moral (João 8:11), mas sempre encontrou as pessoas onde elas estavam com a intenção de falar-lhes sobre a verdade transformadora da vida aos seus corações despedaçados e desobedientes (João 4:25-26). —Jeff Olson

180 graus

leia
Jeremias 6:16-19
...Fiquem nas encruzilhadas e vejam quais são as melhores estradas, procurem saber qual é o melhor caminho. Andem nesse caminho e vocês terão paz... (v.16).

examine
- 1 Crônicas 16:11
- Salmo 32:8
- Hebreus 13:21

considere
O que fazer para seguir a vontade de Deus? Por que às vezes é mais difícil discernir a vontade de Deus, após uma atitude de rebelião?

Se você fala italiano, sabe que "Mônaco di Baviera" significa Munique. Se não, é fácil perceber como duas mulheres em viagem confundiram Mônaco com Munique. Elas partiram do norte da Itália, pretendendo tomar a direção sul para Mônaco, mas seguiram placas que as levaram em direção norte, para a Alemanha!

Sendo eu mesmo "direcionalmente deficiente", consigo compreender essas mulheres desorientadas. Dirigir para o lado errado numa viagem não é divertido, mas é muito pior desviar-se da vontade de Deus.

O profeta Jeremias teve de guiar a nação de Israel de volta de um lugar onde "...os seus pecados são muitos, e muitas vezes eles têm abandonado a Deus" (Jeremias 5:6). Talvez, como Israel, você tenha recusado a direção de Deus e precise fazer uma conversão para estar em conformidade com a Sua vontade.

Não sabendo o caminho a tomar, Jeremias aconselha: "Fiquem nas encruzilhadas e vejam quais são as melhores estradas, procurem saber qual é o melhor caminho..." (Jeremias 6:16). Em outras palavras, faça uma pausa e peça conselho sábio a outros cristãos.

O conselho de Deus é tão eficaz quanto o nosso desejo de agir adequadamente. Por isso Jeremias disse: "...procurem saber qual é o melhor caminho. Andem nesse caminho...". Caminhar sob a vontade de Deus significa romper nossa amizade com o mundo e permitir que Deus transforme a nossa maneira de pensar para experimentarmos "...aquilo que é bom, perfeito e agradável a ele" (Romanos 12:2).

Como Israel, nossa confusão sobre a direção de Deus pode ser a "...desgraça que [...] merecem..." (Jeremias 6:19) porque nos recusamos a ouvir a Deus e rejeitamos a Sua Palavra. Felizmente, conversões são permitidas! Quando paramos e buscamos a Sua vontade em tudo que fazemos, "...Deus [...] mostrará o caminho certo" (Provérbios 3:6).

—Jennifer Benson Schuldt

perigoso

leia
Isaías 53:1-12
O meu servo [...] sofrerá o castigo que muitos merecem, e assim os pecados deles serão perdoados (v.11).

examine
...No mundo vocês vão sofrer; mas tenham coragem. Eu venci o mundo (João 16:33).

considere
De que maneira você sofreu pela causa de Cristo? O que Jesus lhe proporcionou através do Seu sofrimento?

Você é perigoso?

Um artigo recente relata que a Alemanha, o país de Martinho Lutero, tornou-se crescentemente crítica dos 1,3 milhão de cristãos evangélicos que moram lá. A mídia tornou-se mais e mais hostil aos seguidores de Jesus. Segundo o líder de um seminário, eles são frequentemente descritos como "fundamentalistas perigosos". Por quê? Eles "são desajustados na estrutura de uma sociedade totalmente tolerante [...] *que* evangelizam e [...] apoiam a verdade absoluta".

O Servo sofredor é descrito nas palavras de Isaías 53. O profeta recebeu inspiração especial para capturar aquilo que Jesus enfrentou ao trazer Sua "intolerante" mensagem de salvação a todas as pessoas. Jesus disse: "Eu sou o caminho, e a verdade, e a vida; ninguém vem ao Pai senão por mim" (João 14:6). Suas afirmações de não somente conhecer a verdade, mas de ser Ele mesmo a verdade, levaram ao Seu cruel tratamento por aqueles que Ele veio salvar.

Ao lermos as palavras de Isaías, vemos o que Jesus suportou e também o que aqueles de nós que cremos nele podemos encontrar devido à nossa perigosa fé:

- *Desprezado e rejeitado* (v.3) — Como nosso Salvador, nós que o seguimos seremos desprezados por aqueles que não o aceitam ou às Suas afirmações sobre a verdade.
- *Pelas suas pisaduras fomos sarados* (v.5) — Cristão de todos os tempos sofreram tratamento brutal e até a morte por causa da sua devoção a Jesus.
- *Honras de um soldado vitorioso* (v.12) — Embora possamos sofrer perseguição nesta vida, um dia nos uniremos ao Servo sofredor que recebeu "...a mais alta honra..." (Filipenses 2:9).

Seguir Jesus provará ser perigoso. Mas, a honra de sofrer por Ele é meramente um prelúdio para a indescritível alegria de reinar com Ele eternamente. —Tom Felten

siga

leia
João 1:43-51
Jesus [...] foi procurar Filipe e disse: — Venha comigo! (v.43).

examine
- Mateus 4:18-25
- Mateus 19:16-30

considere
O que significa, para você, simplesmente seguir Jesus? Aonde Ele deseja que você o siga hoje?

Em julho de 2001, alguns amigos e eu embarcamos numa caminhada de ponta a ponta do *Grand Canyon*, nos Estados Unidos. Mas, a aventura terminou após um dia. Chegamos a parte mais baixa do cânion, e devido ao calor sufocante (52.8°C) e à desidratação, não fomos até o fim. Após dormirmos por algumas horas, iniciamos o retorno à estreita trilha de borda às 2h da manhã. Caminhar na mais negra escuridão foi angustiante. Com uma única lanterna, enxergávamos somente alguns metros à frente. Seguimos o líder, dando passos tão pequenos quanto a nossa fraca luz permitia.

Nossa experiência me faz recordar que Jesus, repetidamente, convidou pessoas para unirem-se a Ele em Sua vida e Seu trabalho. Ao encontrar Filipe na Galileia, Ele disse simplesmente: "...Venha comigo!" (v.43). E, a Simão Pedro e André: "Venham comigo..." (Mateus 4:19). E, ao jovem rico: "...venha e me siga" (Mateus 19:21). Ao coletor de impostos, aos pedintes ao longo da estrada, aos legisladores, aos servos, aos ricos e aos pobres, uma palavra se destaca: "Seguir".

É o mesmo para nós. Embora a obediência a — e a amizade com — Deus assuma várias formas, o tema central é: Seguir. Simplesmente seguir. Nossa principal responsabilidade na nossa jornada espiritual não é fazer planos grandiosos ou armar-se de um sincero comprometimento ou esforçar-se para discernir tudo o que Deus poderá fazer. Nossa responsabilidade crucial é prestar atenção a qualquer luz (grande ou pequena) que Deus provê — e simplesmente dar o próximo passo.

Quando seguimos, somos dependentes daquele que estamos seguindo. Não nos incomodamos com a longa reta à frente. Não nutrimos remorsos sobre o que aconteceu durante os quilômetros que ficaram para trás. Não focamos em coisas sem importância. Simplesmente seguimos. Siga Jesus hoje. —Winn Collier

milhares

leia
Deuteronômio 10:12-22
Ele defende os direitos dos órfãos e das viúvas... (v.18).

examine
- Deuteronômio 24:19-22
- Salmo 68:5

considere
De que maneira Deus vê os órfãos? O que precisa mudar na visão que tenho deles e de que maneira essa mudança afetará as minhas ações?

Um número recorde de pessoas se aglomerou nos jardins do Capitólio dos EUA em 20 de janeiro de 2009. Era *1,8 milhão* para assistir a posse do presidente americano. É um número de cortar o coração, pois também representa o número dos órfãos lutando para sobreviver em Uganda, o pequeno país da África Oriental onde resido.

Diariamente, testemunho o esforço de algumas crianças ugandenses órfãs para conseguir sobreviver até "amanhã". Algumas são pedintes, outras, forçadas ao trabalho infantil. Outras ainda abandonam a escola para cuidar de parentes moribundos. Algumas são colocadas em orfanatos. Outras, às vezes com apenas cinco anos de idade, são traficadas e sexualmente exploradas.

Faça a diferença em favor dos milhares de órfãos de todo o mundo:

• *Ore para os que pretendem servir-se de crianças não terem sucesso.* "Não maltratem as viúvas nem os órfãos. Se vocês os maltratarem, eu, o SENHOR, os atenderei quando eles pedirem socorro" Êxodo 22:22-23.

• *Ore pelos servos de Deus que procuram justiça em favor dos órfãos ao redor do mundo.* Pergunte a Deus como você pode apoiar esses pequenos. "Defendam os direitos dos pobres e dos órfãos; sejam justos com os aflitos e os necessitados. Socorram os humildes e os pobres e os salvem do poder dos maus" (Salmo 82:3-4).

• *Pergunte a Deus sobre como ajudar os órfãos da sua cidade ou região.* "Pode acontecer que na colheita do trigo ou da cevada você esqueça-se de pegar um feixe de espigas; nesse caso, não volte para pegá-lo, mas deixe-o lá no campo para os estrangeiros, para os órfãos e para as viúvas. Assim o SENHOR, nosso Deus, abençoará tudo o que você fizer" (Deuteronômio 24:19)

Lembre-se: "Para Deus, o Pai, a religião pura e verdadeira é esta: ajudar os órfãos e as viúvas nas suas aflições..." (Tiago 1:27).

—Roxanne Robbins

o amor de Deus

leia›
Sofonias 3:14-17
Pois o SENHOR, seu Deus, está com vocês; ele é poderoso e os salvará. Deus ficará contente com vocês e por causa do seu amor lhes dará nova vida. Ele cantará e se alegrará (v.17).

examine›
- Mateus 9:15
- Efésios 5:25-32

considere›
Como você costuma imaginar Deus — como Criador, Pai, Guerreiro ou __________? A vida se transformaria se você pensasse em Deus como Amor e você o Seu amado?

É sábado à tarde num pequeno parque em Sydney, Austrália. Os pais brincam com seus filhos pequenos, gaivotas sobrevoam embalagens descartáveis de peixe e batatas fritas, e minha mulher e eu nos sentamos escutando — com nossos ouvidos atentos ao casal.

Eles parecem estar chegando aos 50 anos de idade. Ela se senta silenciosa, arrebatada, fitando os olhos dele. Ele se apoia casualmente sobre o braço esquerdo... e canta para ela.

Em seu próprio idioma, sem cuidado ou vergonha, ele oferece à sua amada uma doce canção de amor. Na beleza daquele momento, vislumbro algo divino.

O livro de Sofonias descreve um grande e terrível dia do Senhor (1:7; 3:8). Deus pode ser gentil com os "...ingratos e maus..." (Lucas 6:35-36), mas virá um tempo em que a paciência de Deus chegará ao fim.

Nos dias de Sofonias, o povo de Deus se curvava aos deuses pagãos Baal e Moloque (Sofonias 1:4-5), cuja adoração frequentemente exigia a prostituição e o sacrifício de crianças. Israel havia se tornado corrupto e rebelde, seus profetas e sacerdotes, arrogantes e profanos (3:4). Sofonias declarou irado que o julgamento de Deus estava chegando, não somente sobre Israel, mas, sobre todas as nações da terra (1:2,18; 3:8).

Ainda assim, Sofonias anteviu Deus fazendo brotar algo lindo dos pedregulhos do dia negro — um povo vindo de todas as nações que o ama de todo o coração (3:9-13). Para esse povo Ele será como um noivo que limpa Sua noiva, leva-a para casa, deleita-se nela e canta para ela. "Ele se deleitará em ti com alegria" (v.17).

Deus é Criador e Guerreiro para as Suas criaturas. Mas, quantos de nós que o amam o veem como um Cantor amado — um Deus de afeto com uma canção de amor em Seus lábios? —Sheridan Voysey

visão panorâmica

leia>
Mateus 6:25-33
...O Pai de vocês, que está no céu, sabe que vocês precisam de tudo isso [...], ponham em primeiro lugar na sua vida o Reino de Deus e aquilo que Deus quer, e ele lhes dará todas essas coisas (vv.32-33).

examine>
O que adianta alguém ganhar o mundo inteiro, mas perder a vida verdadeira? (Mateus 16:26).

considere>
Agradeça a Deus por três coisas importantes que você não perdeu hoje. De que maneira buscar "o Reino de Deus acima de tudo" lhe dá a perspectiva correta?

Recentemente, visitei a *Primeira Igreja Batista na América*, fundada em 1638 em Rhode Island, EUA. O prédio atual da igreja foi construído em 1775, com estrutura colonial impressionante, torre de campanário, púlpito alto e bancos tipo caixa. Cada banco é circundado por uma parede baixa e um portão, e pertencia às famílias que se sentavam juntas durante os cultos.

Eles levavam a sério o sentar-se em seus bancos, pois se vê a seguinte nota exibida na igreja: "A quem possa interessar: saibam que nós [...] concordamos com os bancos trocados colocados no novo templo, e testemunhamos de próprio punho neste nono dia de junho de 1778."

Ri ao ver a data, pois significava que a Guerra Revolucionária americana (1775–83) não impediu o registro cuidadoso sobre quem se sentava em qual banco. Deveras, se eles fossem como em minha igreja, a guerra sobre os bancos da igreja poderia ter sido mais intensa do que aquela que ocorria do lado de fora!

Esse acordo sobre os bancos demonstra a nossa necessidade de termos uma visão panorâmica. Tudo importa, mas nem tudo tem a mesma importância. É bom lembrar-se disso quando o jantar está atrasado, seu filho tem uma cárie, o carro não quer pegar, seu time perdeu a liderança do campeonato ou as ações em queda levaram embora metade do que você poupou na vida.

São importantes, mas não se comparam ao valor do reino de Deus. Jesus disse que Seu domínio salvador em nossas vidas "...é também semelhante a um que negocia e procura boas pérolas; e, tendo achado uma pérola de grande valor, vende tudo o que possui e a compra" (Mateus 13:45-46).

O que aconteceu de errado hoje? Entregue os seus problemas a Deus, sabendo que Ele se preocupa com você (Mateus 6:30-33). Mas, também lhe agradeça por aquilo que não mudou. Não é isso o que mais importa? —Mike Wittmer

um povo perseguido

leia›
João 15:17-23
Todos os que querem viver a vida cristã unidos com Cristo Jesus serão perseguidos (2 Timóteo 3:12).

examine›
- Salmo 37:12-20
- Mateus 5:10-12
- João 17:14-18

considere›
De que maneira você ou os que você conhece são perseguidos devido à fé? Como devemos reagir ao sofrimento de irmãos e irmãs em Jesus?

Essa notícia apareceu num jornal suíço: "Ao oficiar um casamento, o Pastor Hasim, 47 anos, filipino, recebeu uma mensagem de texto em seu telefone celular: 'Pastor, você morrerá hoje.' Ele recebia ameaças de morte há meses. Após o casamento, ele e sua filha Mercilyn retornaram à casa de motocicleta. Seus corpos foram, depois, encontrados numa área isolada. O Pastor Hasim recebeu 19 tiros, principalmente nas costas. Mercilyn recebeu cinco."

Esta é apenas uma história recente sobre a igreja perseguida. Existem muitas mais. De fato, mais de 200 milhões delas. Esse é o número de cristãos em todo o mundo submetidos à perseguição devido à sua fé em Jesus Cristo.

Como cristãos em Jesus, somos chamados a ser sal para um mundo em declínio e decadência, e luz para um mundo escurecido e perigoso (Mateus 5:13-14). Cristo nos alertou que sofreríamos perseguição. Ele disse: "...O empregado não é mais importante do que o patrão. Se as pessoas que são do mundo me perseguiram, também perseguirão vocês..." (João 15:20). Milhões sofrerão pelo nome de Jesus (Filipenses 1:29; 1 Pedro 2:21; 4:12-16). Na verdade, milhares já foram martirizados (Hebreus 11:36-37).

Muitos leitores do *Pão Diário* provavelmente residem em países nos quais a perseguição não é um grande problema. Um bom motivo de gratidão a Deus! No entanto, os cristãos estão sendo fortemente perseguidos em mais de 50 países do mundo.

Uma das maneiras de apoiá-los é através de oração. Hoje é o *Dia Internacional da Oração pela Igreja Perseguida*, um evento global que reúne milhares de igrejas para uma intercessão durante 24 horas. É uma oportunidade de colocar nossos irmãos e irmãs perseguidos em nossas orações, e em diversas reuniões de igrejas. Solidarizemo-nos com os que sofrem pela causa de Cristo (1 Coríntios 12:26). —K. T. Sim

escolha

leia>
Salmo 84:1-12
Quando eles passam pelo Vale das Lágrimas, ele fica cheio de fontes de água, e as primeiras chuvas o cobrem de bênçãos (v.6).

examine>
- Isaías 41:18
- Jeremias 6:16
- Mateus 11:28-30

considere>
Você atravessa (ou atravessou) um Vale das Lágrimas? Por que o inimigo quer impedir-nos de adorar ao Senhor? A adoração modifica a nossa visão de Deus?

Entre antigas casas e novos comércios, a piscina comunitária de 30 anos parece deslocada. A piscina e as construções adjacentes caem devido à negligência. Descoberta, a piscina enche-se de chuva e sujeira; e o conteúdo lamacento coberto por algas transforma a água fresca e revigorante dos verões juvenis perdidos no passado. Mesmo desagradável, contém esperança. Na mesma rua, porém, a ironia da natureza resiste à passagem do tempo. Uma fonte natural com inesgotável fluxo de água fresca é protegida e coberta por arbustos e videiras, escondida, quase imperceptível.

Os momentos difíceis determinam quem nos tornamos. Os salmistas conheceram tempos de grande intimidade com o Senhor, mas também experiências difíceis (Salmo 42:3). Suas esperanças estavam na presença de Deus. Convencido da soberania divina, o autor escreveu: "É melhor passar um dia no teu Templo do que mil dias em qualquer outro lugar" (84:10).

Contrário ao que possamos crer, não somos vítimas das circunstâncias. Podemos, porém, permitir que a amargura e a ofensa drenem a nossa esperança (Hebreus 12:15). Ainda pior, podemos cair numa rançosa e estagnada aceitação de que Deus simplesmente nos chamou para um trabalho penoso (Números 21:5).

O Salmo 84:5 diz: "...aqueles que de ti recebem forças", o adoram acima de tudo e "...passam pelo Vale das Lágrimas..." (v.6), lugar de rendição, que nos ensina que não há ninguém como o nosso Deus. O ato de submissão libera a Sua presença em nossas vidas. Diferente da amarga água da chuva na velha piscina, os nossos corações se enchem com a água revitalizante quando o louvamos. Além disso, ao compreendermos que o amor de Deus por nós é maior do que nossas tribulações, o que parece ser nada mais que um tremendo caos revela fontes ocultas de vida. —Regina Franklin

encoraje os rejeitados

leia>
Atos 9:26-28
E lhes contou como Saulo tinha visto o Senhor no caminho.... Barnabé também contou como, em Damasco, Saulo, pelo poder do nome de Jesus, havia anunciado corajosamente o evangelho (v.27).

examine>
- Provérbios 12:18
- Hebreus 10:25
- Tiago 2:1-4

considere>
Você pode acolher e encorajar os que visitam a sua igreja nesta semana? É importante enxergar além das aparências físicas ao encorajá-las em Jesus?

Anos atrás, um cristão de 30 e poucos anos assistiu nosso culto de adoração. Seus cabelos eram longos, multicoloridos e pontudos. Vestia roupas escuras e tinha múltiplos *piercings* e tatuagens. Foi bom somente os pastores saberem que ele tinha AIDS. Alguns ficaram literalmente boquiabertos e outros apenas lhe dispensaram aquele sorriso e olhar "É bom vê-lo na igreja, mas, por favor, não se sente perto de mim." Contudo, durante o momento das saudações, alguns foram dar-lhe as boas-vindas e aceitação. Foram um manancial de encorajamento para alguém que havia sofrido sua parcela de rejeição entre as pessoas "cristãs".

Barnabé foi um manancial de encorajamento para Saulo, que havia sido rejeitado devido ao seu passado (Atos 9). Quando Saulo chegou a Jerusalém, três anos após sua conversão, muitos discípulos tinham medo dele e duvidavam da sua transformação (v.26), por ele ter sido um perverso perseguidor de cristãos. Mas Barnabé, um judeu convertido, viu a obra da graça de Deus na vida de Saulo e tornou-se uma ponte entre ele e os apóstolos (v.27). Saulo necessitava de alguém para caminhar com ele, encorajar, ensinar e apresentá-lo a outros cristãos. Barnabé foi essa ponte e fonte de encorajamento. Como resultado, Saulo teve comunhão mais profunda com os discípulos em Jerusalém e foi capaz de pregar o evangelho com liberdade e arrojo ali (v.28).

Tornar-se uma ponte e fonte de encorajamento aos que têm um passado sórdido, mas cujas vidas foram transformadas pela graça de Deus, é arriscado. Mesmo assim, somos chamados, como Barnabé, a assumir esse risco e fazê-las sentirem-se bem-vindas e estimadas. Deus deu Seu único Filho para nos acolher à Sua família. Devemos ser desejosos de nos doar em sacrifício ao encorajar e acolher os outros. —Marvin Williams

vendo a luz

leia›
João 9
Então Jesus afirmou: — Eu vim a este mundo para julgar as pessoas, a fim de que os cegos vejam e que fiquem cegos os que veem (v.39).

examine›
...o deus deste mundo [...] não os deixa ver a luz que brilha sobre eles, a luz que vem da boa notícia a respeito da glória de Cristo, o qual nos mostra como Deus realmente é (2 Coríntios 4:4).

considere›
Você consegue enxergar a beleza de Jesus? Explique.

Graças aos transplantes de córnea, algumas pessoas cegas de nascença podem usar seus olhos de maneira funcional. Entretanto, o sucesso é raro. Em seu livro *Catching the Light* (Capturando a Luz), o autor Arthur Zajonc descreveu a situação de um jovem paciente: "A luz do dia acenou, mas nenhuma luz da mente respondeu no interior dos ansiosos olhos abertos do garoto."

Em João 9, Jesus curou um cego de nascença. Medicamente, esse é um duplo milagre. Primeiro, o produzir visão sem um transplante de córnea. Segundo, a mente do homem foi iluminada de modo a conseguir processar o que os olhos viam. Mas, o maior milagre é a profissão de fé do homem curado (v.38). O relato de João revela que Jesus é a luz do mundo (v.5) e Ele pode trazer luz aos nossos olhos e às nossas almas — física e espiritualmente (v.39).

O pensamento de cegueira física me assusta. Imagino-me tateando no escuro, incapaz de ver as belezas das minhas adjacências. Esse era o nosso estado espiritual antes de Jesus entrar na nossa vida. O homem é espiritualmente cego por natureza. Sem a iluminação de Deus, não conseguimos enxergar a beleza de Jesus ou a esperança de vida eterna. E nenhum transplante ou esforço humano pode curar essa doença.

Mas, Jesus pode! Ele veio para cumprir a promessa messiânica de que "...os cegos verão..." (Isaías 35:5).

A história de Jesus curando o homem cego termina com uma esplêndida inversão de papéis: o homem, que se presumia estar em trevas espirituais, conseguiu ver a luz de Deus, enquanto os fariseus, que podiam ver fisicamente e eram considerados iluminados, se mostraram espiritualmente cegos (v.41). Qual é a mensagem? Reconhecer que Jesus é a fonte de luz e vida — Ele abre nossos olhos espirituais para a Sua beleza e para tudo o que é realmente verdadeiro. —Poh Fang Chia

ao resgate

leia›
Êxodo 14:5-31
Porém Moisés respondeu: – Não tenham medo. Fiquem firmes e vocês verão que o SENHOR vai salvá-los hoje... (v.13).

examine›
Ele nos salvou e continuará a nos salvar desses terríveis perigos de morte. Sim, nós temos posto nele a nossa esperança, na certeza de que ele continuará a nos salvar (2 Coríntios 1:10).

considere›
De que maneira Deus o resgatou? O que você fará hoje para comunicar Sua mensagem salvadora às outras pessoas?

Lá no Jardim do Éden, após Adão e Eva terem pecado e se escondido, Deus veio procurá-los. Começando com estas palavras ditas a Adão: "Onde estás?" (Gênesis 3:9), Deus lançou a maior missão de resgate conhecida pelo homem. Embora nós — a raça humana — tenhamos traído o nosso Criador e caído nas garras do pecado e de Satanás, Deus não voltou Suas costas para nós. Mesmo antes de pronunciar o Seu julgamento, Deus prometeu que alguém (que hoje sabemos ser Jesus) finalmente viria, derrotaria Satanás para sempre e nos resgataria do reino das trevas (v.15).

O desejo de Deus de libertar a raça humana é um dos temas centrais da Bíblia. O êxodo, no qual Deus libertou dramaticamente os escravos hebreus do jugo do Egito, é o evento corolário que aponta para as intenções definitivas de Deus no Antigo Testamento.

Após 400 anos de escravidão, Moisés entrou em cena e exigiu que Faraó deixasse o povo de Deus partir. Diante da recusa do rei, Deus desferiu uma terrível praga após a outra sobre o Egito (Êxodo 7–12). Finalmente, o Faraó abrandou-se e concedeu liberdade aos israelitas. Após um curto tempo, porém, ele mudou de ideia e perseguiu-os com vingança (14:5-9).

A próxima parte da história é a minha favorita. Presos contra a margem do Mar Vermelho com o exército de Faraó avançando contra eles, Moisés assegurou ao povo: "...Não tenham medo. Fiquem firmes e vocês verão que o SENHOR vai salvá-los hoje..." (v.13). Deus afogou todo o exército de Faraó nas profundezas do Mar Vermelho — "...não sobrou nenhum egípcio com vida" (v.28).

Deus resgata. Através de Jesus, Ele deseja salvar-nos e trazer-nos de volta para si — para que vivamos para Ele e nos empenhemos em difundir Sua mensagem de resgate a outros. —Jeff Olson

consumidos

leia›
Mateus 6:19-21
Pois onde estiverem as suas riquezas, aí estará o coração de vocês (v. 21).

examine›
- Provérbios 23:4
- Lucas 12:15-21
- 1 Timóteo 6:7-9

considere›
Seu interesse converge às riquezas deste ou do próximo mundo? Nesta semana, de que maneira você poderá acumular tesouro no céu?

Um fazendeiro etíope escondeu mais de 12 mil dólares numa pilha de feno — que, infelizmente, se tornou o lar de alguns famintos roedores. Apenas três semanas após ter escondido o dinheiro, ele descobriu que ratos haviam roído quase um terço da sua poupança!

Ao ler sobre o infortúnio desse fazendeiro, pensei nas palavras de Jesus: "Não ajuntem riquezas aqui na terra..." (Mateus 6:19), pois traças (ou ratos) podem transformá-los em nada. Nossa riqueza pode tornar-se chamariz para ladrões, e basicamente porque qualquer coisa que armazenamos na terra é temporário.

Talvez seja por isso que devamos "pensar nas coisas lá do alto, não nas que são aqui da terra" (Colossenses 3:2). Uma visão eterna nos ajuda a evitar que sejamos consumidos por qualquer coisa pela qual possamos nos interessar fortemente nesta vida. Então, como evitar que a nossa conta bancária receba nossa maior atenção? Jesus nos instou a acumular tesouros no céu, onde não há apodrecimento e perda. Mas, como?

Espera-se que "sejamos ricos em boas ações, [...] generosos [...] prontos para repartir com os outros tudo aquilo [que temos]..." (1 Timóteo 6:18-19). Os atos tangíveis de bondade e amor proporcionam riqueza verdadeira.

Se isso não for suficiente para satisfazer nosso desejo de permanente abundância, também precisamos investir em um rico relacionamento com Deus (Lucas 12:21). Quanto mais íntima a nossa conexão com Ele, menos nos preocuparemos com os bens transitórios deste mundo.

Jesus disse: "Pois onde estiverem as suas riquezas, aí estará o coração de vocês" (Mateus 6:21). Para manter nosso coração no lugar certo, precisamos acumular tesouro no céu, ao invés de sermos consumidos com o que quer que tenhamos armazenado no monte de feno!
—Jennifer Benson Schuldt

o primeiro corte

leia
Gênesis 2:21-24
...e os dois se tornam uma só pessoa (v.24).

examine
...agora vocês não me amam como me amavam no princípio. Lembrem do quanto vocês caíram! Arrependam-se dos seus pecados e façam o que faziam no princípio... (Apocalipse 2:4-5).

considere
Você procura a sua realização em alguém do sexo oposto? Você o enxerga como irmão ou irmã em Cristo? Por que é essencial que Cristo seja o seu primeiro amor?

Em 2003, Sheryl Crow gravou uma canção de Cat Stevens *The First Cut Is the Deepest* (O Primeiro Corte é o Mais Profundo). Ela lamenta o seu primeiro amor, que a feriu tão profundamente que a faz esforçar-se para ter algum sentimento. Ela deseja amar novamente, mas seu coração está tão partido que não sabe se algum dia conseguirá.

O primeiro amor do autor da canção infligiu o "primeiro corte" — a angústia de um relacionamento que fora íntimo, mas se rompera. É difícil dizer qual é mais doloroso: a separação brusca ou a submissa e enfadonha existência resultante de um relacionamento sem amor. O plano de Deus evita essas alternativas menores, pois Ele chama o homem e a mulher para se unirem num relacionamento permanente, realizador, cheio de significado espiritual.

Nosso desejo inerente por uma companhia vitalícia está enraizado na maneira como fomos criados. Gênesis 2 diz que a mulher foi criada a partir da costela do homem — a partir dele. "É por isso que o homem deixa o seu pai e a sua mãe para se unir com a sua mulher, e os dois se tornam uma só pessoa" (v.24). À luz disso, um relacionamento marital rompido não é um corte; é uma amputação!

O casamento é a imagem do relacionamento de Cristo com a igreja. Somos feitos para um relacionamento com Deus. O apóstolo Paulo reflete sobre Gênesis 2:24: "Há uma verdade imensa revelada nessa passagem das Escrituras, e eu entendo que ela está falando a respeito de Cristo e da Igreja" (Efésios 5:32).

A canção conclui: "Com certeza vou tentar". Cheia de esperança, mas sugere desespero. Ao confiarmos nossa vida a Jesus, não iniciamos um relacionamento experimental. Descobriremos que Ele é suficiente. Poderemos inclusive encontrar a cura para os profundos cortes que resultaram dos relacionamentos destruídos. —Tim Gustafson

fé cheia de audácia

leia›
Números 13:25-33
...Calebe os fez calar e disse: – Vamos atacar agora e conquistar a terra deles; nós somos fortes e vamos conseguir isso! (v.30).

examine›
Nesse instante Jesus disse: — Coragem! Sou eu! Não tenham medo! (Mateus 14:27).

considere›
O que Deus está lhe chamando a fazer que exige fé audaciosa? O que o impede de seguir a Sua liderança?

Recentemente, um menino de 6 anos perdeu o seu ônibus escolar. Determinado a não perder o café da manhã na escola nem a aula de educação física, o inconsequente garoto saiu com o carro dos pais e dirigiu quase dez quilômetros em direção à escola. O jornal relatou com surpreendentes detalhes a notável excursão do menino: "Ele fez no mínimo duas curvas de 90 graus, ultrapassou vários carros e saiu da estrada rural de duas faixas várias vezes antes de atingir um barranco e um poste a 2,5 quilômetros de distância da escola."

O que esse garoto fez foi, obviamente, ilegal e perigoso, mas algumas pessoas admirarão sua mentalidade pró-ativa.

Imagino que, quando ele crescer, poderá ser algo como Calebe, o feroz guerreiro israelita que tenazmente desafiou Israel a confrontar seus inimigos.

Calebe encontrou, porém, forte oposição ao seu desafio, porque os povos da terra pareciam estar em vantagem esmagadora. Uma gente "... mais forte do que nós!", argumentaram os outros espias de Israel (v.31).

As terríveis probabilidades de morte violenta dos israelitas deveriam ter derretido a coragem de qualquer homem são (v.32). Os inimigos de Israel eram ameaçadores. Fisicamente, eles eram enormes. Alguns eram tão gigantes que fizeram os espias israelitas parecer, comparativamente, como "...gafanhotos" (v.33). Ainda assim, Calebe não se desencorajou.

Mas, Calebe não era um guerreiro fervoroso sem bom senso. Ele não confiava excessivamente em sua habilidade já testada em batalhas, nem tinha lançado um olhar cego à gravidade da situação. Calebe simplesmente creu em Deus, que havia dito a Israel que a terra seria deles. E ele creu.

Quando Deus o chamar para uma tarefa aparentemente impossível, você terá a audaciosa fé demonstrada por Calebe — fé para crer e obedecer? —Winn Collier

não existe outro

leia›
Isaías 45:14-25
...Deus está com vocês, e não há outro deus além dele (v.14).

examine›
Por isso, hoje, saberás e refletirás no teu coração que só o SENHOR é Deus em cima no céu e embaixo na terra; nenhum outro há (Deuteronômio 4:39).

considere›
De que maneira Deus proveu a você no passado, e quais desafios você hoje precisa trazer-lhe ?

Uma tarde, num hospital na África Oriental, eu me preparava para dar banho em Henry, paciente de câncer de 6 anos, e encontrei sob a camisa dele um trapo sujo firmemente enrolado em seu pulso. A mãe dele explicou: "O curandeiro da nossa vila o colocou aí para afastar todos os maus espíritos, para que ele sare."

Passei meses na enfermaria de câncer pediátrico, e fiz amizade com muitos pais — particularmente com a mãe de Henry. E lhe perguntei: "Podemos remover esse trapo e pedir a Jesus Cristo para curar Henry?" Ela concordou.

Durante as semanas seguintes, oramos por Henry enquanto ele era submetido à quimioterapia. Surpreendentemente, os exames subsequentes revelaram que o câncer entrara em remissão. A mãe de Henry e eu nos regozijamos e reconhecemos que Deus "...é o único Deus. Não há outro!" (Isaías 45:14).

No futuro, virão os desafios que o deixarão imaginando onde buscar respostas. Nesses momentos difíceis, lembre-se de que Deus deseja revelar-se a você e através de você.

Conforte-se nas palavras que Deus falou a Ciro: "...eu o criei para que me servisse e nunca esquecerei de você" (44:21): "Eu irei na sua frente e aplanarei as montanhas; arrebentarei portões de bronze e quebrarei as suas trancas de ferro. Eu lhe darei tesouros escondidos, riquezas guardadas em lugares secretos a fim de que você saiba que eu sou o SENHOR" (45:2-3).

Deus nos equipa: "...Embora você não me conheça, eu lhe dou força para lutar. Faço isso para que, de leste a oeste, o mundo inteiro saiba que além de mim não existe outro deus. Eu, e somente eu, sou o SENHOR" (45:5-6).

Ele faz o trabalho: "Eu, e somente eu, sou o SENHOR. Eu sou o Criador da luz e da escuridão e mando bênçãos e maldições; eu, o SENHOR, faço tudo isso" (vv.6-7). Amém. —Roxanne Robbins

visão transformadora

leia›
Oseias 4:1-3
...Deus tem uma acusação a fazer contra o povo que vive neste país. Escutem, israelitas, o que Deus está dizendo: – Não há sinceridade, não há bondade, e ninguém neste país quer saber de Deus (v.1).

examine›
Pelo contrário, sejam santos em tudo o que fizerem, assim como Deus, que os chamou, é santo. Porque as Escrituras Sagradas dizem: "Sejam santos porque eu sou santo" (1 Pedro 1:15-16).

considere›
As tentações que você enfrenta ou pecados com os quais luta refletem uma deficiência em sua compreensão de Deus? Como você deveria imitar Deus hoje?

"Não havendo profecia, o povo se corrompe...", afirma o provérbio bíblico (29:18 RA). Ou, como diz a versão NVI: "Onde não há revelação divina, o povo se desvia..." Esta afirmação extremamente simples encerra uma profunda verdade espiritual. Quando perdemos a visão da sabedoria revelada de Deus, sofremos decadência moral. Como os israelitas com seu ídolo de ouro, descambamos para a "folia" (Êxodo 32:1-6). Como as pessoas dos dias de Jeremias, decaímos para a injustiça (Jeremias 7:5-10). O grito dos profetas do Antigo Testamento sempre foi duplo: o povo de Deus tem perdido sua visão dele e, como resultado, se "degenera" ao ponto de destruição.

Essa era a situação nos dias de Oseias. Não havia mais conhecimento de Deus na terra de Israel (4:1), porque os sacerdotes e as pessoas haviam perdido sua visão de Deus e da Sua verdade (vv.6,9). A cidade estava, agora, tomada por assassinatos, roubos e prostituição (vv.2,13). Os ricos oprimiam os pobres (Amós 8:4-6). Oseias resume assim a situação: "...a terra está de luto, e todo o que mora nela desfalece..." (4:3).

Ao perdermos nossa visão de Deus e da Sua verdade revelada, sofremos decadência moral. Vejo esse princípio em ação na minha própria vida. Quando perco Deus de vista através de egocentrismo, ocupação ou esquecimento começo a perder o controle de tentação, preocupação e pecado. Meu amor pelo próximo diminui e minha preocupação com os pobres declina. O motivo é claro: Deus é o nosso modelo e Sua natureza é o nosso guia. Sua santidade alimenta a nossa; Seu amor motiva o nosso; Sua fidelidade inspira a nossa. Nos tornamos aquilo que adoramos.

Hoje, vamos refletir sobre Jesus, que nos deu a visão definitiva de Deus (Hebreus 1:3). Ele deseja transformar-nos "...mais parecidos com o Senhor..." (2 Coríntios 3:18). —Sheridan Voysey

cuidando de vidas

leia›
Mateus 13:18-23
Mas o que foi semeado em boa terra é o que ouve a palavra e a compreende; este frutifica e produz a cem, a sessenta e a trinta por um (v.23).

examine›
- Jeremias 4:3
- Mateus 13:3-9
- Gálatas 6:7-9

considere›
Você negligenciou algum aspecto da sua vida física, social ou espiritual? Você pode fazer algo para restaurar uma área importante da sua vida?

A guerra civil da Libéria terminou em 2003, mas as cicatrizes estão nas ruas da capital, Monróvia. O emaranhado de ervas daninhas e concreto costumava ser uma fonte, o monte de entulho foi uma estação de rádio e o prédio todo esburacado um escritório.

Meu anfitrião destacava uma devastação após outra, e nos sentíamos como as crianças da família Pevensie retornando às ruínas de Cair Paravel em *O Príncipe Caspian* ou Will Smith vendo o que sobrara do mundo em *Eu Sou a Lenda*. A destruição era deprimente, especialmente aos que se lembravam de como as coisas eram.

A conservação dos nossos pertences e moradias requer atenção constante. Precisamos lavar, tirar as pragas e consertar continuamente a nossa propriedade. Saia de férias um mês, por negligência ou guerra, e a natureza desordenada começa a tomar controle.

O mesmo se aplica à nossa vida pessoal. Nossos corpos precisam de exercícios para manter-se em forma, as mentes precisam de bons livros e conversações para manterem-se aguçadas, nossas almas devem cultivar as práticas espirituais para relacionar-se com Deus. Tão difícil quanto contactar um velho amigo de quem não temos notícia é ler a Bíblia e orar quando não nos disciplinamos em praticar a fé.

Jesus disse que o Seu reino é como as sementes que caíram em solo rochoso, no espinheiro e em solo bom. As pessoas rochosas não têm profundidade e esmorecem sob pressão; as espinhosas permitem que "...os cuidados do mundo e a fascinação das riquezas..." sufoquem a Palavra, enquanto os cristãos fiéis frutificam — "...a cem, a sessenta e a trinta por um" (Mateus 13:22-23).

A diferença não está na semente, mas no solo. Se o jardim da sua vida estiver com excesso de ervas daninhas e pedras, não se desespere. Busque a força e a sabedoria de Deus enquanto prepara o solo.
—Mike Wittmer

o guardião da verdade

leia
2 Timóteo 1:1-14
...guarde esse precioso tesouro que foi entregue a você (v.14).

examine
- Deuteronômio 5:32
- João 5:39
- 2 Timóteo 3:14-16

considere
Você está crescendo em seu conhecimento e aplicação pessoal da verdade de Deus? Por que é importante crer na verdade e viver em conformidade com ela?

Um relatório de dezembro de 2008 divulgado por um *site* de pesquisa sobre Religião e Vida Pública continha o surpreendente achado: 52% dos cristãos dos EUA que frequentam igrejas e creem que Jesus é o único caminho de salvação aceitam a ideia que: "Algumas fés não-cristãs podem levar à vida eterna." Em pesquisa anterior a 2008, apenas 39% dos cristãos que responderam, disseram crer que a Bíblia é a Palavra literal de Deus.

Vivendo num mundo pluralista e com intolerância crescente à religião, sentimos a pressão para nos tornarmos social e politicamente corretos — não ser exclusivos em nossas visões de fé. Ao mesmo tempo, aqueles que veem a Bíblia como um simples livro escrito por homens — não a Palavra de Deus — não veem razão para crer no que ela ensina.

O apóstolo Paulo alertou sobre um tempo em que "...as pessoas não vão dar atenção ao verdadeiro ensinamento..." e "...seguirão os seus próprios desejos..." (2 Timóteo 4:3-4). Para contradizer e corrigir esse tipo de acordo e rejeição bíblica, devemos "...guardar o que nos foi confiado..." (2 Timóteo 1:14; 1 Timóteo 6:20). Para guardar a verdade, é necessário:

- Obedecer à verdade (Deuteronômio 4:6).
- Ensinar a verdade aos nossos filhos (Deuteronômio 6:7-9).
- Estudar as Escrituras (Atos 17:11).
- Testar a verdade (1 Tessalonicenses 5:21).
- Firmar-se na verdade (2 Timóteo 1:13).
- Ensinar a verdade a outros (2 Timóteo 2:2).

Temos o Espírito Santo, o Espírito da Verdade, para ajudar-nos (1:14) e para guiar-nos a toda a verdade (João 16:13). Por meio do poder do Espírito Santo "...guarde esse precioso tesouro que foi entregue a você" (2 Timóteo 1:14). —K. T. Sim

não é a minha história

leia›
João 21:15-22
Jesus respondeu: Se eu quiser que ele viva até que eu volte, o que é que você tem com isso? Venha comigo! (v.22).

examine›
Como são grandes as riquezas de Deus! Como são profundos o seu conhecimento e a sua sabedoria! Quem pode explicar as suas decisões? Quem pode entender os seus planos? (Romanos 11:33).

considere›
Você questionou Deus comparando as suas experiências com as de outra pessoa? A compreensão da soberania de Deus molda a visão das circunstâncias da vida?

"Criança", disse a Voz, "Estou contando a sua história, não a dela. Não conto a alguém outra história senão a sua própria." Essa passagem, do livro *O Cavalo e Seu Menino*, de C. S. Lewis, faz parte de *As Crônicas de Nárnia*. É sobre um garoto chamado Shasta. Encarando aventuras e dificuldades, primeiro ele parece ser um viajante sem história ou futuro. Mas, um grande destino está guardado em seu interior. Para encontrar seu propósito, porém, ele precisa aprender a confiar naquele que conheceu sua história desde o princípio, e aceitar que não deve aprender sobre certos acontecimentos.

Pedro teve o mesmo dilema. Em uma das aparições após Sua ressurreição, Jesus falou a Pedro sobre o que precisava ser sólido como a rocha na vida dele. O âmago da identidade de Pedro deveria basear-se no compromisso de amor por Cristo. Não um amor baseado em ação (Mateus 26:35; João 13:36-38), mas amor desejoso de pagar o preço. Jesus, então, profetizou o martírio final de Pedro.

A reação de Pedro foi familiar. Referindo-se a João, ele perguntou: "E quanto a este?" (João 21:21). Jesus recordou-lhe: "...Venha comigo!" (v.22). A única história que Pedro precisava conhecer era a sua própria.

A tentação de basear nossa obediência naquilo que vemos na história de outra pessoa é verdadeira, mas algumas coisas, não devemos conhecer. Pedro nunca planejou negar Cristo, no entanto, ele permitiu que as coisas que não compreendia ditassem suas ações. Sua vida tinha a promessa de um grande destino, mas para vivê-la, ele tinha de aprender a confiar e obedecer mesmo quando não compreendesse.

Deus é grande o bastante para responder às nossas perguntas, mas nós confiamos nele o suficiente para obedecer-lhe mesmo quando Ele simplesmente responde "Siga-me"? —Regina Franklin

buscar e salvar

leia›
Lucas 19:1-10
Porque o Filho do Homem veio buscar e salvar quem está perdido (v.10).

examine›
- Ezequiel 34:11-16
- João 3:17
- Atos 16:31

considere›
O Espírito Santo está lhe instando para orar por uma pessoa perdida? Quem é essa pessoa? De que maneira você pode demonstrar gratidão a Deus por ter tocado o seu coração?

Recentemente, levei meus filhos ao *shopping center*, e enquanto comíamos, percebi uma menina procurando freneticamente por seu pai. Com lágrimas nos olhos, ela gritava: "Papai! Papai!". Não havia sinal dele. De repente, ele apareceu e a criança ficou visivelmente aliviada. E falei aos meus filhos: "Estou feliz por ela ter encontrado seu pai!" E meu filho caçula respondeu: "ela não o encontrou; ele a encontrou".

Lucas escreveu sobre pessoas perdidas, vagando sem destino em seus pecados, que foram encontradas por Jesus. Foi isso o que aconteceu com o chefe dos coletores de impostos, Zaqueu (Lucas 19). Ele era visto com desdém pelos judeus porque estava ajudando Roma a sobrecarregar os israelitas com pesados impostos, e também porque era provável que tivesse enriquecido coletando mais dinheiro do que o necessário. Quando Jesus entrou em Jericó, Zaqueu subiu numa árvore para ver melhor o Salvador. Jesus foi até ele e lhe disse que precisava ficar em sua casa (uma necessidade divina) (v.5). As outras pessoas murmuraram porque Jesus ia pousar na casa de um notório "pecador" (v.7). Mas, Zaqueu permaneceu na presença do Senhor e arrependeu-se; e Jesus respondeu com uma declaração sumária de Sua missão e Seu propósito na terra: levar a salvação e o reino de Deus aos perdidos (vv.8-10).

Deus, através de Jesus, veio buscar-nos. Ele fez um grande esforço para salvar-nos, e inclusive tomou sobre si os nossos pecados. Ele foi crucificado para que nós pudéssemos morrer para o pecado e viver para o que é correto. Jesus veio para nos "buscar e salvar"! (v.10). Essa é uma boa-nova!

As pessoas ao nosso redor estão perdidas e pensam que ninguém se importa com elas. Temos a responsabilidade de compartilhar as boas-novas, para que também possam ser salvas. —Marvin Williams

ouvir primeiro

leia
Provérbios 18:12-21
Quem responde antes de ouvir mostra que é tolo e passa vergonha (v.13).

examine
Lembrem disto, meus queridos irmãos: cada um esteja pronto para ouvir, mas demore para falar e ficar com raiva (Tiago 1:19).

considere
Que palavras e frases lhe impedem de escutar objetivamente os outros? O que será necessário para você se tornar um melhor ouvinte de Deus e deles?

O ex-presidente dos EUA Franklin Roosevelt não apreciava as longas filas de recepção que, frequentemente, precisava aturar na Casa Branca. Ele reclamava que ninguém realmente prestava qualquer atenção às palavras ditas durante os cumprimentos. Um dia, ele decidiu fazer uma experiência. A cada pessoa da fila para apertar a sua mão, murmurava: "Matei minha avó hoje de manhã". Os convidados respondiam com frases como: "Maravilhoso!", "Continue assim", "Deus o abençoe, senhor".

A experiência foi bem-sucedida ao provar sua teoria. E também provou uma triste realidade: frequentemente, não escutamos com atenção.

Provérbios 18:13 alerta que "Quem responde antes de ouvir mostra que é tolo e passa vergonha." Por quê? Porque "O que você diz pode salvar ou destruir uma vida..." (v.21). Por exemplo:

- *Palavras podem esmagar o espírito.* E um espírito esmagado é mais insuportável que um corpo doente (v.14).
- *Palavras podem separar amigos.* E um amigo ofendido resiste mais que uma fortaleza (v.19).

Felizmente, o oposto também é verdadeiro. Leia estes pensamentos do livro de Provérbios:

- *Devemos dar ouvidos aos fatos.* Escutar com ouvido de discernimento e desentocar os fatos (v.13).
- *Devemos escutar com ouvidos abertos.* Não permita que certas palavras e frases gerem o preconceito contra o escutar objetivamente. E não evite escutar coisas que você possa considerar difíceis demais de compreender (v.15).
- *Devemos ouvir os dois lados de uma disputa.* É tolo concluir e julgar precipitadamente; os sábios dedicam tempo a discernir (v.17).

Dedique tempo para verdadeiramente escutar os outros hoje.
—Poh Fang Chia

marcas preciosas

leia›
1 Timóteo 1:12-17
...ele achou que eu era merecedor e porque me escolheu para servi-lo (v.12).

examine›
Agora já não existe nenhuma condenação para as pessoas que estão unidas com Cristo Jesus (Romanos 8:1).

considere›
Sentimentos de inadequação o impediram de servir a Cristo? Deus poderia ver erros do passado como marcas preciosas para serem compartilhadas, ao invés de imperfeições a serem ocultadas?

Achei que ninguém perceberia. Girei a mesa de café para a imperfeição ficar menos visível para os participantes do nosso estudo bíblico. Ainda assim, minha amiga percebeu as pequenas reentrâncias e tive de admitir que meu filho tinha deixado as marcas de seus primeiros dentes ali poucos dias antes. Ela sorriu e disse: "Oh, agora você nunca será capaz de desfazer-se dessa mesa; essas marcas são preciosas."

A maioria de nós vive com reentrâncias, riscos e outras "marcas" em nossos corações e mentes — cicatrizes embaraçosas dos erros passados. O problema é pensarmos que Deus não poderá ou não desejará usar-nos no ministério devido às tais imperfeições.

Paulo recontou abertamente seu passado negro em carta ao seu aprendiz, Timóteo. Ele disse: "...Cristo Jesus [...] achou que eu era merecedor e [...] me escolheu para servi-lo. Ele fez isso apesar de eu ter dito blasfêmias contra ele no passado e de o ter perseguido e insultado..." (1:12-13).

Embora Paulo tivesse consciência dessas ofensas do passado, ele compreendeu que "Quem está unido com Cristo é uma nova pessoa; acabou-se o que era velho, e já chegou o que é novo" (2 Coríntios 5:17).

A nova vida é um produto da misericórdia de Deus, disponível a todos nós que o conhecemos através de Cristo. Deus transforma as vidas marcadas por dependência, imoralidade e, até mesmo, abusos. E faz isso para poder usar-nos "...para que Cristo Jesus pudesse mostrar toda a sua paciência..." (1 Timóteo 1:16).

Você já parou e pensou que Deus quer usá-lo no ministério devido ao seu passado, não a despeito dele? Aos Seus olhos, nossas marcas são preciosas. "Pois foi Deus quem nos fez o que somos agora; [...] ele nos criou para que fizéssemos as boas obras que ele já havia preparado para nós" (Efésios 2:10). —Jennifer Benson Schuldt

perdeu seu caminho?

leia›
Lucas 15:11-32
...era preciso fazer esta festa para mostrar a nossa alegria. Pois este seu irmão estava morto e viveu de novo; estava perdido e foi achado (v.32).

examine›
Mas tu, Senhor, és Deus de compaixão e de amor; és sempre paciente, bondoso e fiel (Salmo 86:15).

considere›
Faça uma pausa para lembrar-se e agradecer a Deus pela última vez em que Ele surpreendeu você com Sua graça. Que maneira você escolherá para honrar e glorificá-lo com sua obediência hoje?

Aos 15 anos, testemunhei pela primeira vez um jogador de basquetebol marcar um ponto para a equipe adversária. Era quase final de jogo e minha equipe tinha a disputa nas mãos. Um a um, meu técnico começou a colocar em quadra jogadores que raramente tinham uma chance de jogar.

Um dos colegas entrou na quadra muito entusiasmado. Ele recebeu um passe, fez uma finta no defensor e correu pela quadra — na direção errada. Tentamos acenar-lhe para voltar e gritamos para que parasse, mas ele estava determinado a marcar pontos. E os fez, mas para a outra equipe!

Jesus contou uma história sobre um jovem que tomou o caminho errado na vida (Lucas 15:11-32). Após pedir sua parte dos bens de seu pai, ele "...ajuntou tudo o que era seu e partiu para um país que ficava muito longe. Ali viveu uma vida cheia de pecado e desperdiçou tudo o que tinha" (v.13). As coisas foram de mal a pior. Em seguida, uma grande fome se abateu, resultando em escassez de trabalho e alimentos.

Faminto e sem dinheiro, o filho desobediente recuperou o bom senso e voltou para casa. Para sua surpresa, seu pai o aguardava e lhe deu as boas-vindas com abraços e uma grande festa (vv.20-24).

O jovem não merecia, mas a história de Jesus nos lembra que a graça de Deus se estende a qualquer um dos Seus filhos desobedientes que retornam a Ele. Através do sacrifício de Jesus pelos nossos pecados, Ele perdoa e celebra o nosso retorno! Ele não envergonha os Seus filhos por perderem-se no caminho.

Quando nos rebelamos e seguimos nosso próprio caminho, não demora muito para enfrentarmos a amargura das nossas escolhas e termos dificuldade para dar o próximo passo. O melhor passo é retornar para Deus — curvando-nos diante dele em verdadeiro arrependimento e, então, nos embevecermos com a Sua graça e aceitação. —Jeff Olson

estar lá

leia>
1 Coríntios 13
Eu poderia falar todas as línguas que são faladas na terra e até no céu, mas, se não tivesse amor, as minhas palavras seriam como o som de um gongo ou como o barulho de um sino (v.1).

examine>
- Isaías 1:10-17
- Amós 4:1-5
- Marcos 12:28-31

considere>
Nem todos que são gentis com o próximo também amam Jesus. Qual aspecto do nosso serviço aos outros conta como amor a Jesus? É importante amar aos outros e investir tempo somente com Jesus?

Semana passada, minha mulher teve cinco dentes extraídos — todos na mesma manhã. Ai! Desnecessário dizer que foi uma experiência dolorosa e — devido às dificuldades com alguns analgésicos — nauseante para ela. Por passar muito tempo acamada há vários dias, meu repertório de cuidados incluiu bolsas de gelo, compressas quentes, líquidos, alimentos macios e simplesmente investir o meu tempo com ela, pois minha presença a conforta.

Enquanto me esforçava para amar Lynn sacrificialmente, lembrei-me de 1 Coríntios 13. Esse capítulo, um perene favorito para textos de casamento, apresenta o amor ágape de Deus. Por três vezes nos versículos 1 a 3, Paulo escreve que mesmo que exercitemos nossos dons espirituais de maneiras surpreendentes, se não amarmos "aos outros," será equivalente a "nada".

É interessante que o "Capítulo do Amor" aparece entre dois capítulos focados em dons espirituais e como os cristãos deveriam usá-los para trilhar um "...caminho que é o melhor de todos" (12:31). Paulo quer dizer que Deus nos deu dons espirituais para usarmos, mas eles precisam ser exercitados em amor — amor real que é benigno, humilde, perdoador e perseverante (vv.4-8).

Deus revela esse amor na maneira como o Pai, o Filho e o Espírito Santo compartilham uma profunda e permanente afeição um pelo outro. É o amor *ágape* que Ele deseja que demonstremos pelos outros — especialmente para nossos cônjuges.

Se eu tivesse simplesmente dado a Lynn os meus "presentes" de conforto durante aqueles dias, mas não tivesse o amor de Deus no meu coração, eu teria sido "...como o som de um gongo..." (v.1) e sem valor. Amar aos nossos próximos bem como a outros no corpo de Cristo exige um espírito sacrificial que flui de Deus.

Não se trata meramente de usar seus dons, mas de estar lá por amor. —Tom Felten

provisão

leia
Gênesis 21:22-33; 23:1-18
Abraão plantou uma árvore em Berseba e ali adorou o SENHOR, o Deus Eterno (21:33).

examine
- 2 Coríntios 1:20
- Gálatas 3:29
- 1 Pedro 1:3-4

considere
A vida de Cristo torna a sua vida uma "terra prometida" espiritual? Quais as promessas que você espera que Deus cumpra, e os "poços" feitos pelo homem que o impedem de ver as promessas de Deus?

Quatro anos atrás, o Egito estava no topo da nossa lista de férias dos sonhos, porém não foi possível ir até lá, mas ainda temos esperança de visitá-lo um dia.

Eu gostaria especialmente de ver o Vale dos Reis, uma série de tumbas escavadas em encostas acidentadas e ásperas das montanhas. Com os segredos mantidos por mais de três mil anos, a descoberta das tumbas em 1881 revelou uma riqueza de conhecimentos sobre as primeiras dinastias do Egito.

Durante o cativeiro no Egito, o antigo Israel manteve viva a esperança, parcialmente devido a uma tumba em Canaã (Gênesis 50:24-25). As Escrituras nos contam sobre duas transações de aliança feitas por Abraão enquanto ele morava nessa terra. Para garantir água para seu gado, Abraão cavou um poço e deu a Abimeleque sete cordeiras "...para que [me] sirvam de testemunho de que eu cavei este poço (21:30). A segunda ocorreu quando Abraão comprou uma terra para um túmulo após a morte da sua esposa Sara. No acordo, um lote de terra em Macpela tornou-se posse de Abraão (23:17-18).

Estrangeiro nessa terra, Abraão foi capaz de dar água aos seus rebanhos e de enterrar seus mortos como Deus havia prometido. Tendo sido alertado do cativeiro de gerações futuras (Gênesis 15:13), Abraão possuiu por fé aquilo que finalmente pertenceria, na realidade, aos seus descendentes. Séculos mais tarde, Josué lideraria Israel de volta à Terra Prometida conforme Deus havia dito: "...eu lhes darei toda a terra que pisarem" (Josué 1:3).

Começando com um poço e um túmulo em Canaã, as promessas de Deus se tornaram manifestas em Cristo. Nenhum poço visível é necessário, porque a vida que Ele proporciona nos faz nunca mais ter sede (João 4:14-15); e um túmulo se torna uma promessa, porque "...quem crê em mim, ainda que morra, viverá..." (João 11:25). —Regina Franklin

surpreso

leia›
Isaías 52:13-15
Muitos ficaram horrorizados quando o viram, pois ele estava tão desfigurado, que nem parecia um ser humano (v.14).

examine›
- Isaías 53
- 1 Coríntios 1:18-31

considere›
De que maneira Deus o surpreendeu? Onde Deus está contrariando a sua expectativa (ou exigência)?

Não importa qual país você visite, quando lugares de poder aparecem à vista, você geralmente encontra o que seria esperado: arquitetura agourenta, adjacências opulentas, símbolos de poder e valentia. Seja o Kremlin, o Pentágono ou a Praça Vermelha, os governos investem muitos recursos e energia para tornar visível que são poderosos e devem ser temidos. O mesmo acontece com aqueles em posições de poder. Raramente vemos um líder mundial aparecer desgrenhado ou fora de controle. A imagem é força, diz a sabedoria comum.

Nessa realidade (não menos verdadeira no ano 30 d.C do que é hoje) aparece Jesus: o carpinteiro, o homem do vilarejo das águas estagnadas de Nazaré, aquele que viria a ser conhecido como o Servo sofredor (Isaías 52). Absolutamente nada havia nas conexões familiares, no perfil educacional ou no estilo de vida de Jesus que impusessem respeito ou projetassem a imagem de poder mundano.

Não é de se admirar, então, que o profeta Isaías nos diga que ...muitos povos ficarão admirados quando o virem..." (v.15). As nações do mundo (e seus líderes) ficariam pasmas diante da possibilidade de um homem assim, modesto e inadequado, afirmar ser o Rei dos reis. Faz sentido que os poderosos "...e muitos reis não saberão o que dizer..." (v.15).

Creio que o mover de Deus em Seu mundo quase sempre nos surpreenderá. Enxergamos tão pouco. Compreendemos tão pouco. Em verdade, temos esperança por tão pouco. Somos tão pequenos. Precisamos de um Deus maior que nós mesmos, muito maior do que poderíamos imaginar. Um Deus que venha e nos redima de maneiras que jamais sonharíamos.

Aqui reside a nossa verdadeira esperança. Quando Deus vem a nós da Sua maneira, "...aquilo que não ouvimos, entenderemos" (v.15).
—Winn Collier

estações

leia
Eclesiastes 3:1-8
Tudo neste mundo tem o seu tempo; cada coisa tem a sua ocasião (v.1).

examine
- Êxodo 34:21
- Deuteronômio 11:11-12
- Ezequiel 34:25-27

considere
Em qual estação de sua vida Deus o conduziu? De que maneira você vivenciou a perfeição da vontade dele?

A Grande Migração é considerada um dos mais grandiosos espetáculos do mundo natural. Mais de dois milhões de mamíferos participam dessa parada anual. As condições sazonais do Serengeti, um vasto ecossistema da África Oriental que se estende desde as planícies da Tanzânia até a reserva natural de Masai Mara, no Quênia, estabelecem o ritmo do evento.

Lideram o processo as zebras, habitualmente em número de 200 mil. As beldades listradas são seguidas pela atração principal, cerca de 1,5 milhão de gnus (tipo de antílope). E, na retaguarda, quase 500 mil gazelas-de-Thomson.

A Grande Migração é uma brilhante demonstração da criatividade de Deus e da Sua execução de estações perfeitamente sincronizadas nas vidas de todas as coisas, inclusive quadrúpedes herbívoros.

As estações foram criadas por Deus no princípio, quando Ele disse: "...Que haja luzes no céu para separarem o dia da noite e para marcarem os dias, os anos e as estações! Essas luzes brilharão no céu para iluminar a terra" (Gênesis 1:14-15).

O salmista reconheceu que foi Deus quem "...fez a lua para marcar o tempo" e estabeleceu quando o sol se poria (Salmo 104:19). E Daniel, em harmonia, disse: "É ele quem faz mudar os tempos e as estações..." (2:21).

No tocante à precisão das estações na terra, o próprio Deus nos pergunta: "Será que você pode amarrar com uma corda as estrelas das Sete-Cabrinhas ou soltar as correntes que prendem as Três-Marias? Você pode fazer aparecer a estrela-d'alva, ou guiar a Ursa Maior e a Ursa Menor? Você conhece as leis que governam o céu e sabe como devem ser aplicadas na terra?" (Jó 38:31-33).

Hoje, reflita sobre as estações da vida que você atravessou até agora e agradeça a Deus por Seu perfeito sincronismo. —Roxanne Robbins

feitos à imagem de Deus

leia
Gênesis 1:24-28
Assim Deus criou os seres humanos; ele os criou parecidos com Deus. Ele os criou homem e mulher (v.27).

examine
- Romanos 8:29
- 1 João 3:2

considere
Ver os outros como sendo imagens de Deus o ajudaria a tratá-los com respeito? Ser semelhantes a Jesus poderia ajudar-nos a atingir as pessoas ao nosso redor?

Quando minha esposa e eu visitamos um grande mercado em Sydney, Austrália, um homem recortava pequenas silhuetas de rostos de pessoas em papelão preto. Ele fazia uma em dois minutos por dois dólares. Demos-lhe o dinheiro e sua tesoura começou a trabalhar. Seus olhos alternavam-se entre nós e sua arte. Em dois minutos ele nos entregou nossa silhueta.

Ver nossos perfis foi uma experiência estranha, pois ele certamente capturara nossas características, mas não totalmente. Meu queixo estava um pouco pontudo e o nariz, um pouco arredondado demais — igualmente, os dela. Olhamos em direção ao rosto do nosso amigo com a tesoura e ali encontramos aquelas falsas características. Com queixo pontudo e nariz arredondado, o artista nos "recortara" à sua própria imagem!

"Agora vamos fazer os seres humanos, que serão como nós, que se parecerão conosco..." declara o registro das origens (Gênesis 1:26). Nós somos os retratos, Deus é o original. Razão, emoção, criatividade, fala, e a responsabilidade de ter "...poder sobre os peixes sobre as aves, sobre os animais domésticos..." (v.26) — se origina de sermos feitos à semelhança de Deus. Esta imensa honra (Salmo 8:3-8) torna os seres humanos merecedores de dignidade e respeito. Mesmo após a queda, quando o pecado manchou a nossa imagem, não a perdemos totalmente (Gênesis 9:6). Isto explica por que o assassinato está fora de questão e até mesmo o amaldiçoar outra pessoa é errado (Tiago 3:9-10).

As características divinas refletem-se nas pessoas que você vê. Pode ser uma imagem coberta de cicatrizes devido às negligências, distorcida por ganância e manchada por egocentrismo, mas está lá. Um dia, para os que desejarem, ela será restaurada — transformada na imagem de Jesus, a verdadeira imagem de Deus (Colossenses 1:15).
—Sheridan Voysey

em quais termos?

leia
Jonas 2:1-10
Ali, de dentro do peixe, Jonas orou ao SENHOR, seu Deus, dizendo: Ó SENHOR Deus, na minha aflição clamei por socorro, e tu me respondeste... (vv.1-2).

examine
- Provérbios 20:22
- Mateus 5:38-41
- Romanos 12:17-21

considere
Qual é a diferença entre defender-se e pecaminosamente buscar vingança? Você pode distinguir se está lutando por justiça ou simplesmente sendo egoísta?

Consideremos dois sucessos da cantora *country* Carrie Underwood. Em *Jesus, take the wheel* (Jesus, assuma a direção), ela canta sobre uma jovem mãe cujo carro escorrega numa estrada coberta de gelo e, quase a ponto de bater, clama por Jesus para salvá-la. Ela canta: "Jesus, assuma o volante, tire-o das minhas mãos porque não consigo fazer isso por mim mesma."

Em *Before he cheats* (Antes dele trair), ela canta sobre uma mulher desprezada e o que ela fez ao seu namorado infiel. Enquanto ele namorava outra mulher, ela demoliu o carro dele, cortou os pneus e os bancos de couro, riscou a pintura das portas e quebrou os faróis com um taco de beisebol. Ela canta: "Talvez na próxima vez ele pense antes de trair."

As duas canções repercutem nas pessoas. Quem não clamou a Deus em desespero, e não tramou vingar-se daqueles que nos feriram? Não obstante, parecemos desejar as duas coisas. Por que cantamos "Jesus, assuma a direção", mas não "Jesus, use o taco?"

Somos muito semelhantes a Jonas. Ele implorou a Deus para assumir o volante da sua vida quando foi engolido por um enorme peixe (2:1), mas também queria continuar segurando o taco e atingir seus inimigos em Nínive.

Quando eles se arrependeram e Deus se compadeceu, Jonas reclamou iradamente com Deus: "...eu não disse, antes de deixar a minha terra, que era isso mesmo que ias fazer? [...] és Deus que tem compaixão e misericórdia [...] Agora, ó SENHOR, acaba com a minha vida porque para mim é melhor morrer do que viver" (Jonas 4:2-3).

Semelhantemente, desejamos a ajuda de Deus, mas nos nossos termos. Queremos que Deus nos perdoe e resgate, mas nos reservamos o direito de "quebrar os faróis" dos que pecaram contra nós.

Com Deus não se brinca. Se você lhe entregou o volante da sua vida, entregue também o taco. —Mike Wittmer

transparente

leia›
Atos 5:1-12
Antes de você vendê-lo, ele era seu; e, depois de vender, o dinheiro também era seu. Então por que resolveu fazer isso? Você não mentiu para seres humanos — mentiu para Deus! (v.4).

examine›
Pois tudo o que está escondido será descoberto, e tudo o que está em segredo será conhecido (Marcos 4:22).

considere›
O que você tentou esconder daqueles que o cercam? De que maneira o medo contribui para evitar que sejamos transparentes com outros cristãos?

Como ainda era cedo para meu compromisso de almoço, fiquei desfrutando a quietude do trajeto, a despeito do trânsito congestionado. De repente, o toque do meu telefone celular rompeu o silêncio. Atendi e ouvi a voz alegre da minha irmã dizer: "Estou acenando para você há cinco minutos! Você deve estar perdida em pensamentos!" "Onde você está?", perguntei. "No carro à sua frente", foi sua incrédula resposta. Eu não a tinha visto acenar porque o vidro traseiro do carro dela tem película escura.

Como corpo de Cristo, somos chamados a viver em comunidade uns com os outros. A ideia de pessoas observando-nos ou sabendo sobre o lixo em nossas vidas pode causar-nos desconforto. Mas, ser conhecido pelos outros é necessário, não somente para atender às nossas necessidades básicas de relacionamento, mas também como medida de segurança contra os dispositivos do inimigo.

Ananias e Safira tinham um problema bem conhecido. Eles mentiram sobre a doação de toda a receita obtida com a venda da sua propriedade à igreja. O julgamento veio porque eles fingiram ser algo que não eram. Fingindo imitar a sinceridade dos seus próximos (Atos 4:34-37), eles esqueceram que Deus conhece a condição verdadeira do nosso coração (Provérbios 24:12).

Cristãos que levam a sério a presença do Espírito Santo que vive neles reconhecem o significado de *transparência*:

- perseguir "santidade e sinceridade" em tudo que fazemos (2 Coríntios 1:12).
- ser honestos com os outros sobre onde estamos espiritualmente (Efésios 4:25).
- desejar ser admoestado por aqueles que nos amam (Provérbios 27:6).

Vidros com película escura podem manter nossos carros mais frescos dissipando o calor sufocante do verão, mas vidas que se abrigam na escuridão nos deixam vulneráveis ao inimigo. —Regina Franklin

a esperteza do gato

leia›
Gênesis 4:1-12
Se tivesse feito o que é certo, você estaria sorrindo; mas você agiu mal, e por isso o pecado está na porta, à sua espera. Ele quer dominá-lo, mas você precisa vencê-lo (v.7).

examine›
...Porque, quando eu perdoo, [...] faço isso por causa de vocês, na presença de Cristo, a fim de que Satanás não se aproveite de nós; pois conhecemos bem os planos dele (2 Coríntios 2:10-11).

considere›
Qual pecado está à sua porta? Luxúria? Ódio? Ganância? Amargura? Soberba? Como Tiago nos instrui a reagir às tentações de Satanás? (Tiago 4:7-8).

Observo fascinado os meus gatos perseguirem um roedor no campo próximo à nossa casa. Agachando-se nas ervas daninhas, eles demonstram notável paciência enquanto esperam que uma criatura desavisada aproxime-se mais.

Em Gênesis 4, o pecado apresenta uma característica felina; espreita pela oportunidade de avançar sobre nós.

Caim irou-se com Deus e com seu irmão Abel. Deus aceitara o sacrifício de Abel, mas não o de Caim. Deus deu a Caim uma segunda chance de trazer-lhe a oferta adequada. Ele insistiu: "Se tivesse feito o que é certo, você estaria sorrindo; mas você agiu mal, e por isso o pecado está na porta, à sua espera..." (v.7).

Mas, a ira de Caim logo se transformou em ódio, e ele se recusou a dominar seu pecado. Em vez disso, preferiu ser dominado por seu ódio. Na impossibilidade de matar Deus, Caim matou seu próprio irmão (v.8).

Jesus nos advertiu de que os pecados visíveis mais horríveis, como assassinato, começam no coração. "Mas eu lhes digo que qualquer um que ficar com raiva do seu irmão será julgado..." (Mateus 5:22). E Pedro disse: "Estejam alertas e fiquem vigiando porque o inimigo de vocês, o Diabo, anda por aí como um leão que ruge, procurando alguém para devorar" (1 Pedro 5:8).

Frequentemente, tratamos nossos pecados como animais de estimação e não assassinos. Convencemo-nos de que são inofensivos, se ocultos ou aceitos por outros. Mas, o pecado infiltra-se vagarosamente, esperando o momento certo para devorar-nos.

Satanás fingirá amar você, para você alimentar e nutrir seus pecados. Não se engane. "Fiquem firmes na fé e enfrentem o Diabo...", diz Pedro (5:9).

Diferentemente das maneiras enganosas do maligno, o amor e o interesse de Deus por você é sempre genuíno. A ajuda para combater a infiltração do pecado está a uma oração de distância. —Tim Gustafson

Emanuel

leia ›
Isaías 7:10-14
...a jovem que está grávida dará à luz um filho e porá nele o nome de Emanuel (v.14).

examine ›
- Mateus 1:18-25
- João 1:14
- Filipenses 2:6-8

considere ›
Pense sobre a realidade de que Deus está conosco. Isso o assusta ou conforta? Por quê?

Conversei com um amigo que não vê a hora de ser pai. Recém-chegados da lua de mel, ele e sua esposa planejam e oram por um bebê. Até já escolheram os nomes, para menino e menina. Calma! A esposa do meu amigo nem sequer está grávida.

Em 735 a.C. Isaías profetizou para a nação de Judá, que passava por lutas espirituais: "...a jovem que está grávida dará à luz um filho e porá nele o nome de Emanuel" (v.14). Jesus recebeu Seu nome cerca de 730 anos antes do Seu nascimento!

Uma vez, ouvi um professor de estudo bíblico dizer que todas as verdades do Natal podem ser condensadas em apenas duas palavras: "Deus conosco". No período natalino tendemos a focar nossa atenção no nascimento humano de Cristo. Mas, o foco maior deveria estar em Sua deidade — quem Ele realmente é: "Deus conosco".

Emanuel significa que não estamos isolados de um Deus que se assenta em algum trono distante. O refrão da popular canção de 1990 de Bette Midler *From a Distance* (De Certa Distância) estava incorreto: Deus não está nos observando "à distância". Deus está conosco. Emanuel significa que Deus viveu entre nós. Ele era humano e vestia-se como tal.

Quando José e Maria chamaram o seu filho pelo nome, provavelmente sentiram-se atemorizados. Toda vez que Seus pais diziam "Emanuel," era um lembrete de que Deus estava na casa — literalmente vivendo sob o mesmo teto.

Você está solitário? Receoso? Você sentiu que Deus está muito distante, sombriamente observando-o à distância?

Se for assim, reconheça que a mensagem do Natal é de que você não precisa mais estar solitário. Porque Jesus veio. Emanuel. Deus está com você. —K. T. Sim

disciplina da meditação

leia›
Salmo 119:9-32
...encham a mente de vocês com tudo o que é bom e merece elogios... (Filipenses 4:8).

examine›
- Josué 1:8
- Salmos 1:2; 77:12

considere›
Os livros, cinema, música que lhe agradam estão de acordo com os padrões bíblicos? Sua comunhão com Deus se reflete no seu relacionamento com os outros?

A Bíblia nos encoraja à meditação. Mas não traz instruções sobre como devemos proceder. Será que existe uma posição adequada à meditação — sentar-se no chão com as pernas cruzadas, mãos sobre o colo com a palma para cima?

Repetimos incessantemente uma "palavra sagrada", como alguns recomendam? Será que a meditação é realmente complicada e formal?

A Bíblia nos ensina a meditar sobre o amor de Deus, Suas leis, obras, padrões, milagres, pensamentos e caminhos.

Somos convocados a relembrar os dias passados quando Deus agiu de maneiras especiais entre o Seu povo (Salmo 143:5). No Novo Testamento, o apóstolo Paulo instruiu o jovem Timóteo a centrar-se nos ensinamentos que dele recebera (1 Timóteo 4:11-16).

As palavras dos apóstolos aos cristãos que viviam na cidade de Filipos também devem ser consideradas: "Por último, meus irmãos, encham a mente de vocês com tudo o que é bom e merece elogios, isto é, tudo o que é verdadeiro, digno, correto, puro, agradável e decente" (Filipenses 4:8).

Você pode envolver-se em contemplação, que poderá significar a verdadeira meditação em Deus, fazendo o seguinte: Preste atenção aos belos cenários, ouça boa música, aprecie belas pinturas ou fotos, plante e cuide de um jardim, leia livros que honrem a Deus e Seus padrões, e encoraje as práticas saudáveis na vida de outras pessoas.

Parte desta importante disciplina espiritual é o tempo investido naquilo que é bom, justo, correto e nas maravilhas que Deus nos deu. No entanto, concentrar-se nas palavras da Bíblia e aplicá-las é parte fundamental do processo da meditação. —Dean Ohlman

vendo

leia›
1 Coríntios 2:6-16
...O que ninguém nunca viu nem ouviu, e o que jamais alguém pensou que podia acontecer, foi isso o que Deus preparou para aqueles que o amam (v.9).

examine›
Nós, porém, segundo a sua promessa, esperamos novos céus e nova terra, nos quais habita justiça (2 Pedro 3:13).

considere›
Em quais promessas das Escrituras você acha difícil crer? Peça a Deus para ampliar a sua mente para você poder imaginar Seus planos para você.

A imaginação estabelece os horizontes da vida e descortina o que é possível. As pessoas sem imaginação estão despreparadas para enfrentar o futuro. O povo americano estava cego em 11 de setembro, pois sequer imaginavam que os terroristas atirariam aviões contra edifícios. A economia mundial sofreu um declínio porque os líderes financeiros não foram capazes de conceber que os valores das moradias pudessem cair ou que instituições lendárias pudessem falir. E a mulher agnóstica ao meu lado em nosso voo transatlântico se dirige à eternidade sem Deus, pois em suas palavras, "não consegue imaginar que existe um ser por trás das forças da natureza".

Imaginação não significa, fazer de conta. Embora muito do que as pessoas imaginam seja fictício, os cristãos são chamados a imaginar — ou formar uma imagem mental — sobre o que Deus prometeu.

E o que é isso? Diferente da letra musical de John Lennon, "Imagine que não existe céu, é fácil se você tentar", as Escrituras prometem que viveremos eternamente numa nova terra (Isaías 65:17-25; Apocalipse 21:1-4). Jesus retornará, um dia, para restaurar Sua criação, ressuscitará dos mortos e julgará os maus e viverá conosco.

Lennon deseja na canção *Imagine* — "todas as pessoas compartilhando o mundo todo" e "vivendo a vida em paz" — isto acontecerá pela descida do céu à terra (Apocalipse 21:2), não por desejarmos mudanças em nosso mundo.

Um descrente em debate com um teólogo cristão afirmou ser incapaz de crer ser verdade o que a Bíblia diz sobre a nossa ressurreição e a terra restaurada. O teólogo respondeu que o problema não é a Bíblia, mas a imaginação deste.

As Escrituras prometem um futuro perene de paz terrena e deleite na presença de Deus. Como canta Lennon, então "o mundo viverá em unidade". Imagine isso. —Mike Wittmer

entre toques

leia
Marcos 8:22-25
Jesus pôs outra vez as mãos sobre os olhos dele. Dessa vez o cego olhou firme e ficou curado; aí começou a ver tudo muito bem (v.25).

examine
Portanto, todos nós [...] refletimos a glória que vem do Senhor. Essa glória vai ficando cada vez mais brilhante e vai nos tornando cada vez mais parecidos com o Senhor... (2 Coríntios 3:18).

considere
Que obra de renovação Jesus tem feito em sua vida? De que maneira viver entre Seus toques afeta sua visão da vida cristã?

Durante o tempo que os acadêmicos se referem como Seu "ano de oposição", Jesus e Seus discípulos percorreram a vila de Betsaida. Sua reputação como um homem que curava espalhara-se por toda a região da Galileia.

Alguns moradores do local abordaram Jesus e lhe pediram que curasse um dos seus amigos, cego (Marcos 8:22). Jesus tomou a mão do homem e, conduziu-o para fora da vila. Ali, longe dos olhos do público, Ele restaurou a visão daquele homem — mas não imediatamente.

Primeiro, Jesus cuspiu nos olhos dele e tocou-o. Depois, perguntou-lhe se ele conseguia ver (v.23). O homem disse que estava começando a ver, mas sua visão ainda estava turva. Então, Jesus o tocou de novo, e espantosamente, dessa vez ele "...começou a ver tudo muito bem" (v.25).

Você alguma vez imaginou por que essa cura exigiu dois toques? Jesus poderia ter curado o homem completamente com Seu primeiro toque; então, por que Ele teve de tocá-lo novamente? Posso assegurar a você que não foi por falta de fé do homem ou por falta de eficiência do nosso Senhor. Ele sabia exatamente o que estava fazendo.

Frequentemente, Jesus comunicava um significado espiritual mais profundo através dos Seus milagres. Ao curar em etapas, ao invés de imediatamente, Jesus poderia estar revelando o fato de que Seus seguidores vivem entre Seus toques. Embora o nosso relacionamento com Deus seja instantaneamente restaurado em nosso primeiro encontro com Jesus, tornarmo-nos tudo que somos nele, sem dúvida, é um processo vitalício.

Jesus operou em nossas vidas de algumas maneiras espantosas, mas existe mais renovação ainda por vir. Estamos todos numa jornada de restauração. Alguns estão mais avançados que outros, mas nenhum de nós está totalmente restaurado. Todos nós vivemos entre Seus toques.
—Jeff Olson

conversa terna

leia
Gênesis 16:6-11
...pois o SENHOR Deus ouviu o seu grito de aflição (v.11).

examine
Ó Senhor, tu sabes o que eu desejo, pois ouves todos os meus gemidos (Salmo 38:9).

considere
De que maneira Deus se comunica com você? Que tipo de diálogo você teve com Ele recentemente? Qual foi o resultado?

Sheryl Crow entende — pelo menos quando se trata de solidão. As letras de suas canções expressam nosso desejo de relacionamentos e as perguntas que afloram quando vivemos em isolamento durante um longo tempo. *Alguém me quer? Alguém precisa de mim? O que farei se a resposta for "não"?*

Para Agar, a resposta foi não e ela partiu, deixando Sarai e Abrão. Ocorre que Agar estava gerando uma criança de Abrão, mas "...Sarai começou a maltratá-la tanto, que ela fugiu" (Gênesis 16:6).

O único que procurou por Agar foi o anjo do Senhor. O anjo a encontrou sozinha no deserto. Ele iniciou uma conversa dizendo: "...de onde você vem e para onde está indo?" (v.8). Embora Deus já soubesse as respostas, Seu mensageiro estabeleceu um diálogo com Agar para aliviar a dor do seu isolamento.

Continuando essa conversa terna, o anjo tranquilizou-a dizendo que sua solidão era temporária e deu-lhe uma revelação do próprio Deus — mostrando que Ele realmente se importava com ela.

Deus se importava com a solidão de Agar. O anjo disse: "...pois o SENHOR Deus ouviu o seu grito de aflição" (v.11). Embora a Bíblia não registre o apelo desesperado de Agar, parece que o diálogo restaurador de Deus começou no momento mais desolador e solitário da sua vida.

Você está sofrendo a dor da ausência de amigos ou parentes? Lembre-se de que Deus escuta o seu apelo angustiado e está pronto para falar aberta e ternamente com você — para tirá-lo da sua solidão. Afinal, aquele que aliviou a alma de Agar é "...O Deus que Vê [...] que Vive e Me Vê" (vv.13-14). —Jennifer Benson Schuldt

o limite do perdão

leia

Mateus 18:21-35

Então Pedro [...] perguntou: — Senhor, quantas vezes devo perdoar o meu irmão que peca contra mim?... (v.21).

examine

- Mateus 6:12-15
- Lucas 23:34
- 1 João 2:12

considere

Existe alguém que você se recusou a perdoar? O que precisa acontecer para você conceder o perdão verdadeiro?

Semanas atrás, minha mulher e eu conversávamos profundamente, provando o amargo fruto do desentendimento. Sentados no sofá, compartilhamos nossas dores e esperanças, nosso desejo de vivenciar melhor o nosso casamento. Ao conversarmos sobre o que nos havia levado a esse lugar e para onde ir a partir dele, ela disse: "Eu preciso te perdoar". É difícil transmitir o impacto dessa sua decisão misericordiosa enquanto tento capturar aquele momento em palavras. Mas, algo foi liberado nela — e em mim, pois percebi que eu também precisava perdoar.

O perdão contém um inigualável poder de curar e restaurar, de derreter corações endurecidos. Porém, raramente é fácil perdoar. Pedro parece ter sentido o peso das exigências de perdão, pedindo a Jesus para esclarecer até quando — exatamente — deveria perdoar. Devo perdoar "...sete vezes?", perguntou Pedro (v.21). "Não", disse Jesus, "...setenta vezes sete" (v.22 RA).

Pedro queria discernir os limites da sua responsabilidade, ao ponto em que poderia dizer: "Chega de perdoar." Mas Jesus não desejava assim. Embora possamos desejar descansar em nossa amargura ou raiva, Deus quer que abandonemos tudo isso. Deus nos conclama a perdoar.

Às vezes, relutamos em perdoar porque interpretamos mal o que isso significa. Erroneamente, pensamos que perdão significa negar o errado e o doloroso feito a nós. Frequentemente, contudo, resistimos em perdoar porque simplesmente não desejamos aliviar a carga dos outros.

Poderia parecer uma atitude impossível: conceder o generoso perdão ao ofensor arrependido. Em vez disso, a maravilhosa notícia revela com o que Deus se parece e ao que "...o reino dos céus é semelhante" (v.23). Deus esbanja Seu inextinguível perdão conosco, atingindo os lugares mais escuros do nosso coração. —Winn Collier

a grande troca

leia
Deuteronômio 8:10-14
...terão toda a comida que precisarem e louvarão o SENHOR, nosso Deus, pela boa terra que lhes deu. — Nunca esqueçam o SENHOR, nosso Deus... (vv.10-11).

examine
- Salmo 146:7-9
- Mateus 6:19-21
- Tiago 2:14-17

considere
Quando foi a última vez em que você se doou sacrificialmente aos necessitados? A sua riqueza e abundância estão sufocando o seu relacionamento com Deus?

O Haiti é uma nação empobrecida, e 80% do povo vive em necessidade. Uma criança em cada 14 não completa o primeiro aniversário; outra em cinco não completa quatro anos; e o vodu é praticado em todo o país. Mas, em meio ao desespero, o Haiti vivencia um reavivamento. Igrejas em ruínas se enchem, e muitos recebem a Cristo e são libertos de opressão demoníaca.

Ao retornar do Haiti, folheei um catálogo no avião. Eu havia acabado de sair de um país onde as pessoas estavam desesperadas por alimento e, agora, via páginas de aparelhos inúteis à venda: calçados com molas "que desafiam a gravidade", colchão de luxo para meu cachorro, e um jogo de fliperama para crianças. Estremeci diante do forte contraste. Pessoas no mundo desenvolvido compram camas de luxo para seus vira-latas enquanto crianças haitianas dormem sobre assoalhos frios de cimento, pensei. Mas, mesmo diminuindo o número de membros das igrejas em algumas nações, mais e mais cristãos haitianos encontram Deus de maneiras insondáveis.

Antes de entrar na Terra Prometida, Moisés alertou os israelitas de que uma terra de abundância poderia ser uma armadilha espiritual. Ele os instou para que colocassem Deus em primeiro lugar. Caso contrário, quando comessem bem, construíssem casas e vissem seus rebanhos e riquezas multiplicar-se, esquecer-se-iam dele (Deuteronômio 8:12-14). Os apelos de Moisés permanecem relevantes a nós que vivemos em países onde existe grande riqueza pessoal. Riquezas e prazeres podem sufocar a fé (Lucas 8:14). O antídoto? Agradeçamos a Deus por cada bênção recebida (Deuteronômio 8:10) e desenvolvamos um coração generoso para com os necessitados (15:7-11).

Troquemos o consumismo pela compaixão — e estendamos, com corações agradecidos, a graça de Deus aos necessitados. —Sheridan Voysey

a alegria do sofrimento

leia
Colossenses 1:24-29
...eu me sinto feliz pelo que tenho sofrido por vocês. Pois o que eu sofro no meu corpo pela Igreja, que é o corpo de Cristo... (v.24).

examine
Também nos gloriamos nas próprias tribulações, sabendo que a tribulação produz perseverança (Romanos 5:3).

considere
Evitar a dor pode privá-lo de oportunidades de conhecer Cristo mais profundamente? Como manter a sua alegria em meio a dificuldades e dor?

Em seu livro *Chamados para Dor e Alegria*, Ajith Fernando escreve: "O ministério no Sri Lanka pode ser muito frustrante. Trabalhamos no planejamento de um evento para descobrir que um toque de recolher é anunciado antes do início deste. Às vezes, esta frustração se torna difícil de suportar e os obreiros deixam o país dizendo que não conseguem fazer o trabalho para o qual foram chamados, devido a tais situações. Eles são incapazes de tornar-se vulneráveis aos sentimentos de frustração e dor, e abandonam a situação."

Evitar o medo é uma reação instintiva para todos nós. Então, Paulo está sendo masoquista quando diz ...eu me sinto feliz pelo que tenho sofrido por vocês..."? (Colossenses 1:24).

De jeito nenhum. Paulo não está defendendo que devamos procurar por dor e sofrimento. Pelo contrário, reconhece que o caminho da cruz — seguir Jesus — inclui dificuldades e que "...No mundo vocês vão sofrer..." (João 16:33).

Paulo regozijava-se em poder participar dos sofrimentos de Cristo e também por ser capaz de sofrer pela igreja. O comentarista bíblico Peter O'Brien destaca que experimentar o poder da ressurreição de Cristo e compartilhar Seus sofrimentos são aspectos de conhecê-lo.

Se desejarmos vivenciar maior intimidade com Cristo, e soubermos que o sofrimento aprofundará nossa intimidade, então os efeitos das nossas dificuldades perderão seu incentivo. E, quando percebermos que Jesus está usando nossos sofrimentos para edificar e purificar Sua igreja, veremos além do temporário e vislumbraremos a vitória final.

Com estas perspectivas, podemos ensinar "...cada pessoa, a fim de levar todos à presença de Deus como pessoas espiritualmente adultas e unidas com Cristo" (Colossenses 1:28). Esforcemo-nos "...com a força de Cristo, que está agindo poderosamente..." em nós (v.29).
—Poh Fang Chia

temor no Natal

leia
Isaías 8:9-17
As botas barulhentas dos soldados e todas as suas roupas sujas de sangue serão completamente destruídas pelo fogo [...] Pois já nasceu uma criança... (Isaías 9:5-6).

examine
- Isaías 9:2-7
- Mateus 1:18-25

considere
O que o atemoriza? O que está escrito em Salmo 111:10 e Provérbios 1:7 sobre o "temor do Senhor"?

Uma rápida olhada nas manchetes dispara uma sirene de alerta em nossa alma coletiva. Um país, sofrendo há anos a guerra civil, relata que mais de dois mil civis foram assassinados em dois meses. Nenhuma tribo, nação ou grupo de pessoas está livre da ameaça da violência.

A história se repete através das eras. Mais de 700 anos a.C. o rei Acaz de Judá tremeu diante do ataque iminente de Israel e Síria (Isaías 7:2). Depois, o profeta Isaías lhe trouxe notícias boas, e más. Israel e Síria não invadiriam (vv.7-9). Egito e Assíria, contudo, rapariam a nação com uma "navalha" (vv.17-25).

Foi em meio a essa melancolia e desgraça que Deus fez o notável anúncio de um Libertador. Em Isaías 7:14, o profeta menciona uma criança que seria chamada "Emanuel" — Deus conosco. Essa profecia teve um cumprimento nos dias de Isaías. Mas, séculos depois, um anjo disse a José que as palavras proféticas de Isaías seriam definitivamente cumpridas no Cristo-criança que sua noiva carregava em seu ventre (Mateus 1:23).

Nós adoramos aquele minúsculo bebê na cena da manjedoura. Ainda, por divina ironia, o indefeso Infante é também o "SENHOR Todo-Poderoso" mencionado 60 vezes somente no livro de Isaías (8:13,18).

Talvez seja por isso que o Senhor "advertiu fortemente" Isaías a não andar "...no caminho que o povo estava seguindo" (8:11). Ele disse: "Não pensem que tudo o que o povo chama de revolução seja revolução mesmo. Não fiquem assustados, nem tenham medo daquilo de que o povo tem medo. Pelo contrário, fiquem assustados por minha causa e tenham medo de mim, pois eu, o SENHOR Todo-Poderoso, sou santo" (vv.12-13).

Você sente temor nesta época natalina? "...As bases do seu governo serão a justiça e o direito, desde o começo e para sempre..." (Isaías 9:7). Notícias melhores estão a caminho. —Tim Gustafson

virou fumaça

leia
Tiago 4:1-10
...Será que vocês não sabem que ser amigo do mundo é ser inimigo de Deus?... (v.4).

examine
Ó Deus, cria em mim um coração puro e dá-me uma vontade nova e firme! (Salmo 51:10).

considere
O que acontece à nossa comunhão com Jesus quando escolhemos pecar? Como evitar um lapso momentâneo que resultará em devastação duradoura?

Foi triste para Michael Phelps e seus fãs em todo o mundo, o dia em que uma foto sua fumando um cachimbo de maconha foi liberada para a mídia, no início de 2009. A imagem de bom moço do sensacional nadador — ganhador de oito medalhas de ouro nos Jogos Olímpicos de 2008 — foi imediatamente maculada. Sua imagem pública pura e imaculada virou, literalmente, fumaça.

Michael fez tudo certo na tentativa de expiar suas ações — desculpando-se publicamente por seu "comportamento lamentável" e "mau julgamento". Mas, o estrago estava feito. Uma má escolha lhe custara muito caro.

No livro de Tiago 4, o autor apresenta algumas palavras fortes para os seguidores de Jesus que fazem a má escolha de envolver-se com o pecado. Sendo amigos do mundo, tornamo-nos inimigos de Deus (v.4). Tiago diz que somos "adúlteros" quando compramos os valores do mundo e vamos atrás do que ele oferece. (Oseias 2:2-5.) Em vez disso, Jesus nos chama para sermos Sua noiva amorosa e fiel, que não se afasta dele por um momento de prazer mundano (Efésios 5:23-32).

Você tem cogitado deixar o lado de Jesus para experimentar uma dança com o diabo? Guarde essas palavras em seu coração: "Portanto, obedeçam a Deus e enfrentem o Diabo, que ele fugirá de vocês. Cheguem perto de Deus, e ele chegará perto de vocês..." (Tiago 4:7-8).

Arrependendo e voltando-nos para Jesus, podemos vivenciar um coração purificado e uma renovada lealdade no relacionamento com Ele (v.8). Quando nos curvamos diante de Jesus, colocando aos Seus pés nossos pecados e más escolhas, experimentaremos Sua presença e Ele nos "...colocará numa posição de honra" (v.10).

Antes de afastar-se de Deus, considere o custo. O que "virará fumaça" se você for atrás do pecado? —Tom Felten

imaculados

leia
1 Tessalonicenses 4:1-7
O que Deus quer de vocês é isto: que sejam completamente dedicados a ele e que fiquem livres da imoralidade (v.3).

examine
- 1 Coríntios 6:13
- Efésios 5:1-5
- Colossenses 3:5-6

considere
Como tentamos burlar as regras de Deus sobre o sexo? A nossa motivação de evitar a impureza sexual precisa ser maior que o medo das consequências?

Meu marido e eu trabalhamos com os jovens durante quase duas décadas. Quando leio as notícias de casamentos, frequentemente vejo os nomes e rostos de ex-alunos que frequentavam o grupo de jovens da nossa igreja. Um dia, ao ler a notícia de um casal que não reconheci, fiquei ainda mais consciente da fragmentação da nossa sociedade. A foto do casal feliz parecia negar as consequências de terem celebrado sua lua de mel três meses antes do casamento.

Tristemente, o sexo fora do casamento tornou-se a norma, mesmo dentro da igreja. Temos nossas justificativas, dizendo-nos que o pecado sexual não acarreta problemas porque merecemos ser felizes ou porque, afinal, logo iremos casar-nos. Pensando que sabemos mais do que Deus, criamos nossas próprias regras e desobedecemos aos Seus mandamentos. O resultado continua a ser desastroso — especialmente porque o pecado proibido dá prazer.

Nossa carne deseja todos os benefícios do prazer sexual sem os limites da Palavra de Deus, mas Hebreus 13:4 diz: "Que o casamento seja respeitado por todos, e que os maridos e as esposas sejam fiéis um ao outro..." A pureza sexual ultrapassa o corpo e chega ao coração (1 Coríntios 6:18-20). Estamos dispostos a confiar nos padrões de Deus porque estamos confiantes do Seu amor? Ou faremos as coisas do nosso jeito porque o jeito dele parece injusto ou difícil demais?

Deus concebeu o sexo para ser algo bom (Gênesis 2:24), e a honra de um homem e a beleza de uma mulher irradiam da sua escolha de não "...perturbar o nosso amor" (Cântico dos Cânticos 2:7). O mundo diz sempre, mas Deus diz somente dentro do casamento. Nossas ações revelam se cremos nele ou não. —Regina Franklin

vigiando sua espera

leia›
Salmo 27
O SENHOR Deus é a minha luz e a minha salvação; de quem terei medo? O SENHOR me livra de todo perigo; não ficarei com medo de ninguém (v.1)

examine›
- 2 Samuel 22:29
- Salmo 119:105
- Apocalipse 21:23; 22:5

considere›
O que o faz correr à frente de Deus? Enquanto você espera em Deus, quais dos Seus atributos você precisa reafirmar hoje?

Uma pesquisa da revista *Fitness* com mil mulheres mostrou que elas estão dispostas a tomar medidas drásticas para atingir o seu peso ideal: 23% disseram que passariam uma semana na prisão. O mesmo percentual cortaria o cabelo careca. 22% usariam biquíni na TV. 21% dariam dez anos da sua vida em troca de perder alguns quilos.

É evidente que algumas pessoas são obcecadas com o seu peso. E, tanto quanto essas mulheres se preocupam com vigiar seu peso, existe uma espera à qual Deus pede aos Seus filhos para atentarem.

No Salmo 27, Davi se manteve em espera, dando um poderoso passo de renovação (v.14). Ele renovou sua confiança nos atributos de Deus. No primeiro versículo, ele declarou que Deus era sua luz. Davi perdeu quilos de medo e dúvida ao reconhecer a brilhante e divina luz do caráter de Deus. A luz da natureza santa de Deus deu a Davi força para esperar com inabalável fé.

Davi também afirmou que Deus era sua salvação (v.1). Isto significa que, embora Deus não o tivesse livrado de todas as angústias, Davi cria que Ele podia dar livramento físico e espiritual de perigos presentes e futuros (vv.2-3).

Finalmente, Davi declarou que Deus era sua fortaleza (v.1). Ele esperou em Deus por livramento, porque somente Deus poderia mantê-lo seguro em situações de perigo. Davi se manteve em espera através de inabalável confiança no próprio Deus (v.5).

Podemos sentir essa confiança! Vigiemos nossa espera hoje, dedicando-nos a exercitar novas verdades que aprendemos sobre Deus e a tonificar aquilo que sabemos sobre Ele através da Sua Palavra (v.11). Quando estas verdades se tornarem parte da nossa rotina, Deus nos dará a força para atuarmos através das nossas circunstâncias com confiança nele. —Marvin Williams

crianças de rua

leia›
Gálatas 6:1-10
A pessoa que pensa que é importante, quando, de fato, não é, está enganando a si mesma (v.3).

examine›
...que a fé que une você a nós faça com que compreendamos mais profundamente todas as bênçãos que temos recebido na nossa vida, por estarmos unidos com Cristo (Filemom 6).

considere›
Escreva uma nota para um amigo generoso, agradecendo-o por ajudar pessoas necessitadas. Que coisa boa Deus pôs em seu coração para fazer?

Tenho um fraco pelas crianças de rua da Uganda e tento incluí-las em programas da igreja que proveem alimento, moradia, acesso aos estudos e mentores de qualidade. Frequentemente, tais esforços são gratificantes. Às vezes, porém, os resultados são desapontadores — em particular quando as crianças que amei e nas quais investi, roubam-me e retornam às ruas.

Mês passado, dois convincentes jovens bons-de-bico me enganaram em centenas de dólares (depois eu conto essa história); concluí que estava farta. Enviei ao mentor dos culpados uma mensagem SMS dizendo: "Seus garotos me levaram ao limite. Portanto, até manifestar-me em contrário, terei um período sabático na ajuda às crianças de rua."

Minutos após expressar minha resolução, uma passagem do Novo Testamento invadiu meus pensamentos: "Não nos cansemos de fazer o bem. Pois, se não desanimarmos, chegará o tempo certo em que faremos a colheita" (Gálatas 6:9).

Tentei distanciar-me dessa exortação, mas não consegui. E mergulhei mais na Palavra de Deus para descobrir como poderia evitar cansar-me de "...fazer o bem" no futuro e, no processo, adquirir o necessário discernimento. Eis uma amostra do que aprendi:

• Reconhecer que Deus quer que doemos com sabedoria. "Que cada um dê a sua oferta conforme resolveu no seu coração, não com tristeza nem por obrigação, pois Deus ama quem dá com alegria" (2 Coríntios 9:7).

• Ter em mente que "...sempre que pudermos, devemos fazer o bem a todos, especialmente aos que fazem parte da nossa família na fé" (Gálatas 6:10).

• Lembrar-se que Deus nos recriou em "...Cristo Jesus, [...] para que fizéssemos as boas obras que ele já havia preparado para nós" (Efésios 2:10).

Agradeça ainda hoje, a Deus por permitir que você participe de Sua obra, e continue fazendo o que é bom. —Roxanne Robbins

sonhos não realizados

leia
Romanos 15:20-24
...Gostaria de vê-los quando fizer a minha viagem para a Espanha. Gostaria também que vocês me ajudassem a ir até lá, depois de eu ter o prazer de estar com vocês por algum tempo (v.24).

examine
- Salmo 37:23-25
- Provérbios 16:9; 19:21
- Jeremias 10:23-25

considere
Qual é o desejo não satisfeito da sua vida? Sem desistir do seu sonho, por que não agradecer a Deus agora mesmo pelo bem que resultou da sua busca?

Paulo precisava de ajuda. Ele disse que sempre se esforçou "...por pregar o evangelho, não onde Cristo já fora anunciado, para não edificar sobre fundamento alheio" (Romanos 15:20). Esse espírito pioneiro levou os olhos de Paulo para os limites ocidentais do Império Romano. Ele tinha de ir à Espanha.

Uma vez que Roma ficava a meio caminho da Espanha, Paulo planejou dividir sua viagem em duas partes. Ele viajaria para Roma e, depois descansaria e teria comunhão com a igreja local, antes de prosseguir em seu caminho. Paulo preparou-se para sua viagem escrevendo uma carta (Romanos) à igreja de Roma.

Não sabemos se Paulo conseguiu chegar à Espanha. Se não conseguiu, morreu com um sonho não realizado. Mesmo assim, seu esforço não foi em vão, porque, ao planejar sua viagem, Paulo escreveu o mais rico livro doutrinário de toda a Bíblia. Nossa fé cristã seria empobrecida sem a sua epístola aos romanos.

Sonhos não realizados podem produzir sua própria recompensa. Você pode sentir que o tempo está correndo, que a vida não foi como você esperava. Mas, se pensar bem, o simples ato de perseguir o seu sonho já foi bom.

Talvez você nunca tenha completado seus estudos, mas está muito melhor pelas aulas que já assistiu do que se nunca tivesse começado. Talvez você tenha sido preterido numa promoção, mas tentar obtê-la pode tê-lo tornado um funcionário valioso. Sua cura pode não ter ocorrido, mas seus meses de oração e sofrimento o aproximaram de Deus e o tornaram mais terno para com os outros.

Os sonhos fazem bem, mesmo (e talvez especialmente) quando não se realizam. —Mike Wittmer

seu papel é necessário

leia›
1 Coríntios 12:18-27
Assim Deus colocou cada parte diferente do corpo conforme ele quis (v.18).

examine›
É ele quem faz com que o corpo todo fique bem ajustado [...] por meio da união de todas elas. E, assim, cada parte funciona bem, e o corpo todo cresce e se desenvolve por meio do amor (Efésios 4:16).

considere›
Quais dons espirituais e talentos Deus lhe deu para utilizar para Sua glória? Você pode encorajar outras pessoas a fazer a parte delas na história de Deus?

Um dos professores da minha filha apareceu no filme *Momentos Decisivos*, de 1986. O filme se baseia numa história verídica da equipe de basquetebol de uma escola de uma pequena cidade dos EUA e sua improvável escalada ao campeonato estadual de Indiana. Ele não tinha um grande papel, e nada dizia. Seu nome sequer apareceu nos créditos. Ele era simplesmente um das centenas de "extras" torcendo nas arquibancadas. Hoje, ele diz, jocosamente, que seu momento na "telona" é tão breve que a única maneira de vê-lo é apertar o botão de pausa.

Já encontrei muitos cristãos que tendem a ter uma visão similar sobre seu próprio papel na história de Deus. Eles podem acreditar que Deus tem um plano para a sua vida (Jeremias 29:11) e que possuem algum tipo de papel. Mas, no máximo, se veem apenas como "extras".

Tristemente, as experiências de vida levaram um grande número de pessoas a pensar que o seu papel é marginal e trivial. Mas, não é assim que Deus vê! Ao falar sobre os diferentes dons espirituais e serviços que o corpo de Cristo oferece, o apóstolo Paulo disse: "O fato é que as partes do corpo que parecem ser as mais fracas são as mais necessárias" (1 Coríntios 12:22).

Independente de nossa nacionalidade ou posição social, cada seguidor de Jesus desempenha um papel necessário no avanço do reino de Deus. Não importa se o efeito é muito abrangente ou se toca apenas alguns poucos: não existem partes inconsequentes ou "pontas" no serviço de Deus. Todas as partes são essenciais.

Nesta época do ano, quando celebramos a vinda de Jesus em forma humana e sua vida entre nós (João 1:14), não se esqueça do seu papel em Sua contínua história. Renove o seu compromisso para descobrir e desempenhar a sua parte hoje.

O que você tem a oferecer é singular e muito necessário! —Jeff Olson

mula de carga

leia
Êxodo 18:14-23
...Isso é muito trabalho para você fazer sozinho (v.18).

examine
- Eclesiastes 4:9-12
- Romanos 12:3-8
- Gálatas 6:9

considere
O que o impede de pedir ajuda a outros cristãos? Você poderia encorajar alguém que está sucumbindo por praticar excessivamente boas ações?

A mula precisava de férias. Dez vezes por dia, ela levava cargas de 250 quilos para um canteiro de obras no topo de uma colina. Não surpreendeu quando o animal, cansado em excesso, desmaiou. Felizmente para a mula exausta, um grupo de observadores preocupados exigiu que o dono desse a ela três dias de descanso.

Todos precisam de um alívio ocasional da carga de trabalho — especialmente aqueles de nós engajados no ministério cristão. Podemos realmente compreender a situação da mula quando os "problemas com pessoas" se acumulam e nossos joelhos arqueiam sob o peso.

Moisés quase sucumbiu quando precisou arbitrar disputas entre os israelitas. Seu sogro Jetro percebeu e disse: "...você vai ficar cansado demais [...] é muito trabalho para você fazer sozinho" (Êxodo 18:18). Como Moisés, precisamos prestar atenção quando as pessoas começam a perceber, em nós, os sinais de esgotamento.

Felizmente, nossa sobrecarga não precisa impedir nossa eficácia para Deus. Jetro aconselhou Moisés: "...represente o povo diante de Deus e também que leve a ele os problemas deles" (v.19). Moisés teria, porém, de encontrar uma maneira de dividir a carga. E ele o fez.

Primeiro, ele instruiu as pessoas nas leis de Deus para que elas pudessem resolver muitos problemas por si mesmas (v.20). Depois, ele escolheu alguns líderes para cuidar dos problemas pequenos que ainda precisavam de atenção, enquanto ele cuidava dos mais complexos. Exatamente como Jetro predisse, eles ajudaram Moisés a levar a carga, "...facilitando para ele" (v.22).

Você sucumbe ao praticar boas ações? Procure pessoas interessadas em como você está servindo e peça ajuda! Afinal, o que se espera de nós é levar "...as cargas uns dos outros..." (Gálatas 6:2 RA).
—Jennifer Benson Schuldt

teologia do pequeno

leia
1 Samuel 17
Golias, o filisteu, começou a caminhar na direção de Davi [...] e começou a caçoar porque Davi não passava de um rapaz bonito e de boa aparência (vv.41-42).

examine
- Jeremias 1:5-8
- Mateus 11:25-26
- 1 Coríntios 1:26-31

considere
Qual aspecto da sua vida faz você sentir-se menor e mais fraco? O que você percebe que Deus quer que você faça nele e através dele?

Embora o campeonato de futebol americano seja o maior espetáculo esportivo dos EUA, os anúncios de TV exibidos durante os jogos começaram a receber quase a mesma atenção que o jogo. Gastam-se milhões para produzi-los. Os irmãos Joe e Dave Herbert chocaram a indústria de marketing ao produzir o melhor anúncio por 2.000 dólares. O custo maior foi com alimentos para os voluntários do projeto. As renomadas empresas, com bem pagos redatores e produtores, foram sobrepujadas por desconhecidos.

Davi também era desconhecido — apenas um garoto. Israel estava em guerra contra os filisteus, mas Davi era novo demais para alistar-se no exército. O mais próximo que ele podia chegar da ação era levar alimento aos seus irmãos. Em uma dessas idas, Davi descobriu um exército de Israel desmoralizado. Por semanas, o campeão filisteu Golias escarnecia deles. Não admira que Israel o temesse — com mais de 2,70 m de altura, Golias cobria-se de pesada armadura de bronze, "...que pesava uns sessenta quilos..." (1 Samuel 17:5). Não causa espanto a intimidação de Israel.

Não admira Saul ter escarnecido quando Davi, tomado de raiva pelos insultos do gigante, se voluntariou para enfrentá-lo (v.33). Davi nem espada tinha, seu tamanho não preenchia uma armadura básica. Davi era apenas um menino.

Ao final da história, Golias foi decapitado por Davi e os filisteus fugiram para as colinas. A história, porém, não é sobre a coragem de um garoto, mas sobre Deus fazer tanto com pouco. Davi sabia que aquele era o dia de Deus, não o dele. "Hoje mesmo o SENHOR Deus entregará você nas minhas mãos...", disse Davi a Golias imediatamente antes da violenta morte do gigante (v.46).

De alguma maneira, somos pequenos, mas Deus pode fazer muito com o pouco que temos a oferecer. —Winn Collier

pecados aceitáveis

leia
Mateus 7:1-5
Por que é que você vê o cisco que está no olho do seu irmão e não repara na trave de madeira que está no seu próprio olho? (v.3).

examine
- Lucas 6:42;12:1-3
- 1 João 1:9

considere
Quais pecados você trata como aceitáveis? Qual pecado o Espírito Santo está incomodando você a confessar hoje?

Anos atrás, li a história de um casal que saiu do cinema durante a projeção do filme *Milk — A Voz da Igualdade,* enojados após ver um ator representar um ex-político homossexual, beijando outro homem. Pediram o reembolso na bilheteria. O funcionário sugeriu que trocassem seus ingressos para outro filme prestes a começar — *A Troca.* Avisou-os, porém, que este continha cenas de assassinatos em série, de crianças. A mulher pensou por um momento, virou-se para o marido e disse: "Tudo bem".

Não sei se o casal era cristão e queria posicionar-se contra a homossexualidade, ou conservadores que acharam impalatável o enredo de *Milk.* De qualquer maneira, suas ações refletem a hipocrisia vivida por um grande número de pessoas. Enfurecidos com alguns pecados, aceitamos outros cegamente — um beijo homossexual na tela é um ultraje; um filme mostrando violência contra crianças é "tudo bem".

Inconscientemente, muitos cristãos adotaram a lista de pecados "aceitáveis" e "inaceitáveis". Somos rápidos em declarar que homossexuais, adúlteros e idólatras não entrarão no reino (1 Coríntios 6:9), mas não vemos que os gananciosos também não (v.10) — atitude que provavelmente descreve muitos de nós. Podemos ser propensos a reclamar e argumentar, não reconhecendo que é errado fazer isso (Filipenses 2:14). Poucos de nós falarão sobre o pecado da glutonaria na fila do bufê do restaurante (Provérbios 23:20). E, quando nos preocupamos, não enxergamos isso como falta de confiança em Deus (Mateus 6:25-34).

O apóstolo Pedro encorajou o seu rebanho a livrar-se de todo comportamento mau, incluindo a hipocrisia (1 Pedro 2:1). Que Jesus abra os nossos olhos para ver os pecados "aceitáveis" que não estamos vendo, mesmo quando nos enfurecemos contra os pecados "inaceitáveis" dos outros. —Sheridan Voysey

interrupções

leia
Marcos 5:21-42
...Não tenha medo; tenha fé! (v.36).

examine
- Provérbios 3:27-28
- Lucas 10:30-37

considere
Você pode ser mais semelhante a Cristo no modo como lida com interrupções? De que maneira Deus se revelou através de interrupções em sua vida?

Aproximando-se o prazo final de entrega de um trabalho, foi difícil encontrar tempo para escrever meus artigos este mês. Senti a vontade de colocar um sinal "Não Me Perturbe". Embora tentasse reservar tempo para pensar e escrever, isso não aconteceu. Fui bombardeado com *e-mails* que exigiam minha atenção ou a necessidade de discutir projetos específicos com um colega.

Interrupções. Como devemos lidar com elas?

Jesus conhecia tudo sobre interrupções. Um dia, logo após chegar à praia da Galileia, um homem perturbado em apuros saudou-o com uma súplica urgente. Jairo implorou a Jesus que o seguisse rapidamente. Sua filha estava morrendo e ele queria que Jesus a curasse (Marcos 5:22). Enquanto abriam caminho na multidão para chegar até a casa de Jairo, Jesus repentinamente percebeu que "...dele saíra poder" (v.30).

Para os discípulos, essa interrupção era indesejada. A reação deles demonstrava sua frustração, e disseram: "...O senhor está vendo como esta gente o está apertando de todos os lados e ainda pergunta isso?" (v.31). Mas Jesus, cheio de compaixão, dedicou tempo para dar Sua atenção a uma mulher sofredora. Sua doença a tornara cerimonialmente impura (Levítico 15:25-27) e ela não podia participar da vida da comunidade havia 12 anos! Jesus olhou nos olhos daquela mulher e assegurou-lhe: "Minha filha, você sarou porque teve fé. Vá em paz; você está livre do seu sofrimento" (Marcos 5:34).

A filha de Jairo morreu enquanto Jesus estava ocupado ajudando a mulher. Era tarde demais — ou assim parecia. A interrupção indesejada permitiu a Jairo obter um conhecimento ainda mais profundo de Jesus e do Seu poder — poder até mesmo sobre a morte!

Quando sua agenda for interrompida, confie em Deus e no Seu poder. Ele o ajudará a cumprir tudo o que precisa ser feito. —Poh Fang Chia

estrangeiros

leia>
Deuteronômio 10:12-22
Mas agora, unidos com Cristo Jesus, vocês, que estavam longe de Deus, foram trazidos para perto dele pela morte de Cristo na cruz (Efésios 2:13).

examine>
- Efésios 2:11-22
- Hebreus 13:2

considere>
O que o tornará aceitável a Deus? Como Deus lidou com o sistema de regras do Antigo Testamento? (Efésios 2:14-15.) Qual o único caminho a Ele? (vv.4-5).

Nas Filipinas, a porta está sempre aberta na hora das refeições. Mesmo sendo estrangeiro, um filipino insistirá para você entrar e cear. Se não tiver o suficiente, o anfitrião dará a porção dele. Os relacionamentos são valorizados acima do próprio conforto e bem-estar.

Quando Deus tirou os israelitas do Egito, Ele enfatizou a hospitalidade e generosidade para com os estrangeiros. "[Deus] defende os direitos dos órfãos e das viúvas; ele ama os estrangeiros que vivem entre nós e lhes dá comida e roupa...", disse Moisés ao povo. "Amem esses estrangeiros..." (Deuteronômio 10:18-19).

Há uma lição mais profunda aqui. Os israelitas receberam — os Dez Mandamentos e suas regras associadas — para guiar suas vidas. Mas, a aderência exterior a regras não conta. Assim, Moisés foi ao âmago da questão. "Povo de Israel, escute o que o SENHOR Deus exige de você..." (Deuteronômio 10:12). Sua conclusão? "Portanto, sejam obedientes a Deus e deixem de ser teimosos" (v.16). Essa frase terrena liga diretamente ao Novo Testamento. Em Efésios 2, Paulo disse aos novos cristãos gentios: "Lembrem que vocês, os não-judeus, eram chamados de incircuncidados pelos judeus, que chamam a si mesmos de circuncidados por praticar a circuncisão..." (v.11). Os Dez Mandamentos são impotentes para mudar o coração humano. Somente Deus consegue fazer isso.

Os gentios — e nós, hoje — fomos estrangeiros espirituais, mortos em nossos pecados, separados de Deus (Efésios 2:5). Paulo lembrou-os: "Mas agora, unidos com Cristo Jesus, vocês, que estavam longe de Deus, foram trazidos para perto dele pela morte de Cristo na cruz" (v.13). O resultado: "Pois foi Cristo quem nos trouxe a paz, tornando os judeus e os não-judeus um só povo..." (v.14). Em Cristo não existem estrangeiros. —Tim Gustafson

perda e encontro

leia›
2 Samuel 15:13-30
Davi subiu o monte das Oliveiras chorando; ele estava descalço e havia coberto a cabeça em sinal de tristeza... (v.30).

examine›
E Deus pode dar muito mais do que vocês precisam para que vocês tenham sempre tudo o que necessitam e ainda mais do que o necessário para fazerem todo tipo de boas obras (2 Coríntios 9:8).

considere›
A sua fé foi afetada por perda de emprego? O que Deus ensinou a você através de dificuldades relacionadas ao emprego?

É provável que você tenha conhecido várias pessoas que perderam seus empregos. Recentemente, soube que outro bom amigo ficara desempregado. Isso seria má notícia para qualquer um, mas foi especialmente brutal para meu amigo, porque o cargo da esposa dele havia sido eliminado havia apenas um mês!

O rei Davi sabia o que é perder o cargo, o que resultou em verdadeiro pesar e tristeza (2 Samuel 15:30) — multiplicado pelo fato de ter sido seu próprio filho Absalão quem havia usurpado seu trono (v.13). Todos nós podemos nos identificar com Davi em seus sentimentos de derrota e tristeza. A perda de um emprego produz esse tipo de sentimento. O rei imaginou que seus dias de reinado sobre o povo de Deus tinham se acabado e disse: "Mas, se [Deus] não está satisfeito, que faça comigo o que quiser!" (v.26).

Davi escreveu o Salmo 3 quando estava fugindo de Absalão. Se você ou alguém que você conhece perdeu o emprego, aqui estão três coisas positivas que Davi encontrou ao sofrer uma perda. Poderão ser úteis a você também:

Humildade — Um emprego pode tornar-se uma fonte da nossa identidade e até mesmo de orgulho. A perda nos leva a um ponto de humildade diante de Deus e dos outros. Reconhecemos que é somente Deus "...que exalta a minha cabeça" (Salmo 3:3).

Dependência — A perda nos leva a um lugar de desespero. Verdadeiramente precisamos de Deus e da Sua provisão. "Eu chamo o SENHOR para me ajudar, e lá do seu monte santo ele me responde" (v.4).

Confiança — Não em nós mesmos, mas em Deus. Aprendemos um nível mais profundo de confiança naquele que nos "protege" (v.5) e nos dá vitória (v.8), hoje e sempre!

Você não precisa perder tudo quando perde seu emprego. Confie em Deus e na Sua provisão para hoje. —Tom Felten

essa criança de Natal

leia›
Lucas 2:1-12
Então Maria deu à luz o seu primeiro filho. Enrolou o menino em panos e o deitou numa manjedoura, pois não havia lugar para eles na pensão (v.7).

examine›
Natanael perguntou: — E será que pode sair alguma coisa boa de Nazaré? — Venha ver! — respondeu Filipe (João 1:46).

considere›
Jesus cresceu em Nazaré, na Galileia; região desprezada como "pagã" pelos judeus da época. É significativo Jesus ter vindo de um lugar assim?

Observe-o. Observe-o. Observe essa criança, que se torna menino, depois homem e, então, se descobre que Ele é ainda muito mais.

Observe o Seu nascimento — entre pastores, anjos e luzes no céu. Observe-o crescer em graça e estatura — como um jovem fazendo perguntas, dando respostas, assombrando os mestres. Observe-o no deserto — um jovem homem orando, com fome, sede e um chamado do céu. Observe esse estranho habitante do norte — com Suas mãos calejadas e hábitos radicais — que cresceu na "pagã" Galileia, cujos irmãos uma vez o acharam desequilibrado e cujos vizinhos uma vez o levaram para fora da cidade. E ainda, observe Sua autoridade, Sua aceitação, Sua paciência. Observe-o tocar o leproso, curar o enfermo, limpar o impuro. Observe Ele ensinar as multidões a perdoar e orar sempre.

Observe-o ajoelhar-se — num jardim e angustiado. "Pai, se queres, passa de mim este cálice; contudo, não se faça a minha vontade, e sim a tua" (Lucas 22:42). Submissão radical a um plano celestial.

Observe o Filho de Deus ser traído com um beijo. Observe-o sendo preso e seus amigos mais íntimos fugindo. Observe-o submetendo-se a um destino traçado de antemão. Observe-os cuspirem nele, agredir e crucificá-lo numa cruz de madeira. Observe um último suspiro deslizar dos Seus lábios — os pecados do mundo nos ombros de um homem. Depois observe, sim, observe, a pedra ser removida; um túmulo vazio cheio de esperança, porque Ele ressuscitou!

Depois, observe Seu nome e Sua fama preencherem o mundo.

Esse Deus, esse Homem, esse Menino. Essa criança, a razão do Natal. —Sheridan Voysey

contido em um nome?

leia

Mateus 1:18-25

Ela terá um menino, e você porá nele o nome de Jesus, pois ele salvará o seu povo dos pecados deles (v.21).

examine

- Lucas 1:26-33
- João 1:29
- Atos 13:38-39

considere

É correto ligar o Natal à Sexta-feira Santa? De que maneira o Natal encontra seu cumprimento e total significado naquele dia?

Bebês podem ser pequenos, mas preparar e cuidar de um exige algumas coisas grandes: Arrumar um quarto para ele ou ela. Comprar um berço, roupas de bebê e brinquedos. Outra tarefa é decidir que nome dar àquele pequeno pacote de alegria. Isso nem sempre é fácil, porque a maioria dos pais quer selecionar nomes que soem bem e possuam significado especial. José e Maria, porém, não tiveram de suar para escolher o nome adequado ao seu primeiro filho. José recebeu, sobrenaturalmente, a escolha perfeita: "Jesus" (Mateus 1:21).

Dois nomes, de fato, foram dados ao bebê: "Jesus" e "Emanuel" (v.23). Certa vez, alguém disse que "Jesus" descreve Seu propósito — o que Ele veio fazer; e "Emanuel" descreve Sua natureza — quem Ele realmente é. Analisemos mais detalhadamente o nome do Senhor Jesus.

Jesus, a forma grega do nome hebraico Josué, significa "Javé é salvação" ou "O Senhor salva". Jesus nasceu para que pudesse morrer para salvar-nos dos nossos pecados (v.21).

Quando lhe perguntaram "Qual é o significado de Natal?", uma jovem mulher comprando presentes de Natal respondeu timidamente: "Não sei. É o dia em que Jesus morreu?". Ela não poderia estar mais errada e certa!

Aquele precioso pequeno corpo, concebido pelo Espírito Santo no ventre de Maria (vv.18,21), acabaria sendo "açoitado", expondo carne e sangue (Mateus 27:26). Um dia, a cabeça daquele lindo bebê teria uma coroa de espinhos empurrada contra ela (v.29). Um dia, aqueles adoráveis pés trilhariam o poeirento caminho que levava ao Gólgota (vv.31-33). Um dia, aquelas minúsculas mãos seriam perfuradas por cravos pregados numa cruz (Mateus 27:35).

Jesus salva. Que lindo nome! —K. T. Sim

ferramentas da fé

leia
Salmo 105:1-4
Procurem a ajuda do SENHOR; estejam sempre na sua presença (v.4).

examine
• Salmo 8

considere
Reveja os pontos que Dave Dravecky afirma abranger um "cristão de cinco habilidades". Como tornar essas características uma parte importante da sua vida?

Em seu livro *Play Ball* (Jogar Bola), o ex-jogador de beisebol Dave Dravecky, da Liga Principal *All-Star*, nos EUA, diz que alguns atletas são conhecidos na liga como "pacotes completos" ou "jogadores de franquia". O ex-empresário Leo Durocher, disse: "Esses são os atletas que os técnicos procuram, aqueles com capacidades excepcionais de correr, pegar, lançar, rebater a longa distância, rebater pela média".

Dravecky usa esta analogia para sugerir que o cristão tenha cinco ferramentas:

• *Aceitar a Palavra de Deus como prioridade.* "...não sejam apenas ouvintes dessa mensagem, mas a ponham em prática" (Tiago 1:22).

• *Saber que é incapaz de crescer sem a comunhão dos cristãos.* "...vocês, por meio da fé que se baseia no evangelho, estão lutando juntos, com um só desejo" (Filipenses 1:27).

• *Orar regularmente.* "...orem sempre com o coração agradecido" (Filipenses 4:6; Salmo 105:4).

• *Falar a outras pessoas sobre seu relacionamento com Cristo.* "...anunciem a sua grandeza e contem às nações as coisas que ele fez. Cantem a Deus, cantem louvores a ele, falem dos seus atos maravilhosos" (Salmo 105:1-2).

• *Manter-se humilde e amar os outros como Cristo nos amou.* "Não façam nada por interesse pessoal ou por desejos tolos de receber elogios; mas sejam humildes e considerem os outros superiores a vocês mesmos. [...] Tenham entre vocês o mesmo modo de pensar que Cristo Jesus tinha" (Filipenses 2:3-5).

Dravecky conclui: "Os jogadores de beisebol precisam extrair o máximo de suas capacidades. Em cada geração, uns poucos selecionados nascem com a habilidade de jogar com as cinco capacidades. Os cristãos, por outro lado, podem ser seguidores de Cristo, com estas cinco ferramentas sempre que andarem no caminho. Por que deveríamos escolher a mediocridade?" —Roxanne Robbins

fim de jogo

leia
Juízes 16:15-19
Então, ela disse:
Por que você diz que me ama se isso não é verdade?... (v.15).

examine
- Provérbios 21:21
- Colossenses 3:5

considere
Até que ponto o namoro deveria refletir a maneira como Jesus nos ama? Quais os sinais de que alguém envolvido num relacionamento romântico está apenas jogando?

Algumas garotas japonesas se desmancham por namorados que na verdade nem existem. Um jogo *on-line* de simulação de namoro, denominado *Webkare*, permite que as garotas escolham um rapaz virtual *on-line*. Elas interagem com outros jogadores e leem uma série de conversas para cortejar seu amor *on-line* até ele finalmente retornar seu afeto.

Embora jogos românticos *on-line* possam ser inofensivos, muitos de nós fomos envolvidos em "jogos" de namoro na vida real que levam a consequências amargas.

Dalila é famosa pelos jogos de sedução que fazia com Sansão. O homem musculoso realmente a amava, mas ela estava em conluio com governantes filisteus — seus inimigos jurados. Cada um dos líderes prometeu dar-lhe "...mil e cem barras de prata." (Juízes 16:5) pelo segredo da força de Sansão.

Sansão pode ter sido fisicamente forte, mas era emocionalmente fraco. Ele permitiu que sua namorada o manipulasse, perguntando: "Por que você diz que me ama se isso não é verdade?" (v.15).

A pergunta de Dalila é similar ao que muitas pessoas dizem hoje às pessoas pelas quais se interessam: "Se você realmente me amasse, você ..." (preencha). Soa familiar? Se sim, você poderá desejar repensar o seu relacionamento, uma vez que o amor verdadeiro "...não é [...] egoísta..." (1 Coríntios 13:5).

Quando Dalila finalmente descobriu que eram as tranças de Sansão que o mantinham forte, ela o fez dormir e chamou alguém para raspar a cabeça dele. Quando ele estava vulnerável e ela conseguiu o que desejava, "...passou ela a subjugá-lo" (v.19).

Às vezes, nos iludimos e acreditamos que podemos "jogar" e ter um relacionamento que nos satisfaz e honra a Deus. Mas, o melhor a fazer com pessoas que usam nossas emoções para sua própria satisfação é dizer-lhes: "Fim de jogo". —Jennifer Benson Schuldt

obra de arte

leia
Colossenses 1:15-16
O que vocês fizerem façam de todo o coração, como se estivessem servindo o Senhor e não as pessoas (3:23).

examine
Lembrem que o Senhor lhes dará como recompensa aquilo que ele tem guardado para o seu povo, pois o verdadeiro Senhor que vocês servem é Cristo (Colossenses 3:24).

considere
A importância bíblica do trabalho levou Lutero e Calvino a descrever cada tarefa como um chamado divino. Isso muda o modo de pensar sobre trabalho?

Michelangelo começara o que imaginava ser sua realização maior — esculpir estátuas de mármore para o túmulo do Papa Júlio II, mas o papa o afastou para uma tarefa inferior, indigna da grande habilidade do artista. Michelangelo protestou, pois muitos pintores inferiores poderiam restaurar o teto de gesso da capela do papa. Ele deixou Roma, na fútil tentativa de evitar o trabalho. Ele detestou o papa por forçá-lo a cumprir sua tarefa. Alguns acadêmicos acreditam que seu afresco contém um querubim fazendo um gesto de desprezo para um profeta do Antigo Testamento, parecido com Júlio. No entanto, Michelangelo se empenhou e transformou o restauro na obra-prima da Capela Sistina.

A despeito do insulto velado de Michelangelo ao papa, seu compromisso de sempre fazer o melhor exemplifica o mandamento de Paulo aos Colossenses: "O que vocês fizerem façam de todo o coração, como se estivessem servindo o Senhor..." (3:23). Por que Paulo diz que o nosso trabalho é "para o Senhor"?

Anteriormente, na carta aos Colossenses, Paulo declara que Jesus é o Criador e "...nele foram criadas todas as coisas, nos céus e sobre a terra" (1:16). Se Jesus é o Criador, então Ele é aquele que "...pôs o homem no jardim do Éden, para cuidar dele e nele fazer plantações" (Gênesis 2:15) e ordenou a Adão e Eva: "Tenham muitos e muitos filhos; espalhem-se por toda a terra e a dominem..." (Gênesis 1:28). Os teólogos denominam esse mandamento inicial o "mandato cultural". Como seguidores de Jesus — Deus nos chamou para estabelecer culturas que reflitam Sua beleza e glória.

O seu trabalho se encaixa nesse quadro? O que você faz serve a outros e contribui para o desenvolvimento da cultura? Dê a Deus o seu melhor com alegria, seja ao fazer um conserto, pintar uma obra de arte, ou ambos. —Mike Wittmer

dicas de beleza

leia
Provérbios 31:10-31
A formosura é uma ilusão, e a beleza acaba, mas a mulher que teme o SENHOR Deus será elogiada (v.30).

examine
...encham a mente de vocês com tudo o que é bom e merece elogios, isto é, tudo o que é verdadeiro, digno, correto, puro, agradável e decente (Filipenses 4:8).

considere
De que maneira você poderia vestir-se com um espírito manso e tranquilo hoje? O que é necessário para refletir a beleza de Deus?

Não muito tempo atrás, tivemos uma discussão no escritório sobre o que se deve comer com base no seu tipo sanguíneo. De repente, nossas conversas de horário de almoço foram temperadas com perguntas como: "Se sou B positivo, devo comer frango ou peixe?" Os "gurus" da saúde que promovem a alimentação baseada no tipo sanguíneo afirmam que ela pode manter você em forma e com boa aparência.

Todos nós desejamos ter boa aparência e somos atraídos pela beleza. O livro Provérbios 31 oferece algumas excelentes dicas de beleza que todos nós — homens e mulheres — precisamos ler. Os versículos resumem grande parte da sabedoria encontrada no livro de Provérbios, e apresentam a verdadeira beleza de uma mulher sábia que teme ao Senhor.

Aqui estão cinco das suas características:

- *Confiável* (vv.11-12). Pode-se confiar que ela fará o bem e não o mal aos outros.
- *Perspicaz ou sábia* (vv.13-18). Ela raciocina ao longo dos seus projetos e administra sabiamente seu tempo e seus recursos. Isso a leva a completá-los com sucesso.
- *Generosa* (vv.19-20). Ela dá aos pobres e necessitados — não é apática.
- *Diligente* (vv.21-25). Ela se certifica de que tudo está providenciado para a sua família. Ela tem um sorriso no rosto e alegria no coração porque fez o melhor para prover.
- *Fala com sabedoria e bondade* (v.26). Ela diz o que precisa ser dito e faz o que precisa ser feito!

Olhando para as características dessa mulher, vemos que a verdadeira beleza de uma pessoa brota da alma. Sua gentileza, cuidado e paixão fluem do seu relacionamento com Deus (v.30). Sigamos seu exemplo e vistamo-nos com o "...a beleza de um espírito calmo e delicado, que tem muito valor para Deus" (1 Pedro 3:4). —Poh Fang Chia

o caminho do descanso

leia›
Hebreus 3:7–4:7
Cristo Jesus [...] acabou com o poder da morte e, por meio do evangelho, revelou a vida que dura para sempre (2 Timóteo 1:10).

examine›
Leia o Salmo 78 para obter um novo discernimento sobre a teimosia da natureza humana e a benevolência do caráter de Deus.

considere›
Desobediência, preocupação e ingratidão são indicadores de que você não está crendo em Deus. A sua vida demonstra que você acredita nele?

Frequentemente, as estações de trem no Japão contêm a lista de paradas escrita em kanji e inglês. Esta, em especial, não, e quanto mais eu olhava para a placa, mais ela zombava de mim.

Finalmente, perguntei à mulher ao meu lado se ela falava inglês. Ela compreendeu onde eu queria ir e me fez sinal para segui-la. Entramos num trem e ela puxou um mapa com as paradas escritas em inglês e japonês. Depois, levou-me à fila correta para a minha baldeação. Ela não se limitou a dizer-me o caminho; mas mostrou o caminho.

Quando Deus tirou os israelitas do cativeiro no Egito, não se limitou a dizer-lhes em que direção ir; mas lhes mostrou o caminho com uma nuvem durante o dia e uma coluna de fogo durante a noite (Êxodo 13:20-22). As pessoas, porém, se recusavam a confiar em seu Deus Provedor. Endureceram seus corações e se rebelaram contra Ele (v.8; Salmo 95:7-8). As consequências foram desastrosas, pois "...caíram mortos no deserto", disse o autor de Hebreus (3:17).

Hoje, Deus nos mostra o caminho através da Sua Palavra e da iluminação do Espírito Santo (João 14:16-17). Contudo, nós também podemos ignorar teimosamente Sua orientação. O livro de Hebreus diz que os israelitas incrédulos: "...não puderam entrar na Terra Prometida porque não tiveram fé" (3:19). Depois, o autor faz uma distinção clara: "...assim como aquelas pessoas ouviram, também nós ouvimos a boa notícia. Elas ouviram a mensagem, porém ela não lhes fez nenhum bem porque, quando a ouviram, não a receberam com fé. Portanto, nós, os que cremos, recebemos o descanso prometido por Deus..." (4:2-3).

Não encontrar a rota correta é uma inconveniência. Conhecer nosso destino final na vida e ainda recusar-se a segui-lo é um erro com consequências eternas. A pergunta a nos fazermos é: Estamos dentre aqueles que creem? —Tim Gustafson

tesouros

leia
Mateus 6:19-24
...ajuntem riquezas no céu, onde as traças e a ferrugem não podem destruí-las, e os ladrões não podem arrombar e roubá-las. Pois onde estiverem as suas riquezas, aí estará o coração de vocês (vv.20-21).

examine
Se alguém é rico e vê o seu irmão passando necessidade, mas fecha o seu coração para essa pessoa, como pode afirmar que, de fato, ama a Deus? (1 João 3:17).

considere
De que maneira você pode fazer um investimento na eternidade hoje? Há uma boa maneira de avaliar o seu uso do dinheiro?

Segundo uma pesquisa, todos os dias os americanos compram uma média de 3.972.603 ingressos de cinema; e 1.683.835 músicas e discos em lojas *on-line*. Alugam 1.650.000 DVDs; compram 978.030 sacos de pipocas; 568.764 bolas de golfe; 443.650 batatas fritas grandes, 160.968 garrafas de vodca; 7.500 TVs LCD; e 60 carros de uma certa marca. Analisando essa lista incompleta, fica claro que muitos consumidores gastam dinheiro em coisas temporárias. Jesus, porém, diz que devemos usar nossos recursos para adquirir coisas eternas.

Em Mateus 6, Ele identifica dois tipos de tesouros. O primeiro, as coisas acumuladas na terra. Esses tesouros são vulneráveis a todos os tipos de deterioração e roubo. Eles são os bens que não devemos buscar. A alternativa são os tesouros no céu. Jesus não estava dizendo que podemos comprar a nossa ida para o céu. Estava simplesmente chamando-nos a simplificar as nossas vidas e utilizar nosso tempo e recursos em prol de pessoas necessitadas (Mateus 19:21; 1 Timóteo 6:17-19). Quando nós, com motivos puros (Mateus 6:1-4), renunciarmos às nossas vidas e aos nossos recursos pelos marginalizados, estaremos "armazenando" tesouros no céu.

De que maneira podemos determinar onde estão nossos tesouros e o nosso coração? Creio que as seguintes perguntas poderão nos ajudar: O que ocupa meus pensamentos e devaneios? Com que mais me preocupo? Além da minha família imediata, quem ou o que tenho mais pavor de perder? Que critérios uso para avaliar os outros? A ausência de que me faria mais infeliz?

Consideremos em oração os recursos que utilizamos e procuramos, certificando-nos de que nossos pertences são utilizados para abençoar outros e glorificar a Deus. —Marvin Williams

a vida confusa de Salomão

por Mart DeHaan

De certa distância, seria fácil idealizar Salomão. A Bíblia nos fala da sua riqueza e de suas realizações. Os projetos de construção que ele sonhava para o seu país são um tributo à sua visão. Suas compilações de provérbios e reflexões sobre o significado da vida demonstram a sua contínua busca pelo conhecimento.

Entretanto, ao olharmos mais de perto, vemos que Salomão tinha uma vida difícil e cheia de problemas, com a qual nos identificamos.

Salomão foi o filho gerado pelo casamento de seu pai e Bate-Seba

Ele herdou raízes do lado obscuro de seu pai. A mãe de Salomão era casada com outro homem quando o rei Davi e ela cometeram adultério. Davi providenciou a morte do marido de Bate-Seba para encobrir o escândalo.

O fato de o Senhor ter amado Salomão (2 Samuel 12:24) e tê-lo tornado um dos homens mais sábios que o mundo jamais conheceu ilustra princípios estabelecidos através das Escrituras. Deus não nos responsabiliza pelos pecados de nossos pais.

Salomão herdou o trono em meio a um conflito familiar

Quando Davi estava em seu leito de morte, seu filho mais velho, de outra esposa, tentou roubar o trono que fora prometido a Salomão.

Neste momento crítico, Bate-Seba interveio e relembrou o rei que ele tinha prometido o trono ao filho deles (1 Reis 1:15-21). Como Deus havia dito a Davi que Salomão seria o rei (1 Crônicas 22:9-10), as mudanças dramáticas nos acontecimentos que se seguiram lembram que os nossos inimigos não podem impedir-nos de fazer aquilo que Deus quer fazer através de nós.

Os primeiros atos de Salomão como rei ocorreram numa atmosfera de ajustes culturais e religiosos
Ele casou-se com a filha pagã do Faraó do Egito (1 Reis 3:1), aparentemente, para encorajar um bom relacionamento com os vizinhos ao sul de Israel. Além disso, Salomão e seu povo adoraram em lugares altos usados pelo povo daquela terra numa tentativa de aproximar-se dos seus deuses (1 Reis 3:2-3). Tal tipo de adoração tinha sido proibido desde os dias de Moisés (Deuteronômio 12:2). Contudo, apesar destes erros espirituais, Salomão tinha lugar para o Senhor em seu coração, e Deus foi paciente com ele. A experiência de Salomão nos relembra que em nosso mundo despedaçado, Deus pode trabalhar com o nosso desejo de honrá-lo — mesmo quando não compreendemos o quão confusos somos.

A experiência de Salomão nos relembra que em nosso mundo despedaçado, Deus pode trabalhar com o nosso desejo de honrá-lo — mesmo quando não compreendemos o quão confusos somos.

Uma das mais conhecidas decisões de Salomão foi tomada quando ele estava dormindo
Até os dias de hoje, Salomão é relembrado pela maneira como respondeu quando o Senhor lhe apareceu em sonhos e deu-lhe a oportunidade de pedir o desejo do seu coração (1 Reis 3:5). Surpreendentemente, Salomão não pediu por saúde ou vida longa. Ao contrário disso, ele pediu compreensão e discernimento para liderar a nação que lhe fora confiada. Deus afirmou que estava satisfeito com aquele pedido e

prometeu dar-lhe não somente um coração compreensivo, mas também saúde e honra. No entanto, o que alguns esquecem é que Salomão fez este pedido enquanto dormia. Toda a conversação ocorreu durante um sonho (1 Reis 3:15). Esta experiência nos relembra que Deus trabalha conosco de diversas maneiras, que demonstram melhor a Sua bondade, mais do que a nossa.

O primeiro ato da sabedoria de Salomão, registrado, foi resolver um conflito de consequências trágicas entre duas mulheres da rua

Deus poderia exibir o Seu dom de sabedoria igualando as habilidades de Salomão àquelas da alta sociedade e com os sábios de então. No entanto, o primeiro ato de sabedoria registrado foi o ajuste de contas entre duas prostitutas. Ambas tinham filhos recém-nascidos cujos pais estavam ausentes. Mas uma delas tinha perdido seu bebê por morte acidental e agora afirmava ser a mãe verdadeira do recém-nascido sobrevivente. As duas mulheres apelaram a Salomão para arbitrar sua disputa. Salomão foi capaz de fazer justiça à verdadeira mãe, pelo impensável ato de pedir por uma espada e ameaçar dividir o menino vivo em duas partes (1 Reis 3:16-28).

Este primeiro ato de justiça praticado por Salomão nos lembra que a percepção de justiça e misericórdia de Deus alcança àqueles que outros rejeitariam como indignos.

Salomão nos mostrou como procurar pelos dois lados da natureza humana

Ao ameaçar "dividir o bebê", Salomão nos mostrou que uma daquelas mulheres estava disposta a ver o bebê morto em vez de vê-lo nos braços de outra mulher. A segunda demonstrou que preferia dar a criança à outra em vez de vê-la morrer. Ao trazer à superfície um dos melhores, e um dos piores lados da natureza humana, Salomão nos fez vislumbrar nossos próprios corações. A sabedoria rastreia em nós as evidências de que somos criados à imagem de Deus, e, também rastreia os sentimentos conflitantes que se originam ao declararmos a nossa independência de Deus.

A sabedoria de Salomão não o impediu de agir como um tolo

Apesar de todo o entendimento que Deus deu a Salomão, ele acabou fazendo exatamente aquilo que os reis de Israel estavam proibidos de fazer (Deuteronômio 17:14-20). Ele multiplicou sua riqueza pessoal, esposas e parceiras sexuais de maneira excessivamente tolerante. Em seguida, no momento que podemos pensar que ele não poderia ter feito nada pior, Salomão construiu altares aos deuses pagãos de suas esposas nas montanhas que circundavam Jerusalém (1 Reis 11:1-8). A vida de Salomão demonstra algo muito importante. A sabedoria nos é útil somente se dela fizermos bom uso.

A constatação de seus problemas e fracassos, talvez tenha sido uma das mais importantes contribuições que Salomão nos deixou

Pela insensatez de Salomão vemos que toda sabedoria do mundo não modifica nossa natureza humana. Quem dentre nós não quer ser mais honesto, amoroso e ter melhor autocontrole do que a nossa natureza nos permite? Não necessitamos de uma sabedoria que nos transforme, e pela qual recebamos todo o crédito. Precisamos verdadeiramente da sabedoria que vem como um presente da graça de Deus, em Cristo, através de Cristo, e por Cristo (1 Coríntios 1:30).

Por favor, Pai celestial, ajuda-nos a jamais esquecermos que precisamos da sabedoria que aponta para, e, flui de Teu Filho. Por favor, capacita-nos a sermos eternamente gratos a Jesus pelo Seu sacrifício, e em completa dependência do Seu Espírito para demonstrar uma sabedoria que glorifique Teu nome para todo o sempre. Amém.

a Bíblia em um ano

janeiro

- ❒ 1 Gênesis 1–3; Mateus 1
- ❒ 2 Gênesis 4–6; Mateus 2
- ❒ 3 Gênesis 7–9; Mateus 3
- ❒ 4 Gênesis 10–12; Mateus 4
- ❒ 5 Gênesis 13–15; Mateus 5:1-26
- ❒ 6 Gênesis 16–17; Mateus 5:27-48
- ❒ 7 Gênesis 18–19; Mateus 6:1-18
- ❒ 8 Gênesis 20–22; Mateus 6:19-34
- ❒ 9 Gênesis 23–24; Mateus 7
- ❒ 10 Gênesis 25–26; Mateus 8:1-17
- ❒ 11 Gênesis 27–28; Mateus 8:18-34
- ❒ 12 Gênesis 29–30; Mateus 9:1-17
- ❒ 13 Gênesis 31–32; Mateus 9:18-38
- ❒ 14 Gênesis 33–35; Mateus 10:1-20
- ❒ 15 Gênesis 36–38; Mateus 10:21-42
- ❒ 16 Gênesis 39–40; Mateus 11
- ❒ 17 Gênesis 41–42; Mateus 12:1-23
- ❒ 18 Gênesis 43–45; Mateus 12:24-50
- ❒ 19 Gênesis 46–48; Mateus 13:1-30
- ❒ 20 Gênesis 49–50; Mateus 13:31-58
- ❒ 21 Êxodo 1–3; Mateus 14:1-21
- ❒ 22 Êxodo 4–6; Mateus 14:22-36
- ❒ 23 Êxodo 7–8; Mateus 15:1-20
- ❒ 24 Êxodo 9–11; Mateus 15:21-39
- ❒ 25 Êxodo 12–13; Mateus 16
- ❒ 26 Êxodo 14–15; Mateus 17
- ❒ 27 Êxodo 16–18; Mateus 18:1-20
- ❒ 28 Êxodo 19–20; Mateus 18:21-35
- ❒ 29 Êxodo 21–22; Mateus 19
- ❒ 30 Êxodo 23–24; Mateus 20:1-16
- ❒ 31 Êxodo 25–26; Mateus 20:17-34

fevereiro

- ❒ 1 Êxodo 27–28; Mateus 21:1-22
- ❒ 2 Êxodo 29–30; Mateus 21:23-46
- ❒ 3 Êxodo 31–33; Mateus 22:1-22
- ❒ 4 Êxodo 34–35; Mateus 22:23-46
- ❒ 5 Êxodo 36–38; Mateus 23:1-22
- ❒ 6 Êxodo 39–40; Mateus 23:23-39
- ❒ 7 Levítico 1–3; Mateus 24:1-28
- ❒ 8 Levítico 4–5; Mateus 24:29-51
- ❒ 9 Levítico 6–7; Mateus 25:1-30
- ❒ 10 Levítico 8–10; Mateus 25:31-46
- ❒ 11 Levítico 11–12; Mateus 26:1-25
- ❒ 12 Levítico 13; Mateus 26:26-50
- ❒ 13 Levítico 14; Mateus 26:51-75
- ❒ 14 Levítico 15–16; Mateus 27:1-26
- ❒ 15 Levítico 17–18; Mateus 27:27-50
- ❒ 16 Levítico 19–20; Mateus 27:51-66
- ❒ 17 Levítico 21–22; Mateus 28
- ❒ 18 Levítico 23–24; Marcos 1:1-22
- ❒ 19 Levítico 25; Marcos 1:23-45
- ❒ 20 Levítico 26–27; Marcos 2
- ❒ 21 Números 1–3; Marcos 3
- ❒ 22 Números 4–6; Marcos 4:1-20
- ❒ 23 Números 7–8; Marcos 4:21-41
- ❒ 24 Números 9–11; Marcos 5:1-20
- ❒ 25 Números 12–14; Marcos 5:21-43
- ❒ 26 Números 15–16; Marcos 6:1-29
- ❒ 27 Números 17–19; Marcos 6:30-56
- ❒ 28 Números 20–22; Marcos 7:1-13

março

- ❒ 1 Números 23–25; Marcos 7:14-37
- ❒ 2 Números 26–27; Marcos 8:1-21
- ❒ 3 Números 28–30; Marcos 8:22-38
- ❒ 4 Números 31–33; Marcos 9:1-29
- ❒ 5 Números 34–36; Marcos 9:30-50
- ❒ 6 Deuteronômio 1–2; Marcos 10:1-31
- ❒ 7 Deuteronômio 3–4; Marcos 10:32-52
- ❒ 8 Deuteronômio 5–7; Marcos 11:1-18
- ❒ 9 Deuteronômio 8–10; Marcos 11:19-33
- ❒ 10 Deuteronômio 11–13; Marcos 12:1-27
- ❒ 11 Deuteronômio 14–16; Marcos 12:28-44
- ❒ 12 Deuteronômio 17–19; Marcos 13:1-20
- ❒ 13 Deuteronômio 20–22; Marcos 13:21-37
- ❒ 14 Deuteronômio 23–25; Marcos 14:1-26
- ❒ 15 Deuteronômio 26–27; Marcos 14:27-53
- ❒ 16 Deuteronômio 28–29; Marcos 14:54-72
- ❒ 17 Deuteronômio 30–31; Marcos 15:1-25
- ❒ 18 Deuteronômio 32–34; Marcos 15:26-47
- ❒ 19 Josué 1–3; Marcos 16
- ❒ 20 Josué 4–6; Lucas 1:1-20
- ❒ 21 Josué 7–9; Lucas 1:21-38
- ❒ 22 Josué 10–12; Lucas 1:39-56
- ❒ 23 Josué 13–15; Lucas 1:57-80
- ❒ 24 Josué 16–18; Lucas 2:1-24
- ❒ 25 Josué 19–21; Lucas 2:25-52
- ❒ 26 Josué 22–24; Lucas 3
- ❒ 27 Juízes 1–3; Lucas 4:1-30
- ❒ 28 Juízes 4–6; Lucas 4:31-44
- ❒ 29 Juízes 7–8; Lucas 5:1-16
- ❒ 30 Juízes 9–10; Lucas 5:17-39
- ❒ 31 Juízes 11–12; Lucas 6:1-26

abril

- ❒ 1 Juízes 13–15; Lucas 6:27-49
- ❒ 2 Juízes 16–18; Lucas 7:1-30
- ❒ 3 Juízes 19–21; Lucas 7:31-50
- ❒ 4 Rute 1–4; Lucas 8:1-25
- ❒ 5 1 Samuel 1–3; Lucas 8:26-56
- ❒ 6 1 Samuel 4–6; Lucas 9:1-17
- ❒ 7 1 Samuel 7–9; Lucas 9:18-36
- ❒ 8 1 Samuel 10–12; Lucas 9:37-62
- ❒ 9 1 Samuel 13–14; Lucas 10:1-24
- ❒ 10 1 Samuel 15–16; Lucas 10:25-42
- ❒ 11 1 Samuel 17–18; Lucas 11:1-28
- ❒ 12 1 Samuel 19–21; Lucas 11:29-54
- ❒ 13 1 Samuel 22–24; Lucas 12:1-31
- ❒ 14 1 Samuel 25–26; Lucas 12:32–59
- ❒ 15 1 Samuel 27–29; Lucas 13:1-22
- ❒ 16 1 Samuel 30–31; Lucas 13:23-35
- ❒ 17 2 Samuel 1–2; Lucas 14:1-24
- ❒ 18 2 Samuel 3–5; Lucas 14:25-35
- ❒ 19 2 Samuel 6–8; Lucas 15:1-10
- ❒ 20 2 Samuel 9–11; Lucas 15:11-32
- ❒ 21 2 Samuel 12–13; Lucas 16
- ❒ 22 2 Samuel 14–15; Lucas 17:1-19
- ❒ 23 2 Samuel 16–18; Lucas 17:20-37
- ❒ 24 2 Samuel 19–20; Lucas 18:1-23
- ❒ 25 2 Samuel 21–22; Lucas 18:24-43
- ❒ 26 2 Samuel 23–24; Lucas 19:1-27
- ❒ 27 1 Reis 1–2; Lucas 19:28-48
- ❒ 28 1 Reis 3–5; Lucas 20:1-26

- ❒ 29 1 Reis 6–7; Lucas 20:27-47
- ❒ 30 1 Reis 8–9; Lucas 21:1-19

maio

- ❒ 1 1 Reis 10–11; Lucas 21:20-38
- ❒ 2 1 Reis 12–13; Lucas 22:1-20
- ❒ 3 1 Reis 14–15; Lucas 22:21-46
- ❒ 4 1 Reis 16–18; Lucas 22:47-71
- ❒ 5 1 Reis 19–20; Lucas 23:1-25
- ❒ 6 1 Reis 21–22; Lucas 23:26-56
- ❒ 7 2 Reis 1–3; Lucas 24:1-35
- ❒ 8 2 Reis 4–6; Lucas 24:36-53
- ❒ 9 2 Reis 7–9; João 1:1-28
- ❒ 10 2 Reis 10–12; João 1:29-51
- ❒ 11 2 Reis 13–14; João 2
- ❒ 12 2 Reis 15–16; João 3:1-18
- ❒ 13 2 Reis 17–18; João 3:19-36
- ❒ 14 2 Reis 19–21; João 4:1-30
- ❒ 15 2 Reis 22–23; João 4:31-54
- ❒ 16 2 Reis 24–25; João 5:1-24
- ❒ 17 1 Crônicas 1–3; João 5:25-47
- ❒ 18 1 Crônicas 4–6; João 6:1-21
- ❒ 19 1 Crônicas 7–9; João 6:22-44
- ❒ 20 1 Crônicas 10–12; João 6:45-71
- ❒ 21 1 Crônicas 13–15; João 7:1-27
- ❒ 22 1 Crônicas 16–18; João 7:28-53
- ❒ 23 1 Crônicas 19–21; João 8:1-27
- ❒ 24 1 Crônicas 22–24; João 8:28-59
- ❒ 25 1 Crônicas 25–27; João 9:1-23
- ❒ 26 1 Crônicas 28–29; João 9:24-41
- ❒ 27 2 Crônicas 1–3; João 10:1-23
- ❒ 28 2 Crônicas 4–6; João 10:24-42
- ❒ 29 2 Crônicas 7–9; João 11:1-29
- ❒ 30 2 Crônicas 10–12; João 11:30-57
- ❒ 31 2 Crônicas 13–14; João 12:1-26

junho

- ❒ 1 2 Crônicas 15–16; João 12:27-50
- ❒ 2 2 Crônicas 17–18; João 13:1-20
- ❒ 3 2 Crônicas 19–20; João 13:21-38
- ❒ 4 2 Crônicas 21–22; João 14
- ❒ 5 2 Crônicas 23–24; João 15
- ❒ 6 2 Crônicas 25–27; João 16
- ❒ 7 2 Crônicas 28–29; João 17
- ❒ 8 2 Crônicas 30–31; João 18:1-18
- ❒ 9 2 Crônicas 32–33; João 18:19-40
- ❒ 10 2 Crônicas 34–36; João 19:1-22
- ❒ 11 Esdras 1–2; João 19:23-42
- ❒ 12 Esdras 3–5; João 20
- ❒ 13 Esdras 6–8; João 21
- ❒ 14 Esdras 9–10; Atos 1
- ❒ 15 Neemias 1–3; Atos 2:1-21
- ❒ 16 Neemias 4–6; Atos 2:22-47
- ❒ 17 Neemias 7–9; Atos 3
- ❒ 18 Neemias 10–11; Atos 4:1-22
- ❒ 19 Neemias 12–13; Atos 4:23-37
- ❒ 20 Ester 1–2; Atos 5:1-21
- ❒ 21 Ester 3–5; Atos 5:22-42
- ❒ 22 Ester 6–8; Atos 6
- ❒ 23 Ester 9–10; Atos 7:1-21
- ❒ 24 Jó 1–2; Atos 7:22-43
- ❒ 25 Jó 3–4; Atos 7:44-60
- ❒ 26 Jó 5–7; Atos 8:1-25
- ❒ 27 Jó 8–10; Atos 8:26-40
- ❒ 28 Jó 11–13; Atos 9:1-21
- ❒ 29 Jó 14–16; Atos 9:22-43
- ❒ 30 Jó 17–19; Atos 10:1-23

julho

- ❒ 1 Jó 20–21; Atos 10:24-48
- ❒ 2 Jó 22–24; Atos 11
- ❒ 3 Jó 25–27; Atos 12
- ❒ 4 Jó 28–29; Atos 13:1-25
- ❒ 5 Jó 30–31; Atos 13:26-52
- ❒ 6 Jó 32–33; Atos 14
- ❒ 7 Jó 34–35; Atos 15:1-21
- ❒ 8 Jó 36–37; Atos 15:22-41
- ❒ 9 Jó 38–40; Atos 16:1-21
- ❒ 10 Jó 41–42; Atos 16:22-40
- ❒ 11 Salmos 1–3; Atos 17:1-15
- ❒ 12 Salmos 4–6; Atos 17:16-34
- ❒ 13 Salmos 7–9; Atos 18
- ❒ 14 Salmos 10–12; Atos 19:1-20
- ❒ 15 Salmos 13–15; Atos 19:21-41
- ❒ 16 Salmos 16–17; Atos 20:1-16
- ❒ 17 Salmos 18–19; Atos 20:17-38
- ❒ 18 Salmos 20–22; Atos 21:1-17
- ❒ 19 Salmos 23–25; Atos 21:18-40
- ❒ 20 Salmos 26–28; Atos 22
- ❒ 21 Salmos 29–30; Atos 23:1-15
- ❒ 22 Salmos 31–32; Atos 23:16-35
- ❒ 23 Salmos 33–34; Atos 24
- ❒ 24 Salmos 35–36; Atos 25
- ❒ 25 Salmos 37–39; Atos 26
- ❒ 26 Salmos 40–42; Atos 27:1-26
- ❒ 27 Salmos 43–45; Atos 27:27-44
- ❒ 28 Salmos 46–48; Atos 28
- ❒ 29 Salmos 49–50; Romanos 1
- ❒ 30 Salmos 51–53; Romanos 2
- ❒ 31 Salmos 54–56; Romanos 3

agosto

- ❒ 1 Salmos 57–59; Romanos 4
- ❒ 2 Salmos 60–62; Romanos 5
- ❒ 3 Salmos 63–65; Romanos 6
- ❒ 4 Salmos 66–67; Romanos 7
- ❒ 5 Salmos 68–69; Romanos 8:1-21
- ❒ 6 Salmos 70–71; Romanos 8:22-39
- ❒ 7 Salmos 72–73; Romanos 9:1-15
- ❒ 8 Salmos 74–76; Romanos 9:16-33
- ❒ 9 Salmos 77–78; Romanos 10
- ❒ 10 Salmos 79–80; Romanos 11:1-18
- ❒ 11 Salmos 81–83; Romanos 11:19-36
- ❒ 12 Salmos 84–86; Romanos 12
- ❒ 13 Salmos 87–88; Romanos 13
- ❒ 14 Salmos 89–90; Romanos 14
- ❒ 15 Salmos 91–93; Romanos 15:1-13
- ❒ 16 Salmos 94–96; Romanos 15:14-33
- ❒ 17 Salmos 97–99; Romanos 16
- ❒ 18 Salmos 100–102; 1 Coríntios 1
- ❒ 19 Salmos 103–104; 1 Coríntios 2
- ❒ 20 Salmos 105–106; 1 Coríntios 3
- ❒ 21 Salmos 107–109; 1 Coríntios 4
- ❒ 22 Salmos 110–112; 1 Coríntios 5
- ❒ 23 Salmos 113–115; 1 Coríntios 6
- ❒ 24 Salmos 116–118; 1 Coríntios 7:1-19
- ❒ 25 Salmos 119:1-88; 1 Coríntios 7:20-40
- ❒ 26 Salmos 119:89-176; 1 Coríntios 8
- ❒ 27 Salmos 120–122; 1 Coríntios 9
- ❒ 28 Salmos 123–125; 1 Coríntios 10:1-18
- ❒ 29 Salmos 126–128; 1 Coríntios 10:19-33
- ❒ 30 Salmos 129–131; 1 Coríntios 11:1-16
- ❒ 31 Salmos 132–134; 1 Coríntios 11:17-34

setembro

- ❒ 1 Salmos 135–136; 1 Coríntios 12
- ❒ 2 Salmos 137–139; 1 Coríntios 13
- ❒ 3 Salmos 140–142; 1 Coríntios 14:1-20
- ❒ 4 Salmos 143–145; 1 Coríntios 14:21-40
- ❒ 5 Salmos 146–147; 1 Coríntios 15:1-28
- ❒ 6 Salmos 148–150; 1 Coríntios 15:29-58
- ❒ 7 Provérbios 1–2; 1 Coríntios 16
- ❒ 8 Provérbios 3–5; 2 Coríntios 1
- ❒ 9 Provérbios 6–7; 2 Coríntios 2
- ❒ 10 Provérbios 8–9; 2 Coríntios 3
- ❒ 11 Provérbios 10–12; 2 Coríntios 4
- ❒ 12 Provérbios 13–15; 2 Coríntios 5
- ❒ 13 Provérbios 16–18; 2 Coríntios 6
- ❒ 14 Provérbios 19–21; 2 Coríntios 7
- ❒ 15 Provérbios 22–24; 2 Coríntios 8
- ❒ 16 Provérbios 25–26; 2 Coríntios 9
- ❒ 17 Provérbios 27–29; 2 Coríntios 10
- ❒ 18 Provérbios 30–31; 2 Coríntios 11:1-15
- ❒ 19 Eclesiastes 1–3; 2 Coríntios 11:16-33
- ❒ 20 Eclesiastes 4–6; 2 Coríntios 12
- ❒ 21 Eclesiastes 7–9; 2 Coríntios 13
- ❒ 22 Eclesiastes 10–12; Gálatas 1
- ❒ 23 Cânticos 1–3; Gálatas 2
- ❒ 24 Cânticos 4–5; Gálatas 3
- ❒ 25 Cânticos 6–8; Gálatas 4
- ❒ 26 Isaías 1–2; Gálatas 5
- ❒ 27 Isaías 3–4; Gálatas 6
- ❒ 28 Isaías 5–6; Efésios 1
- ❒ 29 Isaías 7–8; Efésios 2
- ❒ 30 Isaías 9–10; Efésios 3

outubro

- ❒ 1 Isaías 11–13; Efésios 4
- ❒ 2 Isaías 14–16; Efésios 5:1-16
- ❒ 3 Isaías 17–19; Efésios 5:17-33
- ❒ 4 Isaías 20–22; Efésios 6
- ❒ 5 Isaías 23–25; Filipenses 1
- ❒ 6 Isaías 26–27; Filipenses 2
- ❒ 7 Isaías 28–29; Filipenses 3
- ❒ 8 Isaías 30–31; Filipenses 4
- ❒ 9 Isaías 32–33; Colossenses 1
- ❒ 10 Isaías 34–36; Colossenses 2
- ❒ 11 Isaías 37–38; Colossenses 3
- ❒ 12 Isaías 39–40; Colossenses 4
- ❒ 13 Isaías 41–42; 1 Tessalonicenses 1
- ❒ 14 Isaías 43–44; 1 Tessalonicenses 2
- ❒ 15 Isaías 45–46; 1 Tessalonicenses 3
- ❒ 16 Isaías 47–49; 1 Tessalonicenses 4
- ❒ 17 Isaías 50–52; 1 Tessalonicenses 5
- ❒ 18 Isaías 53–55; 2 Tessalonicenses 1
- ❒ 19 Isaías 56–58; 2 Tessalonicenses 2
- ❒ 20 Isaías 59–61; 2 Tessalonicenses 3
- ❒ 21 Isaías 62–64; 1 Timóteo 1
- ❒ 22 Isaías 65–66; 1 Timóteo 2
- ❒ 23 Jeremias 1–2; 1 Timóteo 3
- ❒ 24 Jeremias 3–5; 1 Timóteo 4
- ❒ 25 Jeremias 6–8; 1 Timóteo 5
- ❒ 26 Jeremias 9–11; 1 Timóteo 6
- ❒ 27 Jeremias 12–14; 2 Timóteo 1
- ❒ 28 Jeremias 15–17; 2 Timóteo 2
- ❒ 29 Jeremias 18–19; 2 Timóteo 3
- ❒ 30 Jeremias 20–21; 2 Timóteo 4
- ❒ 31 Jeremias 22–23; Tito 1

novembro

- ❒ 1 Jeremias 24–26; Tito 2
- ❒ 2 Jeremias 27–29; Tito 3
- ❒ 3 Jeremias 30–31; Filemon
- ❒ 4 Jeremias 32–33; Hebreus 1
- ❒ 5 Jeremias 34–36; Hebreus 2
- ❒ 6 Jeremias 37–39; Hebreus 3
- ❒ 7 Jeremias 40–42; Hebreus 4
- ❒ 8 Jeremias 43–45; Hebreus 5
- ❒ 9 Jeremias 46–47; Hebreus 6
- ❒ 10 Jeremias 48–49; Hebreus 7
- ❒ 11 Jeremias 50; Hebreus 8
- ❒ 12 Jeremias 51–52; Hebreus 9
- ❒ 13 Lamentações 1–2; Hebreus 10:1-18
- ❒ 14 Lamentações 3–5; Hebreus 10:19-39
- ❒ 15 Ezequiel 1–2; Hebreus 11:1-19
- ❒ 16 Ezequiel 3–4; Hebreus 11:20-40
- ❒ 17 Ezequiel 5–7; Hebreus 12
- ❒ 18 Ezequiel 8–10; Hebreus 13
- ❒ 19 Ezequiel 11–13; Tiago 1
- ❒ 20 Ezequiel 14–15; Tiago 2
- ❒ 21 Ezequiel 16–17; Tiago 3
- ❒ 22 Ezequiel 18–19; Tiago 4
- ❒ 23 Ezequiel 20–21; Tiago 5
- ❒ 24 Ezequiel 22–23; 1 Pedro 1
- ❒ 25 Ezequiel 24–26; 1 Pedro 2
- ❒ 26 Ezequiel 27–29; 1 Pedro 3
- ❒ 27 Ezequiel 30–32; 1 Pedro 4
- ❒ 28 Ezequiel 33–34; 1 Pedro 5
- ❒ 29 Ezequiel 35–36; 2 Pedro 1
- ❒ 30 Ezequiel 37–39; 2 Pedro 2

dezembro

- ❒ 1 Ezequiel 40–41; 2 Pedro 3
- ❒ 2 Ezequiel 42–44; 1 João 1
- ❒ 3 Ezequiel 45–46; 1 João 2
- ❒ 4 Ezequiel 47–48; 1 João 3
- ❒ 5 Daniel 1–2; 1 João 4
- ❒ 6 Daniel 3–4; 1 João 5
- ❒ 7 Daniel 5–7; 2 João
- ❒ 8 Daniel 8–10; 3 João
- ❒ 9 Daniel 11–12; Judas
- ❒ 10 Oseias 1–4; Apocalipse 1
- ❒ 11 Oseias 5–8; Apocalipse 2
- ❒ 12 Oseias 9–11; Apocalipse 3
- ❒ 13 Oseias 12–14; Apocalipse 4
- ❒ 14 Joel 1–3; Apocalipse 5
- ❒ 15 Amós 1–3; Apocalipse 6
- ❒ 16 Amós 4–6; Apocalipse 7
- ❒ 17 Amós 7–9; Apocalipse 8
- ❒ 18 Obadias 1; Apocalipse 9
- ❒ 19 Jonas 1–4; Apocalipse 10
- ❒ 20 Miqueias 1–3; Apocalipse 11
- ❒ 21 Miqueias 4–5; Apocalipse 12
- ❒ 22 Miqueias 6–7; Apocalipse 13
- ❒ 23 Naum 1–3; Apocalipse 14
- ❒ 24 Habacuque 1–3; Apocalipse 15
- ❒ 25 Sofonias 1–3; Apocalipse 16
- ❒ 26 Ageu1–2; Apocalipse 17
- ❒ 27 Zacarias 1–4; Apocalipse 18
- ❒ 28 Zacarias 5–8; Apocalipse 19
- ❒ 29 Zacarias 9–12; Apocalipse 20
- ❒ 30 Zacarias 13–14; Apocalipse 21
- ❒ 31 Malaquias 1–4; Apocalipse 22